삼국유사고증 역주 三國遺事考證 譯註

An Annotated Translation of "Historical Investigation of the Three Kingdoms Archive in Ancient Korea"

【二】

(삼국유사고증 상)

「기이 제1」

삼국유사고증 역주 三國遺事考證 譯註 【二】

(삼국유사고증 상)

An Annotated Translation of "Historical Investigation of the Three Kingdoms Archive in Ancient Korea"

1판 1쇄 인쇄 2023년 6월 28일
1판 1쇄 발행 2023년 7월 10일

—

저   자 | 三品彰英 외
역주자 | 김정빈
발행인 | 이방원
발행처 | 세창출판사
　　　　신고번호 제1990-000013호
　　　　주소 03736 서울시 서대문구 경기대로 58 경기빌딩 602호
　　　　전화 02-723-8660 팩스 02-720-4579
　　　　이메일 edit@sechangpub.co.kr 홈페이지 www.sechangpub.co.kr
　　　　블로그 blog.naver.com/scpc1992 페이스북 fb.me/Sechangofficial 인스타그램 @sechang_official

—

ISBN 979-11-6684-189-7 94910
　　　　979-11-6684-187-3 (세트)

—

이 역주서는 2018년 대한민국 교육부와 한국연구재단의 지원을 받아 수행된 연구임.
(NRF-2018S1A5A7028408)

—

이 책은 한국연구재단의 지원으로 세창출판사가 출판, 유통합니다.
잘못 만들어진 책은 구입하신 서점에서 바꾸어 드립니다.

삼국유사고증 역주 三國遺事考證 譯註

An Annotated Translation of "Historical Investigation of the Three Kingdoms Archive in Ancient Korea"

【二】

(삼국유사고증 상)

「기이 제1」

三品彰英 외 저

김정빈 역주

세창출판사

총 목차

● 三권 ●

(삼국유사고증 중)

三國遺事 卷第二

삼국유사 권제2

紀異第二

기이 제2

● 七권 ●
(삼국유사고증 색인편)

二권 목차
(삼국유사고증 상)

三國遺事 卷第一
삼국유사 권제1

紀異 第一
기이 제1

삼국유사 권제1

三國遺事 卷第一

기이 제1

紀異第一

기이 권제1

¹紀異卷第一1)

²叙曰, 大抵古之聖人. 方其禮樂興邦. 仁義設敎, 則怪力亂神在所不語. 然而帝王之將興也, 膺符命. 受圖籙. 必有以異於人者, 然後能乘大變. 握大器2)成大業也. 故河出圖洛出書. 而聖人作. **³**以至虹繞神母而誕羲, 龍感女登而注(生)炎, 皇娥遊窮桑之野. 有神童自稱白帝子. 交通而生小昊. 簡狄吞卵(卵)而生契, 姜嫄履跡而生弃. 胎孕十四月而生堯, 龍交大澤而生沛公. 自此而降豈可殫記. **⁴**然則三國之始祖皆發乎神.3) 異何足怪哉. 此紀異之所以慚4)諸篇也, 意在斯焉."

풀이 **²**서(叙)에서 말해 둔다. 대개 옛 성인은 예악으로 나라를 일으키고, 인

---

1) 원저서인 고증의 주해 일련번호는, 각 주해 대상어의 첫머리에 위첨자로 보였다.
2) 한국사데이터베이스(이하 DB). 서울대 규장각본(1512)(이하 규장각본). 연세대 파른본 (1394?)(이하 파른본)에는 '噐', 고증. '器'.
3) 고증의 주해 4는 보이지 않는다.
4) 고증. 규장각본 등의 판본에는 慚. 파른본에는 점(漸).

의로 가르침을 베푸는 데 있어 괴력난신[5])에 대해서는 말하지 않았다. 그러나 제왕이 장차 일어날 때, 부명[6])에 응하거나 도록[7])을 받아, 반드시 범인과 다름이 있은 연후에야, 능히 큰 변화를 타고 대기[8])를 잡고, 대업을 이룰 수 있었던 것이다. 그러므로 황하에서 도(圖)[9])가 나왔고, 낙수에서 서(書)[10])가 나와서 성인이 일어났다. **3**무지개가 신모를 휘어감아 복희를 낳았으며, 용이 여등[11])에게 감응하여 염제[12])를 낳았으며, 황아[13])가 궁상의 들에서 놀다가, 자칭 백제[14])의 아들이라는 신동과 접하여 소호를 낳았다. 간적[15])이 알을 삼켜서 설(契)을 낳았으며, 강원이 발자국을 밟아 기(棄)[16])를 낳았다. 요(堯)는 잉태된 지 14개월 만에 낳았으며, 용이 대택에서 교접하여 패공[17])을 낳았다. 이후의 일들을 어찌 다 기록할 수 있겠는가? **4**이러한 까닭으로 삼국의 시조에, 신이(神異)가 일어난 것은 조금도 이상할 것은 없다. 여기에 기이(紀異)의 제편(諸篇)을 싣고자 하는 의도도, 이상과 같은 이유 때문이었던 것이다.[18])

---

5) DB. 괴이(怪異)·용력(勇力)·패란(悖亂)·귀신(鬼神).
6) DB. 하늘이 군주(君主)가 되어야 할 사람에게 수여하는 것.
7) DB. 미래의 길흉화복(吉凶禍福)을 예언한 기록.
8) DB. 뛰어난 인재, 권력, 국가 등을 말하는 것으로, 여기서는 천자(天子).
9) DB. 복희(伏羲) 때 황하(黃河)에서 용마(龍馬)가 등에 지고 나왔다는 그림(河圖).
10) DB. 하우(夏禹)의 9년 치수 때 낙수(洛水)에서 나온 신구(神龜)의 등에 있었다는 글.
11) DB. 염제(炎帝) 신농씨(神農氏)의 어머니.
12) DB. 상고의 제왕(帝王)인 신농씨(神農氏).
13) DB. 소호(小昊)의 어머니.
14) DB. 오천제(五天帝)의 하나로 오행(五行)에 금(金), 계절로는 가을, 서방(西方)을 맡는다.
15) DB. 유융씨(有娀氏)의 장녀로 제곡(帝嚳)의 왕비가 되었다.
16) DB. 주(周)의 시조인 후직(后稷)의 이름이다.
17) DB. 한(漢) 고조(高祖) 유방(劉邦).
18) DB. '그런즉 삼국의 시조가 모두 신이한 데서 나왔다는 것이 어찌 괴이하다 할 수 있겠는

1○【紀異卷第一】 이 표제는 번각·개판 때에, 탈락 내지 변칙적인 생략을 한 것이다. 제3권 이하의 표제에 준해서, "三國遺事" 卷第一 紀異第一이 되어야 할 것을 생략했을 것이다. 기이는 제1·제2의 2부로 나누어지고, 제1·제2 양 권에 걸치는 것으로, 그 내용은 신라멸망 이전의 역사이며, 주로 '사'와는 다른 전승을 집록한 것이다.

2○【膺符命. 受圖籙】 부명(符命)은 하늘이 상서로움으로 인군(人君)에게 내리는 명령. 도록은 미래의 길흉화복을 예언한 기록, 예언서.

○【河出圖洛出書】 "역(易)" 계사(繫辭)에 보이는 말이다. 하도낙서라는 말은 여기에 나왔다. 하도는 복희 때에, 황하에서 나온 용마의 등에 그려져 있었다고 하는 그림. 낙서는 우(禹)가 홍수를 다스릴 때에, 낙수에서 신구(神龜)의 등에 있던 글. 복희는 하도에 의해서 8괘(八卦)를 그리고 (주역의 근본이 된다), 우(禹)는 낙서에 의해서 9류(九類) 즉 홍범구주를 만들었다고 전해진다.

3○【虹繞神母何誕羲】 홍(虹)은 '무지개'. 옛날에는 용의 일종으로 삼고, 웅 (雄)은 홍(虹), 자(雌)를 예(蜺)라고 했다. 희(羲)는 복희(伏羲)를 말한다. 태호포희와 같다.

포희(包犧)는 중국의 태고, 3황의 치세에 첫 제왕이라고 전해지며, 희생으로 포주에 임할 것을 가르쳤다고 한다. "사기" 삼황본기에는 그 출생을 다음과 같이 전하고 있다. '太皞庖犧氏. 風姓. 代燧人氏. 繼天而王. 母曰華胥. 履大人迹於雷澤. 而生庖犧於成紀. 蛇身人首.'

○【龍感女登而面注炎】 본문의 주(注)라는 것은 생(生)의 잘못. 염(炎)은 염제(炎帝)를 말한다. 그 출생에 관해서는, "사기" 삼황본기에 '炎帝神農氏. 姜姓. 母曰女登. 有嬌氏之女. 爲少典妃. 感神龍而生炎帝. 人身牛首. 長於姜水. 因以爲姓. 火德王. 故曰炎帝. 以火名官. 斲木爲耜. 揉木爲耒. 耒耨之用. 以教萬人. 始教耕. 故號神農氏'라고 적혀 있다.

가! 이 기이가 제편(諸篇)의 첫머리에 실린 뜻이 바로 여기에 있는 것이다.'라고 하였다.'

○ 【皇娥遊窮桑之野. 有神童自稱白帝子. 交通而生小昊】 소호(小昊)는 소호(少昊)이다. 황아(皇娥)는 소호의 어머니. 백제(白帝)는 5천제의 하나, 5행(行)에서 쇠(金)는 백색에, 계절로는 가을에 해당하며, 서방을 다스린다. 진(秦)은 백제를 받들어 모신다. 황아의 혼인에 관해서는 "습유기" 소호 조에 '少昊以金德王. 母曰皇娥. 處璇宮而夜織. 或乘桴木而晝遊. 經歷窮桑滄茫之浦. 時有神童. 容貌絶俗稱爲白帝之子. 即太伯之精降乎水際. 與皇娥試讌戲. 奏娉娟之樂. 遊漾忘歸'라고 있으며, 또 소호에 대해서는 "유서외기"에 '五帝少昊金天氏. 名摯. 姓己, 黃帝之子玄囂也'라고 말했으며, 그 탄생에 대해서는 계속해서 '母曰嫘祖. 感大星如虹下臨華渚之祥. 而生帝'라고 하고, 나아가 계속해서 '黃帝之世. 降居江水. 邑於窮桑. 故號窮桑氏. 國於青陽氏. 以金德王天下. 逐號金天氏. 能修太昊之法. 故曰少昊. 都曲阜. 少昊之立也. 鳳鳥適至. 因以鳥紀官. … 在位八十四. 壽一百歲. 葬於雲陽. 故後世又曰雲陽氏.'라고 되어 있다.

○ 【簡狄吞卵(卵)而生契】 계(契)는 단(殷)의 시조. 그 어머니는 간적(簡狄). "사기" 은본기에는, 계의 출생 및 그 외의 것을 다음과 같이 기록하고 있다. '殷契母曰簡狄. 有娀氏之女. 爲帝嚳次妃. 三人行浴. 見玄鳥墮其卵. 簡狄取吞之. 因孕生契. 契長而佐禹治水有功. 帝舜乃命契曰. 百姓不親. 五品不訓. 汝爲司徒. 而敬敷五教. 五教在寬. 封于商. 賜姓子氏.'

○ 【姜嫄履跡而生弃】 기(弃)[19]는 주(周)의 시조 후직을 말한다.

강원(姜嫄)(姜原)은 그 어머니. 적(跡)이라는 것은 거인(巨人)의 흔적을 말한다. "사기" 주본기에는, '周后稷名弃. 其母有邰氏女. 曰姜原. 姜原爲帝嚳元妃. 姜原出野. 見巨人跡. 心忻然說. 欲踐之. 踐之而身動. 如孕者. 居期而生子. 以爲不祥. 弃之隘巷. 馬牛過者. 皆辟不踐. 徒置之林中. 適會山林多人. 遷之而弃渠中冰上. 飛鳥以其翼覆薦之. 姜原以爲神. 遂收養長之. 初欲弃之. 因名曰弃. 弃爲兒時. 仡如巨人之志. 其游戲好種樹麻

---

19) 고증. 규장각본. 弃. 棄의 이체자.

菽. 麻菽美. 及爲成人. 遂好耕農. 相地之宜. 宜穀者稼穡焉. 民皆法則之. 帝堯聞之. 擧弃爲農師. 天下得其利. 有功. 帝舜曰. 弃. 黎民始飢. 爾后稷 播時百穀. 封弃於邰. 號曰后稷. 別姓姬氏'라고 분(賁)의 출생담 및 그 외의 것이 보인다.

○【胎孕十四月而生堯】 "제왕세기"에 '慶都孕十四月而生堯於丹陽'이라고 보인다. 십사월이생(十四月而生)이라는 예는, 여적이 하우를 낳는 이야기("遁甲開山圖")나, 적(狄)이 계(契)를 낳는 이야기("습유기") 등에도 보인다. 그런데 요(堯)에 관한 기사를 주조(周祖)의 뒤에, 그리고 한고조의 앞에 기록하고 있는 것은 왜일까. 전한 말에 유향·유흠이 오행상생설을 부르며 한(漢)의 화덕을 주장했다. 요(堯)도 화덕이다. 따라서 한의 조(祖)는 요(堯)라는 것이 되었다. 그러한 의미에서 한고조 출생담 앞에, 요의 전승을 두었을 것이다. 또한 진(秦)의 시조 대업과 요(堯)의 상통 음에서 오는 혼동이라는 생각이 안 드는 것은 아니지만, 타당하지 않다.

○【龍交大澤而生沛公】 패공(沛公)은 한고조를 말한다. 전한 고조의 출생에 대해서는, "史記" 고조본기에 '高祖. 沛豊邑中陽里人. 姓劉氏. 字季. 父曰太公. 母曰劉媼. 其先劉媼. 嘗息大澤之陂. 夢與神遇. 是時雷電晦冥. 太公往視. 則見蛟龍於其上. 已而有身. 遂産高祖'라고 되어 있다.

⁵고조선 ⁵ᵃ왕검조선
古朝鮮 王儉朝鮮

6魏書云, "乃往二千載有壇20)君王儉立都阿斯達. **6a**經云無葉山. 亦云白岳. 在白州地. 或云在開城東. 今白岳宮是. 開國號朝鮮, 與高21)同時." **7**古記云, "昔有桓国22)

7a謂帝釋23)也庶子桓24)雄數意天下貪求人世. 父知子意下視三危太伯可以弘益人間, 乃授天符印三箇遣往理之. 雄率徒三千降於太伯山頂 **7b**即太伯今妙香山. 神壇樹下謂之神市, 是謂桓雄天王也. 將風伯·雨師·雲師, 而主穀·主命·主病·主刑·主善惡凡主人間三百六十餘事在世理化. **8**時有

---

20) DB. "제왕운기(帝王韻紀)"와 "세종실록(世宗實錄)"지리지에서 인용한 "단군고기(檀君古記)"에는 '檀'. 파른본. 壇.

21) DB. 고려 3대 임금인 定宗의 이름인 堯를 피휘하였다.

22) 고증. '인(囙)'. DB. 조선 중종 임신본(1512년)에는 '国'으로 되어 있다. 그런데 임신본보다 이른 조선 태조 3년(1394) 간행된 것으로 추정되는 파른본 "삼국유사"에 '囯'으로 되어 있다. '囯'은 '囗' 안의 '大'를 흘려 적어서 판각할 때 나타나는 글꼴로, 고려대장경에도 동일한 자형이 확인된다. 역자(이하, 생략). 규장각본을 보면 뚜렷한 '국(国)'이다.

23) 고증. 秖. 규장각본. 파른본. 秖의 尺은 又.

24) DB. "제왕운기(帝王韻紀)"와 "세종실록(世宗實錄)"지리지에서 인용한 "단군고기(檀君古記)"에는 桓자가 없다. 파른본. 규장각본. DB. 고증. 모두 '환(桓)'.

一熊一虎同穴而居, 常祈, 于神雄願化爲人. 時神遺靈艾一炷蒜二十枚曰,

'爾輩食之不見日光百日, 便得人形.' 熊虎得而食之忌三七日熊得女身, 虎

不能忌而不得人身. 熊女者無與爲婚故每於壇樹下呪願有孕. 雄乃假化而

婚之. 孕生子號曰壇君王儉. 以唐高即位五十年庚寅, **8a**唐堯即位元年戊辰. 丁

巳. 非庚寅也. 疑其未25)實. 都平壤 **8b**今西京始稱朝鮮. 又移都於白岳山阿斯

達, 又名弓 **8c**一作方. 忽山又今旀達. 御國一千五百年. **9**周虎26)王即位己

卯(卯)封箕子於朝鮮, 壇君乃移於藏唐京後還隱於阿斯達爲山神, 壽一千

九百八歲."

　　10唐裵矩傳云, "高麗本孤竹國 **10a**今海州,27) 周以封箕子爲朝鮮. 漢分置

三郡謂玄菟・樂浪・帶方 **10b**北帶方." 通典亦同此說. **10c**漢書則眞臨樂玄四郡.

今云三郡. 名又不同. 何耶.

풀이　**5**고조선(古朝鮮) **5a**왕검조선(王儉朝鮮)

　　6"위서"28)에 이르기를, "지금으로부터 2천여 년 전에 단군왕검이

있어 아사달29)에 도읍을 정하였다 **6a**"경(經)"에는 무엽산이라 하고, 또한 백악이

라고도 하니 백주의 땅에 있다. 혹은 개성의 동쪽에 있다고 하니, 지금의 백악궁이 그것이다. 나

---

25) 파른본. DB. 고종. 모두 '미(未)'. DB. 규장각본과 만송문고본에는 '말(末)'.

26) DB. 고려 2대 임금인 혜종(惠宗)의 이름인 武를 피휘.

27) 고종. '今海州'. DB. 규장각본은 마멸되어 판독하기 어렵다. 규장각본의 '今海○'는 선명하
　　나, ○는 '주(州)'로서 추측범위에서 가능하다. 파른본에는 州가 선명하다.

28) DB. "위서"에는 다양한 이본(異本)이 존재했을 뿐만 아니라 서명(書名)만 전해지는 것도
　　여러 종류이지만, 현재 전해지고 있는 위(魏)와 관련된 사서에는 이러한 내용이 확인되지
　　않는다.

29) DB. 이승휴는 "제왕운기(帝王韻紀)"에서 황해도 문화현의 구월산(九月山)을 가리킨다고 하
　　였다.

라를 개창하여 조선이라 했으니, 고(高)³⁰⁾—요임금—와 같은 시대이다.³¹⁾"

⁷"고기"에 이르기를, "옛날에 환인 **⁷ᵃ**제석을 말한다.의 서자인 환웅이 천하에 자주 뜻을 두어, 인간 세상에 태어날 것을 늘 원했다.³²⁾ 아버지가 아들의 뜻을 알고 삼위태백³³⁾을 만나게 하여, 널리 세상 사람들을 위하여 애쓰게 하려고,³⁴⁾ 천부인³⁵⁾ 세 개를 주며 가서 다스리게 하였다. 웅(雄)이 무리 삼천을 거느리고 태백산 정상 **⁷ᵇ**즉 태백은 지금의 묘향산³⁶⁾이다. 신단수(神壇樹; 神檀樹) 밑에 내려와 신시라 하고 이에 환웅천왕이라 하였다. 풍백·우사·운사를 거느리고 곡(穀)·명(命)·병(病)·형(刑)·선악(善惡) 등 무릇 인간의 삼백육십여 가지의 일을 주관하며 세상을 다스리고 교화하였다. **⁸**이때에 곰 한 마리와 호랑이 한 마리가 있어 같은 굴에 살면서, 항상 신(神) 환웅(雄)에게 기도하여 사람이 되기를 원했다. 이에 신 환웅은 신령스러운 쑥 한 타래와 마늘 스무 개를 주면서 말하기를, '너희들이 이것을 먹고 백일 동안 햇빛을 보지 않으면, 곧 사람의 모습이 될 것이니라.'라고 하였다. 곰과 호랑이는 그것을 받아서 먹어, 기(忌)한 지 삼칠일 만에 곰은

---

30) DB. 고려(高麗) 정종(定宗)의 휘(諱)인 요(堯)를 피하기 위해 고(高)자를 쓴 것.

31) 고증. '이것은 高(堯帝)의 건국과 같은 때에 해당한다.'

32) DB. '인간세상을 구하고자 하였다.'

33) DB. "제왕운기(帝王韻紀)"의 주와 "신증동국여지승람(新增東國輿地勝覽)" 권42 문화현 산천 구월산조에서는 구월산, 즉 아사달산의 다른 이름 중 하나로 삼위(三危)를 들고 있다. 태백(太伯)은 뒤에 나오는 태백산을 가리킨 것이다. 이는 지금의 평안도(平安道) 영변부(寧邊府) 동쪽 130리에 위치한 묘향산(妙香山)을 가리킨다.

34) DB. '三危太伯을 내려다보니, 인간을 널리 이롭게 할 만한지라,'.

35) DB. 신의 위력과 영험한 힘의 표상으로 인간세상을 다스리는 물건.

36) DB. "신증동국여지승람(新增東國輿地勝覽)" 권54 寧邊都護府 고적조에는 묘향산이 부의 동쪽 130리에 있으며 태백산(太伯山)이라고도 한다고 하였다.

여자의 몸이 되었으나, 범은 금기하지 못해서 사람의 몸이 되지 못하였다. 웅녀는 혼인할 사람이 없었으므로, 매양 단수(壇樹; 檀樹) 아래서 잉태하기를 빌었다. [환웅이 이에 잠시 [사람으로] 변하여 그녀와 혼인하였다. [웅녀가] 잉태하여 아들을 낳으니 단군왕검이라 하였다. 당의 고(高)임금이 즉위한 지 50년인 경인 **8a**당의 요(堯)임금 즉위 원년은 무진인즉 50년은 정사요 경인이 아니다. 사실이 아닐까 의심스럽다. 으로, 평양성 **8b**지금의 서경이다.에 도읍하고 비로소 조선이라 하였다. 또 도읍을 백악산아사달에 옮겼는데, 궁(弓) **8c**혹은 방(方)이라고 한다.37) 홀산이라고도 하며 또는 금미달이라고도 한다. 그 후 1,500년 동안 나라를 다스렸다. **9**주(周)의 호왕(虎王: 武王)38)이 즉위한 기묘에 기자(箕子)를 조선에 봉하니, 단군은 곧 장당경39)으로 옮겼다가 뒤에 아사달에 돌아와 숨어 산신이 되었으니, 수(壽)가 1,908세다."라고 하였다.

　　10당의 "배구전"에 이르기를 "고려는 본시 고죽국 **10a**지금의 해주이다.인데, 주(周)가 기자를 봉하고 조선이라 하였다. 한(漢)이 3군(郡)으로 나누었으니, 현도·낙랑·대방·북대방이다."라고 하였으며,40) "통전"41)에도 역시 이 설명과 같다. **10c**"한서"42)에는 곧 진(眞)(番)·임(臨)(屯)·

---

37) 유사 원문. '一作方'. 고증. '弓의 字는 方이라고도 한다.'
38) DB. 고려 제2대 혜종(惠宗)의 휘(諱)가 무(武)이므로, 주(周) 무왕(武王)을 호왕(虎王)으로 기록한 것.
39) DB. "고려사(高麗史)" 권58 지12 지리3 유주(儒州) 조에서는 주 내에 아사달산으로 전하는 구월산(九月山)과 세간에서 당장경(唐藏京)이 와전된 장장평(莊莊坪)이 위치해 있다고 하였다.
40) DB. "구당서(舊唐書)" 권63 열전13 배구(裴矩) 조에는 "高麗之地 本孤竹國也 周代以之封箕子 漢時分爲三郡 晉氏亦統遼東".
41) DB. 당의 두우(杜佑)가 지었다. 총 300권으로 중국 사고로부터 당대까지의 제도를 식화(食貨)·선거(選擧)·직관(職官) 등 9개 부분으로 나눠 기술.
42) DB. 후한의 반고(班固)가 찬하고 반소(班昭)가 보충. 12제기(帝紀), 8표(表), 10지(志), 70

낙(樂)(浪)·현(玄)(菟)의 4군(四郡)인데, 여기서는 3군(三郡)이라 하며 또 이름도 같지 않으니 무슨 까닭인가?[43]

주해 **5**고조선(古朝鮮) **5a**왕검조선(王儉朝鮮)

5, 5a○ 【古朝鮮(王儉朝鮮)】 지금 우리가 일반적으로 고조선이라고 하는 경우는, 이씨 조선에 대하여 고대의 소위 기자조선·위만조선을 가리키는 것이 보통이나, 이곳의 고조선은, 이것과는 개념이 다르다. 이 '유'가 찬술된 왕씨 고려시대에는, 아직 조선은 존재하지 않았다. 그래서 고조선이라는 호칭을 강하게 사용했다고 한다면, 위만조선에 대하여, 유학자들이 숭배하는 중국현인인 기자가, 동쪽으로 와서 세웠다는 기자조선을 가리켜야 할 것이다. 그러나 본서에서는 이곳 다음에 '위만조선'이라는 장(章)을 세우고, 위만조선국에 대한 것을 말하고, 그 앞의 이곳 장(章)을 왕검조선이라고도 주를 하고 있듯이, 오로지 단군신화에 대해서 말하고, 조선의 개국은 우선 단군왕검에 의해서 이루어졌다는 것을 강조하고 있다. 그리고 기자가 주(周)의 무왕에 의해 조선에 책봉된 것이나, 단군은 아사달에 숨어서 산신이 되었다고 하면서, 기자조선에 대해서는 전혀 기록하고 있지 않다. 그래서 여기에서 말하는 고조선은, 단군왕검의 조선이 종래로부터의 기자조선·위만조선보다도, 오래된 조선이라는 의미의 고조선일 것이다.

○ 【朝鮮의 呼稱】 예부터 "사기", "산해경" 등에서 보이기 시작하는 중국 측의 호칭이다. 그 유래는 자세하지 않으나, 동방의 해 뜨는 곳이기에 생겼다는 해석이 타당할 것이다. 단군이나 기자, 혹은 위만이 세운 나라도 조

열전(열전) 등 총 120권으로 구성.

43) DB. "사기(史記)"와 "한서(漢書)"의 조선열전과 "한서" 무제기(武帝記)에서는, 모두 원봉 3년 즉 기원전 108년에 위만조선이 붕괴되고, 한사군이 설정된 것으로 나타나고 있다.

선이라고 불렸으나, 조선이 한반도 전체의 호칭이 된 것은, 이씨 조선이 열려 '조선'이 그 국호로 선택받은 이후이다. 또한 반도의 이칭(異稱)·아명(雅名)으로서, 다음과 같은 것이 있다. 중국의 동쪽에 있기 때문에, '동국', '대동', 발해의 동쪽에 있기 때문에 '해동', 동방의 별 이름을 따서 '청구'라고도 하며, 또 '소화(小華)', '근역(槿域)' 등이라고도 자찬했다. 또 계림팔도 등으로도 불렸던 '계림'은 신라의 일명으로, 일본의 고가(古歌)에 신라의 수식어로서 읽혔던 'たくぶすま'는 tak-spur 즉 계림(鷄林)(훈차)에서 온 것이다. 또 서방에서 불렸던 Silla, Solkq도 신라의 이름이 전해졌던 것이다. 신라에 이어, 반도의 대부분을 지배했던 고려국명은, 이웃 중국인에게도, 일본인에게도 친근해진 이름이다. 조선시대를 통해서도, 일본에서는 고려인·고려인삼·고려야키(高麗燒)[44] 등이라고 하며, 메이지(明治) 때에도 사용되었다. 또 몽골(원) 때에 마르코 폴로의 "동방견문록" 등으로부터 유럽에도 전해져, 유럽인은 지금도 Korea, Coreé라고 부르고 있다. 마지막으로 삼한의 호칭은 "위지"("후한서") 동이전에 반도 남부의 한족(韓族)지역을 마한·변한·진한으로 나누고 있었기 때문에, 신라·백제·고구려에게도 오랜 호칭으로서 삼한(三韓)이라고 불렀다. 또 원·명·청의 중국인은 만주도 삼한이라고 불렀다(삼한에 대해서는 모두 뒤에서 사료(史料)로 설명하겠다).

6○ 【魏書】북제 위수의 칙에 의한 찬 "위서"(130권)는, 송대에 완본이 없어졌다(29편 망실). 현존 "위서"에는, 어디에도 '乃往二千載有壇君王儉…'이라는 글은 보이지 않는다. 아마 이 "위서"는, 그 후 분실했던 것일까. 혹은 '유'의 저자가 인용서를 잘못 기술했던 것일까. 또한 참고 정도로 "위서"(47권)라고 하는 다른 것을 적으면, 다음과 같은데, 단군에 대한 것은 보이지 않는다. 어환의 "위략"(50권), 왕침의 "위서"(47권)(이상 2書는 일문(逸文)만 전해질 뿐), 진수의 "삼국지" 위지(30권), 위담(수대 사람)

---

44) 조선에서 만들어진 도자기의 총칭.

의 "위서"(107권), 장대소(당대 사람)의 "위서"(100권), 배안시(당대 사람)의 "원위서"(30권)(이상, 3書는 전해지지 않고 있다).

○ 【壇君王儉】 단군(壇君)은 단군(檀君)으로서 신인(神人)의 호칭. 왕검은 신인 이름. 현존 문헌 가운데에서, 단군신화의 기사가 있는 가장 오래된 것은, '유'(고려의 충렬왕대에 고려의 명승 보각국존 일연 찬)이다. 이 단군전설은 일찍이 평양에 도읍을 두고, 반도와 만주에 판도를 넓혀 동아시아의 대국으로서 번영했던, 고구려의 시조전설로 보이는 신인 해모수의 전승에 기원하고 있다. 고려시대는 참위설의 유행이 성행했으나, 민간신앙에서 나온 선인신앙도 행해지고 있었다. 또 선인이라는 말은, 도교의 영향을 받은 것이라고 생각되나 신인(神人)을 말한다. 이 왕검은 평양의 옛말 왕검성에서 이름 지어진 것이지만, "고려사"에는 '고구려의 목멱선인'으로도 보이고 있다. 원래, 평양은 서경으로서, 고려에서는 중요한 위치를 차지하고 있었으나, 참위에 바탕을 둔 지리풍수설이나, 당시의 국제정세ㆍ민족의식의 영향으로, 처음에는 평양이라는 한 지방의 수호신이었던 왕검선인이 국신(國神)의 지위로 올랐다. 그리고 이 선인에 해열의 묘약인 단(檀)(전단(栴檀)은 범어 전사음, Candana)을 군(君) 호칭에 붙여 단군(檀君)이라고 했다. 신의 아들이 신단수 아래에 내렸다는 것은, 성림신강 신앙에 유래하는데(미시나 아키히데, '祭政と樹林'"建國神話論考" 수록), 신단이라고 되어 있으므로, 산고개의 성소가 than이라고 불렸던 것과 관계 지을 수 있다는 설도 있다. 위의 왕검선인이 국가 신으로서 믿게 된 것은, 인종부터 고종 대 같으며, 그때에 "단군기"라는 것이 성립되었다고 생각된다. 그리고 승려 일연이 '유'를 찬술했을 때, 이것을 고기(古記)로서 권수에 전재(轉載)했기 때문에, 이윽고 결정적이 되었다(참조: 이마니시 류, '檀君考', "朝鮮史の研究" 수록). 또한 김재원은 "檀君神話의 研究"의 논고에서, 한대 화상석(画像石)과의 비교에 의해 단군전설의 기원을 그곳에서 구하고 있다.

○ 【阿斯達】 참위가가 말하는 상상 속의 성지를 말하며, 신이 태어난 산이

란 의미로 해석하면 될 것이다. 아사달(음차) as-tar의 달(達)은 산 tar이며, 아사는 아지 즉 소동(小童)을 의미하고, 신라의 신의 아들, 알지거서간·김알지와 같은 말이다. 어자신의 출현이 아이 모습을 하고 있다는 생각은, 원시신앙의 일반적으로 보이는 것이며, 그 하늘에서 내려와 탄생했다는 성지가 아사달, 즉 어자산이라고 불렸던 것이다. 아사달의 지명은 본문에 나온다.

6a○ 【無葉山·白岳·白州】아사달에 대한 위의 주는, 후인이 고려에서 세력이 있던 도참 풍수설의 일종인 삼소신앙에 연결 지어 단군신화를 해명하려고, 단군의 옛 수도를 나라 전체에서 풍수의 최고 길상지인 백악으로 한 것이다(참조: 이병도, '高麗三蘇考', "동양학보" 16권 4호; 다카하시 도루, '三國遺事の註及檀君傳說の發展', "조선학보" 7집). 다음으로 백주(白州)는, 고려시대의 백주에 관한 것으로, 지금의 황해도 연백군 지역에 해당된다(참조: '사' 지리지 '한주', "고려사" 지리지(3) '서해도', "세종실록" 지리지 '황해도·백천군', '승람' 권42, 백천군).

○ 【高·唐高】중국 옛 전설의 요제(堯帝)(陶唐氏)를 말한다. '유'가 요(堯)를 고(高)라 하는 것은, 고려 정종의 휘인 요(堯)를 피했기 때문이다.

○ 【古記】"단군고기(古記)"를 말한다. '유' 외에 "단군고기"를 인용하고 있는 문헌은, 다음과 같다. "제왕운기"(권하), "응제시"(注), "세종실록" 지리지(平壤府·靈異).

7a○ 【桓因·帝釋·桓雄】제석(帝釋)은 제석천으로, 불교의 천부(天部)에 속하며, 삼삼천(三三天)의 주신(主神)으로서 천제·천주라고 불리며, 석제(釋帝) 환인이라고도 한다. 인다라 indra의 범한병합역으로, 제(帝)는 인다라의 한역, 석(釋)은 석가라(釋迦羅) sákra(勇決)의 음 전사로 경칭으로 더한 것. indra는 불교 이전부터 인도에서 숭배되었던 천주(天主)신으로서, 신화 위에서도 주역을 맡고 있다. 조선에서는 고유의 천신의 신앙이 이 제석과 융합하여, 널리 민족 신앙의 주신(主神)으로 불렸으며, 무격교에서도 최고신으로서 제(祭)를 올리고 있다. 환웅은 환인으로부터

유도된 이름일 것이나, 양주동 씨는 웅(雄) su를 남신의 뜻으로 해석하고 있다("古歌硏究").

그런데 제석신앙은 왕씨 고려 역대를 통하여 성행했다. 왕도에 제석원, 외제석원이 있었고, 대대로 왕은 자주 다행으로 여겼고, 또 병란 등이 일어나면 곧장 제석 도장(道場)을 세워, 식재(息災)를 기도했던 일이 "고려사"에 보인다.

○ 【三危太伯】 삼(三)은 참(參)으로 서방에 있는 별의 이름. 위(危)도 별 이름으로서, 28숙(宿)의 하나에 위숙이 있다. 태백도 별 이름. 중국에 삼위산이라는 이름을 가진 산이 각지에 있고, 또 태백도 산 이름이었는데, 음양가가 제를 올리는 신에 태백신이 있으므로, 본 설화는 도교적인 색채도 강하여, 삼위산의 태백신이라고 해석해야 할 것이다.

7b○ 【太伯山】【妙香山】 태백산은, 도교의 영향에 의해서 이름이 지어진 산으로, 신라시대에 태백산이라고 칭한 것은, 지금의 강원도와 경상북도의 경계에 있는 태백산(太白山)이다. 이 산은 '사' 제사지에는, 중사(中祀) 오악 가운데의 북악이 되며, 예부터 산 고개에 태백 왕당사가 있었으며, 지금도 또한 무속에 의해, 봄가을로 대제가 행해진다고 한다. 이마니시 류는 '고려.인종왕대의 8성(聖)의 하나인 두악 태백선인은, 혹은 이 태백산의 신이 아니라고 말하기 어려운 것도 그렇지만, 이 산신은 단군과 어떠한 관계도 없다.'(檀君考)라고 한다. 그래서 환웅이 내려온 태백산은 단수가 있고, 그 단수로부터 단군의 호칭이 생겼기 때문에, 산중에는 향목이 많고, 겨울에도 푸르렀다고 하는 묘향산이야말로, 이 태백산에 어울릴 것이다. 묘향산은 묘향산맥의 주봉으로, 지금의 평안북도 영변군에 있다. 소위 오악의 하나로서, 서악이란 호칭이 있으며, 조선오대사의 하나인 보현사는 이 산에 있었다. 왕씨 고려시대가 되어, 이 묘향산 지방이 비로소 그 영역에 들어가, 연주(延州)가 되었다. 김부식의 '경현수기'에 의하면, 승려 탐밀이 연주산에 들어가, 정종 8년에(1042) 보현사를 세우고, 그 산을 묘향이라고 이름을 지었다고 되어 있다. 또 묘향산을 태백산

이라고 부르게 되었던 것은, 인종 이후 같다.

8○ 【熊女】 곰이 참고 견디어 여자가 되고, 신과의 사이에 아이를 낳는 이야기의 배경에는, 곰 신에 대한 신앙과 샤머니즘의 입신(入信)의례를 생각할 수 있다. 곰에 대한 신앙은 유라시아 대륙에서 북아메리카에 걸쳐 북반구 일대에 널리 분포되어 있으며, 옛 전승에서도 토끼가 곰 어머니로부터 탄생하는 이야기가 있고, 단군신화의 원류라고 추정되는 주몽의 어머니 유화(柳花)가, 웅심연(熊心淵)에서 제천의 해모수(天王郞)와 어울리는 이야기가 있어('동명왕편', "東國李相國全集" 수록), 모두 곰 신앙이 연결되어 있다(미시나 아키히데, '久麻那利考', "建國神話論考" 수록).

○ 【唐高即位五十年庚寅】 이것을 근거로 하면, 당고(唐高) 즉 요제의 원년 간지는 신축이 되지만, 이 기년(紀年)은 무엇을 근거로 한 것인지 불명.

8a○ 【唐堯即位元年戊辰云云】 요제 원년 간지를 무진으로 하는 설은, 중국에서는 원대에 행해진 일종의 기년이다. 이것에 관해서는, 무진설 이외에 또한 다음과 같은 설이 있다. 병자설("竹書紀年"), 갑진설("經世曆"), 무인설("路史").

참고

조선 성종 15년 갑진(1484) 11월, 서거정(徐居正) 등에 의해 찬술된 "동국통감"의 외기에 수록되어 있는 단군조선 조에, 요제가 즉위한 해를 갑진년이라 하고, 그 25년에 해당하는 '무진년'에 단군이 건국하였음을 기록하고 있다. 단군기원은, 이 단군원년 무진을 "경세력"에 바탕을 두고 서기 기원전 2333년이라고 환산한다. 그래서 쇼와 20년(1945)은 단군기원 4278년이 된다. 제2차 세계대전 후, 한반도는 일본으로부터 독립했으나, 한국에서는 이 단군기원을 채용했던 시기가 있었다. 단군신화는, 한국인의 민족의식과 그 자주성을 보인 것이나, 또 한편으로 그 한계도 인정된다. 그것은 "동국통감"을 펴낸 조선의 유신(儒臣)들은 그 사대사상에 의해, 종주국인 명 태조 25년(1392)에, 조선이 건국한 것에 기인하여, 단군의 개국을 요임금 25년이라고 한 것이다. 그러나 명조는, 북적(北狄) 몽골족인 원조를 무너트리고, 중국에 한민족의 왕조를 세운 것이며, 한편 조선은 몽골왕족의 지배하에 오래 있었던 고려를 무너뜨렸기 때문에, 경우가 서로 닮았다.

8b○【西京(京)】고려 태조 원년에, 평양이 황폐해졌기 때문에, 염(鹽), 백(白), 황(黃), 봉(鳳)의 모든 주민(州民)을 옮겨, 대도호부를 설치하고, 이어서 서경이라 했다. 고려 말에 이르러 평양부라 고쳤다. 평양에 대해서는 뒤로 미룬다.

8c○【弓忽山(方忽山)・今旀達】방(方)은 궁(弓)의 잘못일 것이다. 금며(今旀)는 금미(今弥) 음차 kŭm으로, 궁(弓)의 음과 통하며, 홀(忽)kor은 성(城)・山이라는 뜻으로, 달음(達) 음차 tar도 동의어이다. 그리고 궁홀산・금며달도 참위가가 아사달의 별명으로서 신비스럽게 했을 것이다. "세종실록" 지리지에 '鎭山. 九月. 世傳阿斯達山.'이라는 구월(九月)도 음훈차로서 kŭm-tar을 전사한 것이다.

9○【周虎(武)王即位卯(卯)】호왕(虎王)은 무왕(武王)을 말한다. 무(武)를 호(虎)라고 한 것은, 고려 혜종의 휘 '武'를 피했기 때문이다. '유'에서는, 이 외에도 인명이나 연호에 武가 붙는 경우는, 모두 武를 '虎'나 '茂'로 고치고 있다. 그러나 신라 문무왕을 문호왕(文虎王)이라고 고쳐도, 무열왕(武烈王)은 고치지 않았다. 또 虎・茂 외에 획을 줄인 '㞰'라고 하는 경우도 있다(후지타 료사쿠, '朝鮮の年號と紀年', "동양학보" 41권 2・3호). 주(周) 무왕의 즉위 간지를 기묘라 하는 것은, "경세력"에 의한 것이다.

○【箕子】은(殷)나라 사람. 주(紂)의 제부(諸父). 이름은 서여. 기국에 책봉되어 자작(子爵)인 까닭에 기자(箕子)라 불린다. 주(紂)를 간언하지만 듣지 않자, 거짓 미치광이 행세해서 노비가 된다. 후에 주(周) 무왕을 위하여, 홍범을 진술(陳述)한다. 공자는 그를 삼인(三仁)의 한 사람이라 부르며, 명현으로서 존숭했다. 주 무왕은 그를 조선에 봉하고 신하로 삼지 않고, 후에 주에 조공하는 도차, 은(殷)의 옛터를 지나 맥수가를 지었다고 한다. 기자가 조선에서 개국했다는 것은, "사기" 송세가에 기록되어 있으나, 중요한 조선전에는 한마디도 기자에 관한 기사가 없다. "한서"도 지리지에 이것을 적고, 기자8조의 금교(禁敎)에 해당하는 것을 실으면서도, 그 조선전에는 "사기" 조선전을 전재(轉載)할 뿐이다. 위(魏)의 어환의

"위략"에 이르러, 이에 관한 것을 약간 자세하게 적고, 그 자손에 대해서도 기록하는 부분이 있었다. 이것은 아마 어환이, 낙랑 한씨(韓氏) 계보를 잘못해서 채용했던 것으로 보인다. 그 후 이 일화는 조선인 사이에서 사실(史實)로서 전해져, 왕씨 고려에서는 기자를 조선개국의 이상적 군주로서 존숭하고, 숙종왕대에 이르러 평양성 밖에 분영(墳塋)을 찾아 사당을 짓기에 이르렀다. 이조에 들어와, 명으로부터 봉책을 받은 정통의 왕국이라는 것과, 주자학 전성의 영향에 의해, 기자의 고국(故國)이라는 것을 자랑으로 삼아, 기자숭배는 높아져 평양서쪽 교외는 기자의 정전적이라고 부르고, 기자 이후 40대의 계보를 얻었다고 말하는 자가 나타나기에 이르렀다(참조: 시라도리 구라기치, '漢代の朝鮮' "滿洲歷史地理" 1 수록. 이마니시 류, '箕子朝鮮傳銳考', "朝鮮古史の研究" 수록).

○ 【藏唐京(京)】 "고려사" 지리지(3) 儒州 조에 '狂々平, 世傳, 檀君所都, 即唐莊京, 京之訛'라고 되어 있으며, 장당경은 장장평에서 온 것으로 보인다. 위 기사는, "세종실록" 지리지, 황해도 문화현의 기사에 연이은 것이며, 그곳에는 '鎭山. 九月(在縣東, 世傳阿斯達山…) 狂々平在縣東.(世傳朝鮮檀君所都, 即唐莊京之訛). 三聖祠在九月山聖堂里小甑山 (有檀因. 檀雄. 檀君祠)'라고 되어 있다. "고려사" 예종(睿宗)11년 병신 조에, '四月丁卯. 禱雨于山川諸祠. 己巳禱雨九月山'에 보이는 九月山은, 고려시대에는 영산(靈山)(성숙의 초처가 있다)으로서 숭배되었다. 弓忽·九月이 음상통 훈차가 되는 것은 전술과 같다.

10○ 【唐裵矩傳云】 수(隋)의 공신. 자는 공대(功大). 문희현(산서성) 사람. 어려서는 고(孤), 오랫동안 학문을 좋아해 문조(文藻)를 즐겼다. 그 저서에 "서역도기"(3권)가 있으며, 그의 이야기는, "수서" 권67에 있다. "북사", "구당서", "신당서"에도 있으나, 거의 "수서"를 채우고 있다. 배구는 수 문제의 명을 받고, 돌궐의 계민가한을 위로한 적이 있는데, 후에 양제가 북쪽 변방에 행차하여 계민가한의 장막에 갔을 때, 고구려의 사자가 장막 안에 있었고, 계민은 숨기지 않고 이를 황제에게 보였다. 그리고 배

구는 고구려의 땅은 원래 중국의 영토로, 지금 신하가 아닌 태도를 취하고 돌궐과 통하는 것은, 용서해서는 안 된다고 말하고, 사자를 돌려보내 고구려왕으로 하여금 속히 조근(朝覲)하도록 하고, 듣지 않으면 돌궐을 이끌고 토벌해야 할 것을 상주(上奏)하였다. 이때 배구가 늘어놓은 말 가운데 본문과 같은 '高麗本孤竹國(也) 周代以之封于箕子. 漢世分爲三郡. 晉氏亦統遼東. 今乃不臣. 別爲外域'("수서" 배구 전(傳), "북사", "구당서")이라는 말이 있다. 또한 '유'의 '謂玄菟 · 樂浪 · 帶方'은 배구 전에는 보이지 않는다. 찬술자가 덧붙인 것이다.

○ 【孤竹國】 ① 상(商)(殷)의 때의 국명. 어떤 자료에는 고죽(觚竹)으로 보인다. 신농 이후, 백이 · 숙제는 고죽군의 둘째 아들. 한의 요서군에 속한다. 노룡현(하북성)에서 조양현(열하)에 이르는 일대 지역. ② 북방 황원의 지역에 있는 국명. "이아"(釋地)에는, 孤竹(北), 北戶(南), 西王母(西), 日下(東)을 4황(四荒)이라고 한다.

10a○ 【海州】 "세종실록" 지리지 권152의 황해도 해주목 조에, 주(州)의 別號大寧 · 西海에 주를 하고 '淳化所定. 又稱孤竹'이라고 되어 있고, 이것에 이어서 기록하는 명산 수양(首陽)에 주를 붙이고, '州東北有山. 俗號爲首陽. 東南海中三十里許. 有二小島. 俗號爲兄弟島. …診稱伯夷. 叔齊死于此. 故號州爲孤竹國'이라고 되어 있다. 배구가 기록한 고려는 고구려인데, 이것을 왕씨의 고려라고 하고, 고죽국 · 수양산을 해주라고 한 것은, 북적(北狄)의 반도지배에 길항하는 모화정신에 의한 것일까.

10b○ 【北帶方】 권1 · 북대방 장(章)의 주해 47을 참조.

○ 【通典亦同此說】 "통전"(변방)에는 본문과 같은 것은 보이지 않는다. "통전"에 대해서는, 권제1 · 72국의 장(章)의 주해 35를 참조.

10c○ 【漢書則眞臨樂玄四郡. 云云】 낙랑 이하 4군의 설치와 그 변천 등에 대해서는, 다음의 위만조선의 장에 상당히 상세하게 적었기 때문에, 이곳의 주해는 생략한다. 그러나 이 분주(分注)에서도 의심스러운 것은, 왜 배구의 기사를 바꾸어 玄菟 · 樂浪 · 帶方의 三郡을 부가했는지, 그 의

미는 불명.

참고

"帝王韻紀" 권하에 기재되어 있는 단군전은 다음과 같다.

初誰開國啓風雲釋帝之孫名檀君 (本紀曰上帝桓因有庶子曰雄云云謂曰下至三危太白
弘益人間歟故雄天符印三箇率三千而降太白山頂神檀樹下是謂檀雄天王也云云令孫
女飲藥成人身與檀樹神婚而生男名檀君據朝鮮之域爲王故尸羅高禮南北沃沮東北扶餘
濊貊與皆檀君之壽也理一千三十八年入阿斯達山爲神不死故也) 竝與帝高興戊辰經虞
歷夏居中宸於殷虎(武)丁八乙未入阿斯達山爲神(今九月山也一名弓忽又名三危祠堂
猶在) 享國一千二十八無奈變化傳桓因却後一百六十四仁人聊復開君臣(一作爾後一百
六十四雖有父子無君臣) 後朝鮮祖是箕子周虎元年己卯春逋來至此自立國周虎遙封降
命綸禮難不謝乃入觀洪範九疇問彛倫(尚書琉云虎王箕子之因箕子走之朝鮮立國虎王
聞之因封焉箕子受封不得無臣禮謝入觀虎王問洪範九疇在周之十三年也已下現於傳
者皆不注) 四十一代孫名準被人侵奪聊去民九百二十八年理遺風餘熙淳準乃移居
金馬郡立都又復能君人漢將衛滿生自燕高帝十二丙午年來攻逐準乃奪國至孫右渠盈厥
愍漢虎元封三癸酉命將出師來討焉(國人殺右渠迎師) 三世幷爲八十八背漢 逐準殃宜
然.

○ 단군신화에 대한 신해석에 대하여   단군신화에는, 북적의 지배를
받았던 고려의 역사적 현실이 반영되어 있으나, 전후의 한국에서도 민족
의식이 강하고, 옛 전설의 해석에서도 '유'가 지어진 시대와 같은 경향이
보인다. 이병도는 단군이 처음으로 도읍을 정한 아사달을 평양지역이라
하며, 이 전설을 받든 아사달족을 평양의 구지배자라고 했다. 이윽고 이
아사달족은 남쪽으로 이동하여, 이것을 대신한 평양의 신지배족을 한씨
조선국이라고 했다. 조선은 아사달의 미칭(美稱)으로, 아사달은 그 오랜
표현이라고 한다. 여기에서 이씨라고 하는 한씨(韓氏)조선이라는 것은,
종래 기씨조선이라고 하던 것이다. 은(殷)의 현인기자가 주(周)의 무왕에
의해 책봉되는 것이나, 단군은 장당경으로 옮겼다는 설화는, 지배족의 교

체를 의미한다고 생각했다. 그리고 신 지배족의 발전에 따라, 옛 지배족의 근거지는, 옛 수도 아사달(평양)에 대한 신도(新都) 아사달(즉 구월산)을 중심으로 안악·장장평의 일대지역이 되었다고 생각하며, 안악·문화현·은율(殷栗)의 지역에는 거대한 지석묘가 산재해 있는 것도 우연이 아니라고 한다. 또 웅녀와 환웅의 혼인을 아사달족과 예맥족(態를 예맥의 무속이라고 한다)의 결합이라고 생각하며, 아사달족이 남하한 지역은 후에 진번군이 되었다고 생각하고 있다. 한의 진번군 지역은, "사기" 조선전에 보이는 위씨 조선국 주변의 진번(족)을 지배하기 위하여 설치되었다는 것은 상식적이다. 그래서 이 진번족은 한족(韓族)의 조상으로 보이기 때문에, 한족의 계보는, 아사달 → 진번족 → 한족(韓族)으로 이어지는 것이다.

위만조선

11魏滿朝鮮45)

12前漢朝鮮傳云, "自始燕時 常畧得眞番·朝鮮 **12a**師古曰, "戰國時燕46)因始畧得

此地也." 爲置吏築障. **13**秦47)滅燕 屬遼東外徼. **14**漢興 爲遠難守, 復修遼東

故塞. 至浿水爲界 **14a**師古曰 "浿在樂浪郡." 屬燕. **15**燕王盧綰反入凶奴, 燕人

衛滿亡命. 聚黨千餘人, 東走出塞. 渡浿水. 居秦故空地上下障. 稍伇(役)

屬眞番·朝鮮蠻夷及故燕·齊亡命者, 王之都王儉48)**15a**李曰地名, 臣讚49)曰

"王儉城在樂浪郡浿水之東." 以兵威侵降其旁小邑, 眞番·臨屯皆來服屬方數千

里. **16**傳子至孫右渠, **16a**師古曰 "孫名右渠."眞番·辰國. 欲上書見天子. 雍關

不通. **16b**師古曰 "辰謂辰韓也." **17**元封二年 漢使涉何諭右渠, 終不肯奉詔. 何

去至界 臨浿水, 使馭刺殺送何者朝鮮裨王長 **17a**師古曰送何者名也, 即渡水

---

45) DB. "삼국사기"에는 衛. 고증. 주해에서 '衛'에서 왔다고 설명.
46) DB. 규장각본. 파른본에는 빈 칸. 고증. [燕].
47) 고증. DB에는 秦. 규장각본. 파른본에는 秦. 고증에는 13 주해가 없다.
48) 고증. DB. 파른본. 모두 '儉'. DB. "사기(史記)"에는 險.
49) DB. "사기(史記)"에는 瓚. 고증. '瓚'. 파른본. 讚.

馭[50]入塞遂歸報. 天子拜何爲遼東之[51]部都尉. **18**朝鮮怨何. 襲攻殺何.

天子遣樓舡將軍楊僕. 從齊浮渤海. 兵五萬. 左將軍荀彘出遼. 討右渠, 右

渠發兵距嶮. 樓舡將軍將齊七千人. 先到王儉. 右渠城守. 䂓知樓舡軍小.

即出擊樓舡, 樓舡敗走. 僕失衆. 遁山中獲免. 左將軍擊朝鮮浿水西軍. 未

能破. **19**天子爲兩將未有利, 乃使衛山因兵威徃諭右渠, 右渠請降. 遣

太[52]子獻馬. 人衆萬餘持兵. 方渡浿水, 使者及左將軍疑其爲變. 謂太子,

'已[53]服宜毋[54]持兵.' 太子亦疑使者詐之 遂不渡浿水 復引歸. 報[55]天子

誅山. 左將軍破浿水上軍, 迺前至城下. 圍其西北. 樓舡亦徃. 會居城南.

右渠堅守. 數月未能下. **20**天子以久不能決. 使故濟南太[56]守公孫遂徃正

之, 有便宜[57]將[58]以從事. 遂至. 縛樓舡將軍. 幷其軍與左將軍. 急擊朝

鮮. 朝鮮相路人・相韓陶[59]・尼谿相參・將軍王唊 **20a**師古曰 "尼谿地名四人

也."相與謀欲降, 王不肯之. 陶・唊・路人皆亡降漢, 路人道死. **21**元封三

年夏. 尼谿相參使人殺王右渠. 來降, 王儉[60]城未下. 故右渠之大臣成已

又反. 左將軍使右渠子長・路人子最. 告諭其民, 謀殺成已.[61] 故遂定朝

鮮. 爲眞番・臨屯・樂浪・玄菟四郡.

---

50) DB. "사기(史記)"에는 馳. 고증. '馭(馳)'. 파른본. 馭.

51) DB. "사기(史記)"와 "한서(漢書)"에는 東. 고증. '之(東)'. 파른본. 之.

52) DB. 규장각본. 파른본에는 大. 고증. '太'.

53) 파른본. 已. 고증. '已(已)'.

54) 고증. '毋(毋)'. DB. 규장각본. 파른본에는 母.

55) DB. 報 앞에 "사기(史記)"에는 山還, "한서(漢書)"에는 山.

56) DB. 규장각본. 파른본에는 大.

57) 파른본. 宜. 고증. '宜(宜)'.

58) 파른본. 將. DB. "사기(史記)"와 "한서(漢書)"에는 得.

59) 파른본. 陶. 고증. '陶(陰)'.

60) 파른본. 儉의 이체자(亻+人+天). DB. "사기(史記)"에는 險.

61) 규장각본. 파른본. '已'. 고증. '已'.

11 위만(魏滿: 衛滿) 조선(朝鮮)

12 "전한서" 「조선전」[62]에는 다음과 같이 전한다. "처음에 연(燕)나라 때부터 일찍이 진번·조선 **12a** 사고(師古)[63]가 말하기를 "전국시대에 [연나라가] 이 땅을 처음으로 침략해 얻었다."라고 하였다.을 빼앗아, 거기에 관리를 두고 장(障)새를 쌓게 하였다. **13** 진(秦)나라[64]가 연(燕)나라를 멸망시키자 요동의 변방 지역에 속하게 되었다. **14** 한(漢)나라가 일어났지만 멀어서 지키기 어렵다고 하여, 다시 요동의 옛 요새를 수리하고 패수에 이르러 경계로 삼아 **14a** 사고(師古)가 말하기를 "패수는 낙랑군에 있다."라고 하였다. 연나라에 속하게 하였다. **15** 연나라 임금 노관[65]이 배반하여 흉노[66]에게 들어가자, 연나라 사람 위만이 망명하여, 천여 명의 무리를 모아서 동쪽으로 요새를 빠져 달아나 패수를 건너, 진나라 빈 땅의 아래위 장(障)새에 와서 살면서, 진번·조선의 오랑캐들과 예전의 연나라·제나라의 망명자들을 차츰 복속시키고 임금이 되어, 왕검 **15a** 이(李)는 땅이름이라 하고 신(臣) 찬(瓚)[67]은 말하기를 "왕검성은 낙랑군 패수의 동쪽에 있다."라고 하였다.에 도읍을 정하고, 무력으로써 그 이웃 작은 읍락들을 침범하여 항복시키니, 진번·임둔이 모두 와서 복속하여, 사방이 수천 리나 되었다.

---

62) DB. "한서(漢書)"는 후한의 반고(班固, 32-92)가 82년(建初 8) 무렵에 완성한 책.

63) DB. 중국 당나라 사람인 안사고(顔師古).

64) DB. 중국 최초의 통일왕조.

65) DB. 한(漢) 고조(高祖) 유방(劉邦)의 친구로 고조 5년(기원전 202) 8월에 이성제후(異姓諸侯)로 연왕(燕王)에 봉해졌다. 그 후 서한 왕실에 모반하였다가 고조 12년(기원전 195) 4월에 고조가 사망하자, 번회(樊會)·주발(周勃) 등의 토벌을 받아 흉노로 도망하였다.

66) DB. 기원전 4세기 말부터 약 500년 동안 몽골 지역을 중심으로 중국 북방을 지배했던 기마민족.

67) DB. 진대(晉代) 사람으로 성씨와 출생 군현은 알 수 없으나, "사기(史記)" 조선전에 실려 있고 "한서집해음의(漢書集解音義)" 24권을 지었다고 하였다. "한서(漢書)"의 안사고 주 가운데에 많이 인용되고 있다.

16그의 아들을 거처 손자 우거 **16a**사고(師古)가 말하기를 "손자의 이름이 우거이다."라고 하였다.에 이르러 진번·진국이 글을 올려 천자를 알현하고자 하였으나 우거가 길을 막아 통하지 못하였다. **16b**사고(師古)가 말하기를 "진(辰)은 진한(辰韓)이다."라고 하였다.

17원봉(68) 2년에 한(漢)나라에서 섭하를 시켜 우거를 타일렀으나, 끝내 그는 천자의 명령 받들기를 거부하였다. 섭하가 떠나 국경까지 와서 패수에 이르자, 마부를 시켜 자기를 바래다 준 조선의 비왕 장(長) **17a**사고(師古)가 말하기를 "섭하를 바래다 준 자의 이름이다."라고 하였다.을 찔러 죽이게 하고는, 곧 [패]수를 건너 요새 안으로 말을 달려 들어와 드디어 보고를 하였다. 천자는 섭하를 요동의 [동]부도위로 임명하였다. **18**조선은 섭하를 원망하여 습격하여 섭하를 죽였다. 천자가 누선장군 양복(69)을 보내어, 제(齊)나라 땅으로부터 발해를 건너게 하니 군사가 5만이었다. 좌장군 순체(70)는 요[동]에서 나와 우거를 치니, 우거는 군사를 풀어 험한 곳에서 막았다. 누선장군은 제나라[땅 출신]의 7천 인을 거느리고, 먼저 왕검에 도착하였다. 우거는 성을 지키고 있다가, 누선장군의 군사가 적은 것을 살펴보고, 곧 나가서 누선장군을 치니 패하여 달아났다. 양복은 무리를 잃어버리고, 산중으로 도망하여 [화를] 면하게 되었다. 좌장군은 조선의 패수 서군(西軍)을 습격하였으

---

68) DB. 한(漢) 무제(武帝)의 연호로 기원전 110년-기원전 105년.

69) DB. "사기(史記)" 권122 혹리열전(酷吏列傳)에 의하면 양복은 선양인(宜陽人)으로 기원전 112년 전한(前漢) 무제(武帝)가 남월(南越)을 정벌할 때 누선군단의 장군으로 임명되었으므로 누선장군이라 불렸다. 남월 정벌에서 세운 공로로 장량후(將梁侯)에 봉해졌다.

70) DB. "사기(史記)" 권11 위장군표기열전(衛將軍驃騎列傳)과 "한서(漢書)" 권55 위청곽거병전(衛靑霍去病傳)에 따르면 순체는 태원무광인(太原廣武人)으로, 전한(前漢) 무제(武帝) 때 대장군 위청을 따라 흉노를 격파하는 공을 세운 인물이다. 그는 조선을 치면서 양복과 공을 다투다가 처형되었다.

나, 이를 깨뜨릴 수 없었다.

19천자는 두 장군이 불리하다고 여겨, 곧 위산[71]을 시켜 군사력으로써 가서 우거를 타이르니, 우거가 항복을 청하고 태자를 보내어 말을 바치게 하였다. 그런데 사람들 만여 명이 무기를 들고 막 패수를 건너려 하자, 사자(인위산)와 좌장군(순체)은 변고가 있을까 하여 태자에게 이르기를, '이미 항복을 하였으니 병기를 소지해서는 안 된다.'라고 하였다. 태자도 역시 사자가 속이는가 의심하여, 드디어 패수를 건너지 않고 다시 이끌고 돌아왔다. 천자에게 (이 일을) 보고하니 천자가 (위)산(山)을 목 베었다. 좌장군 순체는 패수의 상군(上軍)을 격파하고, 이에 나아가 성 아래에 이르러, 그 서북쪽을 포위하였다. 누선장군도 역시 가서 회합하고는, 성 남쪽에 주둔하였다. 우거는 성을 굳게 지켰으므로, 몇 달이 지나도 항복시킬 수 없었다.

20천자가 오랫동안 싸움을 결판낼 수 없었기 때문에, 옛 제남태수 공손수를 시켜 가서 치도록 하되, 그에게는 편의에 따라 종사할 수 있도록 하였다. [공손]수(遂)가 도착하자 누선장군을 체포하고, 그의 군대를 병합하여 좌장군과 함께 조선을 급히 쳤다. 조선의 재상이었던 노인(路人), 그리고 한도(韓陶)(陰), 니계(尼谿)의 재상인 참(參), 장군(將軍) 왕겹(王唊)[72] **20a**(師古는 尼谿는 地名, 路人, 韓陶(陰), 參, 唊은 人名이라고 注를 했다.)[73]이 서로 의논하고 항복하고자 하였으나, 왕이 이를 거부하였다. 그래서 한도(陶)와 왕겹과 노인(路人)은 모두 도망하여 한나라에 항

---

71) DB. 기원전 111년에 북부도위(北部都尉)로 곽거병(霍去病)이 흉노를 칠 때 공을 세워 신양후(信陽侯)에 봉해졌다.
72) DB. '조선상 노인, 상(相) 한도, 이계상 참(參), 장군 왕겹.'
73) DB. '사고(師古)가 말하기를 "니계(尼谿)는 땅 이름이므로 네 사람이다."라고 하였다.'

복하였는데, 노인은 도중에 죽었다. 원봉 3년 여름에 니계의 재상 참(叅)은 사람을 시켜 왕 우거를 죽이고 와서 항복하였으나, 왕검성이 항복하지 않는데다가 우거의 대신 성사(成巳)[74]가 또 배반하였다. 좌장군이 우거의 아들 장(長)과 노인의 아들 최(最)를 시켜 그의 백성들을 타이르자, 모의하여 성기를 살해하므로, 드디어 조선을 평정하고 진번·임둔·낙랑·현도 4군으로 만들었다."

주해 **11위만(魏滿: 衛滿)조선(朝鮮)**

11○【魏滿朝鮮】위만(衛滿)조선을 말한다. 위(魏)의 음 ui가 위(衛)의 음이 상통하기 때문에, 위만(衛滿)을 위만(魏滿)이라고 했다.

12○【前漢朝鮮傳】"한서" 조선전을 가리킨다. "(전)한서"는, 후한의 반고(班固) 등이 찬술한 사서(史書)인데, 이 조선전의 기사는, "사기"의 조선전을 그대로 옮기고 있다.

○【自始燕時. 常畧得眞番朝鮮】"사기" 조선전은 '自始全燕時'라고 기록하고 있다. '연(燕)'은 춘추전국시대에 지금의 하북성 동북부에서 만주 남부 지방을 점령하고 있던 국가이다. 시조를 소공석이라고 하며, 주 무왕에 의해 연에 책봉되었다고 한다. 주(周)와 같은 성(姬)이며, 계(薊)(지금의 북경)에 도읍을 정했다. 이 국가는 변경에 위치하고, 안으로는 제(齊)·진(晉)과 접하고 있으며, 밖으로는 외민족에 접해 있었기 때문에, 오랫동안 국력은 부진했으나, 역왕(易王) 10년(기원전 323)에 왕이라고 하고, 소왕(기원전 311-기원전 279)에 이르기까지 상당한 발전을 이루었다. 그 28년, 악의를 상장군으로 하여 제국(齊國)을 타파하고, 왕도 임치에 들어가 제의 대부분을 굴복시켰다. 또 이때에 연은 동방을 향하여 세력을 뻗

---

74) 성기(成己). 고증. 규장각. 파른본. 모두 성사(成巳).

어, 광대한 영토를 열었다.

　현명한 장군 진개의 힘에 의해 동호를 몰아내고, 조양에서 낭평에 이르는 장성을 쌓아, 상곡・어양・우북평・요동・요서의 군(郡)을 두었다. 나아가 그 세력은 압록강을 넘어, 반도의 서북부에 미친 것 같았다. 위의 '全燕時'라는 것은, 이때를 가리키는 것일까. 그러나 소왕이 죽은 후, 연은 전제나 조(趙)에 압박을 받게 되었다. 이어서 왕희에 이르러, 태자 단(丹)은 연의 위급을 우려해, 용사 형가로 하여금, 진왕정을 베어 죽이는 데 실패하고, 오히려 진군의 침입을 받아, 계(薊)를 빠져 나왔다(기원전 226). 그때에 왕희는 요동으로 도망쳤으나, 기원전 222년에 멸망했다.

　다음으로 '상(常)'은 "사기", "한서" 모두 '상(賞)'이라고 기록하고 있다. 진번(眞番)은 앞 장에서 다루었고, 한층 더 후술도 하겠지만, 이곳의 '진번'도 '조선'도 위씨 시대의 것은 아니고, 전국시대의 것이다. 조선은 반도 서북부의 지역을 가리키지만, 이때는 이미 소위 기씨(箕氏)의 기자조선 (한씨조선)이 성립되어 있었는지 아닌지 의문이다(참조: 미가미 쓰기오, '衛氏朝鮮國の政治・社會的性格', "中國古代史の諸問題" 수록).

12a○【師古日云云】"한서"에는 '戰國時燕國略得此地'라고 주를 하고 있다. 사고(師古)는 당대의 학자, 안사고(581-645). "구당서"(권73), "신당서" (권198)에 그의 전이 있다. 그는 태종의 명을 받고, 태자 승건(承乾)을 위하여, "한서"에 주를 해서 바쳤다. 이 해석은 학자가 깊이 존중하는 것이며, 오늘날 이용되는 "한서"에는, 이 주가 실려 있다.

○【置吏築障】안사고는, "한서"에 '障所以, 自障蔽也'라고 주를 하고 있다. 즉 장(障)을 '요새'의 의미로 풀고 있으나, "사기" 조선전의 본문에는, 장을 장새(障塞)라고 기록하고 있다. 이 경우는 障이라는 요새를 가리키는 것이 된다.

14○【浿水】압록강(鴨綠江) 설, 혹은 청천강 설이 있다. 한대의 패수(浿水)에 대해서는, 쓰다 소기치 '浿水考'("朝鮮歷史地理" 卷1 수록), 이병도 '浿水考'("靑丘學叢" 13 수록) 참조.

14a○【師古曰. 浿在樂浪郡】"한서" 조선전에는, '師古曰浿水在樂浪縣'이라고 주를 하고 있다. 한·위대에는 대동강을 열수라고 했다. 그러나 중국인은 남북조시대에 들어가자마자 대동강을 패수(浿水), 당대에는 패강이라고 불렀다. 그런 까닭에 안사고의 주는, 한대의 열수와 후세의 패수를 혼동한 것이라고 생각된다.

15○【燕王盧綰反入凶奴】노관(盧綰)(rowan)은, 풍(豊)(陝西省 長定縣 西北)의 사람, 전한 고조와 같은 마을 출신으로, 고조와 같은 날에 태어났다. 그는 고조가 관직이 없을 때부터 끊임없이 따르고, 고조가 패(沛)에 거병하면, 빈객이 되고, 한에 들어가 장군직을 맡았다. 그는 나아가 고조와 함께 정적을 토벌하고, 연왕 장다의 반군을 몰아내, 공에 의해 이성제후의 7인 가운데 들어가, 연왕(燕王)에 책봉되었다. 그러나 후에 이 이성제후가 반란을 명목으로 속속 주살당하고, 장사왕과 그만 남게 된 것을 보고, 화가 자신에게 미칠 것을 두려워했다. 나아가 그것이 여후의 음모에서 나온 것을 알고, 기원전 195년 고조의 죽음에 이르자, 마침내 군중을 이끌고 흉노에 투항했다. 흉노로부터 존중받아 동호노왕이라고 불렸는데, 만이로부터 침탈당하는 것을 슬퍼하며, 늘 한으로의 복귀에 뜻을 두었으나, 흉노에 있다가 그 지역에서 죽었다. "사기"(권93), "한서"(권34)에는 그의 전이 있다.

○【燕人魏(衛)滿亡命】"사기", "한서" 모두 滿亡命이라고 되어 있다. 위만(衛滿)이라고 하게 된 것은, "위략"('위지' 한전(韓傳))에 의해서이다. 연나라 사람 위만이 망명해서 조선에 들어온 것은, 연왕 노관의 흉노망명과 같은 해인 기원전 195년으로 보인다. 그리고 위만이 거병하여 나라를 세우고, 왕검성에 도읍으로 한 것은, "사기", "한서"의 조선전에 '會孝惠高后時天下初定云云'의 文이 보이므로, 기원전 194-기원전 180년경일 것이다.

○【都王儉】왕검(王儉)은 왕검성을 말한다. 지금의 평양에 해당된다.

15a○【李曰】이(李)는 "한서" 조선전에서 왕검으로 주를 하고 있는 이기(李奇)를 말한다.

○ 【臣瓚曰云云】 이 분주(分注)는 "한서"에는 보이지 않고, "사기" 조선전에 실려 있는 것이다. 신찬은 진대의 사람으로, "漢書集解音義" 24권을 펴냈다. 이 서(書)는 없어졌는데, "한서"의 안사고 주(注) 가운데 많이 인용되어 남아 있다. 그리고 당대에는 이미 그의 성씨가 판명되지 않았다. "유원"은 우찬, "수경주"는 벽찬이라고 한다.

16a○ 【師古曰 孫名右渠】 "한서" 조선전에는 '師古曰, 滿死傳子. 子死傳孫. 右渠者其孫名也'라고 주를 하고 있다.

○ 【眞番辰國 欲上書見天子】 통속본인 "사기" 조선전에는, '眞番旁衆國, 欲上書見天子, 又雍閼不通'이라고 되어 있으나, 북송판본의 "사기" 조선전에는 위의 중국(衆國)은 진국(辰國)이라고 되어 있다. 진번은 조선국에 복속되어 있었으나, '진번 옆의 진국(辰國)…'이라고 되어 있으므로, 진국이 진번과 인접한 지방에 있었다는 것을 알 수 있다. "한서" 조선전은 오랜 "사기"의 기사를 가져오면서도, 위에 대해서는 '방(傍)' 자를 탈락하고, '眞番・辰國'이라고 했던 까닭에, '진번과 진국이 운운'이 되어 "사기"와는 다른 뜻이 되었다. '유'의 위의 글은 완전히 "한서"대로이다. 사마광의 "자치통감"은 분명히 북송판본 "사기"에 의했다고 생각되지만, 위 글에서 진번방(眞番傍)의 3자를 빼고, 단순히 '辰國欲上書見天子'라고 했다. 이상과 같이 문헌의 전사 변화의 眞番旁衆國 → 眞番辰國 → 辰國이라는 추이로부터 보면, 진국(辰國)이라는 것은 문헌 위에서 생긴 것으로, 그 실재는 상당한 문제이다(미시나 '史實と考證', "史學雜誌" 55권 1호).

16b○ 【師古曰. 辰謂辰韓也】 "한서" 조선전의 주를 인용한 것이지만, 이것은 당대의 해석이다. 한초(漢初)의 진국에 대해서는, 앞 절의 조선전 가운데 단지 한 군데에 보이는 사료 이외에는 전혀 없다. 가령 진국이라는 것이 있었다고 한다면, 반도남부에 있었던 부족연합체를 가리키는 것이라고 말할 수 있겠다. 3세기가 되어, 진(晉)의 진수에 의해 "삼국지"가 편찬되었는데, 이 문헌의 동이전 가운데에 한전(韓傳)을 두어, 반도남부의 한족의 정황이 비로소 분명해졌다(후문 참조).

17○【元封二年. 漢使涉何】원봉 2년은 기원전 109년. 섭하의 행적에 대해서는, "사기", "한서" 조선전에만 보일 뿐이고, 그 전은 불명.

○【馭】어자(馭者).[75] "사기"는 '어(御)'라고 되어 있다.

○【郭鮮裨王長】장(長)은 인명이다. 비왕(裨王)은 관명(시종?)으로 보인다.

17a○【師古曰云云】"한서" 조선전의 '師古曰. 長者裨王名也. 送何至浿水. 何因刺殺之.'에 의한다.

○【馭入塞】'어(馭)'는 "사기", "한서"와 같이 '치(馳)'라고 고쳐야 할 것이다.

○【天子】전한 무제를 말한다.

○【遼東之部都尉】"사기", "한서" 모두 요동 동부 도위(都尉)라고 되어 있다. 따라서 '之'는 '東'으로 고쳐야 할 것이다. "사기"에 주를 한, "사기정의"에는 '地理志云, 遼東郡武次縣, 東部都尉所理也'라고 되어 있다. 이것은 "한서" 지리지의 요동군 무차현 조의 '東部都尉治, 莽曰桓次'에 의한 것이다. 한대의 지방 군(郡)에서는 장관인 태수의 아래에 차관으로서, 민정담당의 승(丞)과 군사단당의 장사(長史)가 있었으나, 군사가 중시되었던 결과, 또한 태수 아래에 2명 내지 3명 혹은 4명의 부도위(部都尉)(북부도위·남부도위·동부도위·서부도위)가 설치되고, 1군(郡)을 분할해서 정치·군사를 담당하게 했다. 따라서 요동군에는 동부도위 외에 중부도위도 있었다("한서" 지리지). 그러나 후한 광무제의 건무(建武) 6년(서기 30)에 이르러, 그 군비축소책에 의해, 이들 군의 도위(都尉)도, 왕국의 중위(中尉)와 함께 없어졌다.

18○【樓舡將軍】"사기", "한서" 모두 '누선장군'이라고 기록하고 있다. 누선장군은 한대 장군 호칭의 하나이다. 누선(樓船)에 대해서는 "사기" 평준서(平準書)에 '大修昆明池, 列觀環之, 治樓船, 高十餘丈, 旗幟加其上, 甚狀,'이라고 보인다.

---

75) 마부.

○ 【楊僕 · 荀彘】 양복(楊僕)의 이야기는 "사기", "한서" 두 서적의 혹리전(酷吏傳)에 보인다. 순체(荀彘)는 태원광무(산서성 대현) 사람. 마차를 부리는 것이 능숙하여, 천자의 눈에 들어, 시중이 되었다. 교위(校尉)가 되어 자주 대장군 위청(衛青)을 따랐다. 원봉 3년, 좌장군이 되어 조선을 쳤으나, 공은 없고, 누선장군 양복을 잡은 죄로 죽었다("사기" 衛將軍驃騎列傳 제51). 그러나 조선의 전쟁에서 순체 · 양복의 행동이나 두 사람의 싸움에 대해서는, "사기" 조선전에 상세하게 기록되어 있다.

○ 【從齊浮渤海】 제(齊)는 지금의 산둥지방. 산둥에서 대동강 하구에 이르는 항로는, ① 산둥반도에서 황해를 가로질러 반도로 직행하는 것과, ② 산둥의 등주에서 발해만을 가로질러, 묘도(廟島)열도를 거쳐, 노철산 동의 순서로 가고, 동으로 항해하면 대련 등의 반도 남해안을 따라 오골성(風嵐城 부근)을 경유, 오목도(평안북도)에서 대동강 하구에 이르는 것 등을 생각할 수 있다. 후자는 당의 장탐의 "도리기"에 기록하는 '入新羅道'에 의해 유추되는 것이다.

20 ○ 【濟南】 제남(齊南)은, 지금의 산동성 중부, 역성현을 중심으로 하는 지방일대를 관할구역으로 한 행정구획상의 명칭으로, 옛날에는 주대의 제(齊), 진(秦)대의 제군(齊郡)의 속령. 한초(漢初) 제남군을 두고, 동평릉현(역성현의 동쪽)을 다스렸으나, 문제 16년 제남국으로 바꾸고, 경제 2년에 또 군(郡)으로 복귀했다. 후한 광무제의 건무 15년에 또한 제남국이라고 개칭했다. "한서" 지리지에는 제남군에 호(戶) 14,761 · 구(口) 642,884 · 현(縣) 14가 있었다고 기록하고 있다. 제남태수라는 것은 제남군의 태수(장관)를 가리킨다.

○ 【太守】 진(秦)에서는 수(守)(민정) · 위(尉)(군사) · 감(監)(감찰)의 3관에 의해 군정(郡政)이 행해졌는데, 한(漢)은 태수(민정)와 도위(군사)에 의했다. 태수의 질록(秩祿)은 2,000석(石), 도위는 比 2,000석으로, 모두 차관으로서 승(丞)(600석)을 가졌다. 그러나 군(軍)의 최고장관은 태수이고, 군 밖으로 군사를 보낼 때는, 태수가 장(將), 도위가 부장(副將)이 되

는 규정이었다. 한의 군(郡)은, 통상 삼보와 내군과 변군으로 나뉘었다. 삼보와 변군 사이에는 이상과 다소 다르다(참조: 가마다 시게오, "漢代史研究").

○【朝鮮相路人·相韓陶】노인(路人), 한도(韓陶)는 인명. 뒤의 이름은, "한서"에는 한도라고 되어 있지만, "사기"에는 한음(韓陰)이라고 되어 있다. 상(相)은 대신이지만, "한서"에는 '應劭曰. …戎狄不知官紀. 故皆稱相'이라고 주를 하고 있다.

○【尼谿相參】삼(參)은 인명. 니게(尼谿)는 위씨 조선국 가운데 봉국에 해당하는 것으로 보인다.

21○【定朝鮮. 爲眞番·臨屯·樂浪·玄菟四郡】전한 무제는, 위만조선을 평정하자마자, 반도의 대부분과 요동부와 인접하는 만주의 일부를 포함한 지방에 군현(郡縣)을 두고, 직접 지배하기로 했다. 즉 구 조선국 지역에는 낙랑군을, 조선국에 속해 있던 진번족과 임둔족의 지역에는, 각각 진번군(郡)과 임둔군을 두고, 그다음 해 원봉 4년(기원전 107)에는, 낙랑군 북방의 예맥족의 지역에 현도군을 두었다. 한에 의한 이 지역의 군현 설치는, 이때에 시작된 것은 아니고, 이미 무제의 원삭 원년(기원전 126) 가을에, 동이 예군의 남녀 등 28만 명이 항복했기 때문에, 그 지역을 창해군이라고 했는데, 당시는 아직 경영이 곤란했기 때문에, 원삭 원년 봄에는 군(郡)을 그만두지 않을 수 없었다.

○【眞番】이것에 대한 사료는 "사기", "한서"의 조선전 가운데 보이는 것 이외에는, "사기" 화식(貨殖)전에 '夫燕 … 北鄰烏桓夫餘·東綰濊貊朝鮮眞番之利', 또는 같은 사료(권130)의 '太史公自序'에 '燕丹散亂遼間. 滿(衛滿을 말한다)收其亡民. 厥聚海東. 以集眞藩. 葆塞爲外臣'이라고 보인다. 그리고 진번은, 위만조선의 남방에 있었던 반도민족의 부족집단으로 위씨조선국의 병력의 위협을 받고, 이것에 내속되었을 것이다. 진번군은, 이 진번의 지역에 두었겠지만, 설치 후 겨우 20수년 후의, 즉 소제의 시원 5년(기원전 82) 6월에 없앴다. "한서" 무제기(원봉 3년 여름 조)에 보이는

"무릉서"에 '眞番郡. 治霅縣. 去長安七千六百四十里. 十五縣'이라고 보이는 것 외에는, 진번군에 대해서는 구체적으로 설명하는 자료가 빈약하다. 그래서 진번군의 소재에 대해서는, "무릉서"의 기사해석을 둘러싸고, 낙랑군의 북쪽에 두어야 한다는 북재(北在)설과 이남에 두어야 한다는 남재(南在)설로 나뉘어 왔다. 그러나 이 사료의 기사를 그대로 믿는 한은 남재설을 취할 수밖에 없을 것이다. 또 남재설에서도 여러 가지로 나뉘어져 있다. 이병도는 황해도와 경기도에, 이나바 이와기치는 충청도에, 이마이 류는 충청도와 전라도에, 이게우치 히로시는 충남과 전북에 군(郡)의 소재를 추정했다. 최근, 스에마쓰 야스카즈는, 기본적 사료인 "무릉서"의 기사를 충실히 해석하여, 장안을 떠나 7,640리의 지역에 있어야 할 담현은, 전남의 서남단·나주방면에 비정해야 한다는 새로운 학설을 냈다. 그러나 이(李)는 "한서" 소제기(紀)의 시원 5년 6월 조에 '罷儋耳眞番郡'이라는 기사가 있으나, 해남도의 1군은 기원전 82년에 완전히 없어진 것은 아니고, 주애군에 합쳐진(참조, "한서" 권64下, 賈捐之傳) 예로 유추해서, 진번군도 통설과는 다르며, 소제 시원 5년에 완전히 없어진 것은 아니라고, 담이군과 같이 생각했다. 즉 15현 가운데 일부가 없어지고, 남은 부(部)는 낙랑군에 병합되었다고 한다. 즉 소제 시원 5년의 소위 제1차 변혁 이후의 낙랑군은 25현("한서" 지리지 소재)이 되었으나, 둔유현 이남의 7현(7현의 지역은, 지금의 황해도로 비정된다)은, 남부도위(소명현으로 다스렸다)의 지배하에 들어갔다. 이 새롭게 설치한 남부도위의 치하에 들어간 7현을, 이(李)는 구 낙랑군에 속해 있었던 것이 아니고, 구 진번군의 것이라고 생각했다. 앞 장의 주해에도 말한 것과 같이, 이(李)는 시조단군의 전승을 받드는 아사달족이, 신지배자 기씨조선(한씨조선)에 평양을 넘기고, 지금의 황해도 방면으로 남천했다고 말하며, 전승과 역사와의 연계를 시도했지만, 이것은 한국의 전후에 놓인 역사적 현실과 민족의식국가 이상을 현저하게 반영하는 것이다. 진번군을 북방에 두는 것에 의해, 아사달족=진번족이 되고 나아가 진번족=한족(韓族)으로 이어지는 것이다. 또한 후한 허신이 저술한 "설문해자"에 노(鱸)·첩(鮿)·숙(鮛)·국(鞠)·사(鯊)·력(鱳) 등의 자에 주를 하고 '魚名, 出樂浪潘國'이라고 되어 있다. 이 반국(潘國)은 진번(眞番)이라고 되어 있다. 이것은 한대의 진번지방과 중국과의 경제적 교섭을 말하는 사료일 것이다. 진번군의 소재지에 대해서는 이설이 매우 많아, 상세하게 말하면 20 가까이나 되지만, 요컨대 이것은 사료의 한계를 넘은 논쟁이라고 말해야 할 것이다. 사료의 시증(示證)한도에서 말하면, 낙랑 이남에 있었다고 하는 정도로 멈춰야 할 것이다.

○ 【臨屯郡】 임둔군의 이름은, 시라도리 구라기치에 의하면 "역경"에 의한다고 하지만, 앞서 임둔(위씨조선에 내속되어 있었다)의 지방에 놓인 군(郡) 이름이다. 그 경계는, 반도의 일본해안 지방의 예족(濊族)의 주거지로, 거의 지금의 강원도와 함경남도 남변의 영흥만 지방을 포함하고 있었다. 전술의 "무릉서"에는, '臨屯郡, 治東暆縣, 去長安六千一百一二十八里, 十五縣'이라고 되어 있다. 그러나 소제의 대에 이르러 개폐가 일어나 (기원전 82년 내지 75년 사이에), 이 15현 가운데의 동이·불내·잠태·화려·사두매·전막의 6현만이 남고, 현도군 소속의 요조현과 함께 낙랑군에 편입되었다. 이들 7현이 소위 영동7현이라고 일컬어지는 것으로, 불내현에 속한 낙랑 동부도위의 관하에 들어갔다. 이윽고 후한 광무제의 건무 6年(서기30)에 근처 군의 도위를 없애기에 이르는 등, 이 지역도 포기했다. 그 후는 제현 가운데의 거수(巨帥)를 현후로서 조종하고, 다음의 위대까지 불내예후는 공조·주부 등의 여러 조(曹)를 두고 예(濊)민을 이것에 임명한 것이 '위지' 동이전에 기록되어 있다. "설문해자"에는 '분분(粉紛)'과 '호(鯱)'는 모두 '예(濊)'의 사두국에서 나온다.'라는 것이 보이는데, 이것은 앞서 사두매현 혹은 그 후신을 가리키며, 또 이 사료가 '옹(鰅)'을 설명하며, '껍질에 글이 있고, 낙랑동이에서 난다. 전한 선제의 신작 4년(기원전 38)에 잡아서 한정(漢廷)의 고공에 옮겼다.'라고 적고 있다. 이 동이는 소속 7현 가운데의 동이현이며, 반어피가 이 방면의 산물

이었다는 것은, "위지" 예(濊)전에 의해서도 살필 수 있다. 또 "한서"의 예문지나 구혁지에 이름을 남기는 장수 인물은, 무제시대에 동이현령으로 하고 있었던 것을 알 수 있다.

○ 【玄菟郡】 이것의 설치는, 다른 3군보다도 1년 늦게 기원전 107년에 설치되었으나, 소위 제일 현도군의 경계지역과 군 정치에 대해서는, "후한서" 동옥저전의 '武帝滅朝鮮. 以沃沮地. 爲玄菟郡. 後爲夷貊所侵. 徒郡於高句驪西北. 更以沃沮爲縣. 屬樂浪東部都尉'라는 기사에 바탕을 두고, 군(郡)은 '위지' 동이전에 보이는 옥저족의 주거지(함경도 방면)에 놓여, 그 군 정치를 지금의 함흥에 비정되는 옥저성("한서" 지리지에 기록하는 요조현)이라고 생각했다. 그러나 이 현도군은 이맥(夷貊) 침입 때문에, 요조현을 낙랑 동부도위의 치하에 배속시키고 다른 것을 포기하고, 기원전 75년에는 만주의 흥경 노성에 설치했다. 이것이 제2현도군으로, 그 대표는 고구려현이었다. 고구려의 압박에 의해 현도군은 한층 더 후한의 중엽·안제 즉위 해(서기 106)에 후퇴하고, 요동군의 북부를 나누어 제3현도군이 되었다. 이 군은 무순에 놓인 고구려현을 통치하면서, 군의 동북의 외적의 통제에 임했다. 이상이 정설로 되어 있는데, 이병도는 제1현도군치의 소재지와 군에 대해서, 일찍 이의를 제기하고 있다('玄菟郡及臨屯郡考', "史學雜誌" 41권 4·5호). 즉 고구려가 도읍으로 한 '환도'(輯安)는 군의 중심이었기 때문에, 환도의 이름이 군의 이름이 되었다는 것이다. '환도'와 '현도'는 동음으로, 신토(神土)·신향(神郷)(영어의 holy+ land)을 한자로 옮겼다("요사(遼史)" 지리지·동경도의 환주(桓州)·환도(桓都)도 현도의 대역으로 한다)는 것이다. 더 나아가 "한서" 지리지의 현도군 조에 보이는 '武帝元封四年開高句驪. 莽曰下句驪. 屬幽州'의 해석을 둘러싼 통설에 비판을 가하고, 현도군은 무제 원봉 4년에 고구려를 열고 설치되었다는 것을 강조했다. 이렇게 보면 고구려 부족은 한초부터 존재한 것이지만, 이(李)는 현도군 영역을 압록강 상류역의 집안에서 만주의 동가강 유역을 중심으로 하는 지대, 평안북도의 일부와 만주방면에 걸쳐,

낙랑군의 북부지방에 있었다고 생각해, 옥저를 포함하는 것은 지리적으로 무리라고 했다. 즉 옥저현은 처음부터 임둔군 15현 가운데 포함되어야 한다고 했다. 전후, 와다 기요시는, 앞서 이(李)가 제1현도군을 지금의 집안의 고구려 지역에 비정한 것을 찬성하면서도, 군의 경계지역에 대해서는 절충해서 다음과 같이 단정하고 있다. 지금의 무순에서 운하를 따라 거슬러 올라가면 홍경이 나오고, 부이강을 따라서 동가강반으로 내려가, 다시 신개하를 거슬러 올라가면, 집안이 나오고, 압록강을 건너 독로강을 거슬러 오르면, 강 경계선에서 장률강반이 나오고, 흐름에 따라 거슬러 올라 고개를 넘어 함흥방면으로 나오는 길은, 바로 남만횡단의 공도(孔道)이며, 고구려는 이것을 의지하여, 동서를 지배했고, 또 위(魏)의 고구려 원정 때에도 관구검 · 왕기는 이 길에 나와, 고구려왕을 쫓았다. 그래서 한(漢)의 남만경영도 반드시 이 길로 나왔을 것임에 틀림없다고 하면서, 현도군은 무순에서 함흥에 이르는 공도 위에 있으며, 집안은 분명히 그 중심을 형성하는 요충이다. 그렇다면 소위 현도군은 이곳에 군치(郡治)를 두고, 그 서단은 홍경 노성(老城) 부근에 이르고, 동쪽의 끝이 지금의 함흥의 옥저현까지 미칠 것이며, 지역은 협장(狹長)한 것이라고 생각했다. 와다는 한층 더 나아가, 제2, 제3 현도군의 주된 현 이름이 고구려현이었다는 것을 역으로 추론해서, 집안의 제1 현도군의 주현도 고구려현이 아니면 안 된다고 한다. 와다는 제1, 제2, 제3차의 현도군의 속현에 대해서도 상세하게 논하고 있다('玄菟郡考', "東方學" 第一輯).

○ 【樂浪郡】 이것에 관해서는 "한서" 지리지의 낙랑군 조에 '武帝元封三年開, 云云'이라고 기록하고, 나아가 '戶六萬二千八百日十二, 口四十萬六千七百四十八, 縣二十五'라고 보이고 있다. 이것은 소제(昭帝)의 시원 5년(기원전 82) 이후의 제1차 변혁 후의 낙랑군에 대해서 적은 것이다. 낙랑군은 한의 동문군현의 중심이었으나, 그 군치는 그 대표인 조선현에 있었다. 평양성을 사이에 두고, 대동강 남안의 토성(土城)리 일대에는 한의 유적이 많고, 이 지역의 출토물로부터도 조선현에 비정되고 있다. 낙랑

태수가 조선현을 다스리면서, 전군를 지배했다는 것은 물론이지만, 위 25현 가운데 동쪽의 7현은, 불이현을 다스린 동부도위의 관하에, 자비령 산맥 및 대동강 하류 남방의 지역으로 보이는 '대방·열구·소명·장 잠·제해·함자·해명'의 7현은, 소명현(昭明縣)을 다스린 남부도위의 관하에, 각각 제1차 변혁 후에 들어간 것은 기술한 대로이다. 이것도 전 한말 왕망의 시대를 거쳐, 후한 광무제의 건무 6년(서기 30)에 군비축소 를 겸해서 주변군의 도위를 없애는 데 이르고, 낙랑군에서도 동·남쪽 부 의 도위가 없어졌다. 그래서 동부도위 관하의 영동 7현은 버려지게 되었 다. 이것이 낙랑군의 제2차 변혁이다. "후한서" 군국지의 낙랑군 조에는, '十八城, 戶六萬一千四百九十二, 口二十五萬七千五十'이라고 기록하고, 18현 이름을 적고 있다. 그래서 무제가 만들어 놓은 낙랑군은 18현이었 다는 것을 아는 것이다(단, 이병도는 남부도위 관하에 들어가 있었던 7현 은 구 진번군의 것으로 하기 때문에, 11현이었다고 한다). 후한 말의 환 령 때부터 중국이 동요하는 등, 혼란이 찾아왔다. 요동에는 공손이 웅거 하여 반도에도 세력을 뻗쳤지만, 공손강은 건안 때, 즉 205년경에 낙랑군 의 남경이 황폐해 있었기 때문에, 새롭게 대방군을 두고, 크게 경영에 힘 써, 그 위세가 동방에 떨쳤다. 그러나 중원을 통일하고 220년에 후한조정 의 이양을 받은 위(魏)는, 238년에 공손씨를 정벌하고, 반도에도 병력을 보내, 낙랑·대방 2군을 점령했다. 위는 더 나아가 고구려를 치고 옥저· 예(濊)에도 병력을 보내, 한족(韓族)을 제압했다. 이 위(魏)도 이윽고 부 진하게 되어, 265년 서진(西晉)으로 바뀌었다. 이 서진도 위로부터 2군을 이어받았으나, "진서(晉書)" 지리지에, 대방군은, '統縣七, 戶四千九百', 낙랑군은 '統縣六, 戶三千七百'이라고 되는 것처럼, 낙랑군은 북의 고구 려로부터 침략을 받지 않고, 이미 진(晉) 초에 그 5현이 멸망했던 것이다. 또 공손강이 설치한 대방군은 앞서 남부도위 관하에 소속되어 있던 7현 에, 틀림없는 것은, "진서" 지리지의 대방군 7현의 이름이, 남부도위에 속 한 7현의 이름과 일치하기 때문이다. 그리고 대방군의 중심지는 황해도 봉산군을 중심으로 한 지역이었다. 그것은 이 방면에서 많은 유적 · 유물이 발견되고 있는 것으로부터도 입증된다. 그러나 이 낙랑군 · 대방군은 313년경, 북으로부터의 고구려나, 남으로부터의 한예(韓濊)족의 침략에 의해 멸망했다(참조: 이게우치 히로시, '樂浪郡考', "滿鮮史硏究" 上世篇 수록). 그러나 이후에도 낙랑 · 대방 2군은, "후위서"에 보이듯이, 요서(遼西)에 잠깐 놓여 그 이름을 남겼다.

마 한
22馬韓

23魏志云, "魏76)滿擊朝鮮, 朝鮮王準77)率宮人左右, 越海而南至韓地, 開國號馬韓." **24**甄萱上太78)祖書云, "昔馬韓先起, 赫世勃興, 於是百濟開國於金馬山." **25**崔致遠云, "馬韓麗也, 辰韓羅也 **25a**據本紀, 則 '羅先起甲子, 麗後起甲申, 而此云者, 以王準79)言之耳, 以此知東明之起, 已幷馬韓而因之矣, 故稱麗爲馬韓.' 今人或認金馬山, 以馬韓爲百濟者, 盖誤濫也, 麗地自有邑山,80) 故名馬韓也."

26四夷九夷·九韓·穢·貊. **27**周禮 '職方氏掌四夷九貊'者, 東夷之種, 即九夷也. **28**三國史云 "溟州 古穢國, 野人耕田 得穢王印獻之." **29**又 "春州, 古牛首州, 古貊國." 又或云 "今朔州, 是貊國, 或平壤城爲貊國." **30**淮南子注云 "東方之夷九種." **31**論語正義云 "九夷者, 一玄菟·二樂浪·三

---

76) DB. "사기(史記)" "한서(漢書)" "삼국지(三國志)"에는 衛.
77) 고증. 규장각본. 파른본에는 犀.
78) DB. 규장각본. 파른본에는 大.
79) 고증. 규장각본. 파른본에는 犀.
80) DB. "삼국사기"와 "신증동국여지승람(新增東國輿地勝覽)"에는 馬邑山.

高麗・四滿餙・五鳧臾・六素[81]家・七東屠・八倭人・九天鄙." [32]海東

安弘記云"九韓者. 一日本・二中華・三吳越・四乇[82]羅・五鷹遊・六靺

鞨・七丹國・八女眞[83]・九穢貊."

풀이 [22]마한(馬韓)

[23]"위지(魏志)"에 이르기를 "위만이 조선을 치니, 조선왕 준(準)[84]이
궁인(宮人)과 좌우(左右)를 데리고 바다를 건너, 남으로 한(韓) 땅에 이
르러 나라를 건국하고, 이름을 마한(馬韓)이라고 하였다."라고 하였
다.[85]

[24]견훤이 태조[86]에게 올린 글에 이르기를, "옛날에 마한이 먼저 일
어나고 혁[거]세가 일어나자, 이에 백제가 금마산[87]에서 나라를 창
건하였다."라고 하였다.

[25]최치원[88]이 말하기를 "마한은 [고구]려요, 진한은 [신]라이다."라
고 하였다. [25a]본기(本紀)[89]에 의하면 "[신]라가 먼저 갑자년에 일어나고 [고구]려가 그 후

---

81) DB. "이아(爾雅)" 이순(李巡)의 注에는 索.

82) 고증. 규장각본. 파른본에는 乇. DB. "삼국유사"권3, 탑상(塔像) 황룡사구층탑(皇龍寺九層
塔) 조에는 托.

83) 파른본. 眞. DB. "삼국유사"권3, 탑상(塔像) 황룡사구층탑(皇龍寺九層塔)조에는 狄.

84) DB. 고조선의 마지막 왕.

85) DB. 이와 관련된 내용이 "삼국지(三國志)" 권30 위서30 동이(東夷) 한(韓)조와 "후한서(後
漢書)" 권85 동이열전75 삼한조에서 확인된다.

86) DB. 고려 태조 왕건.

87) DB. 현재 전라북도 익산시에 있는 산이다. "신증동국여지승람(新增東國輿地勝覽)" 권33
익산군 고적조에도 금마산의 이름이 보인다.

88) DB. 신라 하대의 학자로 자(字)는 고운(孤雲) 또는 해운(海雲)이라 한다. 12살에 당(唐)에
유학하여 17살에 과거에 급제했다. 황소(黃巢)의 난이 일어나자 제도병마도통(諸道兵馬都
統) 고병(高駢)의 종사(從事)가 되어 황소를 정벌하는 격문을 지어서 문명을 크게 떨쳤다.

갑신년에 일어났다고 하였는데, 이렇게 말하는 것은 [조선]왕 준을 두고 말한 것이다. 이로써 동명(東明)[왕]이 일어난 것은 이미 마한을 병합한 때문이란 것을 알 수 있다. 그래서 [고구려를 일컬어 마한이라고 한 것이다.]라고 하였다. 요즘 사람들이 더러는 금마산을 두고 마한이 백제로 되었다고 하지만 이는 대체로 잘못이다. [고구려 땅에는 본래 [마읍산(邑山)[90]이 있었으므로 이름을 마한이라 한 것이다.

26사이(四夷)[91] 구이(九夷) 구한(九韓) 예맥(濊貊).[92]

27"주례"에 「직방씨」[93]가 "사이와 구맥을 관장했다."고 하는 것은 동이의 종족으로, 즉 구이이다.

28"삼국사"에 이르기를 "명주[94]는 옛날 예국이다. 야인(野人)이 밭을 갈다가 예왕(濊王)의 인장을 얻어 나라에 바쳤다."[95]라고 하였다.

29또 이르기를 "춘주[96]는 옛날의 우수주[97]로 옛적의 맥국(貊國)이다."라고 하였다. 또 더러 이르기를 "지금의 삭주는 맥국이요, 혹은

---

89) DB. "삼국사기"의 신라본기와 고구려본기.

90) DB. 원문은 '읍산(邑山)'으로 표기하고 있지만 이는 '마읍산(馬邑山)'을 가리키는 것이다. 마읍산은 평양 인근에 위치한 산으로 "삼국사기"에 따르면 당의 소정방이 고구려를 공략할 때, 패강에서 고구려군을 파하고 마읍산을 빼앗자 평양성을 포위할 수 있었다고 한다("삼국사기" 권22 고구려본기10 보장왕 20년 8월).

91) DB. 고대 중국에서 주위에 있는 이민족을 일컫는 말로 동이(東夷), 서융(西戎), 남만(南蠻), 북적(北狄).

92) 고증에는 '마한(馬韓)'과 동등한 표제어로 다루었다. DB. 예(濊)와 맥(貊)이다. 규장각본도 표제어로 보인다.

93) DB. 주대(周代)의 관제(官制)를 기술한 책으로 주공(周公) 단(旦)이 지은 책이라고 하나 분명하지 않다. 후한(후한)의 정강성(鄭康成)이 주(注)를 하고 당(唐)의 가공언(賈公彦)이 소(疏)를 지었다.

94) DB. 오늘날의 강원도 강릉 일대.

95) DB. 이와 같은 기록이 "삼국사기" 권1 신라본기1 남해왕 16년 2월조에 보인다.

96) DB. 지금의 강원도 춘천 일대.

97) DB. 지금의 강원도 춘천시 일대이다. 신라 삭주(朔州)의 옛 지명으로 우두주(牛頭州) 혹은 우고주(牛苦州)라고도 한다.

평양성이 맥국이다."라고 하였다.

30"회남자"[98] 주석에 이르기를 "동방(東方)의 오랑캐는 아홉 종족이 있다."라고 하였다.

31"논어" 정의(正義)[99]에 이르기를 "아홉 오랑캐는, ① 현도, ② 낙랑, ③ 고려, ④ 만식, ⑤ 부유, ⑥ 소가, ⑦ 동도, ⑧ 왜인, ⑨ 천비이다."라고 하였다.

32"해동안홍기"[100]에 이르기를 "구한이란 것은, ① 일본, ② 중화, ③ 오월, ④ 탁라,[101] ⑤ 응유, ⑥ 말갈, ⑦ 단국, ⑧ 여진, ⑨ 예맥이다."라고 하였다.

주해

22○ 【馬韓】 한반도 남부 토착의 한족(韓族)에 대한 가장 오래된 기술은, "위지" 한전(韓傳)이다. 이것에 의하면 마한, 변진(弁辰)(한), 진한으로 나누어져 있었다. 그래서 삼한이라고 하는 것이지만, 마한은 서쪽에 위치하여, 지금의 충청도, 전라도에 걸쳐 50여 국으로 이루어지고, 변진(변한)은 경상도 서부에, 진한은 그 동쪽에 각 12국씩 나뉘어 있었다. 이들 나라는 후세의 군(郡) 정도만 한 것으로, 제각기 공동체의 거주 지역을 의미한다. 마한은 그 주민이 토착해서 농사를 짓고, 누에와 뽕을 알아 면포를 만들었다. 각 부족에는 장수(長帥)가 있었고, 가장 위는 신지(臣智),

---

98) DB. 한(漢)의 회남왕(淮南王) 유안(劉安)이 찬(撰)한 책으로 모두 21권으로 이루어져 있다. 본래 이름은 "회남홍렬(淮南鴻烈)"이고, 후한(후한)의 고유(高誘) 및 허신(許愼)이 주(註)를 달았다.

99) DB. "논어주소(論語注疏)"를 가리킨다. 위(魏) 하안(何晏)의 주(注), 송(宋) 형병(邢昺)의 소(疏)로 모두 20권으로 이루어졌다.

100) DB. 신라 진평왕대의 승려 안홍과 관련된 기록이다.

101) 고증. 규장각본. 파른본에는 乇.

다음은 읍차(邑借)라고 이름을 짓고, 산과 바다의 사이에 흩어져 있었고, 성곽이 없었다. 또 대국은 만여 가옥, 소국은 수천 가옥, 총 10여만 호(戶)였다. 더 나아가 진왕(辰王)이 되는 자가 월지국을 다스리면서, 진한에까지 위세를 떨쳤던 적이 있었다고 한다.

23○ 【魏志云】진(晉)의 진수 찬 '위지'의 한전(韓傳)에 보이는, '侯准(準) 旣 僭號稱王, 爲燕亡人衛滿所攻奪. 將其左右宮人 走入海居韓地 自稱韓王'이라는 기사에 바탕을 둔 것이다. 위만(魏滿)은 위만조선(魏滿朝鮮)의 페이지에서 말한 위만(衛滿)을 말하며, 준(準)은 기자조선 마지막 왕이다. '위지'의 위 조에 인용하고 있는 "위략"에는 '其子及親留在國者. 因冒姓韓氏. 準王海中不與朝鮮相往來'라고 기록되어 있으며, 준(準)이 바다 안에서 왕이 되었다고 말하고, 한지(韓地) 혹은 마한의 왕이 되었다고는 말하지 않았다. 더 나아가 후한 왕부의 "잠부론"에도, '昔周宣王(時). 亦有韓侯. 其國也近燕. 故詩云. 普彼韓城. 燕師所完. 其後韓西(?東),[102] 亦姓韓. 爲 衛滿所伐. 遷居海中'이라고 기씨 조선에 관한 것을 기록하고 있으나, 이곳에도 한지(韓地)에서 왕이 되었다고는 적지 않았다. 또 '위지'에는 전술의 기사에 이어서, '其後絶滅, 今韓人猶有奉其祭祠者. 漢時屬樂浪郡. 四時朝謁'이라고 기록하고 있다. 조선왕 준이 위만을 대신하여 바다에서 왕이 되었다는 것은, 그 멸망을 아쉬워하여 생긴 설화일 것이다. 그것이 한지에 이르러 나라를 열고 한왕(韓王) 혹은 마한왕이 되었다는 듯이 발전한 것은, 낙랑군과 교류한 한지의 유력자가 그 문벌(門閥)을 꾸미기 위하여, 기준(箕準)의 자손이라고 불렀다는 것으로부터, 이러한 설화가 생겼을 것이다.

24○ 【甄萱】백제국의 건국자. 상세한 것은 '유' 권제2의 후백제 · 견훤 조로 미룬다.

○ 【甄萱上大祖書云】'사' 견훤전에는, 훤(萱)이 신라 진성여왕 6년(892)에

---

102) 고증 원문 그대로.

무진주에 할거하면서 자립하여, 서쪽으로 돌면서 완산주에 이르러, 그 좌우에 대하여 후백제왕을 칭하는 까닭을 말하고 있으나, 그 말에 '吾原三國之始. 馬韓先起 後赫世勃興. 故辰卞從之而興. 放是百濟開國金馬山 …' 이라고 되어 있다.

○ 【大祖】고려의 건국자, 태조 왕건이다.

○ 【赫世】신라의 시조혁거세를 가리키고 있다.

○ 【金馬山】산 이름. 전라북도 익산군에 있다. '승람'(권33) 익산군의 고적(古跡) 조를 참조. 익산 지역은 백제시대부터 금마저군이라고 불렸다. 고구려 멸망 후, 그 귀인 안승(安勝)이 신라에 투항하자, 문무왕은 안승을 고구려왕·보덕왕(報德王)에 봉하고 금마저에게 고구려국을 세우게 했으나, 다음의 신문왕은 이것을 없애고, 이 지역을 금마군으로 고쳤다. 주지한 바와 같이 익산 지역에는 예로부터 불교 유적이 많다. 고전승 발생에는 어울리는 지역일지 모르나, 백제건국 지역은 아니다. 백제 및 백제건국지에 대해서는 '유' 권제2 남부여·전백제 조로 미룬다. 또한 '위지' 한전에 보이는 마한 50여 국 가운데의 건마국 이름이 금마저군 금마군(郡)이 되었던 것일까.

25○ 【崔致遠】(857-?) 신라말기의 석학. 왕경 사량부의 사람. 어려서부터 예민, 배움을 좋아하여, 12세에 입당하여 스승을 찾아 배우고, 874년 과거에 급제하여 점차 지위가 높아져 자금어대를 하사받는다. 황소의 난을 만나 고관에 종사하여, '토황소격'을 지어 그 이름을 천하에 전했다. 진성여왕 때에 고국신라로 돌아와, 크게 뜻을 펼치려고 해도 받아들여지지 않자. 이윽고 초야로 돌아가 학문생활에 몰두하다가, 나중에는 가야산 해인사에 은거하면서 그 생애를 마쳤다. "당서" 예문지에 있는 "계원필경", "문집", "사륙집" 그 외 저서가 많고, 또 그 문하의 사람가운데 고려국초에 이바지한 자가 많다. 고려 현종조의 문묘에 모셔진다.

○ 【崔致遠云. 馬韓. 麗也. 辰韓. 羅也】이 글은 본래는 주기(注記)해야 할 것이다. 최치원의 "계원필경"에 '東海之外有三國. 其名馬韓 辰韓 卞韓.

馬韓則高麗, 卞韓則百濟, 辰韓則新羅也'라고 되어 있으며, '사' 지리지(1)도 이것을 인용하고 있다. 신라·백제·고구려의 삼국도 당대에 삼한이라고 불렸기 때문에, 최치원은 소위 삼한과 삼국을 연결하려고, 위와 같이 기록하였을까. 마한의 북쪽 경계는 현재의 경기도에도 미쳤던 것이지만, 고구려의 전성기에는, 그 남쪽 경계가 이 지역에도 미쳤다. 그래서 고구려와 마한을 연결지었던 것일까. 또는 신라 말기에 민족의식이 높아져 고구려의 옛 영토를 지배하고, 북쪽까지 한족(韓族)이 발전했던 것으로 해서, 마한을 북쪽으로 생각하려고 하는 사상이 움직였는지도 모른다. 덧붙여 삼국을 삼한이라고 부른 첫 문헌은, 당평백제국비명(唐平百濟國碑銘)(660년)의 '一擧而平九種, 再捷而定三韓云云'으로, 여기에서 삼국에 대하여 삼한이라는 고전적인 말을 사용하는 수식이다.

25a○ 【據本紀, 則羅先起甲子, 麗後起甲申】이 주(注)가 의미하는 바는, 본문의 마한선기(馬韓先起)의 마한을 고구려라고 생각했던 주(注)를 단 자('유'의 저자 일연인지, 혹은 후인)가, 신라 쪽이 고구려보다 먼저 건국했다는 것을 설명하려고 한 것으로 보인다. 본기(本紀)라는 것은 '사'의 신라본기, 고구려본기, 백제본기를 가리킨다. '사'에는 신라시조 박혁거세 거서간 즉위원년은, 전한 선제의 오봉(五鳳) 원년(기원전 57) 갑자, 고구려시조 동명성왕(주몽) 즉위원년은, 전한 원제의 건소(建昭) 2년(기원전 37) 갑신, 백제시조 온조 즉위원년은, 전한 성제의 홍가(鴻嘉) 3년(기원전 18) 계묘라고 되어 있다. 그러나 고구려의 건국이 가장 이르고, 백제, 신라의 건국시기는 훨씬 늦다는 것은, 주지대로이다.

○ 【麗地自有邑山, 故名馬韓也】읍산(邑山)은 마읍산이라고 해야 할 것이다. 금마산을 마한이라고 하는 것에 대해서, 마읍산이 있으므로 마한이라고 이름을 지은 것이 된다는 것이다. 그러나 고구려의 지역이 마한이라는 쪽이 잘못되었지만, 참고 정도로 마읍산 혹은 마읍성·마읍현이라고 불렸던 지명을 든다면 다음과 같다. '여기' 보장왕 20년 조에 '秋八月, 蘇定方破我軍於浿江, 奪馬邑山, 逐圍平壤城', '나기' 문무왕 11년 조에 '八

月. 攻韓始城. 馬邑城克之……', ‘사’ 지리지(四)삼국 유명 미상지분 조에 ‘마읍산’이라고 되어 있다. ‘승람’ 권51·평양부의 고적 조에도 마읍산이 보이고, 거기에 ‘一統志. 在平壤城西南. 唐蘇定方奪馬邑山. 逐圍平壤即此’라고 적고 있다. 이상의 마읍산, 마읍성은 모두 같이 고구려의 평양성의 근처에 있었던 것이다. 또 ‘사’ 지리지(3) 보성군 조에 마읍현의 이름이 보이며, ‘馬邑縣. 本百濟古馬旀知縣. 景德王改名. 今遂寧縣’이라고 되어 있다. 보성군은 지금의 전라남도 보성군의 지역에 해당된다. 또 ‘승람’ 권17·한산군의 군 이름 조에, 마읍의 이름이 있다. 이 한산군의 지역은 지금의 충청남도 부여군에 속한다. 참고로서, 권남(權擥) ‘양촌응제시주(陽村應制詩注)’의 마한의 주를 들겠다. ‘馬幹即今全羅道界. 後朝鮮王 箕準避衛滿之亂. 浮海而南至金馬郡. 開國號馬韓. 今益山郡. 所統小國五十二. 歷四郡二府之時. 至百濟始祖溫祚王二十六年幷之. 郡本稱金馬渚. 又稱益州. 有彌勒山城. 諺傳箕準始築. 故謂之箕準城.’

사이(四夷)·구이(九夷)·구한(九韓)·예맥(穢貊)

26○ 【四夷·九夷·九韓·穢貊】마한 조에 기입하고 있으나, 사이(四夷) 이하는 별개 항목이며, 이 부분은 표제어일 것이다.

27○ 【周禮】찬술자 불명. 별칭은 ‘주관(周官)’ 또는 ‘주관경’. 종래에는 주공(周公)의 작이라고 전해져 왔다.

○ 【職方】관명. 주(周)에서는 “주례” 하관 조에 직방씨(중대부 6인으로 조직)가 있어, 천하의 지도 및 사방의 직공을 관장한다. 수(隋)는 직방시랑이라고 한다. 당제에서는 병부에 속하고, 직방 낭중이라고 불리며, 이 제도는 명, 청에도 이어지며 더 나아가 민국에서는 건국의 때에 내무부에 직방사를 두고, 지방 강리 및 토지의 통계사항을 관장하게 했다.

28○ 【溟洲. 古濊國. 濊王印】예(穢)는 다른 많은 문헌에서는 예(濊)라고 적혀 있다. ‘사’ 지리지(1)에는, ‘溟洲. 本高句麗河西良(一作何瑟羅) 後屬新

羅. 賈耽古今郡國志云. 今新羅北界溟洲. 蓋濊之古國. 前史以扶餘爲濊地蓋誤. 善德王時爲小京置仕臣. 太宗五年唐顯慶三年. 以瑟羅地連靺鞨. 罷京爲州置軍主以鎭之. 景德王十六年. 改爲溟洲今因之'라고 명주(溟州)의 연혁에 대하여 기록하고 있다. 하슬라는 지금의 강원도 강릉 지역에 해당하지만, 신라는 이 지역에 명주를 두고 명주도독(軍主)로 하여금 이 지역을 중심으로 강원도의 동해안 지대의 1주(州) 9군(郡)을 관장하게 했다. 앞서 인용한 사료 가운데의 가탐고금군국지에도, 명주가 예(濊)의 옛 나라(濊之古國)라고 하고 있는데, 또 후세의 '승람' 권44 · 강릉대도호부 고적 조에 '예국고성'의 소재가 기재되어 있는 것도, 이 지역에 예인(濊 人)의 소국이 있었던 전승에 바탕을 둔 것일지도 모른다. 더 나아가 강원도 북쪽에 이어지는 함경남도 남부의 지대도 옛날에는 예인의 주거지였다. 소위 이들 7현의 지역은, "후한서" 예전(濊傳)이나 '위지' 예전에 의해, 후한 광무제의 포기 후에도, 중국의 간접 지배하에 현후(縣侯) 등의 칭호를 받은 거수(渠帥)의 자치에 맡기고 있었던 같다. 후한의 허신(許 愼)이 저술한 "설문해자"에 호(鯱)나 분(魵)이라는 물고기를 생산했다고 설명하는 예(濊)의 사두국(邪頭國)(邪頭昧縣)은, 불내(不耐)(而)동이(東 暆) 등과 함께 이 지역이 예의 소국이었다. '위지' 예전에는 '正始六年. 樂浪太守劉茂. 帶方太守弓遵. 以領東濊屬句麗. 興師伐之. 不耐侯等擧邑降. 其八年. 詣闕朝貢. 詔更拜不耐濊王'이라고 보이고 있다. 이것은 위(魏)의 고구려 원정에 이어, 이미 고구려의 세력하에 있던 영동지방의 예족을 위(魏)가 정복했다는 것을 기록한 것이지만, 이게우치 히로시는 이것에 대해서, 정시(正始) 6년, 위의 군에 투항했던 불내예의 군장(君長)은, 2년 후에 위 도읍에 나아가 조공을 하고 불내예왕에 봉해졌다. 그때, 그 왕에는 반드시 예왕(濊王)의 도장을 하사 받았을 것임에 틀림없다고 말하고 있다. 불내는 함경남도 영흥 부근. 넓은 의미의 명주지역의 예의 군장(君 長)이, 중국왕조로부터 예왕의 도장을 받았다는 것은, 혹은 불내국에 그치지 않았을 것이다. 그러나 '위지' 부여전에, '其印文言濊王之印. 國有故

域名濊城. 蓋本穢貊之地. 而夫餘王其中. 自謂亡人. 抑有似也.'라고, 예왕지인(濊王之印)에 관한 것이 보이고 있다. '유'의 예왕인(濊王印)은, 이 기사에 바탕을 둔 것으로 보인다. 이것에 대해서는 이게우치는, 불내예왕의 인(印)을 어환(魚豢)이 잘못 듣고, 부여전에 기록했던 것이라고 생각했다('佟佳江流域の先住民と貊', '穢貊・濊の稱', '夫餘考', "滿鮮史硏究" 上世篇 수록).

29○ 【牛首州】春州는 지금의 강원도 춘천 지역에 해당한다. 신라가 고구려로부터 이 지역을 차지하여 수약주, 우수주 혹은 삭주를 설치하고, 고려조에 이르러 춘주가 되었다. '사' 지리지(二) 삭주 조에는, 다음과 같이 기록하고 있다. '朔州. 賈耽古今郡國志云. 句麗之東南. 濊之西. 古貊地. 蓋今新羅北朔州. 善德王六年唐貞觀十一年. 爲中(牛)首州. 置軍主. 一云文武王十三年. 唐咸亨四年. 置首若州. 景德王改爲朔州. 今春州.'

○ 【貊國】고구려(맥족)가 평양에 도읍을 두었기 때문에 이렇게 말한 것일까. 예맥족에 대해서는 미시나 아키히데 '濊城小考'("朝鮮學報" 第四輯) 참조.

30○ 【淮南子】서명. 전한 회남왕 유안(劉安)(전한 고조의 손자)의 찬술.

31○ 【論語正義】20권. 위(魏)의 하안주・송의 형병소(疏). 일명 "논어주소".

○ 【九夷】구이(九夷)에 대해서는, "이아(爾雅)"의 석지 구이의 주에도 본문과 같은 기재가 보이지만, 또 '札. 王制. 東方曰夷. 疏'에는, '東夷傳九種. 一曰 …. 二曰 …. 三曰高麗. 四曰 …. 五曰鳧臾. 六曰 …. 七曰 …. 八曰 …. 九曰 ….'이라고 보이며, 더 나아가 '후한서' 동이전, "통전" 변방전・동이서략에 의해 다음과 같은 일설이 있었다는 것을 알 수 있다. ① 견이, ② 우이, ③ 방이, ④ 황이, ⑤ 백이, ⑥ 적이, ⑦ 현이, ⑧ 풍이, ⑨ 양이.

○ 【高麗】고구려를 말한다.

○ 【滿飾】물길(勿吉)(말갈)을 말하는 것일까. 만주의 어원은 만식(滿飾)이라는 설도 있다.

○【髦㐌】부유(髦㐌), 부여족을 말할 것이다. "통지"의 씨족략·제방복성 조에, '髦㐌氏. 百濟之夫餘. 音轉爲髦㐌氏'라고 보인다.

○【素家(索家?)·東屠·天鄙】모두 불명.

32○【海東安弘記·九韓】'유' 권제3 황룡사 구층탑 조에, '海東名賢安弘撰 東都成立記云. 新羅第二十七代女王爲主. 雖有道無威. 九韓侵勞苦. 龍宮 南皇龍寺建九層塔. 則隣國之災可鎭. 第一層日本. 第二層中華. 第三層吳 越. 第四層托羅. 第五層鷹遊. 第六層靺鞨. 第七層丹國. 第八層女狄. 第九 層獩貊'이라고 기록되어 있는 것으로부터, "해동안홍기"는 위의 "동도성 립기"를 가리킨다. 그러나 "동도성립기"의 저작 연대도 불명하며, 저자인 해동명현 안홍(安弘)도 상세하게 전하는 것은 없다. 그러나 마에마 교사 쿠('新羅王の世次とその名につきて', "東洋學報" 15권 2호)는 '안홍은 해 동고승전에는 안함(安含)이라고 되어 있으나, 최치원 의상전 기타 모두 안홍이라고 되어 있는, 흥륜사 금당십성의 하나이다. 승전, 상전 모두 진 평 때 수(隋)에 들어가 당 무덕 때 돌아왔다고 되어 있다. "사기"에는 진 (陳)에 들어가 진흥 때 돌아왔다고 되어 있지만, 신행비에 신행(神行)이 그의 형의 증손이라고 되어 있으므로, 진평 때 수(隋)에 들어간 것이 맞 다고 생각한다.'고 말하고 있다. 또 신라의 왕도에 동경(東京)의 이름을 붙인 것은, 헌덕왕대의 "신행비"에 처음 보이며, 동원경은 진성 때, "수유 비"에 보이고, 처용랑의 동경명기월의 향가는 헌강왕 때라고 전한다. 그 리고 안홍의 "동도성립기"의 글 가운데에 있는 구한의 '일본. 중화. 오월. 말갈. 단국(丹國). 여적(女狄). 예맥' 등은, 왕씨 고려를 예맥이라고 하고, 중화를 오월과 대치시키고 있는 것 등, 당말에서 오대에 걸쳐서의 문자이 며, 서명의 동도(東都)도 헌덕왕 이후로 보이기 때문에, 이 서에 대해 마 에마는 법사 정진의 작이 아니고, 고려 초의 위작을 안홍에 임시로 가져 다가 붙인 것이라고 하였다. 다카하시도루는 "동도성립기"를 고려시대의 저작이라고 하고, 안홍도 고려인이라고 하고 있다.

○【日本】정관(貞觀) 3년(629), 당태종의 조를 받은 위징 등에 의해 찬술

된 "수서"의 왜국전에, 대업(大業) 3년 파견의 사절이 가져온 국서에, 일본국에 관한 것을 일본을 의미한다고 하지만, 오대 후진(後晉)의 재상 유상 등이 칙을 받들어 찬술한 "구당서"의 동이왜국전에는, '日本國者倭國之別種也, 以其國在日邊, 故以日本爲名, 或曰, 倭國自惡其名不雅, 改爲日本,'이라고 되어 있어, 적어도 당대에는 분명히 일본의 국호가 사용되고 있었다는 것은, 이백의 '곡조경시'에 '日本晁卿辭帝都云云'이라고 보이는 것으로부터 증명될 것이다. 송대에 들어 구양수가 '일본도가'를 만들기도 하지만, 구양수 등이 찬술한 "신당서"에서 처음으로 왜국전을 대신하여 일본전(傳)이 만들어졌다. 왕씨고려의 인종 23년(1145)에 김부식이 왕명에 의해서 찬술한 '사'에서는, '나기' 문무왕 10년(670) 12월 조에, '倭國更號日本. 自言近日所出. 以爲名.'이라고 보이며, 이후 이 책에서는 한두 가지 예외를 제외하고, 왜·왜국이라고는 하지 않고, 일본, 일본국이라고 기록하고 있다.

○ 【乇羅】지금의 제주도를 말한다. 이 섬의 명칭에 대해서는 다음과 같다. 주호국(州胡國)("후한서" 및 '위지' 한전(韓傳)), 탐모라(耽牟羅)("북사" 백제전), 담모라(聃牟羅)("수서", "원사(元史)", "서기" '텐치(天智)·텐무(天武)·지토(持統)의 각 기록'), 담라(儋羅)("수서", "신당서"), 둔라(屯羅)("수서"), 도탐라(都耽羅)('齊明紀'), 담라(擔羅)("物名考"), 탁라(乇(托)羅), ("해동안홍기"). 이상의 명칭의 기원, 읽기 등에 대해서는, 다카하시 도루 '濟州島名考'("朝鮮學報" 第九輯) 참조.

○ 【鷹遊】103) 강소성 동해현의 동북 바다 가운데의 섬에 있는 산 이름, 또 앵유산(鶯遊山), 앵유산(嚶遊山)으로 나온다.

○ 【丹國】거란(契丹).

---

103) 응유(鷹遊)라고 한다.

이부
33二府

34前漢書'昭帝始元五年己亥. 置二外府', 謂朝鮮舊地平那及玄菟郡莘.

爲平州都督府, 臨屯・樂浪莘兩郡之地. 置東部都尉府 **34a**私曰朝鮮傳則眞番・

玄菟・臨屯・樂浪莘四, 今有平那無眞番, 盖一地二名也..

풀이 **33**이부(二府)

　　34"전한서"에 "소제 시원(始元)[104] 5년 기해에 두 개의 외부(外府)를
두었다."라고 하였는데 이는 조선의 옛 땅인 평나[105]와 현도군 등이
평주도독부가 되고 임둔・낙랑 등 두 군 지역에 동부도위부를 둔
것을 말함이다. **34a**내 생각으로는 '조선전(朝鮮傳)'에는 진번・현도・임둔・낙랑 등 4군으

---

104) DB. 전한(前漢)의 8대 황제인 소제(昭帝)의 연호로 기원전 86-81년.
105) DB. 지금의 황해도 평산(平山)으로, 고려 초기의 평주도호부(平州都護府)를 가리키는 것
　　으로 보인다.

로 되어 있는데 지금은 평나가 있고 진번이 없으니 아마 같은 지방의 두 이름일 것이다.

33이부(二府)

34○【前漢書云云】"전한서" 즉 "한서" 제기, 소제 시원(始元) 5년 6월 조에
　는, '罷儋耳眞番郡(師古曰儋耳本南越地. 眞番本朝鮮地. 皆武帝所置也)'
　라고 되어 있으며, '유'와 같이 '置二外府' 이하와 같은 글은 없다.

○【昭帝】기원전 92-74. 전한 제6대의 천자로서, 무제의 6번째 아들이다.
　기원전 87년, 무제가 죽자 겨우 8세에 자리에 올랐다. 그래서 무제의 유
　언에 따라 어린 황제를 도와 섭정한 곽광은, 무제의 오랜 기간에 걸친 외
　정(外征)이나 호사스런 생활에 의해, 나라 안이 매우 쇠약해지고 지쳤기
　때문에, 특히 내치에 뜻을 두고, 군국(郡國)으로부터 현량문학의 선비를
　등용하고, 술과 권력의 관직을 그만두고, 부역을 가볍게 하는 등에 힘써
　서 백성의 편안함을 도모했다.

○【二外府】'유'의 글에서는, 다음의 평주도독부를 가리키는 것 같다. 무제
　때에 설치된 낙랑 이하의 4군은, 다음의 소제 때에 개폐가 일어나, 확대
　된 낙랑군에 동부도위와 남부도위가 설치되었다. '유'의 저자는, 이 동부
　도위와 남부도위에 관한 것이 뒤에서 말하는 것과 같이 잘못이다.

○【平那】황해도 평산군은, 먼 옛날로 거슬러 올라가면, 고구려의 대곡군
　의 지역이다. 고구려의 멸망 후, 이 지역이 신라의 영토로 귀속한 것은,
　상당히 늦게 경덕왕 7년(748)이었다. 그리고 영풍군이라고 개명되었고,
　선덕왕 3년(782)에는 패강진이 놓였다. 헌덕왕대(809-826)에 황주 중화
　방면의 개발이 추진되기까지는, 이 대곡성이 신라의 서북 경계선의 최전
　선의 요지였기 때문이다. 나아가 왕씨고려 초에 평주로 개명되고, 주(州)
　는 那na의 한역, 이조에 들어가서 평산이 되었다. '승람' 권41·평산도호
　부 조에 '평산의 동쪽에 있는 중봉현 성거산은, 오른쪽의 평나산이다'라

고 하고, '유사에 보이는 한(漢)의 평주도독부는, 이 평산(平山)(옛 평주) 지역에 설치된 것인가'라고 기록하고 있다. 그래서 '유'의 평나는 고려의 평주를 가리키는 것이라고 생각된다.

○ 【平州】 후한 말에 공손도가 스스로 평주목(牧)이라고 불렀는데, 위(魏)는 공손연을 물리치고 동이 교위를 양평에 두어, 요동·요서·현도·낙랑·대방의 5군을 평주(平州)라고 했다("진서" 지리지). 그러나 얼마 가지 않아 평주를 없애고, 5군을 유주(幽州)에 소속시켰다. 이윽고 서진 무제의 태시(泰始) 10년(247)에 이르러, 또 유주에서 요동·창여(昌黎)·현도·낙랑·대방의 5군을 나누어 평주가 되고(주를 다스리는 것은, 창여(昌黎): 지금의 열하의 조양), 동이교위를 양평(襄平)에 두어, 위(魏)의 옛 제도를 복구했다. 전연·후연·전진(前秦)시대에도, 또 양평·조양·평곽·개평 등으로 평주가 구성되었다. '유'의 저자는 이 중국의 평주와 앞서 말한 반도의 평주를 혼동하고 있는 것 같다. 이 이후에 동부도위부에 관한 것을 기록하고 있기 때문에, 당연히 남부도위부에 대해서 기록하지 않으면 안 되는데, 평주도독부라고 하고 있는 것은 왜일까. 저자가 살았던 왕씨 고려시대의 평주(평나)의 지역이 옛 낙랑 남부도위부 치하에 있었고, 더 나아가 후한말, 위, 진대의 대방군 통치에 가까웠던 것 등으로부터 남부도위를 잘못하여 평주도독부라고 한 것일까.

○ 【東部都尉】 앞서 말한 위만조선 조의 주해 21의 임둔군, 낙랑군을 참조.

34a○ 【朝鮮傳】 "사기"의 조선열전, "한서"의 조선열전을 가리킨다.

³⁵칠십이국

七十二國

---

³⁶通典云 "朝鮮之遺民. 分爲七十餘國, 皆地方百里." **³⁷**後漢書云 "西漢

以朝鮮舊地. 初置爲四郡. 後置二府, 法令漸煩. 分爲七十八國. 各萬户

³⁷ᵃ馬韓在西有五十四小邑皆稱國, 辰韓在東有十二小邑稱國, 卞韓在南有十二小邑各稱國.."

풀이 **³⁵**칠십이국(七十二國)

　　³⁶"통전"에 이르기를 "조선의 유민(遺民)들이 나뉘어 70여 국으로

되었으니 지역은 모두가 사방 100리나 되었다."라고 하였다.¹⁰⁶⁾

　　³⁷"후한서"¹⁰⁷⁾에 이르기를 "서한(西漢)¹⁰⁸⁾은 조선의 옛 지역에 처음

---

106) DB. 오늘날 전하는 "통전(通典)"에는 이 기사가 보이지 않는다.

107) DB. 중국 남북조시대 남조(南朝) 송(宋)의 범엽(范曄)이 편찬한 기전체(紀傳體) 사서(史
書)로, 광무제(광무제)에서 헌제(獻帝)에 이르는 후한(후한)의 13대 196년 역사를 기록하고
있다.

108) DB. 왕망에게 멸망당한 전한(前漢).

에는 4군을 두었다가 나중에는 2부를 두었는데, 법령이 점차 번거로워지면서 갈라져 78국으로 나뉘고 각각 1만 호씩이다."라고 하였다. **37a**마한은 서쪽에 있어 54개의 작은 고을(小邑)[109]들을 모두 나라로 일컬었으며, 진한은 동쪽에 있어 열두 개 작은 고을을 각각 나라로 일컬었으며, 변한은 남쪽에 있어 열두 개 작은 고을들을 각각 나라로 일컬었다.

주해

35○ 【七十二國】아마도 '七十八國'의 잘못일 것이다.

36○ 【通典】당의 두우(735-812) 찬. 300권. 상고부터 당대에 이르기까지의 제도의 연혁을 기록한 책. 식화·선거·직관·예악·병(兵)·형(刑)·주군·변방의 9부문으로 나눈다. '통전(通典)운'이라고 되어 있으나, "통전"에는 보이지 않는다.

37○ 【後漢書云】후한대의 역사서로서는 범엽 이전에는, 이미 "동관한기"나 소위 "칠가후한서" 등이 있었다. 그러나 남조 송의 범엽은 이것에 만족하지 않고, 중가(衆家)의 서(書)를 엮어 본기 10권·열전 80권을 찬술하였다. 그러나 지(志) 30권은 진(晉)의 사마표가 찬술한 것이다. 표(彪)의 '속한서'는 오대의 난(亂)으로 없어지고, 지(志)만이 남아 있던 것을 북송 진종(眞宗)대에 "후한서"에 합해서 현행본의 체재가 되었다. 그리고 기전에는 당의 장회태자 이현(李賢)의 주가 있고, 지(志)에는 양(梁)의 유소의 주보가 있는데, 이들의 주도 사료로서는 귀중하다. 반도에 살았던 민족이나 그 주변의 만주·일본민족에 대해서는, 동이 가운데 부여국·읍루(挹婁)·고구려·동옥저·예·한(韓)·왜의 전을 두고 있다. 그러나 이것은 "후한서"보다도 먼저, 즉 진(晉) 초에 진수에 의해 찬술되었던 '위지'

---

109) DB. 삼한을 구성했던 주요 단위에 대해서는 '국읍(國邑)', '국(國)', '소국', '읍락(邑落)' 등과 같은 다양한 개념으로 논의가 진행되었다.

에 바탕을 둔 것이기 때문에, 조선사 연구에는 그 사료적 가치에서 "삼국지"에 한걸음 물러나지 않을 수 없다. '위지'의 글이 난해한 것에 비해, "후한서"는 능숙한 글로 고친 부분이 적지 않으나, 그만큼 오히려 사실을 잘못 기록하고 있기 때문에 주의를 요한다. 그런데 "후한서" 한전(韓傳) 머리글에는, '韓有三種. 一曰馬韓. 二曰辰緯. 三曰弁辰. 馬韓在西有五十四國 …. 辰韓在東十有二國 …. 弁辰在辰韓之南 …. 亦十有二國. 凡七十八國. 大者萬餘戶. 小者數千家. 各在山海間 …'이라고 되어 있으며, '유'와 같은 글은 보이지 않는다. 오히려 말미에 적은 주가 "후한서"의 위의 글을 요약한 것이다.

○ 【西漢以朝鮮舊地. 初置爲四郡】 앞서 말한 위만조선을 참조.

○ 【後置二府】 앞 장의 이외부(二外府)를 가리킨다. 그러나 4군이 놓인 지역이 모두 이부(二府)의 관할하에 들어간 것처럼 기록하고 있으나, 이미 말한 바와 같이 잘못이다.

○ 【法令漸煩. 分馬七十八國】 마한·변진·진한의 소위 삼한의 70여 국이 있었던 지방은 반도의 중부 이남이었다. 진번군(郡)의 지역은 혹은 이들 지역에 포함되겠지만, 소위 낙랑군 이하 4군의 지역이, 앞서 70여 국으로 나누어진 것같이 기록하고 있는 '유'의 글은 적당하지 않다.

37a○ 【各稱國】 '위지'에는 감해·비리국·월지국이라고 국(國) 자를 붙이고 있으나, 이것은 중국 측에서 멋대로 덧붙인 것으로, 본래는 비리(卑離)pur이라든가, 지(支)ki 등의 토착어로 읽은 원시적 읍락 공동체였다. 그리고 마침 이 시대가 tribe에서 state[110]로 옮겨가는 과도기이다.

---

110) DB. tribe='부족', state='州, 郡'이라는 뜻일 것이다.

³⁸낙랑국

樂浪國

³⁹前漢時. 始置樂浪郡, 應邵¹¹¹⁾曰 '故朝鮮國也'. ⁴⁰新唐書注云 "平壤城 古漢之樂浪郡也". ⁴¹國史云 "赫居世三十年 樂浪人來投",¹¹²⁾ ⁴²又第三弩 禮王四年.¹¹³⁾ 高麗第三無恤王伐樂浪滅之, 其國人與帶方 ^{42a}北帶方投于 羅. ⁴³又無恤王二十七年光虎¹¹⁴⁾帝遣使伐樂浪. 取其地爲郡縣, 薩水已南 屬漢 ^{43a}據上諸文, 樂浪即平壤城冝矣. 或云樂浪中頭山下靺鞨之界薩水今大同江也, 未詳孰是. . ⁴⁴又 百濟溫祚之言曰, '東有樂浪北有靺鞨', 則殆古漢時樂浪郡之屬縣之地也. ⁴⁵新羅人亦以稱樂浪 ⁴⁶故今本朝亦因之而稱樂浪郡夫人, 又太¹¹⁵⁾祖降女 於金傅.¹¹⁶⁾ 亦曰樂浪公主.

---

111) DB. "한서(漢書)" 지리지(地理志) 낙랑군(樂浪郡) 조에는 劭.
112) DB. "삼국사기" 권1, 신라본기(新羅本紀) 시조(始祖) 혁거세거서간(赫居世居西干) 30년 조 에는 侵.
113) DB. "삼국사기" 권1, 신라본기(新羅本紀) 유리이사금(儒理尼師今) 조에는 十四年.
114) DB. 고려 2대 임금인 혜종(惠宗)의 이름인 武를 피휘하였다.
115) DB. 규장각본. 파른본에는 大.
116) 고증에는 傅(傳)로 표현. 규장각본. 파른본에는 傳.

38낙랑국(樂浪國)

39전한 때에 처음으로 낙랑군을 설치하였으니, 응소117)는 말하기를 "옛 조선국"이라 하였다.

40"신당서"118) 주석에 이르기를, "평양성은 옛날 한나라의 낙랑군이다."라고 하였다.

41"국사"에 이르기를, "혁거세 30년에 낙랑인들이 항복해 왔다."라고 하였다.119) **42**또 제3대 노례왕120) 4년(27년)에 고[구]려의 제3대 무휼왕121)이 낙랑을 쳐서 이를 멸망시키니, 그 나라 사람들이 대방 **42a**북대방이다.과 함께 [신]라에 귀순하였다.122) **43**또 무휼왕 27년(44년)에 광무제(光武帝)123)가 사람을 보내어124) 낙랑을 정벌하고, 그 땅을 빼앗아 군현(郡縣)으로 삼았으니, 살수 남쪽이 한나라에 속하였다. **43a**이상의 여러 글에 의하면 낙랑은 곧 평양성이란 말이 옳을 듯하다. 혹은 낙랑은 중두산(中頭山)125) 아래 말갈의 경계라고 한다. 살수는 오늘의 대동강이니 어느 것이 옳은지 자세하지 않다. **44**백제 온조

117) DB. 후한(후한) 때 여남(汝南) 사람으로 자(字)는 중원(仲遠)이다.
118) DB. 1044-1060년의 17년에 걸쳐 송(宋)의 구양수(歐陽修) · 송기(宋祁) 등이 "구당서"를 고쳐 편찬한 책이다. "구당서"의 중복된 부분을 없애고 부족한 것을 보충하였다.
119) DB. "삼국사기" 권1 신라본기1 혁거세거서간 30년(기원전 28) 조에 따르면 이 기록과는 달리 오히려 낙랑인(樂浪人)들이 신라를 침략하려다가 돌아간 것으로 기록되어 있다.
120) DB. 유리이사금.
121) DB. 대무신왕.
122) DB. 여기서는 노례왕 4년(27)의 일로 되어 있으나, "삼국사기" 신라본기의 해당 연도에는 관련 기록을 찾아볼 수 없다. 다만 "삼국사기" 권1 신라본기 1 유리이사금 14년(37) 조에서 고구려왕 무휼이 낙랑군을 멸망시키자 그 유민들이 투항하였다는 기사가 확인되고 있어 이 기록과 차이를 보인다.
123) DB. 고려 2대 임금인 혜종(惠宗)의 이름인 武를 피휘하기 위하여 호(虎)로 썼다.
124) DB. "삼국사기" 권14 고구려본기 2 대무신왕 27년(44) 조에는 광무제가 사람을 보낸 것(遣使)이 아니라 병사를 보낸 것(遣兵)으로 기록하여 차이를 보이고 있다.
125) DB. 춘천을 뜻하는 우두산(牛頭山)의 '우(牛)' 자가 '중(中)' 자로 잘못 기록된 것으로 보기도 한다.

의 말에 '동에 낙랑이 있고 북에 말갈이 있다.'라고 하였으니, 아마 한시의 낙랑군속현의 땅일 것이다. **45**신라인이 또한 스스로 낙랑이라 일컬었으므로, **46**오늘날 본조[고례]도 이로 인하여 낙랑군부인이라고 일컫고, 또 태조가 딸을 김부에게 주고 낙랑공주라 하였다.

주해

38○【樂浪國】다음의 북대방 조 말미의 각주에 '其後借稱國'이라고 적혀 있다.

39○【應邵曰. 故朝鮮國也】"한서" 지리지・낙랑군 조의 낙랑군에 注를 하고, '武帝元封三年開. 莽曰樂鮮屬幽州. 應邵曰故朝鮮國也. 師古曰樂音洛. 浪音狼'이라고 되어 있는 것을 인용했다. 응소(應劭)(邵)는 후한의 학자. 자는 중원. "후한서"에 응소전(應奉傳)이 있다. "박의" 30편이 있으며, "한관", "상인기"를 만들고, "중한집서"를 저술하고, "풍속통"을 찬술했으며, "한서"를 집해했다. 그는 또 태산(太山)태수가 되어, 초평 2년(191)에 황건적을 물리치고, 후에 원소로 가, 건안 2년(197) 원소군모교위가 되었다가, 업(鄴)에서 죽었다.

40○【新唐書】송의 구양수, 송기 등이 칙을 받들어 펴낸 기전체의 역사서. "구당서"를 개수했기 때문에, "신당서"라고 하며, 후세에는 단순히 "당서"라고 부르고, 중국 정사(正史)의 하나로 손꼽는다. 본서는 글과 문장이 유려(流麗)하고 간결, 사료가 풍부하여 당대사의 연구에는 매우 중요하지만, 종종 비판도 있기 때문에, "구당서", "통전", "당회요" 등의 다른 사료와의 관계에 주의해야 할 것이다.

○【新唐書注云】'유'의 글은, "신당서" 고려전 머리말의 '高麗. 本扶餘別種 … 其君居平壤城. 亦謂長女城. 漢樂浪郡也.'라는 글에 의한 것으로 생각되며, 주는 아니다.

41○【國史云】'나기' 시조 혁거세거 서간 조에는, '三十年夏四月己亥. 晦日

有食之. 樂浪人將兵來侵 … '이라고 되어 있다. 물론 사실(史實)이 아닌 꾸민 말이다. 국사(國史)는 '사'를 가리킨다.

42○【第三弩禮王云云】'나기' 유리이사금 14년 조의 '高句麗王無恤襲樂浪滅之. 其國人五千來投. 分居六部'의 기사에 의한 것이겠지만, '사'와 '유'는 연기(年紀)에 10년의 차이가 있는데, '유'가 옮길 때 잘못했을 것이다. 또 노례(弩禮)와 유리(儒理)는 동음이자로 동일인이다. 또한 신라에서는 노례왕과 같은 왕호는 지증왕까지는 쓰지 않고, 거서간, 차차웅, 이사금, 마립간 등으로 불렀다.

43○【無恤王二十七年云云】무휼(無恤)은 고구려 제3대의 대무신(大解朱留王)의 이름이라고 한다. 한 광무제 이하의 글은, '여기' 대무신왕 27년 추9월 조에, '漢光武帝遣兵渡海伐樂浪. 取其地爲郡縣. 薩水已南屬漢'에 의한 것이다. 그러나 위의 고구려본기의 기사는, "후한서" 광무제기의 건무 6년(서기30) 6월 조에 '初樂浪人王調據郡不服. (樂浪郡, 故朝鮮國也, 在遼東). 秋遣樂浪太守王遵擊之. 郡吏殺調降. …'이라는 기사에 바탕을 둔 것이다.

○【薩水】주에는, '今大同江也. 未詳孰是'라고 되어 있으나, 살수(薩水)는 대동강보다도 오히려 청천강이라고 하는 것이 좋을 것이라고 생각한다.

43a○【中頭山】중두산(中頭山)은 우두산의 잘못인 것 같다. '승람'에 의하면, 우두산은, 거창(경상남도)·함흥·춘천의 3곳에 있는데, 함흥에 비정(比定)하는 것이 본문에서는 가장 알맞을 것이다.

44○【百濟溫祚之言曰】'제기' 시조온조왕 13년 하5월 조에 '王謂臣下曰. 國家東有樂浪. 北有靺鞨. …'이라는 기사에 의한 것으로 보인다. 마한의 소국 백제(伯濟)시대부터 후의 백제왕국시대를 통하여서도, 구낙랑군의 지역은, 북쪽에 있고, 동쪽에 있었던 적은 없었기 때문에, 위의 '東有樂浪'은 적당하지 않다.

○【靺鞨】'사'의 역사시대 이전의 기사 가운데에는 말갈에 관한 것이 많이 나오지만, 낙랑군이 있었던 시대에는, 북방의 만주족은 아직 말갈이라고 부르지 않았고, 역사가가 후세의 관념으로 기술했을 것이라는 것은 두말

할 나위없다. 그래서 위의 말갈은 만주계의 민족(?)을 가리킨 것이라고 봐도 좋다. 말갈족이나 발해에 대해서는 후설한다.

45○【新羅人亦以樂浪】‘위지’ 한전의 진한 조에는, ‘辰韓. 在馬韓之東. 其耆老傳世自言. 古之亡人避秦役. 來適韓國. 馬韓割其東界地與之. … 有似秦人. 非但燕齊之名物也. 名樂浪人爲阿殘. 東方人名我爲阿. 謂樂浪人本其殘餘人. 今有名之爲秦韓者始有六國. 稍分爲十二國’이라고 되어 있다. 이 진한(秦韓) 12국 가운데의 사로국(斯盧國)을 중심으로 발전한 것이 신라였기 때문에, 신라인은 낙랑인이라고 하는 전설이 생겼으나, 이 진인도래설(秦人渡來說)은 진한(辰韓)=진한(秦韓)의 차자로부터 생겨난 전설로, 사실(史實)이라고는 생각할 수 없다.

46○【樂浪郡夫人】고려시대에, ① 원성왕후 최씨(성종의 딸)의 어머니 연창군 부인, ② 경원 이씨 이한의 부인 최씨, ③ 이한의 아들·이자연의 처 김씨(경주김씨 인위의 딸) 등이, 낙랑군대부인의 호를 받았다. 특히 이자연과 김씨 낙랑군대부인(후에 계림국대부인)과의 사이에는, 남자 8인·여자 3인이 태어나는데, 장자 정(頲) 및 제6자 호(顥) 후에는 가장 번영하였고, 이자의는 정(頲)의 제2자, 이자겸은 호(顥)의 장자이다. 또 세 딸은 모두 문종의 왕비가 되어 다수의 왕자·궁녀를 낳고, 그중에서도 특히 순종·선종·숙종은 모두 장녀가 낳았다.

○【金傅(傳)·樂浪公主】935년, 신라의 경순왕(金傅)이 나라를 내놓고 고려에 항복하자, 태조왕건은 자신의 딸인 낙랑공주를 김부(金傅)에게 짝을 지어 줬다. 이 소생의 딸은, 제5대 경종에게 시집을 가서 숙종왕후가 되었다. ‘나기’, ‘고려사’ 고조세가, 후비전, 공주전 등을 참조.

⁴⁷북대방
北帶方

⁴⁸北帶方. 本竹覃¹²⁶⁾城. 新羅弩禮王四年. ¹²⁷⁾ 帶方人與樂浪人投于羅,

^{48a}此皆前漢所置二郡名. 其後僭稱國. 今來降.

풀이 　⁴⁷북대방(北帶方)

　　⁴⁸북대방은, 원래 죽담성이 있었던 곳이다. 신라의 노례왕 4년¹²⁸⁾
에 대방의 사람들이 낙랑의 사람들과 함께 신라에 투항해 왔다 ^{48a}대
방·낙랑이라는 것은, 전한 때에 설치된 이군(二郡)의 이름이며, 그 후 마음대로 낙랑국이라고 부
르고 있었는데, 지금 투항해 온 것이다.

---

126) DB. “삼국사기” 권37, 지리지(地理志) 4에는 軍. 파른본. 覃.
127) DB. “삼국사기” 권1, 신라본기(新羅本紀) 유리이사금(儒理尼師今) 조에는 十四年.
128) 고증에는 四(一四?)라고 표현.

47○ 【北帶方】 이 북대방은, 위에서 말한 대방군(帶方郡)을 가리키는 것 같다. 대방군에 대해서는 주해 21의 낙랑군 조를 참조. '유'는 곳곳에 대방에 주를 달고, 북대방이라고 한다. 다음 장(남대방) 말미의 주에는, '後漢建安中. 以馬韓南荒地 爲帶方郡, 倭韓遂屬'이라고 되어 있는데, 이것은 '위지' 한전에 '建安中公係康分屯有縣以南荒地爲帶方郡 … 是後倭韓遂屬帶方'이라고 되어 있는 것을 남대방의 것이라고 잘못 알고 인용했을 것이다. 그러나 원의 지배하에서 고려인의 민족의식이 앙양되어, 북방의 평양방면도 원래부터 한족(韓族)의 주거지였다는 것을 풍자한 것으로, 마한은 낙랑의 지역에 있었다는 주장이 나와 있었기 때문에, 그것을 '유'에서 채용한 것이며, 본래는 북대방 조에 주해해야 할 것을, 남대방 조에 주를 달았던 것이라고도 생각할 수 있겠다.

48○ 【竹覃城】 죽군성을 잘못 옮겼을 것이다. '사' 지리지의 말미에 무명의 1도독부 및 7주(州)의 이름을 다른 현과 함께 들고 있다. 이 지역들은, 당이 백제 토멸 후에 지배하려고 설치했던 것이겠으나, 이 가운데 '帶方州. 本竹軍城. 六縣, … 竹軍縣. 本豆肹. …'이라고 되어 있다. 죽담을 죽군의 잘못이라고 한다면, 이 죽군성과 대방주에 대해서는 '백제의 발라(發羅)군의 소속 현에 豆肹縣이라는 것이 있고, 발라군은 지금의 전라남도 나주, 豆肹縣은 고려시대의 회진현이다. 그리고 회진현은 "승람" 35, 나주, 고적 조에, 나주의 서15선리(西十五鮮里)에 있다고 보이며, 영산강의 오른쪽 강가, 고막원천의 합류점의 바로 앞의 죽산리 부근에 해당된다. 그런데 나주는 이 방면의 요지이기 때문에, 본래 이름을 죽군성이라고 했다고 하는 대방주치(帶方州治)는, 이것을 나주라고 해야 할 것이다.'라는 이게우치 히로시 설('百流滅亡後の動亂及び唐・羅・日三國関係', "滿鮮地理歷史研究報告" 제14 및 "滿鮮史研究"上世第二冊 수록)에 따라야 할 것이다. 백제의 멸망 후, 당의 유인궤는 대방 자사(刺史)로 임명받아 반도에 부임했는데, 이 대방주는 위의 대방주와 동일한 것일까. 적어도 북대방을 죽담(군)성이라고 한 것은 잘못이다. 혹은 생각건대, 일연이 '유'

를 편저했던 충렬왕대는 원조 지배하에 있었고, 오히려 반도에서는 민족의식이 고양되어, 죽군성의 대방주를 북에 두고 북대방이라고 했던 것일까.

○ 【新羅弩禮王四年】주해 42를 참조.

48a○ 【前漢所置二郡名】대방군이 설치된 것을 전한이라고 하는 이 주는 잘못되어 있다.

○ 【僭稱國】주지와 같이, 낙랑군은, 전한무제의 원봉 3년(기원전 108)에 설치되었던 것이다. 중국에서는 전한 말에 외척(外戚) 왕망이 한을 빼앗아 새로운 왕조를 세웠으나, 오래가지는 못했다. 그 복고정치는 너무 이상에 치우치고 급격했기 때문에, 한층 더 정치나 사회의 혼란을 가져오고, 각층으로부터 반격을 받았다. 그리고 농민의 대반란(적미의 난)이 일어나자, 왕망의 정치에 반감을 가지고 있던 호족이 지방에 할거하여 서로 다투고, 중국은 혼란에 빠졌지만, 유수(劉秀)(광무제)가 호족들의 여망을 짊어지고, 중국을 통일하고 한조를 부흥했다(기원후 25). 낙랑군도 이 여파를 받고 중국의 통치를 떠나, 토착지의 호족들이 할거했던 것이라고 생각된다. 그것은 이미 적은 것과 같이, 광무제가 서기 30년에 왕조(王調) 등을 치고 낙랑군을 손에 넣은 것으로도 알 수 있다. 더 나아가 313년에 고구려가 낙랑군을 멸망시켰으나, 이 고구려는 한편으로는 요동방면에서 모용씨와의 항쟁에 쫓기고 있어, 낙랑군경영은 더디지 않을 수 없었던 같았다. 쇼와(昭和) 초기, 평양역 구내에서 발굴된 고분으로부터 출토된 수화구년재명전의 명문(永和 9년 3월 10일, 遼東, 韓, 玄菟大守佟利造) 등으로부터도 알 수 있듯이, 이 지역의 호족이 독립의 태세를 보이며, 동진으로부터 봉작을 받았을 것이기 때문이다. 그러나 왕조이든, 동리이든, 낙랑국이라고 불렀다는 기록은 남아 있지 않다. '유'의 저자가 낙랑국이라고 불렀다는 의미는 불명이나, 앞장과 본장에 인용하는 '사'의 한대 낙랑군과 신라·백제와의 교섭기사는, 소위 신라, 백제 양국의 성립 이전에 속하는 것으로, 마한·진한시대의 백제(伯濟)·사로(斯盧)시대의 낙

랑군과의 교섭을 말하는 것이라고도 해석할 수 있으나, 사실은 아마 후대
역사가의 조작기일 것이다.

○ 【今來降】 본서에서 금(今)이라고 기록하는 경우는, 승 일연이 '유'를 저술
한 고려시대를 가리키는 경우가 많으나, 이곳의 금(禁)은 본문에 보이는
신라 노례왕 4년을 가리킨다.

⁴⁹남대방

南帶方

⁵⁰曹魏時. 始置南帶方郡. ^{50a}今南原府. 故云. 帶方之南海水千里. 曰瀚海.

^{50b}後漢建安中. 以馬韓南荒地爲帶方郡. 倭韓逐屬. 是也.

^{풀이} ⁴⁹남대방(南帶方)

⁵⁰조조(魏)가 창건한 위(魏)나라 때, 처음으로 남대방군 ^{50a}지금의 남원부이 설치된 것에 유래한 이름이다. 대방의 남쪽 천리 바다를 한해(瀚海)라 한다. ^{50b}후한의 건안 연간에, 마한의 남쪽 거친 땅을 대방군이라고 했는데, 왜한(倭韓)[129]도 결국 이것에 복속했다.

129) 왜(倭)와 한(韓).

49남대방(南帶方)

50, 50a○ 【南帶方郡】【南原府】 남원부는, 지금의 전라북도 남원군 지역. 이 지역은 백제의 고룡군이었는데, 문무왕 때 신라에 병합되고, 신문왕 5년에 남원 소경이 설치되었고, 경덕왕 28년에 남원경으로 이름을 고쳤다. 고려태조 23년, 남원부가 되었고, 원조(元朝) 치하의 충선왕 2년에 대방군이 되었다. 후에 이름을 바꿔 남원군이 되었고, 공민왕 9년, 남원부로 승격되어, 이윽고 조선 태종 13년에 남원도호부로 이름을 바꿨다. 충선왕 2년에 남원부가 대방군이라고 이름을 바꾼 것은, '유'의 본문에 '曹魏時始置南帶方郡'이라는 것과 같은 무언가의 전승에 바탕을 둔 것일까. 또 '曹魏時始置南帶方郡'은, 대방군이 멸망할 때에 그 지역의 한인(漢人) 유민이 남원 등의 남방지역으로 정주(定住)한 사실 등으로부터, 이 지역의 호족이 그 출신을 과시하기 위하여, 혹은 또 사대적 모화사상으로부터 대방의 유민에게 하여금 맡기거나, 더 나아가 대방군은 그들의 지역에 설치되었다는 전설까지 받아들인 것일까. 또 주(注)의 '後漢建安中. 以馬韓南荒地爲帶方郡'을 그대로 잘못 믿어 버린 것이라고 한다면, 나주 또는 남원 지역에 비정(比定)하지 않을 수 없을 것이다. 앞 장의 주해 47을 참조.

○ 【瀚海】 '魏志' 왜인전에는, 쓰시마(對馬)로부터 이기(壹岐)에 걸치는 바다를 한해(瀚海)라고 이름 붙이고 있다. 한해(瀚海)라는 것은 큰 바다라는 뜻인데, 지금의 대한해협 남쪽인 현해탄을 가리키고 있을 것이다. 원래는 북해·바이칼호(湖)·몽골사막의 서북부 등을 가리켰다.

50b○ 【後漢建安中云云】 위만조선 조의 주해 21의 낙랑군 및 앞장의 주해 48을 참조.

⁵¹말갈 · 발해

⁵¹ᵃ靺鞨一作勿吉 渤海

⁵²通典云 "渤海本栗末¹³⁰⁾靺鞨至其酋祚榮立國自號震旦,¹³¹⁾ **⁵³**先天中 **⁵³ᵃ**玄
宗王子始去靺鞨號. 專稱渤海. 開元七年 **⁵³ᵇ**己未祚榮死. 諡爲髙王. 世子襲
立. 明皇賜典冊襲王, 私改年號. 遂爲海東盛國. 地有五京¹³²⁾ · 十五府 ·
六十二州. **⁵⁴**後唐天成初. 契丹攻破之. 其後爲丹所制." **⁵⁴ᵃ**三國史云 "儀鳳三年
髙宗戊寅髙麗殘孽類聚北依太伯山下國號渤海. 開元二十年間明皇遣將討之. 又聖徳王三十二年玄宗甲
戌渤海靺鞨越海侵唐之登州, 玄宗討之." **⁵⁴ᵇ**又新羅古記云 "髙麗舊將祚榮姓大氏, 聚殘兵立國於大伯山
南國號渤海." **⁵⁴ᶜ**按上諸文, 渤海乃靺鞨之別種, 但開合不同而已. **⁵⁴ᵈ**按指掌圖, "渤海在長城東北角
外." **⁵⁵**賈耽郡國志云 "渤海國之鴨淥 · 南海 · 扶餘 · 橻¹³³⁾城四府並是髙麗
舊地也, 自新羅泉井郡 **⁵⁵ᵃ**地理志. 朔州領縣有泉井郡, 今湧州. 至橻城府. 三十九
驛." **⁵⁶**又三國史云 "百濟末年渤海 · 靺鞨 · 新羅分百濟地." **⁵⁶ᵃ**據此. 則鞨海

---

130) 고증. 栗(粟), 末(末)로 표현. 파른본. 栗末.
131) 고증. 旦(國). 파른본. 旦.
132) 고증. 京(京).
133) 고증. 橻(柵).

又分爲二國也. **57**羅人云 "北有靺鞨. 南有倭人. 西有百濟, 是國之害也." **58**又

"靺鞨地接阿瑟羅州." **59**又東明記云 "卒本城地連靺鞨 **59a**或云今東眞." **60**羅

第六祇㐰[134]王十四年 **60a**乙丑, 靺鞨兵大入北境. 襲大嶺柵過泥河. **61**後

魏書. 靺鞨作勿吉. **62**指掌圖云 "挹屢[135]與勿吉皆肅愼也." **63**黑水. 沃

沮. 按東坡指掌圖, 辰韓之北有南北黑水, **64**按東明帝立十年. 滅北沃

沮, **65**溫祚王四十二年. 南沃沮二十餘家來投新羅. **66**又赫居世五十二年.

東沃沮來獻良馬, 則又有東沃沮矣. **67**指掌圖 "黑水在長城北, 沃沮在長

城南."

풀이 **51**말갈(靺鞨)[**51a**勿吉이라고도 한다] 발해(渤海)

   52"통전"에 의하면. 발해가 일어난 것은, 속말말갈에서. 조영[136]이
그 추장이 되었을 때, 나라를 세우고 스스로 진단(國)이라고 불렀는
데. **53**선천[137] 연간에 **53a**玄宗王子의 때 처음으로 말갈이란 이름을 버리
고. 오직 발해라고 부르게 되었다. 개원 7년 **53b**기미년 조영은 죽었는데
그 시호를 고왕이라고 한다. 이어서 세자가 나왔기 때문에. 명황[138]
은 전책(典冊)을 하사하여 왕위 계승을 인정했다. 새로운 왕은 사사로
이 연호를 고쳐. 이윽고 해동의 번영한 나라가 되었다. 그 영토에는

---

134) DB. "삼국사기" 권1, 신라본기(新羅本紀)에는 摩로, "삼국유사" 권1, 왕력(王曆)에는 麼. 고
    증. 祇(祇) 㐰(摩).
135) DB. "삼국지(三國志)" 동이전(東夷傳)에는 婁. 고증에는 언급하지 않았다.
136) DB. 대조영(大祚榮)은 걸걸중상(乞乞仲象)의 아들로 그의 출신에 대해서는 고구려 유민
    이라는 설과 말갈 백산부 사람이라는 설이 있다.
137) DB. 당 현종의 연호로 713년에 사용.
138) DB. 당의 현종(玄宗).

오경·십오부·육십이주(州)를 두었다. [54]그런데 후당의 천성 연간 초, 발해는 거란(契丹)의 침공으로 무너졌고, 그 후에는 거란에게 제압 당하게 되었다. [54a]삼국사를 보면, 의봉(儀鳳) 3년 즉 고종의 무인 때에, 고려(고구려)의 사악한 잔당이 서로 모여, 북방의 태백산 기슭에 의지하여 나라를 세우고 발해라고 부르고 있던 것을, 개원 20년간에 천자는 장병을 움직여 토벌했다. 신라의 성덕왕 32년 즉 현종갑술 때에, 발해·말갈은 바다를 건너 당의 등주(登州)를 침공했기 때문에, 이것을 현종(玄宗)이 치려고 하는 일도 있었다. 또 [54b]"신라고기"에도, 원래 고려(고구려)의 장수로, 그 성을 대씨(大氏)라고 하는 조영이, 고려(고구려)의 잔병을 모아, 태백산 남쪽에 나라를 세우고, 발해라고 불렀다는 것이 보인다. [54c]이상과 같은 모든 기록으로부터 보면, 발해라는 것은 분명히 말갈과는 다른 종족일 것이다. 단지 기사가 간단하게 여러 가지로 나온 것에 지나지 않는다. [54d]더 나아가 "지장도"에 의하면, 발해는 장성의 동북 구석 바깥에 있다고 하였다. [55]가탐[139]의 "군국지"에 의하면, 발해국의 압록·남해·부여·책성의 4부(府)는, 어느 것이든 모두 고려(고구려)의 옛 땅이었던 것으로, 신라의 천정군 [55a]지리지에 의하면, 천정군은 삭주의 소속현이었으며, 지금은 용주라고 한다.에서 책성부까지 가는 데에는, 그 사이에 39개의 역(驛)이 있다. [56]또 "삼국사"에는. 백제의 말년, 발해·말갈·신라가 백제의 영토를 분할했다는 기사가 보인다. [56a]이 기사로 말하면, 발해와 말갈은 역시 2국으로 나누어졌다는 것이 된다. [57]신라인들이 말하기를, 나라의 북쪽에는 말갈이 있고, 남쪽에는 왜인이 있으며, 서쪽으로 가면 백제가 있어, 이들 나라가 항상 신라에게 해를 끼치고 있다고. [58]또 말갈의 지역은 아슬라주에 접하고 있다고 하였다. [59]나아가 "동명기(東明記)"에는 졸본성이 있는 지역은 말갈에 이어져 있다고 되어 있다. [59a]졸

---

139) DB. 당(唐) 하북성(河北省) 남피(南皮) 출생으로, 자는 돈시(敦詩)이며, 당 현종 천보 연간에 명경과에 올라서 덕종 정원 연간에는 동중서문하평장사(同中書門下平章事)에 이르렀다. 글을 즐겨 읽고 지리·음양에 정통했다고 한다.

본성은 지금의 동진(東眞)이라고 한다. **60**신라의 제6대 지마왕 14년 **60a**을축년에, 말갈의 병사가 대거 북경으로 침입하여, 대령(大嶺)의 책(柵)을 습격하여 니하를 건너는 일이 있었다. **61**"후위서"에는 말갈을 물길이라고 기록하고 있다. **62**"지장도"를 보면, 읍루와 물길은 모두 숙신이다.

63흑수(黑水)·옥저(沃沮)

동파의 "지장도"를 보면, 남흑수와 북흑수가 진한(辰韓)의 북쪽에 있다. **64**필경 동명제(東明帝) 즉위 10년에 북옥저는 멸망했을 것이다. **65**온조왕 42년 해에 남옥저의 20여 가구가 신라에 투항해 왔다고 한다. **66**또 혁거세 52년에는 동옥저로부터 양마(良馬)를 헌상해 왔다고 되어 있기 때문에, 동옥저라고 부르는 일도 있었다는 것을 알 수 있다. **67**"지장도"에는, 흑수가 장성의 북쪽에 있고, 옥저가 장성의 남쪽에 있다.

주해

51靺鞨 51a一作勿吉渤海

51, 51a○ 【靺鞨·勿吉】 퉁구스족의 일종이다. 주(周)의 숙신(肅愼), 한위(漢魏)의 읍루, 남북조의 물길은, 모두 옛 말갈족에 관한 것이다. 말갈의 명칭은 수당부터인데, 당시 속말·백돌·안차골·불열·호실·흑수·백산의 7부로 나누어져 있었다. 고구려가 발전하자, 말갈족은 대부분 그 판도 내에 들어간 것으로 보인다. 그리고 수·당의 고구려 원정이 시작되자 말갈인은 고구려와 연합하여 항전하였다.

52○ 【通典云】 본서의 저자는, 이 장(章)을 초안할 때에, 그 대부분을 "신당서" 발해전에 의했다고 생각된다. 두우의 "통전"에는 발해운운하는 글은 보이지 않는다. 그래서 상세한 것은 "신당서"를 참조할 것. 또한 "신당서"

발해전은 당 말의 견발해사 장건장의 수기(手記) "만해국기" 3권에 바탕을 두고 엮은 것이라고 생각된다.

○【渤海本栗(粟)末(末)靺鞨】"신당서" 발해전에서 인용하고 있다. 속말말갈은 이미 말했는데, 발해국은 처음에는 백산말갈·고구려인 등의 합작에 의한 것이다.

○【祚榮】대조영(大祚榮). 발해국의 건국자. "구당서" 발해전에는 조영의 아버지, 사리걸걸중상에 관한 것은 보이지 않는다.

○【震旦(國)】진국(震國)의 잘못. '立國自號震國'은 "신당서" 발해전에서 인용. 덧붙여 진(震)은 동(東) sae, sāe → sin.을 옮긴 말로서, 예(穢)의 고음(古音) sae와도 통한다고 해석할 수 있다.

53○【先天中玄宗壬子】서기 712년에 이르러, 당(睿宗)에서는, 정월에 경운을 태극(太極)이라고 개원하고, 더 나아가 5월에 연화라고 개원했는데, 또 8월에 선천이라고 개원했다. 예종은 개원 직전(8월)에 제위를 황태자 융기(玄宗)에 물려주고, 태상황이라고 불렀는데, 종래대로 짐(朕)이라고 부르며, 큰일은 스스로 결정했다. 다음 해 6월, 예종이 죽고, 그 12월에 현종은 개원이라고 개원했다.

○【始去靺鞨號. 專稱渤海. … 爲高王】"신당서" 발해전에 의한다. 개원 7년은 서기 719년.

○【世子】조영의 아들인 대무예를 말한다.

○【賜典冊襲王. 私改年號】"신당서" 발해전에서 인용.

○【五京(京)】상경(龍泉府: 肅愼故地, 東京城에 비정된다), 중경(顯德府: 肅愼故地, 間島의 海蘭河畔의 西故城子에 비정된다), 동경(龍原府 즉 柵城府: 獩貊故地. 琿春 부근에 비정된다), 남경(南海府: 沃沮故地, 咸興 부근에 비정된다), 서경(鴨綠府: 高句麗故地, 臨江 부근일까), 15부(府), 62주(州)는 생략한다. "신당서" 발해전을 참고.

54○【後唐天成初云云】927년, 거란(契丹)의 야율아보기가 중국을 침입하기에 앞서, 발해를 멸망시켰다. 발해는 그 후에는, 요(遼)의 식민지 국가

인 동단국이 되었다. 동단국은 야율아보기의 맏아들 배(倍)가 지배했으나, 옛 발해인의 반항에 의해 포기하고, 그 후는 유력한 호족이 각지에 할거하게 되었다. 이것이 여진인이다. 또 발해의 남은 무리는 압록강 유역의 지역에 안정국을 세우고 송(宋)과 통했다. 천성은 중국오대의 두 번째 왕조 후당의 제2대 명종조의 원호.

54a○ 【三國史云】 "삼국사"가 지금 말하는 '사(史)'라고 한다면, 의봉 3년 이하의 기사는 '사'에는 보이지 않는다. '구삼국사'에 의한 것일까. 혹은 오기(誤記). 의봉 3년 무인은 서기 678년. 고종(高宗)은 당의 고종(628 출생, 649-683 재위). 발해국의 건국자 대조영은, 고구려인이라고 하는 설도 강하지만, 역시 속말 말갈인일 것이다. 그리고 발해건국의 주체는 어디까지나 영주에 있던 말갈인이었다. 발해국의 판도는, 고구려의 옛 땅에 비해서 동쪽으로 치우쳤으나, 고구려 유민도 많이 이 나라에 참가하여, 정치문화의 지도적 역할을 했다. 그러한 의미로 발해국은 고구려국의 재현이라고도 부를 만하며, 또 고려(고구려) 유민이 모여 발해를 건국했다고 하는 까닭이다. 儀凰三年云云은, 오히려 다음과 같은 것을 혼동하고 있지는 않을까. 668년에 당은 고구려를 멸망시키자, 그 수도 평양에 안동도호부를 설치하고, 옛 고구려국의 지배를 꾀했다. 그러나 신라의 반항, 고구려 유민의 반란 등에 의해, 그 지배도 흔들리고, 도호부도 곡절을 거쳐, 677년(의봉2년) 2월에 이르러, 만주의 신성(新城)(撫順)으로 정식으로 이전했다. 이것과 함께 지난 669년에 중국으로 강제이주를 시킨 고구려인, 및 668년 멸망 시에 데리고 가서, 장안에 머물고 있던, 옛 국왕 고장(寶藏王) 등을 요동으로 돌려보냈다(고장은, 이때에 요동도독으로 임명받고, 조선군왕에 봉해졌다). 당의 이러한 조치는 결국 옛 국왕을 이용하여, 고구려의 남은 백성을 무마하는 것에 있었던 것이다. 그것은 일찍이 고구려의 지배하에서 당과 싸우고 있던 말갈족이 당시 강세였고, 반당(反唐) 감정도 격하여, 요동의 고구려유민은 배후의 말갈과 손잡고, 반당운동을 일으키려는 낌새가 농후했기 때문에, 이에 당은 강력한 기미 감

독하에 요동에서의 소고구려의 건설을 도모했던 것이다. 그런데 고장은 요동에 부임하자, 은밀하게 말갈과 통하며 모반을 꾀했기 때문에, 공주(四川)로 유배되고, 고구려인의 강호인도 다시 하남·농우 등의 중국 각지 여러 주(州)로 옮겨졌다. 그리고 빈약자는 그대로 안동성 부근에 놓였으나, 고구려유민의 대부분은 흩어져 돌궐이나, 말갈 혹은 신라에 들어갔다고 한다. 그런데 걸걸중상이나 걸사비우가 최초에 있었던 지방, 즉 발해건국의 본거지는 어디일까. "구당서"에 '保太伯山之東北. 阻奧婁河. 樹壁自固'라고 하고, 혹은 '率衆保挹婁之東牟山. 地直榮州東二千里'라고 되어 있다. 위의 동모산은, 길림성의 돈화라고도 일컬어졌는데, 또 간도의 노령산맥 가운데의 북증산이라고도 말하고 있다. 이렇게 보면 오루하는 지금의 해란하가 된다. 따라서 위의 태백산은 백두산이라고 생각된다. 이 문헌의 태백산(太伯山)은 위의 태백산(太白山)을 말할 것이다.

○【開元二十年】서기 732년.

○【聖德王三十二年. 玄宗甲戌】신라 성덕왕 32년은 '사' 연표에 의하면, 당 현종의 개원 21년 계유에 해당한다. 갑술년은 개원 22년(신라 성덕왕 33년)이기 때문에, 연표와는 1년의 차이가 있다.

○【渤海靺鞨越海云云】"발해전"에 의하면, 발해국에서는, 무예(武王) 때에, 흑수말갈이 당과 통한 것으로부터 그 대책을 둘러싸고, 국내에 내분이 일어났고, 나아가 당과도 분쟁이 생겨, 732년에는 발해가 당의 등주(山東)를 침범했다. 그래서 당은 발해를 쳤으나, 뜻을 이루지 못했다. 이때 당은 신라에게도 발해토벌의 원군을 명했기 때문에, 성덕왕은 김윤중·윤문(형제)(김유신의 손자) 등 4장군에게 명하여, 발해의 남부를 공격했으나, 대설(大雪)을 만나 병사 대부분을 잃고, 공을 올리지 못하였다('나기' 김유신전 참조). 그러나 이 결과, 신라는 735년에 이르러, 당으로부터 정식으로 패강(대동강) 이남의 영유권을 인정했다.

54b○【新羅古記】미상.

○【高麗舊將祚榮姓大氏云云】"신라고기"는 대조영을 고구려의 옛 장군이

라고 하지만, 이것은 반드시 고구려인이라는 것은 아니다. 지금의 함경도나 압록강의 상류지방은 발해국의 도판에 들어가 있었기 때문에, 건국지를 태백산의 남쪽으로 했을지도 모르나, 태백산 북쪽이라고 해야 할 것이다.

54d○ 【指掌圖】 방위(方位)・지리를 기록한 핸드북과 같은 것일까. 혹은 약도 종류일까.

○ 【長城】 요동방면에서는 옛날에는 연(燕)(전국시대)・진(秦)(始皇帝)가 장성(長城)을 쌓은 적이 있다. 고구려에서는, 영류왕 14년(631)부터 장성을 쌓았는데, 동북으로는 부여성으로부터 동남으로는 바다에 이르는 천여 리의 성으로, 대략 16년을 걸려 공을 마쳤다고 한다(감독은 당시의 실력자 천개소문이 맡았다). 신라에서는 발해에 대비하여 성덕왕 20년(721)에 아슬라[140]도의 건장한 남자를 뽑아 북방 경계에 장성을 쌓게 하고, 성덕왕 18년(828)에는, 한산 이북 여러 주군(州郡)민 1만을 징집하여 패강장성 300리를 쌓았다. 또 '유'가 저술된 왕씨 고려시대에도, 거란족이나 여진족의 노략질을 막기 위해, 1033년에 압록강 하구에서 동쪽으로 석축(石築)의 장성을 쌓아, 동해안[141]의 정평에서 도련포까지에 달하는 큰 토목공사를 하였다. 그래서 발해국은 장성의 동북각 외에 있다고 하는 "지장도"의 장성은, 고구려・신라・왕씨 고려 모두 해당할 것이다. 그러나 이 글의 말미 67에 '沃沮在長城南'이라고 되어 있다. 옥저(沃沮)의 주거지로 생각하면, 이 장성은 분명히 고구려의 장성이다.

55○ 【賈耽郡國志云 …. 三十九譯】 이 글은 '사' 지리지(4) 마지막 부분의 '賈耽古今郡國志云, 渤海國南海・鴨淥・扶餘・柵城四府, 並是高句麗舊地也, 自新羅泉井郡至柵城府, 凡三十九譯'에 의한 것이다.

○ 【賈耽】 (730-805) 창주남피(河北省) 사람이다. 자(字)는 돈시. 현종 천보

---

140) 고증. 何瑟羅로 표현.
141) 고증에는 '일본해안'으로 표현.

연간에 명경에 든 이후, 차차 올라가, 혹은 자사, 홍려경, 절도사 등을 역임하고, 정원 9년(793)에는 우복사동중서문하평장사가 되었으며, 순종영정 원년 좌복사에 올라, 같은 해 10월에 죽었다. 나이 76세. 그는 지리학을 좋아해, 외국의 사자가 오거나, 외국에 사절로 나갔다가 돌아오면, 반드시 상세하게 지리풍속 등을 물었다. 홍원 원년(784)에는 "국요도"를 찬술하고, 정원 14년(798)에는 "閑中隴右及山南九州圖" 1축과 "別錄" 6권 및 "황하경비록" 6권을 저술했다. 더 나아가 정원 17년에 "해내화이도" 1축, "고금군국현도사이술" 40권을 저술하여, 덕종으로부터 상을 받아, 위국공으로 작(爵)을 받았다. 또 그다음 해에는 "정원십도록" 4권을 찬술했다. "신당서" 예문지에 의하면, 이들 외에 "황화사달기" 10권을 저술한 것을 알 수 있다. 그러나 이것은 "고금군국현도사이술"에서 사이술을 나눈 것이라고 논의되고 있다. "신당서" 지리지 말미에 부재되어 있는 통상 가탐(賈耽)의 도리기(道理記)라고 하는 것은, 이 사달기에서 뽑은 것이다. 이것은 당대의 중국내륙에서 국외로의 교통로를 설명하고, ① 영주에서 안동으로 들어가는 길, ② 등주에서 바다로 고려 · 발해로 가는 길, ③ 하주새에서 외부로 대동운중으로 통하는 길, ④ 중수강성에서 회골로 가는 길, ⑤ 안서에서 서역으로 가는 길, ⑥ 안남에서 천축으로 통하는 길, ⑦ 광주에서 해이로 통하는 길의 7방면으로 나누어져 있다.

○ 【鴨淥府】압록강을 끼고 지금의 중강진 기슭의 임강 부근(滿洲)에 있었다.

○ 【南海府】옥저의 옛 땅, 신라도에 있었다는 것으로, 지금의 함흥 근처로 비정된다.

○ 【扶餘府】지금의 농안(滿州) 부근에 있었다.

○ 【柵(柵)城府】동경용원부를 말한다. 상경(上京)의 동남에 해당하며, 일본으로 통하는 길에 해당하는 혼춘에 비정된다.

○ 【泉井郡】고구려시대의 천정군(泉井郡). 문무왕 21년에 신라에 합처지고, 경덕왕 때에 정천군이라고 개명된다. '사' 지리지의 정천군 조, "고려사" 지리지의 선주 조, "세종실록" 지리지 · 선주 조, '승람'의 덕원도호부

조에 의하면, 고려의 용주·이조 이후의 덕원(영흥만에 임한 원산 서쪽에 있다.)에 비정되고 있다. 이게우치 히로시는, 이들 지리지의 기사를 부정하고, 지금의 영흥 지역으로 봤다('眞興王の戊子巡境碑と新羅の東北境', "滿鮮史硏究"上世篇第二冊 수록).

56 ○【三國史云. … 分百濟地】위의 글은 '제기' 의자왕 조 말미에 '儀鳳中. 以隆爲熊津都督帶方郡王. 遣歸國安輯餘衆. 仍移安東都護府於新城. 以統之. 時新羅強. 隆不敢入舊國. 寄理高句麗死. 武后又以其孫敬襲王. 而其地己(已)爲新羅渤海靺鞨所分. 國系遂絶'이라는 것에 의했을 것이다. 그러나 이 '사'의 글은, "신당서" 백제전 등의 중국사료에 바탕을 두고 기록된 것이다. 그런데 서기 660년, 당은 반도의 백제국 토멸 후, 웅진도독부를 두고, 그 옛 땅을 지배하려고 했으나, 귀실복신 등을 중심으로 하는 국가부흥의 격한 반항을 받았다. 663년에는 이것을 진정시켰으나, 당은 옛 지역 지배의 형편상, 태자 부여 융(隆)(660년 백제멸망 때, 의자왕과 함께 잡혀 당으로 잡혀갔다)을 웅진도독으로 임명하고, 고국으로 돌려보내 유민의 통치에 힘쓰려고 했다. 당은 또 신라의 옛 백제 병합의 야망을 감추고, 누누이 부여 융과 신라왕과의 화친을 꾀했다. 즉 664년(당 인덕 원년·신라 문무왕 4년), 당의 장군 유인원이 부여 융과 함께 백제에 부임하자, 웅진에서 신라의 김인문과 만나게 하여 화친을 동맹하게 했다. 또 다음 해 665년에는, 웅진 취리산에서 유인원(당의 칙사로서), 부여 융과 문무왕은 서로 만나 맹세하여, 백제의 봉강(封疆)을 도모했다(서약문은 유인원이 작성). 그러나 신라는 옛 백제 땅을 점차 침식하여, 671년에는 완전히 점령하고(이 해에 백제 옛 수도인 부여에 소부리주를 설치했다.) 구원을 위해 보내온 당의 군사도 격퇴했다. 이것에 앞서 웅진도독 부여 융은 유인원이 본국으로 귀환하자, 신라의 침략을 두려워하여 당으로 도망갔다. 그 후 당은 앞서 적은 것과 같이, 676년(상원(上元) 3년 의봉 원년)에 이르러, 안동도호부를 정식으로 요동(遼陽)에 옮겼으나, 더 나아가 이듬해 677년에 무순으로 옮겼다. 옛 고구려왕 고장(高藏)은 요동도독으

로 임명되어, 조선군왕으로 책봉 받아, 유민통치를 위해 무순으로 가게
했으나, 이것과 전후하여 명목상에 지나지 않는 웅진도독부를 요동의 건
안고성(일찍이 고구려에 속했다)으로 옮기고, 부여 융을 웅진도독에 임
명하여 대방 군왕(郡王)에 봉했다. 이미 옛 고구려 땅은 완전히 신라에
병합되어 있기 때문에, 옛 땅으로는 못 가고, 결국 요동의 고구려에 기생
하며 종말을 맞은 것이다. '유' 본문의 '百濟末年. 渤海靺鞨新羅分百濟地'
의 의미이나, 반도의 백제는 신라가 병합했기 때문에, 이 시대에는 아직
발해국이 생겼지 않았으며, 말갈인도 병합되지 않았다. 백제 말년을 위
의 건안고성의 백제에 대하여 기록한 것이라면, 신라가 합쳤다는 것은 잘
못된 것이다. 발해말갈의 용어는 중국사적에 보이는 것을 '사'가 그대로
사용하였고, 그것을 '유'가 다시 인용한 것이다.

58○ 【靺鞨地接阿瑟羅州】 아슬라(阿瑟羅)는 하슬라(何瑟羅)(既述)를 말한
다. '사'지리지(2)·명주 조에 '太宗王五年唐顯慶三年以何瑟羅地連靺鞨.
罷京爲州'라고 되어 있다.

59○ 【東明記】【卒本】 뒤에서(고구려 조) 말하겠다.

59a○ 【東眞】 동여진을 말할 것이다. 흑수말갈은 요대에는 두만강 유역에
서 함경남도에 걸치는 지방에 나타나, 흑수삼십도 혹은 삼십부여진 등이
라고 불렸다. 처음에는 송에 조공했으나, 요(遼)(契丹)의 요동 침략 후,
압록강 하류역의 여진이 요에 굴복했기 때문에, 두만강지방은 장백산(長
白山) 여진, 함경도지방의 것은 포로모타부의 이름으로서, 요에 조공했
고, 또 흑수여진·동여진의 이름으로 고려에 조공했다. 이들 여진은 숙
여진에 대하여 생여진이라고 말했다.

60○ 【羅第六祇麻(摩)王十四年云云】 '나기' 지마왕142) 조에 '十四年春正月.
靺鞨大入北境. 殺掠吏民. 秋七月. 又襲大嶺柵. 過於泥河. 王移書百濟請
救. 百濟遣五將軍助之. 賊聞而退.'라고 보인다. 기마왕 14년 을축은, 서

---

142) 고증 원문 그대로.

기 125년으로, 물론 신라의 역사시대의 것이 아니고 조작기사이다.

○ 【大嶺柵. 過泥河】천정군(泉井郡)을 덕원 부근에 비정한다면, 니하대령 책은 덕원 부근에 있었다고 생각되겠지만, 이게우치 히로시는 전게 논문에서, 천정군을 나아가 북쪽의 영홍에 비정하고, 니하(泥河)를 한층 더 북쪽인 금진강에 맞추었다. '나기'에는 기마이사금 14년(125), 자비마립간 11년(486), 소지마립간 3년(481), 그 18년(496)의 각 조에도 강릉부근에 니하(泥河)가 보이며, 신라의 상대(上代)에 신라와 말갈과의 경계를 정하고 있었던 것 같다. 이게우치는, 이들 기사는 성덕왕 20년의 북쪽 변방 축성의 사실을 발해전 니하와 연결지어, 이것을 상대에 반영시켰던 것 같다고 한다.

61 ○ 【後魏書云云】"위서"에는 물길(勿吉)전이 있다. 쓰다소기치 '勿吉考' ("滿鮮地理歷史硏究報告" 第一), 池内 '勿吉考'("滿鮮史硏究" 上世篇) 참조.

63흑수(黑水)·옥저(沃沮)

63 ○ 【黑水】'黑水·沃沮'의 4자는, 이하의 기사에 대한 항목 표제적인 어구이다. 앞 단이 '靺鞨·渤海'의 기사라고 한다면, 흑수는 흑수말갈(흑수를 지명이라고 보면, 그들의 주거지를 흐르는 흑룡강)을 가리키는 것이지만, 후단의 기사부터 보아, 이 '흑수'는 지금의 함홍을 본거지로서, 당 말부터 역사상에 이름을 남긴 흑수 30부를 가리키는 것이라고 하는 것이 적당할 것이다. 흑수말갈은 발해국과의 분쟁에 의해, 발해국의 대무예왕에게 토벌을 당했지만, 그 일부는 혹은 이때에 발해국의 남쪽 경계에 해당하는 함홍도 방면(옥저의 옛 땅)에 옮겨졌다고 보인다. 그래서 이 '黑水三十部'는, 함경도 방면으로 옮긴 흑수말갈의 후예라고 생각된다. 이 흑수삼십부는 만주 내륙이나 고려 등의 사이를 왕래하며, 또한 중계하면서, 오대·송 초에는 왕성하게 중국과의 무역도 활약했다. 고려에서는 함경도 방면으로 오는 여진을 동여진이라고 부르고, 압록강 방면에서 오

는 여진을 다른 종족으로 보고, 서(西)여진이라고 구별했다. 그러나 서여진은, 실제로는 흑수삼십부가 우회해서 옛 고구려국 수도의 집안 방면을 경유하였고, 압록강 방면에서 고려에 들어오는 것을 잘못하여 다른 종족이라고 하였던 것이다.

○ 【沃沮】 유사(有史) 이전부터 조선의 함경도로부터 만주의 간도방면에 살고 있었던 예맥계 민족의 일종. '위지' 동이전(東沃沮傳)에서는, 그 북쪽에 있으면서 읍루와 접하는 자를 북옥저라고 하고, 다른 말로 치구루(구루는 만주어로 성(城)이라는 뜻)라고 하고, 그 남쪽에 있는 자를 남옥저로 나누고 있다. 옥저라는 이름이 역사에 나타나는 것은, 전한 무제가 설치한 4군(郡) 가운데의 현도군에 포함된 옥저현(縣)으로 옥저족(族)의 지역에 놓인 것이다(영역은 함흥). 현도군의 설치 후는, 관리 7현의 하나로서 낙랑군의 동부도위(不耐縣)의 치하에 들어갔으나, 후한 광무제가 포기한 이후는, 이들 현 가운데의 거수(渠帥)는 현후(縣侯)가 되어, 불내·화려와 함께 후국(侯國)이 되었다. 또 여러 읍락의 거수는 모두 스스로 삼로(三老)라고 불렀다. 이윽고 고구려가 발전하자, 영동지방은 고구려에 귀속되었다. '위지' 동옥저 전에는, 그 지역은 호 5,000으로 대군장 없이 대대로 읍락에는 각 통솔자(長帥)가 있었으며, 그 언어는 고구려와 대동소이하고 풍속도 비슷하다고 하며, 고구려에 신하로 속하고 있었기 때문에, 고구려는 그 가운데에 대인(大人)을 두고, 사자(使者)로 하여금 감독하게 하고, 또 옥저의 대가(主長)들에게 조부(租賦)를 총괄하게 하여, 옥저인에게는 맥포(貊布), 어염(魚鹽), 바다의 음식물을 부담시키고, 그 미녀를 보내게 하여 비첩(婢妾)으로 삼게 하여, 어쩌다 만나면 종과 같았다고 한다. 이윽고 조위가 일어나, 동방 정벌로 공손씨를 멸망시키고, 더 나아가 244-245년에 고구려를 공격하여, 수도 국내성(丸都)를 함락하자, 고구려 왕궁은 도망 나와 옥저로 달렸다. 현도태수 왕기는 이를 쫓아 진격하여 옥저의 읍락을 부수고, 이 지역을 취했다. 그러나 위(魏)의 세력이 쇠퇴해지자, 또 고구려에 빼앗겼다.

○ 【東坡指掌圖】동파(東坡)는 송의 문인, 소식을 말하는데, "내각문고도서 제이부한서목록"에 "역대지리지장도"(1권·서한(西漢) 이하 결손·宋蘇軾明版) 4책, "역대지리지장도" 明版 1책이 있으며, "송서" 예문지·지리류의 부에는, "지장도 2권"이 보이지만, 이것은 저자 이름이 없다. 일본에는, 구안 6년(1150)에 송의 상인 유문충이 가져와, 후지와라노 요리나가에게 "오대사기" "당서"와 함께 줬다는 것이 "우괴기초143)"에 보인다.

64○ 【東明帝立云云】 '여기' 시조동명왕 10년 조의 '冬十一月. 王命扶尉猒伐北沃沮滅之. 以其地爲城邑'이라는 기사에서 인용한 것으로 보인다.

65○ 【溫祚王云云】 '제기' 시조온조왕 43년 조의 '冬十月. 南沃沮仇頗解等二十餘家至壤納款. 王納之. 安置漢山之西' 라는 기사에서 인용한 것으로 생각되나, 연기가 1년 다르다.

66○ 【赫居世云云】 '나기' 시조혁거세 3년 조의 '東沃沮使者來. 獻良馬二十四匹. 寡君聞南韓有聖人出. 故遣臣來享'이라는 기사에서 인용했을 것이지만, 연기가 1년 다르다. 이상 '여기'를 비롯하여 '제기', '나기'의 기사는, 모두 전설시대의 것으로 수식에 지나지 않는다.

---

143) 尊經閣文庫에는 『宇槐記抄』 3冊·『台記抄』 1冊·『宇槐雜抄』 1冊(이상 3점, 三條西公條〔1487-1563〕에 의한 抄出·書寫) 등이 전해지고 있다.

⁶⁸이서국

伊西國

⁶⁹弩禮王十四年. 伊西國人來攻金城. ⁷⁰按雲門寺古傳諸寺納田記云. 貞觀六年壬辰. 伊西郡今郚村零味寺納田. 則今郚村今淸道地. 即淸道郡古伊西郡一.

풀이 ⁶⁸이서국(伊西國)

⁶⁹노례왕 14년에, 이서국 사람이 와서 금성을 공격했다. ⁷⁰운문사에 예부터 전해 오는 여러 절의 납전기가 있어. 그 가운데 정관 6년 임진년 조에 이서군 금오촌의 영미사 납전(納田)의 기사가 보인다. 이 금오촌은 지금의 청도에 해당된다. 이것으로 미루어 보아 청도군은 옛날의 이서군의 일부였다고 생각된다.

68○ 【伊西國】Isō kuk 현재의 경상북도 청도군 청도지방의 원시 촌락 국가명. 노례왕 19년(42)에 신라가 토벌했다고 전해지며, 그것과 관련해서, 죽엽신병의 전설을 기록하고 있다. 신라인이 말했던 유명한 전설이겠지만, 역사로서는, 아마 6세기 전반에 신라에 통합된 것이 아닐까. 그 후, 이서군이 되었고, 고려 초기에 청도군으로 개칭되었다.

69○ 【弩禮王】Noprye-waṅ[144] '유' 제1권(제3 노례왕)에서는 '一作儒禮', '유' 왕력에서는 '一作弩理'라고 주기되어 있다. 한편 '왕력'이나 권제1(未鄒王) 조에서는, 제14대의 왕명이 유리왕(儒理王)이라고 되어 있다. 또 '사'는 제3대와 제14대의 왕명이 함께 유리왕이라고 되어 있다. 이러한 것으로부터 제3대 노례왕은 제14대 유리왕이 반영된 가공의 왕이라고도 말할 수 있겠다. 또한 왕명에 관한 모든 설은 '第三弩禮王' 조로 미룬다.

○ 【弩禮王十四年云云】이것과 같은 글로 후에 이야기를 곁들인 기사가 권제1(味鄒王)과, '나기' 儒理尼師今一四年(297) 춘정월 조에 보인다. 본문은 아마 이들의 전승을 잘못 전한 것으로 보인다. 금성은 경주의 신라왕성이다.

70○ 【雲門寺】현재도 청도군 운문면에 있으며, 신라의 고승 보양의 개산으로, 고려태조가 운문선사의 현판을 하사한 명찰이다. 자세한 것은 권제4 의해, 권제5의 보양이목 조를 참조.

○ 【수部村】미상.

○ 【零味寺】미상.

---

144) 고증 원문 그대로.

⁷¹오가야

五伽耶

^{71a}按駕洛記贊云. 垂一紫纓. 下六圓夘(卵). 五歸各邑. 一在玆城. ^{71b}則一爲首露王. 餘五各爲五伽耶 之王. 金官不入五數當矣. ^{71c}而本朝史畧. 並數金官. 而濫記昌寧誤.

⁷²阿羅 ^{72a}一作耶 伽耶 ^{72b}今咸安. 古寧伽耶 ^{72c}本咸寧. 大伽倻 ^{72d}今高靈. 星山 伽耶 ^{72e}今京山云碧珍. 小伽耶^{72f}今固城. ⁷³又本朝史畧云. 太祖天福五年庚子. 改五伽耶名. 一, 金官 ^{73a}爲金海府. 二, 古寧 ^{73b}爲加利縣. 三, 非火 ^{73c}今昌寧恐高 靈之訛. 餘二, 阿羅·星山 ^{7d}同前. 星山或作碧珍伽倻.

풀이 ⁷¹오가야(五伽耶)

　　^{71a}가락기를 살펴보면, 다음과 같은 찬(贊)이 보인다. 즉 한때 관(冠)에 드리운 자색의 끈이 하늘에서 내리고, 이어서 여섯 개의 둥근 알이 하늘에서 내려왔다. 그 가운데 다섯 개는 제각기 다른 읍(邑)을 향하고, 나머지 하나는 이 성에 머물렀다. ^{71b}이 알이야말로 수로왕이 된 것이며, 나머지 다섯 개도 제각기 오가야의 주인이 되었다. 이 5가야 가운데 금관(金官)을 넣지 않은 것은, 지극히

당연한 것이다. 그래서 **71c**"本朝史畧"145)이, 金官을 5가야에 넣고, 창녕이라고 함부로 기록한 것은 잘못이다.

72阿羅伽耶 **72a**羅 또는 耶라고도 한다. **72b**지금의 咸安. 古寧伽耶 **72c**원래의 咸寧. 大伽耶 **72d**지금의 高靈. 星山伽耶 **72e**지금의 京山으로, 碧珍이라고 한다.. 小伽耶 **72f** 지금의 固城. **73**또 "本朝史畧"에 의하면. 태조의 천복(天福) 5년 경자 때에. 오가야의 이름을 고쳐. 첫 번째로, 금관**73a**金海府. 두 번째로 古寧 **73b**加利縣. 세 번째로 非火 **73c**지금의 昌寧으로, 필경 高靈의 방언. 나머지 두 개로, 아라(阿羅)와 성산(星山)을 들고 있다. **7d**阿羅, 星山은 前과 같은 것. 星山은 혹은 碧珍伽倻라고도 한다.

주해 **71**○【五伽耶】가야 5개국의 총칭. 여기에 특정의 가야 5개국을 일괄해서 총칭하는 까닭에 대하여, '고려시대까지, 가야의 1국으로서의 전승을 보전해 온 나라들을, 다섯 내지 여섯의 수를 간주해야 할 것이며, 골라서 늘어놓은 것에 지나지 않는다.'라고 해석하는 입장도 있으나(末松保和, "伽耶興亡史", 220면), 여기에 나열되어 있는 가야 제국 가운데에는, '사' 편찬 당시, 이미 가야국으로서의 전승을 잃은 것도 있어, 대충 그렇게 단정을 지을 수는 없다. '유' 본문 및 "본조사략"에 나열된 5가야의 위치를 비교 고찰할 때, 사료적 우연성을 보는 것보다도, 오히려 그곳에 무언가의 역사적 조건을 고려해야 할 것이라고 생각된다. 즉 '유' 본문에 나열된 5 가야가, 낙동강 서부에 한정되어 있는 것에 대하여, "본조사략"의 그것은, 비화(比火)와 같이, 낙동강 동부에 위치하는 가야를 포함하고 있으며, 가야의 쇠망을 신라와의 관련에 있어서 다룰 때, 이 두 가지의 차이는, 일찍

---

145) DB. '본조(本朝)의 사략(史略)'이라고 표현.

이 존재했던 가야연합의 사적 사실을 말해 주는 것이라고 해석해야 할 것이다(三品彰英, "日本書紀朝鮮関係記事考證" 上卷). 5가야 전승에 대하여 참고해야 할 중요한 사료는, 이 외에 "가락국기"의 기술이 있으며, 그곳에는 금관가야를 6가야의 하나로서, 5가야와 구별하고 있다("가락국기" 참조). 금관가야를 5가야에 넣지 않은 점에 있어서, '유' 본문의 5가야설과 같은 계통의 전승이라고 말할 수 있으나, 이 계열의 전승은 '승람' 김해부 산천 조에도 받아들여, 이곳에서도 금관을 제1가야로서 5가야에 넣지 않고 있다. 금관가야를 5가야와 구별해서 다루는 전승은, 두말할 것도 없이 금관가야를 5가야의 상위에 두고자 하는 사상을 포함하는 것이며, 그것은 본래 금관 고유의 전승이라고 말할 수 있으나, 이것은 동시에, 고령가야를 포함하지 않는 "本朝史略"의 5가야 전승이 고령가야 고유의 전승이라는 것을 말하는 것이다. 6가야 전승과 5가야 전승의 성립조건을 개별적으로 고려해야 할지 아닐지, 바꿔 말하면 6가야 전승이라는 것은, 기존의 5가야 전승의 위에 금관가야 내지는 고령가야를 맹주적인 입장에 두려고 하는 관념 아래 성립한 것일까. 혹은 애초부터 6가야 전승이 존재했고, 5가야 전승이라는 것은, 단순히 그 부분적 호칭에 지나지 않는 것일까에 대해서는 후고를 기다려야 하는 문제라고는 하나, 6가야 내지 5가야 전승은 그것에 충분한 사료적 조작이 가해지면, 고대가야연합의 실태를 분명하게 할 수 있는 중요한 고대사료로서의 가치를 가지는 것이다.

71a○ 【駕洛記】 '유' 권제2의 말미에 수록되어 있는 가락국기를 말할 것이다. 자세한 것은, 해당 條下로 미룬다.

71b○ 【首露王】 금관국의 시조, '유' 권제2의 가락국기 조를 참조.

71c○ 【本朝史畧】 이 조에만 보이는 서명으로, 아마 고려조에 편찬된 것이라고 추정되지만, 그 내용은 불명이다.

72, 72a○ 【阿羅(耶)伽耶】 '사' 지리지·강주함안군 조에, '法興王以大兵滅阿尸良國. 一云阿那伽耶 以其地爲郡. 景德王改名. 今因之. 領縣二.'라고 되어 있다. 아시량의 시(尸)는 l, r의 음차라고 생각되므로, 각주의 지리

적 비정과 일치한다. 즉 오늘날의 경상남도 함안 지역이 아라가야의 옛 지역이다. 그 위치를 추측하게 하는 사료는, 더 나아가 '서기' 긴메이(欽明)천황 5년(544) 11월 조에도 보이며, 그곳에는 '新羅安羅兩國之境有大江水'라고 있다. '위지' 한전(韓傳)에 '弁辰安邪國'으로서 변진(弁辰) 12국의 1국으로 더해 있는 것이 사료적으로 처음 보이는 것이나, 5세기에 들어가면, 아라의 술병(戍兵)이 왜와 제휴해서 고구려·신라와 싸우고, 신라성을 탈취할 정도의 활약을 한 모양이, 그 유명한 호태왕비문에 기록되어 있다. 모국(母國) 사료인 '사', '유'에서는, 안라의 이름은 드문드문 보이는 정도로('사', '유' 물계자전·'사' 지증마립간 15년·'사' 귀산전), 그 동태를 살피는 것은 곤란하지만, 다행히 '서기'에 상당히 풍부하게 관계기사가 기재되어 있어, 연구자에게 있어 귀중한 문헌이 되어 있다. '서기'에서 안야가 처음 보이는 것은 진구기(神功紀) 49년(수정 서기 369)이며, 그곳에는 比自㶱·南加羅·喙國·多羅·加羅 등의 여러 나라와 함께 왜에 평정된 취지의 기술이 보인다. 후대로 내려가, 게다이(繼體)천황 7년(513) 이후가 되면, 해마다 그 활약이 역사상으로 보이며, 신라에 잠식된 후의 잔존가야 제국의 맹주적 입장에서, 6세기 후반에 있어서의 변화무쌍한 라·제·왜 3국의 국제관계에 대처했다. 특히 긴메이기(欽明紀) 2년(541) 조에, 안라일본부의 명칭이 보이는 것은, 귀중한 사료라고 해야 할 것이다. 그 멸망에 대하여, '서기'는 긴메이천황 23년(562), 즉 진흥왕대에 신라에 의해서 멸망되었다고 되어 있지만, '사' 지리지에는, 이것을 법흥왕대(514-539)라고 하고 있으며, 그 연차에는 매우 심한 차이가 있다.

72b ○ 【咸安】앞서 말한 것과 같이, 옛 안라(安羅)(安邪·安羅·阿邪·阿耶·阿那·阿尸良·阿尸羅·阿羅羅 등으로 차자)의 지역으로, 지금의 경상남도 함안군의 지역에 해당한다. 신라는 이 지역을 병합하자 아시랑군이라고 했는데, 경덕왕대에 함안군이라고 부르고, 2현(縣)으로 했다. 고려조에 들어가서도 연이어 함안군이라고 불렀는데, 성종 14년에 함주

로 바꾸고 자사(刺史)를 두었다. 그러나 현종 9년에 또 함안군으로 복귀하여 금주(金州) 관하에 들어갔는데, 명종 2년에는 함안현이 되었다. 더 나아가 공민왕 22년에는 승격하여 함안군으로 복귀하고, 지군사를 두고, 별도로 금라라고 불렀다. 이조에 들어서도 이어서 함안군이라고 불렀다.

72c○ 【古寧伽倻·咸寧】'사' 지리지·고령군 조에 '本古寧伽倻國'이라고 있으며, 지금의 경상북도 함창(咸昌)이 고령가야의 옛 지역이다. 신라에 병합되고 처음에는 고동람군(一云古陵縣)이라고 불렀으나, 경덕왕대에 고령군이라고 고치고 3현을 다스렸다. 고려조에 들어서자 광종 15년에 함녕군이라고 고쳤으나, 현종 9년에는 상주(尙州)에 속하고, 나아가 함창군이라고 개명되었다. 이윽고 명종 2년에는 현이 되었고, 이조에 들어와서도 함창현이라고 불렀다.

○ 【大伽倻】오늘날의 경상북도 고령에 있었던 가야. 이 지역을 대가야라고 불렀던 예는, 이 외에 '사' 지리지·강주고령군 조, '승람' 권29·고령현 조의 석리정전·석순응전(최치원 찬)에 보인다. '위지' 한전에 보이는 구사국에서, 종래부터 대가야의 첫 사료라고 되어 왔으나, 이것에 의심을 품고, 이것을 금관가야에 비정하려고 하는 학자도 있다(三品 전게서). '위지'뿐만 아니고 한일사료에서도, 대가야·금관가야를 모두 '가야'라고 기록한 예가 많고, 다른 가야국에 비해서 때때로 높은 사료적 빈출도를 가지면서도, 그것을 역사 연구 상에 충분히 이용할 수 없는 감이 있다. 다만 '서기'에서 '남가라'라고 병기된 경우, 및 532년의 금관가야 멸망 후에 보이는 경우의 '가라(加羅)'는 모두 대가야라고 추단(推斷)할 수 있는 가능성이 강하다. 대가야가 가야국의 모든 나라 가운데에서 가장 유력국이었던 것은, 고령면 서쪽의 주산(主山)(耳山) 남쪽 기슭 일대부터 지산동(池山洞)에 이르는 사이에 군재(群在)하는 100기(基) 남짓한 고분 수와 그 규모, 더 나아가서는 그 유물에 의해서도 충분히 알 수 있다(조선총독부, "大正六年度·七年度古墳調査報告"). 欽明紀 2년(541)에 '赴加羅, 會丁任那日本府'라고 있는 것은, 임나일본부가 이 지역에도 설치되어 나제

(羅濟) 2국의 침략이 격화되는 6세기의 중엽, 잔존 가야 제국의 맹주적 입장에서 활약했다는 것을 이야기하는 것이다. 그 멸망에 대해서는 562 년 신라에 의해 병합되었다는 것이, 일한사료에 일치되어 있기 때문에, 문제는 없다. 또한 이 지역에는 신라 말에 명찰 해인사가 세워졌기 때문일까, '사' 지리지 고령군 조에는 '自始祖伊珍阿鼓王一云內珍朱智至道設智王. 凡十六歲五百二十年', 前揭 釋利貞傳에는 '伽耶山神正見母主. 乃爲天神夷毗訶之感. 生大伽耶王惱窒朱日. 金官國主惱窒靑裔二人', 釋順應傳에는 '大加耶國月光太子. 乃正見之十世孫. 父曰異腦王. 求婚于新羅. 迎夷粲比技輩之女. 而生太子'라고 있어, 간단하면서도 대가야 고유의 전승을 오늘날까지 남기고 있다. 여기에 전해지는 개국전설에는, 물론 후세의 윤색이 현저하며, 또 16세(世)에 멸망했다는 지리지의 기재도, 금관가야와 비교하는 데에는 상당히 수상한 것이지만("가락국기" 참조), 가야 고유의 전승을 전하는 것이 적은 오늘날에 있어서는, 실로 귀중한 사료라고 해야 할 것이다(末松保和, "任那興亡史").

72d○ 【貫靈】 오늘날의 경상북도 고령 지역. 진흥왕의 병합 후, 대가야군이 설치되었으나, 경덕왕대에 고령군으로 바꾸고, 2현으로 했다. 그 후, 고려 초에 경산촌에 속했으나, 명종 5년에는 고령현이 되고, 조선시대에도 그대로 이어졌다.

○ 【星山伽耶】 신라시대의 성산군, 즉 지금의 경상북도 고령군 가리면에 존재했던 가야이다(今西龍, '己汶伴跛考', "朝鮮古史の硏究" 所収). 그러나 이것에 대해서는, 성산군이 속한 본피현(本彼縣)을 이것에 맞추어, 지금의 경상북도 성주(星州) 부근에 비정하는 설도 있다(那珂通世, "外交繹史" 卷二). 만약 후자의 설을 따른다고 한다면, '서기' 게다이기(繼體紀)에 보이는 반파가야가 이것에 해당하고, 6세기 초경, 백제와 기문 지역을 다투었던 임나북부에서의 대표적 세력이라고 생각할 수 있다.

72e○ 【京(京)山云碧珍】 지금의 경상북도 성주군 지역. 처음에는 본피현이라고 불렀는데, 경덕왕대에 신안현(新安縣)이라고 고치고, 성산군 소속

이 되었다. 후에 벽진군이라고 개칭, 고려조 태조 23년에는 한층 더 경산
부라고 고쳤다. 이후 곡절을 거처 충렬왕 34년에는 성주목이라고 승격했
으나, 충선왕 2년에 다시 내려가 경산부가 되었다.

72e, 72f○ 【小伽耶 · 固城】 "고려사" 지리지 · 고성현 조에 '本小加耶國'이라
고 있으며, 지금의 경상남도 고성군 지역에 있었던 가야이다. 옛날에는
'위지' 한전에 '弁辰古資弥凍國'이라고 보이나, '서기'에서는 구차(久差) ·
고차(古差)라고 적혀 있는 것으로, 신라에 잠식된 임나 부흥을 위해, 긴
메이(欽明)천황 5년(544)에 다른 모든 가야와 함께 백제에서 만나, 성명
왕으로부터 일본 천황의 조칙을 청문(聽聞)하고 있다. 긴메이 천황 23년
(562), 신라에 의해 멸망한 임나 10국 가운데, 그 이름이 보이기 때문에,
아마 이때쯤 멸망한 것으로 생각된다. 이 지역은 신라에 병합은 초기에
는 고자군(古自郡)이라고 불렀으나, 경덕왕대에 고성군이라고 개명하고,
3현을 두었다. 고려조에 들어가 성종 14년에 고주가 되었으나, 후에 또
현으로 강하하였다. 이후, 승격과 강하를 반복하다가, 결국 공민왕대에
현이 되었고, 조선도 이것에 의했다.

73○ 【天福五年庚子】 서기 940년 천복은 오대 후진(後晉)의 연호.

73, 73a○ 【金官 · 金海府】 '유' 권제2의 가락국기 조 참조.

73b○ 【加利縣】 지금의 경상남도 고령군 성산면. 처음에 일리군이라고 불
렀으나, 경덕왕대에 성산군으로 개명, 고려 초에 가리현이 되었고, 현종
9년에 경산부에 속했다.

73, 73c○ 【非火 · 昌寧】 '사' 지리지 · 화왕군 조에 '火王郡. 本比自火郡(一
云比斯伐) …'이라고 있으며, 비자화(比自火) · 비사벌(比斯伐)의 비(比)
는 비화(非火)의 비(非)와 같은 음. 자(自)와 사(斯)는 연사(連辭),[146] 화
(火)와 벌(伐)은 같은 뜻으로서 pur[147]을 나타낸다. 非火(比自火 · 比斯

---

146) 주어와 술어의 관계를 나타내는 말.
147) 불(火).

伐)는, 지금의 경상남도 창녕군 지역에 있었던 가야. '위지' 한전에는 불사국(不斯國), 창녕비에는 비자벌(比子伐), 진구기(神功紀) 49년 조에는 비자체(比自體)라고 기록되어 있다. '위지' 한전에 이미 기록되어 있는 것으로부터 예부터 여러 가야국 가운데 유력한 1국이며, 진구기(神功紀) 49년(수정, 서기 369)의 왜국의 가라7국 평정기사 가운데에도, 그 국명이 보이지만, 그 동태를 뒷받침할 사료는 매우 없고, 그 멸망의 사정도 불명이다. '나기' 파사이사금 29년(108) 조에 '遣兵伐比只國多伐國草八國併之'라고 있으나, 물론 연대적으로 믿을 수 있는 사료는 아니다. 이 지역은 신라에 병합되자, 비자화군(比自火郡)이라고 불렀으나, 진흥왕 16년(555)에는 하주가 설치되었다. 561년 건립된 창녕비에는, 비자벌군주(比子伐軍主)·하주행사대(下州行使大) 등의 이름이 보여, 위의 사실을 뒷받침하나, 565년에 이르러 하주(下州)는 없어졌다. 비자화군은 경덕왕대에 화왕군이라고 개명되어 1현을 다스렸으나, 고려조의 태조 23년에 한층 더 창녕군으로 개칭되었다. 그러나 현종 9년에는 밀성군에 속하고, 명종 2년에는 현이 되어, 조선에서도 이것을 따랐다. 덧붙여 '나기' 진흥왕 16년 조에 '置完山州於比斯伐'이라고 있으나, 완산은 비자벌(比子伐)의 대역인 兒山(čis-pur)의 오사오간(誤寫誤刊)이다(梁柱東, "古歌研究").

⁷⁴북부여

北扶餘

⁷⁵古記云. 前漢書宣帝神爵三年壬戌四月八日. 天帝降于訖升骨城. ^{75a}在大遼醫州界. 乘五龍車. 立都稱王. 國號北扶餘. 自稱名解慕漱. ⁷⁶生子名扶婁. 以解爲氏焉. 王後因上帝之命. 移都于東扶餘. 明帝繼北餘. ⁷⁷東明帝繼北扶餘而與. 立都于卒本州. 爲卒本扶餘. 則高句麗之始祖.

풀이 ⁷⁴북부여(北扶餘)

⁷⁵고기(古記)에 의하면. 전한(書)(衍) 선제 신작 3년 임술년 4월 8일에, 천제가 흘성골성 ^{75a}대요(大遼) 의주(醫州)의 경계에 있다.에, 천제는 오룡차를 타고, 이윽고 도읍을 정하고 왕이 되어, 나라를 북부여라 했다. 왕은 스스로 해모수라 하고, ⁷⁶태어난 아들에게는 부루라 이름 짓고, 또 '해(解)'를 씨(氏)로 삼았다. 왕은 후에 상제의 명에 의해 도읍을 동부여로 옮겼다. ⁷⁷동명제(東明帝)는, 이 북부여를 계승해서 일어난 것이다. 동명제가 일어서자 도읍은 졸본주로 정하고, 나라를 졸본부여라

했는데, 이것이 고구려의 시조가 된 것이다.

주해 **74**○【北扶餘】북부여는, 본래 부여라고 부르는 나라로, '위지' 부여전에, 3
세기경의 이 나라의 상황을 비교적 상세하게 기재하고 있다. 그 영역은
농안을 중심으로 한 송화강 유역을 차지하고, '在扶餘長城之北. 去玄菟千
里. 南與高句麗. 東與挹婁. 西與鮮卑接. 北有弱水. 方可二千里. 戶八萬.
其民土著.'라는 기사에서 그 대략의 줄거리를 알 수 있다. 한(漢) 말경부
터 부여왕실은 '尉仇台-簡位居-麻餘 … 位居'라는 순서가 되어 있다. 고구
려는, 그 전승이 보이는 것과 같이, 부여의 분파이며, 건국당초 스스로 졸
본부여라고 불렀다. 부여를 특히 북부여라고 불렀던 것은 남쪽으로 가
건국했던 고구려가, 스스로 부여를 정통으로 하는 입장에서일 것이다.
'여기'에는 부여·북부여라는 양쪽의 명칭을 사용하고 있다. '유'에 보이
는 북부여·동부여·고구려의 세 기사는 서로 연관되는 것으로, 본래 동
일민족의 분파관계에 있는 나라들이다. '유'는 '여기'의 동명성왕의 전설
기사에 근거하여, 그 가운데에서 북부여, 동부여에 해당하는 부분을 골라,
각각 기사로 한 것이다. 따라서 그 내용은 고구려의 시조전설과 중복하는
부분이 많기 때문에, 개별적인 수식의 대부분은, 고구려 조에서 말할 것이
다. 또한 '유'의 기사에 약간의 혼란이 있으나, 그것은 본서가 이용한 고전
승에 이전(異傳)이 있었기 때문에, 불충분하게 끝난 것으로 보고 있다.

75○【前漢書(衍)宣帝神爵三年壬戌四月八日】물론 사실적 연차는 아니지
만, 왜 이 연차를 적은 것인지는 미상이다. 4월 8일이라는 날은, 아마 신
의 아들 탄생과 석가의 탄신일을 절충한 결과일 것이다.

75, 75a○【訖升骨城】【大遼醫州界】"위서"에 실린 주몽전설에는, 주몽이
부여를 도망쳐 '至訖升骨城. 遂居焉'이라고 되어 있기 때문에, 주몽 최초
건국지의 성(城)이다. '유'가 천제가 강림한 지역으로 하고, 일찍이 북부

여건국의 도읍이라고 한 것은 "위서"와 일치하지 않는다. 주몽 건국의 땅 흘승골성을, 해모수 강림 지역으로 했을 것이다. 물론 부여도 고구려도 같은 민족으로서, 공통의 전승을 가지고 있었는지 모른다. 그렇다면 '유' 의 잘못이라고만은 할 수 없을 것이다. '大遼醫州界'라는 주(注)는, 대요 의 말로 미루어 보아 11세기 후반경의 '고기'의 원래 주(注)일까. 또한 의 주(醫州)로 추정한 것은, '사' 지리지(4)에 흘승골성·졸본을 고증하여, '漢書志云. 遼東郡距洛陽三千六百里. 屬縣有無慮. 則周禮北鎭醫巫閭山 也. 大遼於其下置醫州. 玄菟郡距洛陽東北四千里. 所屬三縣. 高句麗是其 一焉. 則所謂朱蒙所都紇升城·卒本者. 盖漢玄菟郡之界. 大遼國東京之 西. 漢志謂玄菟屬縣高句麗是歟. 昔大遼未亡時. 遼帝在燕京. 則吾人朝聘 者. 過東京涉遼水. 一兩日行至醫州. 以向燕薊. 故知其然也'라는 것에 의 한 것이다. 흘승골성·졸본은 고구려 조 주해 88에서 말하겠다.

○ 【解慕漱】해(解)의 음 kae, hăe를 빌려 태양 hăe를 나타낸 것이라는 통 설에 따른다. 해모수의 어원에 대하여, 양주동은 신의 고어 kăm과 같은 말이라고 하고, 환인 제석의 아들 환웅(神雄)과 같은 이름이라고 하고 있 다. 또한 '구삼국사'에는, 해막수의 별명을 천왕랑이라고 부르고 있는데, 의역한 이름일 것이다(고구려 조 '以高爲氏' 88 참조).

76○ 【扶婁】본서는, 부루를 해모수의 아들이라고 하고 있는데, '구삼국사' 나 '사'는, 그 계보에 대해서는 언급이 없다. 후문의 고구려조 분주의 '단 군기'에는, 부루를 단(檀)의 아들이라고 하고 있다. 부루라는 이름의 뜻 은, pŭr로서 빛(光·赫)을 의미하고, 신라 시조 혁거세(弗矩内)의 이름과 같은 계통의 말이며, 解=太陽으로서 '해부루'라고 불러, '해의 자손'적 존 재이라는 것을 보이고 있다(84a '檀君記云'의 주해 참조).

77○ 【東明帝繼北扶餘而興. 立都于卒本州】'유'의 글로 보면, 주몽 동명제 (東明帝)가 북부여 즉 부여의 왕위에 올랐던 것처럼 되지만, 실제로 의미 하는 것은, 남으로 온 주몽이 부여의 정통을 이으려는 입장에서의 주장이 다. 따라서 졸본도, 부여의 왕도가 아니고, 고구려의 건국시 도읍이다.

78 동부여
東扶餘

---

⁷⁹北扶餘王解夫婁之相阿蘭佛. 天帝降而謂曰. 將使吾子孫. 立國於此. 汝
其避之. ^{79a}_{謂東明將興之兆也.} 東海之濱有地名. 迦葉原. 土壤膏腴. 冝(宜)立
王都. 阿蘭佛勸王. 移都於彼. 國號東扶餘. ⁸⁰夫婁老無子. 一日祭山川求
嗣. 所乘馬至鯤淵. 見大石相對俠(峽)流. 王怪之. 使人轉其石. 有小兒金
色蛙形. 王喜曰. 此乃天賚我令胤乎. 乃收而養之. 名曰金蛙. 及其長. 爲
太子. ⁸¹夫婁薨. 金蛙嗣位爲王. 次傳位于太子帶素. 至地皇三年壬午. 高
麗王無恤伐之. 殺王帶素. 國除.

풀이 ⁷⁸동부여(東扶餘)

　　⁷⁹북부여 왕인 해부루를 모시고 있던 재상 아란불은, 꿈속에 천제
가 내려와 다음과 같이 말하는 것을 들었다. '지금부터 내 자손을 이
땅에 내려보내 나라를 세우고자 생각한다. 너는 이 땅에서 몸을 피하
는 것이 좋다. ^{79a}_{동명(東明)이 이윽고 흥하려고 하는 징후를 말하고 있는 것이다.} 이때

에 동해 바닷가에 가섭원(假葉原)이라고 불리는 토지가 있다. 땅은 매우 비옥하고, 왕도를 세우는 데에는 적합하다.'라고. 그래서 아란불은 왕에게 권해서 도읍을 가섭원으로 옮기고, 나라 이름을 동부여라고 했다. ⁸⁰그런데 부루는 뒤를 이을 후손이 없는 채 노인이 되어 버렸기 때문에, 하루는 신에게 제를 올려 후사(後嗣)를 볼 수 있도록 하며 기원했다. 그리고 왕이 타고 있던 말이 곤연148) 근처까지 왔을 때, 왕은 커다란 돌을 발견했다. 이 돌은 협류를 맞보고 있었는데, 왕은 이것을 기이하고 여기고 그 돌을 집어 살펴봤다. 그러자 그곳에서 황금색의 개구리 모양을 하고 있는 소년이 나타났다. 왕은 크게 기뻐하며 '이것은 필시 하늘이 후사로 하라고 나에게 내리신 것이 틀림없다.'라고 생각하고, 그 어린아이를 데리고 가 키웠다. 이 아이는 금와(金蛙)라고 이름 짓고, 이윽고 어른이 되어 태자가 되었다. ⁸¹부루가 죽자, 금와는 자리를 이어받아 왕이 되고, 다음으로 그 태자인 대소에게 왕위는 전해졌으나, 지황 3년 임오 때에, 고구려의 무휼왕에게 정벌당하여 왕인 대소도 살해당하며, 이 동부여는 멸망해 버렸다.

주해 **78**○ 【東扶餘】 본문에 보이는 것과 같이, 북부여 왕 해부루가 동해149) 바닷가의 가섭원으로 옮겨서 세웠다고 하는 나라를 일컫는 말이다. 부여왕의 다른 나라로 되어 있는데, 이 동(東)은 고구려를 중심으로 하는 동으로 해석을 해야 하고, 때마침 북부여의 북쪽과 같다. 원래 이 전설은 고구려에 전승되었던 것이기 때문에, 고구려에 주체가 놓여 있는 것이다. 아마

148) DB. 백두산 천지라는 견해가 있다.
149) 고증. 원문 그대로.

삼국유사 권제1

동부여의 이름에서, 동(東)을 부여의 동쪽으로 해석하고, 그 위치를 동해 바닷가라고 해석했을 것이다. 인명 아란불ㆍ지명 가섭원은 미상. 동부여의 위치는 분명하지 않으나, 주몽 전설 가운데 금와의 이야기가, 청하(青河) 즉 압록강의 원류인 태백산 남우 발수[150]를 말하고 있는 것으로부터 그 주변이 소위 동부여가 아닐까(다음의 대소(帶素) 부분, 주해 81을 참조).

79○ 【將使吾子孫. 立國於此. 汝其避之】북부여 조에도, 고구려 조에도, 같은 천제의 자손 해모수가 강림하는 데에 있어, 부여왕이 동쪽으로 옮기는 것을 말하고 있다. 하늘의 자손이 강림함에 있어, 일종의 나라 이양과 같은 전승이나, 한편, 신의 이야기는 그것을 믿는 부족의 행동이라고도 이해될 것 같다.

79a○ 【東明】다음 장의 주해 84를 참조.

80○ 【夫婁ㆍ鯤淵ㆍ金蛙】【見大石相對俠(峽)流】다음의 고구려조 주해 84를 참조.

81○ 【帶素云云】주몽의 전설 이외에도, 부여왕 대소의 이름은, '여기'에 유리명왕 14년ㆍ28년ㆍ대무신왕 3년ㆍ5년 모든 조에 보이며, 부여왕의 우세를 보이는 고구려의 화전(和戰)기사를 싣고 있으며, 마지막의 5년 조(新, 地皇 3년 임오에 해당.)에 이르러, 대소의 패사(敗死)를 적고, 또 '夏四月. 扶餘王帶素弟至曷思水浜. 立國稱王. 是扶餘王金蛙季子也. 史失其名. 初帶素之見殺也. 知國之將亡. 與從者百餘人至鴨淥谷 … 至此始都. 是爲曷思王. 秋七月封爲王. 安置掾那部'라고 있다. '유'의 대소에 관한 기사는, 이들 전승에 의한 것이다. 그러나 여기에서 주의를 끄는 것은 '여기'가 대소를 부여왕으로 하고, 동부여라고 하지 않았던 점으로, '유'가 동부여라고 한 것과 다르다. '여기'에는 주몽 전설 가운데에 동부여의 이름을 싣고, 또 시조 14년 조에 '秋八月. 王母柳花薨於東扶餘. 其王金蛙以太

---

150) 남쪽을 향하여 물이 난다는 뜻.

后禮葬之. 逐立神廟. 冬十月遣使扶餘饋方物. 以報其德'이라고 있어, 같은 나라를 동부여·부여라고 두 가지로 하고, 양자를 통용 내지 혼동하고 있다. 따라서 앞서 금와의 아들인 대소왕이나 갈사왕도, 동부여왕이라고 해도 좋다고 한다면 '유'와 일치한다. (동)부여는 대소왕 때에 고구려에 종속했다고 되어 있으나, "진서"나 "위서" 고구려전에는, 그 후에도 부여국이 존재했다는 것을 기록하고 있고, 또 '여기' 문자왕 3년(502) 조에 '扶餘王及妻孥. 以國來降'이라고 있어, 이곳의 부여왕은 앞서 (동)부여와는 다른 (북)부여국이다. 이상과 같이, 동부여의 이름은 매우 막연하게 사용하고 있으나, 광개토왕비문에도 '東扶餘. 舊是鄒武王屬民. 中叛不貢. 王躬率往諸軍. 到餘城云云'이라고 있으므로, 이름과 함께 실재한 것은 틀림없다. 또한 주의해야 할 것은, 앞서 보인 '여기'에 동부여가 망한 후, 왕의 동생(금와의 막내아들)인 갈사왕을 봉하고, 갈나부에 안치했다는 이야기이다. 연나는 고구려 5족 가운데의 옛 종족으로, '위지' 고구려전에 '本涓奴部爲王. 稍微弱. 今桂婁部代之', '王之宗族. 其大加皆稱古雛加. 涓奴部本國主. 今雖不爲王. 適統大人得稱古鄒加. 亦得立宗廟. 祠靈星社稷'이라고 있어, 연노(涓奴)·연나(掾那)는 통음이다. 연나부[151]는 동부여왕 금와의 후에 갈사왕으로 계보하여, 주몽의 후예(현왕족의 계루부)와는 종족의 관계에 있으며, 따라서 종묘를 세우고 있었던 것이다. '여기'에 동부여가 주몽의 어머니의 신묘(神廟)를 세웠다고 되어 있는 것은, 그것에 해당한다. '위지'의 기사 당시 현재(3세기 중엽) 이전에, 고구려 왕위가 연노부에서 계루부로 옮겼다고 하는 사실(史實)은, 주몽의 건국전설이 말하는 동부여 왕과의 관계를 해명하는 하나의 열쇠가 될 것이다.

---

151) 고증. 연(椽)이 아닌 연(掾)으로 표현.

⁸²고구려

高句麗

⁸³高句麗即卒本扶餘也. 或云 "今和州又成州等", 皆誤矣. 卒本州在遼東界. ⁸⁴國史高麗本記云. 始祖東明聖帝, 姓言氏諱朱蒙. 先是北扶餘王解夫婁, 旣避地于東扶餘, 及夫婁薨, 金蛙嗣位. 于時, 得一女子於太伯山南優渤水, 問之, 云 "我是河伯之女, 名柳花, 與諸弟出遊, 時有一男子, 自言天帝子解慕漱, 誘我於熊神山, 下鴨綠邊室中知之, 而往不返. ^{84a}壇君記云 "君與西河河伯之女要親, 有産子名曰夫婁." ^{84b}今據此記¹⁵²⁾, 則解慕漱私河伯之女而後産朱蒙. 壇君記云 "産子名曰夫婁", 夫婁與朱蒙異母兄弟也. 父母責我無媒而從人, 遂謫居于此." ⁸⁵金蛙異之, 幽閉¹⁵³⁾於室中, 爲日光所照. 引身避之, 日影又逐而照之. 因而有孕, 生一卵, 大五升許. 王棄之與犬猪, 皆不食. 又棄之路, 牛馬避之. 棄之野, 鳥獸覆之. 王欲剖之, 而不能破, 乃還其母. 母以物裹之, 置於暖處, 有一兒破殼而出, 骨表英奇. ⁸⁶年甫七歲岐¹⁵⁴⁾嶷異常, 自作弓矢, 百發百中.

---

152) 고증. 今按此記, DB. 今拠此記.
153) DB. 만송문고본에는 閉.

國俗謂善射爲朱蒙, 故以名焉. ⁸⁷金蛙有七子, 常與朱蒙遊戲, 技能莫及.
長子帶素言於王曰, "朱蒙非人所生, 若不早圖, 恐有後患." 王不聽使之養
馬. 朱蒙知其駿者, 減食令瘦, 駑者善養令肥. 王自乘肥, 瘦者給蒙. 王之
諸子與諸臣將謀害之, 蒙母知之, 告曰, "國人將害汝, 以汝才畧, 何徃不
可. 宜速圖之." ⁸⁸於是蒙與烏伊等, 三人爲友, 行至淹水 今未詳. 告水曰,
"我是天帝子, 河伯孫, 今日逃遁, 追者垂及奈何." 於是魚鼈成橋, 得渡而
橋解, 追騎不得渡. 至卒本州 ^{88a}玄菟郡之界. 遂¹⁵⁵⁾都焉. 未遑作宮室, 但結
廬於沸流水上居之, 國號高句麗, 因以高爲氏, ^{88b}本姓解也. 今自言是天帝子承日
光而生, 故自以高爲氏. 時年十二歲, 漢孝元帝建昭二年甲申歲, 即位稱王. ⁸⁹
高麗全盛之日, 二十一萬五百八戶.

   ⁹⁰珠琳傳第二十一卷載, "昔寧禀離王侍婢有娠, 相者占之曰'貴而當王',
王曰'非我之胤也, 當殺之'. 婢曰'氣從天來, 故我有娠'. 及子之産, 謂爲不
祥, 捐圈則猪嘘, 棄欄則馬乳, 而得不死, 卒爲扶餘之王." ^{90a}即東明帝爲卒本扶
餘王之謂也. 此卒本扶餘, 亦是北扶餘之別都, 故云扶餘王也. 寧禀離, 乃夫婁王之異稱也.

풀이 ⁸²고구려(高句麗)

   ⁸³고구려라는 것은 즉 졸본부여를 말하며, 졸본주는 요동 경계에
있고, 따라서 졸본부여를 현재의 화주156)와 성주157) 등으로 하는 것
은 모두 잘못이다. ⁸⁴국사의 고려본기에 의하면, 시조인 동명성제의

---

154) 규장각본. 파른본. 고증. 巖. DB. 岐.
155) DB. 규장각본. 파른본에는 逐.
156) DB. 지금의 함경남도 영흥 일대.
157) DB. 지금의 평안남도 성천 일대.

성은 고씨(高氏)[158]이며, 그 휘를 주몽(朱蒙)이라고 했다. 이보다 앞서 북부여 왕[159]인 해부루는, (천제의 자손이 강림한다고 하기 때문에) 이미 그 지역을 떠나 나라를 동부여로 옮겼으나, 이윽고 부루는 죽고, 그 자손인 금와가 왕위를 이어받았다. 한때 금와는, 태백산[160] 남쪽에 있는 우발수 옆에서 한 여인을 만나, 그 이름을 물으니, '저는 하백의 딸로서 이름은 유화라고 합니다. 여동생들과 바깥으로 놀러 나왔습니다. 어느 날 스스로 천제의 자손으로 해모수라는 이름의 한 남자를 만났습니다만, 그 사람이 저를 웅신산 기슭에 서 압록강 가에 어느 방에 이끌어 들여, 거기에서 두 사람은 서로 알게 되었습니다만, 그 후 그 남자는 어디론가 가 버린 채 돌아오지 않았습니다. [84a]단군기에 의하면, 단군은 서하(西河)의 하백의 여자, 요친(要親)[161]과의 사이에 자식이 생겨, 이름을 부루라고 지었다고 되어 있다. [84b]그런데 이 기사에 의하면, 해모수가 하백의 딸 유화와 통하여 주몽을 낳았다고 한다. 그렇다면 단군기에 보이는 부루와 주몽과는 이모형제(異母兄弟)라는 것이 된다. 부모는 제가 사람도 없이 그 사람을 따른 것을 꾸짖어, 그 벌로서 이런 먼 곳까지 흘러오게 되어 버렸습니다.' [85]금와는 기이하게 여기고, 이 여자를 방안으로 밀어 넣었으나, 햇빛이 비치자 여자는 몸을 움츠리고 그 것을 피했다. 그러나 햇빛은 쫓아가듯이 유화의 몸을 비췄다. 이 때문에 유화는 잉태하고, 이윽고 하나의 알을 낳았는데, 알의 크기는 다섯 되 정도나 되었다. 왕은 이 알을 버려 개나 늑대에게 줘 봤으나, 먹

---

158) 규장각본. 파른본. 言氏. 고중. 言(高)氏.
159) DB. "동국이상국집" 권3 「동명왕편(東明王篇)」에는 "부여왕(夫餘王)", "삼국사기" 권13 고구려본기1 시조 동명성왕 즉위년 조에는 "부여왕(扶餘王)".
160) DB. 백두산.
161) DB. 요친(要親) 생략.

으려고 하지 않았다. 길에 버려 봤지만, 소, 말조차도 이것을 피해 지나고, 들에 버리자 새나 짐승은 그 알을 감싸 안는 행동을 했다. 이것을 보고 왕은 알을 깨려고 했으나, 이것 또한 아무리 해도 깨지지 않았다. 결국 알을 어머니 유화에게 돌려줄 수밖에 없었다. 유화는 조심스럽게 이것을 감싸고 따뜻한 곳에 넣어 두었다. 그러자 얼마 지나지 않아 알의 껍질을 깨고 한 동자가 나타났는데, 그 인품골격은 비할 바 없이 빼어났다. [86]7세가 되던 때에는, 그 훌륭한 자태는 아무리 봐도 범인이라고는 생각할 수 없었다. 스스로 활을 배워 익히고, 활을 쏘면 반드시 백발백중이었다. 고구려에서는 활을 잘 쏘는 자를 주몽이라고 불렀기 때문에 '주몽'이라고 하던 것이 그대로 이 아이의 이름이 되었다. [87]금와에게는 7명의 자손이 있어 언제나 주몽과 놀았으나, 겨루기가 되면 누구 하나 주몽을 이기는 자가 없었다. 그 때문에 장남인 대소는 '주몽은 사람의 자손으로 태어난 것은 아닙니다. 만일 지금당장 제거해 버리지 않으면 반드시 나중에 화가 일어날 것임에 틀림없습니다.'라고 부왕에게 일러바쳤으나, 왕은 이것을 들으려고도 하지 않았다. 왕은 주몽에게 말을 기르게 해본 적이 있었다. 그러자 주몽은 그 가운데에서 준마를 찾아내 놓고 일부러 먹이를 적게 줘서 야위게 해 버리고, 반대로 둔마에게는 충분한 관리를 해서 살찌게 했다. 왕은 자신이 말을 탈 때에는 살찐 말을 고르고, 야윈 말은 주몽에게 줘 버렸던 것이다. 다른 왕자들은 가신들과 함께 주몽을 살해하려고 음모를 했으나, 주몽의 어머니는 이것을 눈치 채고, '이 나라 사람들은 아직도 너를 해치려고 하고 있다. 너만큼의 재략이 있으면 어디에 가더라도 훌륭하게 하지 못하는 일은 없을 것이다. 지금이라도 당장 그렇게 하는 것이 좋다.'라고 주몽을 깨우쳤다. [88]이것을 들은 주몽은, 오이(烏伊) 등 3명의 친구와 함께 엄수(미상)까지 도달하여, 그곳에서 물의 흐름을 향해, '나야 말로 천제의 아들이며, 하백의 손자이다. 오늘날 나에게 해를 끼치려고 하는 자로부터 도망쳐 왔는데, 지금이라도 당장 추격당할 것 같다. 어찌하면 좋을까.'라고 하소연하니, 물위로 물고기와 자라가 나와 다리가 되어, 주몽이 건너자 곧 다리는 사라졌기 때문에, 추격하는 기수는 어찌할 수도 없었다. 이렇게 하여 주몽은 졸본주**88a**현도군과의 경계에 다다라, 마침내 그곳에 도읍을 정했다. 매일 바쁘게 궁전을 만들 틈도 없는 모양이었으나, 그래도 임시 거처를 비류수 곁에 두고 국호를 고구려라고 하고, 이러한 까닭에 '高'를 성씨로 했다. **88b**본래의 성은 '解'. 지금 스스로 천제의 이들이라 하며, 햇빛을 받아 태어났기 때문에 기세 높은 '高'를 씨로 했다. 그때 주몽은 12세였으나, 즉위하여 왕호를 불렀다. 이것은 한(漢)의 효원제의 건소 2년 갑신년에 해당된다. **89**고구려가 전성기이었을 때는, 그 호(戶)는 210,508호에 달했다.

90주림전 권제22에 기록되어 있는 것에 의하면, 옛날 영품리왕의 시중을 들던 여자가 잉태하여, 상(相)을 보는 자가 이것을 점을 치니, '고귀한 징조가 보인다. 잉태한 아이는 언젠가 왕이 될 것임에 틀림없다."라 한다. 그러나 왕은 그것은 자신의 피를 이을 자는 아니므로, 죽여 버리지 않으면 안 될 것이다.'라고 하자, 또 그 여자는 '제가 잉태한 것은 하늘의 정기를 받았기 때문입니다'라고 주장했다. 이런 일이 있고부터 드디어 이 아이가 태어나자 상서롭지 못하다고 소문이 났다. 그렇지만 이상하게도 이 아이를 돼지우리에 버려 두면 이리가 따뜻한 입김을 불어 주고, 마구간에 버려 두면 말이 젖을 주는 모양으로, 그 아이는 어떻게든 살아남을 수 있게 되었고, 나중에 이윽고 부여왕이 되었다고 전하고 있다. **90a**즉 東明帝爲卒本扶餘王을 말하는 것이다. 이 졸본부여는 또

북부여의 다른 수도로, 부여왕이라고 했던 것이다. 또 영품리(寧稟離)라는 것은 부루왕의 다른 말이다.

주해

82○ 【高句麗】 고구려는 부여의 한 무리가 세운 고대국가로, '高句麗即卒本扶餘也'라고 있듯이, 졸본이 그 발상지이며, 민족적으로는 부여·옥저와 함께 예맥족에 속해 있었다. 고구려라는 이름이 처음 보이는 것은, '한서' 지리지의 현도군 치하의 현(縣)에 고구려가 있었고, 그 위치는 '遼山. 遼水所出. 西南至遼逐入大遼水'라고 분주(分注)되어 있다. 또 '한서' 왕망전·시건국 4년(서기 12년)의 기사에, 고구려 후추가 활동하고 있는 것이 보인다. 구려(句麗)의 말뜻은 '위지'에 '溝婁者句麗名城也'(고구려전), '北沃沮一名溝婁'(동옥저전)이라는 구루(溝婁)와 같은 말로, kor 즉 도읍·도성을 의미하며, 때마침 신라의 국명이 서벌(徐伐) 즉 왕도를 의미하는 것과 비슷하다. 고구려의 고(高)는 본문에 '國號高句麗. 因以高爲氏'라고 하고 있는데, 만일 고(高)가 부족의 이름에 유래하는 말이라고 한다면, '爲氏'는 맞지 않다고도 할 수 없을 것이다. 그러나 고를 왕족의 씨(氏)라고 한 것은, 뒤에서 살피듯이 타당하지 않다(주해 88 참조).

83○ 【卒本扶餘】 뒤 88 참조.

○ 【和州】 지금의 영흥 지역. 고구려의 장령진(혹은 唐(堂)文, 혹은 博平郡). 고려 초에 화주가 된다. 이후, 화주안변도호부, 화주방어사, 원(元)의 쌍성총관부 그 외를 거쳐, 조선 세종 8년에 영흥대도호부가 된다("세종실록" 지리지 '승람').

○ 【成州】 지금의 평안남도 성천군(成川郡) 지역. '승람' 권54·성천도호부의 건치연혁 조에는 '本沸流王松讓故都. 高句麗始祖東明王. 自北扶餘來都卒本川. 松讓以其國降. 遂置多勿都. (麗語謂舊土爲多勿.) …'라고 있다.

84○ 【國史高麗本記】 '사' 고구려본기를 가리킨다.

○ 【始祖東明聖帝】 시조주몽의 칭호. 동명왕 주몽의 전설을 전하는 문헌은 많이 있으며, 게다가 상호 일치도는 높다. 찬술 연차순으로 열거하면, 414년에 적힌 '광개토왕비문'을 비롯하여, "위서" 고구려전 · '구삼국사' 일문(逸文) '동명왕본기'(고려 이규보 찬 "동명왕편" 주) · '여기', '유' 기이 제1 · 고려 이승휴 찬 "제왕운기" 권 하 등이 그 주된 것이나, 그 가운데 가장 발달된 내용을 가진 소전은, '구삼국사'의 글이다. 또한 '구삼국사'의 유문(遺文)은, "세종실록" 지리지 · 평안도 평양 조(하)에도 보이고 있다. '유'는 '사'에 의해서 글을 만들고 있으나, 위에 보인 것 외에 고기(古記)라 든가, '단군기(檀君記)'와 같은 것을 인용하고 있기 때문에, 고려시대에는 여러 가지 이전(異傳)이 있었다는 것을 알 수 있다. 이들의 많은 이전을 비교 고증해서, 동명왕전설의 성립과 발전과정을 고찰하는 것은, 흥미 있는 과제이지만, 지면이 허락하지 않기 때문에 생략한다('주림전'의 항목 · 주해 90을 참조).

○ 【姓言氏】 '여기'에는 '姓高氏'라고 있으며, 언(言)은 고(高)의 오사(誤寫) 이다.

○ 【金蛙】 동부여 조의 '見大石相對俠流'가 '구삼국사'에는 '見大石流淚'라고 되어 있으며, '사'는 '大石相對流淚'라고 되어 있다. 협류(俠流)는 협류(峽流)의 오사라고 한다면 의미가 통한다. 그런데 부여 해부루가 개구리 형상의 왕자를 얻었다고 하는 이야기는, 곧 유럽의 모든 민족 사이에 전승되어 있는 '개구리 왕자님'의 이야기를 연상하지만, 그것으로 바로 부여의 금와와 역사적으로 연결시키려고 하는 것은 성급할 것이다. 여기에서는 일단 천신이 수신(水神)과의 결합을 생각하며, 개구리를 수신의 출현형상으로 볼 수 있으며, 그것은 또 고대 왕의 수신(水神)적 영적 능력을 신화로 하는 데에도 이어지는 것이다. 주몽 전설과 같은 계통의 청(淸)의 누루하치 전설의 한 이전(異傳)에는, 여자와 신이 결혼하는 것이 파란 개구리로 되어 있다.

○ 【優渤水】 '구삼국사'에 '優渤澤名, 今在太伯山南'이라는 것 이외에는 알

수 없다. 또한 이 문헌에 '自靑河出遊熊心淵上云云'이라고 되어 있는 것도 같은 출처일 것이다.

○【柳花】'구삼국사'에는, 하백의 딸을 '長曰柳花. 次曰萱花. 季曰葦花' 3명으로 하고 있다.

○【於熊神山下鴨淥邊室中知(私)之】본서는, 하백의 딸 유화와 천제의 아들 해모수의 결혼에 대하여, '鴨淥邊室中知(私)之'라고 간단하게 기록하고 있으나, '구삼국사'는 신화와 문학적으로 길게 이야기하고 있다. 즉 '天帝遣太子. 降遊扶餘王古都. 號解慕漱. 從天而下. 乘五龍車. 從者百餘人. 皆騎白鵠. 彩雲浮於上. 音樂動雲中. 止熊心山. 經十餘日始下. 首戴鳥羽之冠. 腰帶龍光之劍. 朝則聴事. 暮卽升天. 世謂之天王郞. 城北靑河河伯有三女. 長曰柳花. 次曰萱花. 季曰葦花. 三女自靑河出. 遊熊心淵上. 神姿艶麗. 雜佩鏘洋. 與漢臯無異. 王謂左右曰. 得而爲妃. 可有後胤. 其女見王卽入水. 左右曰. 大王何不作官殿俟女入室當戶遮之. 王以爲然. 以馬鞭画地. 銅室俄成壯麗. 於室中設三席. 置樽酒. 其女各坐其席. 相勸飲酒. 大醉云云. 王侯三女大醉. 急出遮. 女等驚走. 長女柳花爲王所止. 河伯大怒. 遣使告曰. 汝若天帝之子於我有永婚者. 當使媒云云. 今輒留我女. 何其失札. 王慙之. 將往見河伯. 不能入室. 欲放其女. 女皝[162]與王定情. 不肯離去. 乃勸王曰. 如有龍車可到河伯之國. 王指天而告. 俄而五龍車從空而下. 王與女乘車. 風雲忽起. 至其宮. 河伯備禮迎之. 坐定謂曰. 婚姻之道天下之通規. 何爲失禮辱我門宗云云. 河伯曰. 王是天帝之子. 有何神異. 王曰. 唯在所試. 於是河伯於庭前水化爲鯉. 隨浪而游. 王化爲獺而捕之. 河伯又化爲鹿而走. 王化爲犲逐. 河伯化爲雉. 王化爲鷹擊之. 河伯以爲誠是天帝之子. 以禮成婚. 恐王無將女之心. 張樂置酒. 勸王大醉. 與女入於小革輿中. 載以龍車. 欲令升天. 其車未出水. 王卽酒醒. 取女黃金釵. 刺革輿. 從孔獨出升天'이라고. 朝鮮은 神話的으로 발달하지 않았지만,[163] 이 주몽전설은

---

162) 고증 그대로. 황(皝)의 이체자(?).

드물게 발달을 보인 이례이다. 위의 기사는 글쓴이에 의한 윤색이 매우 많지만, 게다가 또한 그 배후에 민간 전설적인 요소도 적지 않게 포함되어 있다. 천신과 수신(水神)과의 성혼(成婚)은 상당히 유형이 많은 신화로, 그 기본관념은 오랜 신앙과 종교에 뿌리를 둔 것으로, "고사기(古事記)" '서기(書紀)'에 보이는 彦火火出見尊(히코호호데미노미코토)[164]의 綿津見宮(와타쓰미노미야)[165]에 가는 전승과 같은 것은 그 대표적 것이지만, 그것에 비해서 위의 이야기는 너무나 새로운 수식이 지나치다. 웅신에 대해서는 고조선 조 8에 주해를 했으나, 곰이 수신(水神)의 모습을 취한 것은 토끼와 도산씨(塗山氏)와의 성혼이나, 진무(神武)천황의 이야기 가운데의 구마노(熊野)의 신웅(神熊) 등에도 보여, 위의 하백의 성혼의 장소가 웅심산하의 웅신연이라고 하는 것도 주의를 끈다. 웅진(熊津)·웅천(熊川)·구마나레 등도 같은 계통의 신화관념에 유래하는 지명이다. 또한 북반구의 웅신 신앙과 의례에 대한 연구로서 A. living Hallowell, "Bear Ceremonialism in the Northern Hemisphere," p.175("American Anthropologist." New Series. Vol.28, No.1, 1928)는 좋은 논문이다.

84a○ 【壇君記云云】 부루의 계보 및 단군·주몽의 전설에는 여러 가지로 얽혀 보인다. 아래 계보를 봐도 단군('단군기')과 해모수 천왕랑('사')과 환웅천왕('고기')의 삼자는 동위 등질적 존재이며, 요친(要親)·유화(柳花)·웅녀(熊女)도 또한 동위 등질적 존재이다. '유'의 분주(分注)가 '夫婁與朱蒙異母兄弟也'라고 주(注)를 한 것은, 단군과 해모수를 같은 인물이라고 생각해서이겠지만, 또 반대로 이부형제(異父兄弟)라고도 할 수 있다.

---

163) 원저자 개인적인 견해일 것이다.

164) DB. 山神. 일본신화에서, 瓊瓊杵尊(ににぎのみこと)의 아들로, 母는 木花開耶姫(このはなのさくやびめ). 山幸彦이라는 이름으로 알려져 있다.

165) DB. 용궁. 山幸彦은 海神의 딸인 豊玉姫(とよたまひめ)와 結婚해서 鸕鶿草葺不合尊(うがやふきあえずのみこと)을 낳았다.

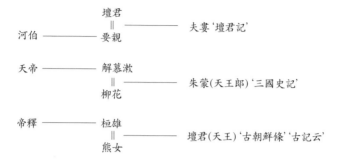

요컨대 부모가 동위등질(同位等質)이고, 따라서 부루·주몽·단군은 등질인 신적 존재라고 생각해도 좋고, 전승에 따라서 그 이름을 여러 가지로 표현하고 있다고 봐야 할 것이다. 신(神)계보를 인간계보와 마찬가지로 역사적으로 볼 필요는 없을 것이다. 부루는 동부여의, 주몽(동명)은 졸본부여(고구려)의 시조로서 전승되어 있었던 것이다. 또 금와가 신처(神妻)인 한 여자를 얻은 이야기는, 부여의 옛 수도 즉 북부여에서의 것으로도, 혹은 동부여에서의 것으로도 풀이할 수 있으며, 또 압록의 실중(室中)이라고 되어 있기 때문에, 고구려의 왕도의 물가로도 보인다. 전설이 어린 지명은, 부족이동과 함께 이동하는 것이다. 단군전설은 왕씨 고려 시대에 생긴 민족전승이지만, 왕씨 고려가 고구려의 부흥으로서 스스로 떠맡아, 평양에 단군동명을 합쳐 제를 지내고 있었던 것으로 보면, 위에서 적은 관계가 제사적으로 이해될 것이다.

85○ 【幽閉於室中. 爲日光所照云云】실중(室中)에 유폐된 여자가 햇빛을 받아 해의 자식을 잉태한다는 요소는 "위서" 고구려전에도 '河伯女爲扶餘王閉於室中. 爲日所照云云'이라고 보이는 오랜 전승 요소이다. 또 타민족 사이에 같은 유형의 전승이 적지 않다. 즉 여자가 햇빛을 느끼고 자식을 낳는 이야기는, 일광감생(日光感生) 전설이라고 부르는 요소로, 북위(北魏) 태조의 탄생 전설을 비롯하여, 전조(前趙)의 유총, 모용덕, 요 태조 아보기의 전설, 또 몽골의 왕비 아룬고아의 전설 등, 몽골·동호(東胡) 여러

민족 간에 널리 분포하며, 일본의 "고사기"의 천지일모(天之日矛)[166]의 전설에도 미치고 있다. 그리고 이 요소는 몽골·만주 등의 대륙계(다만, 중국을 제외하고)의 여러 종족 간에 널리 교류하는 민족전승이지만, 또 그것은 단순한 전설에 머물지 않고, 돌궐왕의 종교의식에 보이듯이, 태양 숭배의 습성을 그 기반으로 하는 것이다(三品彰英, "神話と文化境城"). 하백의 여자 유화가 방안에 갇혀, 또 압록강변의 방안에서 인연을 가졌다는 '室'이라는 것은, 전설만의 것이 아니고, "위지" 고구려전에 왕도(國內城=丸都)의 동쪽 근교에 '有大穴. 名隧穴. 十月國中大會. 迎隧神, 還於國東水上祭之'라는 민족적 제사예의를 행했던 신의 동굴은, 국모신 유화가 결혼했던 '鴨淥邊의 室'에 통하는 것이라고도 생각할 수 있다. 하나는 부족 제의(祭儀)의 행위전승으로서, 다른 것은 신화에 의한 구두전승으로서 전해졌던 것에 지나지 않는다. 다음으로 유화가 해모수(천왕랑)에게 압록의 동굴 안에서 인연을 맺는 이야기와, 금와가 방안에 갇혀 햇빛을 받아 해의 아들을 잉태하는 이야기와는 동일의 신혼(神婚) 관념이 중층적으로 전해지는 것이다. 천왕랑이 햇빛(日光)을 받아 사람이 되었다(人熊化)는 것은, '朝則聽事. 暮卽升天'이라고 되어 있으며, 또 여자와 혁여(革輿) 안에 들어가, 금비녀(金釵)로 가리킨 동굴에서 승천한다는 것 등의 광경으로부터도 이해가 될 것이다. 신화적 관상은, 이러한 이중표현의 형태로 전개하는 것이다.

○ 【生一卵(卵)云云】 소위 난생(卵生) 신화요소로, 신라시조 혁거세왕, 가야시조 수로왕도 알에서 태어났(卵生)으며, 이 계통의 전승은 남방 해양 여러 민족이나 인도 대륙 방면에 널리 분포되어 있다. 주몽전설 가운데의 난생요소(卵生要素)는 이 남방계 요소의 북쪽 한계선을 이루는 것으

---

166) 天之日矛(アメノヒボコ), 한국(신라) 유래의 太陽神. 신라의 한 연못가에서 한 여자가 햇빛을 받아 잉태한다는 전설. 日本書紀에는 垂仁天皇의 段에, 古事記에서는 應神天皇의 段에 보인다. 이것은 アメノヒボコ가 神功皇后(オキナガタラシヒメ)의 조상에 해당하기 때문에 … 라는 것이 定說이다. 출처: https://nihonsinwa.com/page/632.html.

로, 말하자면 주몽전설은 북방계의 일광감생(日光感生) 요소와 남방계의 난생(卵生) 요소와의 복합형태를 보이고 있다(三品彰英, "神話와 文化境域").

86○【謂善射爲朱蒙】 주몽은 추모('광개토왕비', "신라성씨록")·都慕("속일본기", "신라성씨록")·仲牟('서기' 天智紀)·中牟[167]('나기')라고도 한다. 원래 뜻은 선사(善射)[168]라고 하는 설에 대하여 "만주원류고" 권1 부족(部族)은 '按今滿州語. 稱善射者謂之卓琳莽阿. 卓與朱音相近. 琳則齒舌之餘韻也. 莽阿二字急呼之音近蒙. 是傳寫雖訛. 音解猶有可考也'라고 해설하고 있다. 음의 유사가 속해적(俗解的)으로 주몽선사설을 이끌어 낸 것일까. 단 태양의 자손이 활을 잘 쏘고, 전광(電光)·일광(日光)을 화살이나 도검으로 상징하는 것은, 많은 신화적 관념에 보이는 것이기 때문에, 원래 선사(善射)의 관념이 있었는지도 모른다. 또한 주몽의 어의에 대하여, 양주동은 신(神)·왕의 고어 Cŭm → kŭm, kăm → 가미나리(カ ミ なり)로 상정(想定)하고 있다. 그러나 그러한 무리한 음운해석을 하는 것보다, 다음과 같이 해석하고 싶다. 만주 조정의 제사예의에 세워지는 신간(神竿)이 조종간(祖宗竿)·색마간(索摩竿)이라고 불리고 있는데, 索摩soma는 신령(神靈)·조령(祖靈)을 의미하는 말 같으며, 또 주몽과 같은 말이라고 생각된다. 그렇다면 주몽은 본래 신령 내지 조령(祖靈)을 말하는 것으로 해석된다.

87○【蒙母知之. 告曰云云】 '구삼국사'의 전승에는, '朱蒙臨別不忍睽違. 其母曰. 汝勿以一母爲念. 乃裹五穀種以送之. 朱蒙自切生別之心, 忘其麥子, 朱蒙息大樹之下. 有雙鳩來集. 朱蒙曰. 應是神母使送麥子. 乃引弓射之. 一矢俱擧. 開喉得麥子. 以水噴鳩. 更蘇飛去'라는 흥미 있는 이야기가 삽입되어 있다. 어머니 유화(柳花)의 곡모적(穀母的) 성격과 주몽의 곡령적

---

167) 이상, 주몽을 나타낸다.
168) 활을 잘 쏘는 것.

(穀靈的) 본질을 여실히 말하고 있다. 고구려 지역은 '多大山深谷. … 無原澤, 雖力田作. 不足以實口腹'('위지' 고구려전)이라고 있듯이, 농경에는 불리한 지리적 조건에 있었으나, 모국인 부여는 '土地宜五穀'(同, 부여전)이라고 일컬어, 농경생산이 활성화된 민족이었기 때문에, 그 전통을 이어 전작(佃作)에 힘을 기울였던 것이다. 따라서 그 시조전설에 곡모곡령의 신앙요소가 포함되어 있는 것은 오히려 당연하다.

88○ 【烏伊等三人】 '여기'에는 오이·마리·합부 등 3명이라고 되어 있다. 이들 인명에 대해서는 '冬十月. 王命烏伊·扶芬奴. 伐太白山東南荇人國'('여기' 시조 6년 조), '秋八月. 王命烏伊·摩離. 領兵二萬. 西伐梁貊云云'(同·瑠璃明王 33년 조)라고 있는 것 이외, 고증할 수 없다.

○ 【淹水】 분주(分注)는 今未詳이라고 되어 있다. '구삼국사'에는 '淹滯. 一名盖斯水. 在今鴨淥東北'이라고 있으며, '여기'는 엄표수로 적고 있다. "논형"에는 엄표수(掩淲水), '광개토왕비문'에는 엄리대수(奄利大水)라고 있다. 비문(碑文)을 따르자면 엄리대수는 신라의 시조전설에 보이는 알천(閼川)('서기'의 阿利那禮)과 같은 이름이며, 또 같은 비문 문영락 6년의 전쟁 기사 가운데에도 아리수(한강으로 추정)의 이름이 보인다. 어느 것이든 같은 강 이름이 많다. 또한 "제왕운기"에는 개사수에 '今大寧江也'라고 주(注)를 하고 있다. 개사수의 위치는 불명하지만, 북류 송화강의 지류일까.

○ 【告水曰. 我是天帝子. 河伯孫云云】 하백의 여자를 어머니로 하는 신의 아들이 물위를 건너는 이야기는, 이것 또한 비슷한 유형이 매우 많다. 일본의 진무(神武) 동정(東征) 전설 가운데, 구마노(熊野)의 바다가 거칠 때, 천황의 형 미게이리노노미야고(三毛入野命)가 '나의 어머니 및 이모는 나란히 이 바다의 신이다. 어찌 파란을 일으켜 빠트릴 수 있을까'라고 하여 물결 위를 밟고 도코요노구니(常世鄕)에 갔다는 이야기와 비교해도 좋다. 주몽의 이야기의 이 요소는 "논형" '비문', "위서" '구삼국사'에 고르게 말하고 있으며, 그만큼 기본적인 전설요소였다는 것을 알 수 있다. 또

'구삼국사'에 보이는 주몽이 비류왕을 항복시킬 때, 비를 자유자재로 내리게 하여 비류왕의 도읍을 수몰시키는 이야기는, 일본의 히고호호데미노미고도(彦火火出見尊)[169]의 시오미쓰다마(鹽盈珠), 시오히르다마(鹽乾珠)[170]와 통하는 것으로, 물을 지배하는 것은 고대 왕의 능력이었다. 이것은 단순한 신화관념으로 나온 것이 아니고, '舊夫餘俗. 水旱不調, 五穀不熟, 輒掃咎於王, 惑言當易, 或言當殺'('위지' 부여전)이라고 있는 것과 같이, 부여 왕에게 요구된 빠트릴 수 없는 능력이었던 것이다. 주몽의 두 아들 비류 · 온조가 남하하여 백제를 건국하는 전설 속에도 같은 사상이 흐르고 있다.

○ 【卒本. 沸流水】"요사(遼史)" 지리지 · 동경도록주 조에 '正州本沸流王故地. 國爲公係康所倂. 渤海置沸流郡. 有沸流水. 戶五百. 隸渌州. 在西北三百八十里'라고 있으며, 나가(那珂) 씨는 '비류왕의 고지(故地)는, 압록강 상류인 녹주의 서북에 해당하면, 비류수는, "한서" 지리지의 염난수 즉 지금의 동가강(佟佳江)의 상류라야 한다.'("외교역사(繹史)" 卷之二)라고 추정하고 있다. 본서가 졸본에 '玄菟郡之界'라고 분주(分注)하고 있는 것도 위와 일치한다. 졸본은 비류수의 물가에 있었다고 하지만, '비문(碑文)'에는 '造渡於沸流谷忽本西城山上, 健都焉'이라고 있고, "위서"에는 '朱蒙逐至普述水, … 至紇升骨城, 遂居焉'이라고 있으며, 또 '여기'는 '至卒本川(魏書云至紇升骨城) … 逐欲都焉云云'이라고 기록하고 있다. 보술 · 비류는 음이 서로 통하는 차용이며, 졸본 · 홀본 · 흘송골은 같은 이름이 변한 것으로 보인다. 비류천에는 고구려와 동족인 비류국이 있고, 주몽의 남주전설('구삼국사') 가운데에도 비류국왕의 투항을 말하고 있으며, '여

---

169) 니니기노미고도(瓊瓊杵尊)에게 하룻밤에 잉태를 한 것에 의심을 받자, 집에 불을 질러 그곳에서 우미사치히고(海幸彦) · 야마사치히고(山幸彦)를 낳았다는 이야기 속 여자.
170) 동생 야마사치히고(山幸彦)가 형 우미사치히고(海幸彦)에게 낚시 바늘을 빌려 낚시하던 중, 바늘을 잃고 용궁에 가서 豊玉姬와 결혼, 3년 살다가, 海神에게 바닷물을 채우는 鹽滿珠와 바닷물을 없애는 鹽乾珠의 2개의 구슬을 받아와 형을 굴복시키는 이야기 속의 구슬.

기' 시조왕 2년 조에 비류국왕 송양으로 추정하는 설도 있다. 그리고 이 비류국은, 그 후 비류부(沸流那)로서 활동하고 있다. 또한 앞에서, 연노부(涓奴部)를 연나부(掾那部)로 추정하고 있으나, 연나(涓那)('위지')가 "후한서"에 연노(涓奴)로 적은 것으로부터, 이것을 비류왕(沸流王)인 송양(松讓)으로 추정하는 설이 있다. 일설로서 참고해 둔다. 고구려의 발상지가 졸본이고, 스스로를 졸본부여라고 부르며, 북부여·동부여에 대하여 자국의 정통성을 표방한 것이다. '여기' 신대왕 3년 추9월 조에 '王如卒本. 祀始祖廟'라고 있고, 이래 신왕(新王)의 시조묘 봉사(奉祀)는 항례와 같이 되어 있다. 주몽의 죽음에 대하여 비문은 '於忽東岡 … 黃龍負昇天'이라고 하고, '구삼국사'는 '太子以所遺玉鞭. 葬於龍山'이라고 한다. 아마 그곳에 졸본의 성묘(聖廟)가 행해졌을 것이다. 당군 신적의 고구려 원정 때, 요동성의 포위전인 "당서"의 기사 가운데에, '城有朱蒙祠. 祠有鎖甲矛. 妄言前燕世天所降. 方圍急. 飾美女. 以婦神. 巫言. 朱蒙悅. 城必完'이라고 있고, 졸본의 시조묘 그것은 아니지만, 고구려 시조묘의 제사 형태를 알 수 있다.

88, 88b○ 【以高爲氏】【本姓解也. 云云】 고구려의 고(高)를 따서 씨(氏)로 했다고 하지만, 구려(句麗)왕이 고씨로 처음 보이는 것은, "송서" 고구려전에 '高句麗王高璉. 晉安帝義熙 9년(413)云云'이라는 고련(장수왕)이다. 광개토왕(장수왕의 아버지) 17년 조에 '春三月. 遣使北燕. 且叙宗族. 北燕王遣侍御史李拔報之. 雲祖父高和句麗之支. 自云高陽氏之苗裔. 故以高爲氏焉云云'이라고 있고, '여기'의 이 기사는 "자치통감"으로부터 인용하고 있는 것이다. 즉 고구려왕이 고씨로 부르고 있는 것은, 북연(北燕)왕의 고씨에 유래하는 것으로, 고구려의 高를 따온 것은 아니다. 평원왕(양성)도 "진서"에 고구려왕 고락(高落)이라고 되어 있다. 이와 같이 고구려왕이 高某라고 이름을 하는 것은, 사실 같지만, 그것은 후대의 일이고, 게다가 중국문헌에만 보이는 것이다. 해모수·해부루를 비롯하여, 유리왕(琉璃王)의 대자 해명, 대해 주류왕(大武神王), 해색주(閔中王), 해우(解

愛晝慕本王) 등, '여기'가 전하는 전설시대의 고구려왕에는 解로 시작하는 이름이 많고, 그것을 미칭(美稱) 혹은 씨라고 생각해도 좋은 것이다. 이 문헌 분주(分注)에 '本姓解'라고 있는 것은 일단 타당한 견해일 것이다. 解는 해모수의 항 75에 적은 것과 같이, 음 차자로 hae 즉 태양을 의미한 것으로, 천제의 후예인 것을 표방한 미칭이었다고 생각하고 싶다.

88○ 【漢孝元帝建昭二年甲申歲】 기원전 37년에 해당하지만, 어떠한 이유로 이 연차를 시조즉위년에 해당시켰는지는 불명이다. 신라의 시조왕 즉위를 오봉(五鳳) 원년 갑자(기원전 57)으로 한 것에서, 그것보다 약간 뒤늦은 연차를 택한 것은 아닐까. "한서" 왕망전의 고구려 후추(侯騶)의 예로 보더라도 고구려와의 존재는 사실적(史實的)으로 위의 연차보다도 새롭지는 않은 것 같다.

89○ 【高麗全盛之日. 二十一萬五百八戶】 "구당서"에 의하면, '高麗國. 舊分爲五部. 有城百七十六, 戶六十九萬七千'이라고 있으며, "당서"도 또한 같다. 고구려의 전성기가 어느 시기를 가리키는지 불명하지만, 위의 "구당서"의 숫자는 고구려 멸망 때의 현상으로, 가장 전성기보다 근소하지만 영역이 축소되어 있는 때이다. 그래도 '유'의 숫자와의 간격이 커서, 도대체 무엇에 의했는지 미상이다.

90○ 【珠琳傳云云】 당의 도세 찬 "법원주림" 100권을 가리키는 것일까. 자세한 것은 생각할 수 없다. 그런데 주림전의 기사로서 인용하고 있는 것은, 후한 왕충의 "논형" 제2권 길험편에 보이는 동명전설과 같은 계통의 전승이다. 즉 "논형"에는 '北夷槖離國王侍婢有娠. 王欲殺之. 婢對曰. 有氣大如雞子. 從天而下. 我故有娠. 後産子. 捐於猪溷中. 猪以口氣噓之下死. 後徒置馬欄中. 欲使馬籍殺之. 馬復以口氣噓之不死. 王疑以爲天子. 令其母收取奴畜之. 名東明. 令牧牛馬. 東明善射. 王恐奪其國也. 欲殺之. 東明走南至掩㴲水. 以弓擊水. 魚鼈浮爲橋. 東明得渡. 魚鼈解散. 追兵不得渡. 因都王夫餘. 故北夷有夫餘國焉'이라고 있어, '유'의 글은 이것보다 간략화되어 있다. 그러나 '유' 자신의 생략인지, 이미 주림전에서 생략되어

있었던 것인지 불명하다. 거의 "논형"과 같은 글의 기사가 '위지' 부여전에 '魏略曰', '舊志又言'으로서 분주(裴松之注)되어 있다. 다만 "주림전"에는 영품리(寧稟離), "논형"에는 탁리(橐離), '위략'에는 고리(槀離), "후한서", "북사(北史)"에는 색리(索離), 양유협(梁劉鷃)의 "신론(新論)"에는 포리(襃離), "양서"에는 고리(藁離)라고 있어, 국명의 해당 글자가 각 문헌마다 일치하지 않지만, 고리(槀離)를 옳다고 한다면, 고구려에 근사하다. 그런데 이 전설이 주몽동명왕의 그것과 내용적으로는 거의 동일한 것은 한 번 읽고도 분명하다. "논형"이 동명전에 '王夫飯. 故北夷有夫餘國'이라고 부여국(北扶餘)의 시조전설로 하고, 배송지(裴松之)도 또한 그것에 의해서 부여전에 주(注)한 것이지만, 이 부여는 졸본부여 즉 고구려에 해당시켜야 할 것이다. 고구려는 최초 졸본부여라 부르고, 분파이지만 부여의 정통을 가지고 스스로 임하고 있는 것이며, 왕충이나 배송지는 혼동했던 것이다. 물론 양자 같은 민족이기 때문에, 동일한 시조 전설을 가지고 있었다고도 해석되지만, 문헌고증 과정에는 혼동이라고 보는 편이 좋으며, 동명왕은 주몽의 호칭으로, 고구려가 전승한 것이다. 또한 "논형"의 전승에서는 '有氣大如雞子. 從天而下. 我故有娠'이라고 있어, 소위 난생요소를 빠트리고 있고, 오히려 그것은 감생형(感生型)이어서, 전조(前趙)의 조유연(元海)의 어머니에 대하여 ' … 大如半雞子. … 此日精. 服之生貴子'라고 있는 것과 근사하여, 오히려 만주, 몽골계의 일광감생형(日光感生型)에 속한다. 이것이 주몽전설의 오랜 형태이지만, 후에 남한의 난생요소와 합쳐서, '사' 계통의 전승이 되었을 것이다. 그것은 또 후에 고구려가 남하하여 반도 내의 국왕이 되었다고 하는 사실과 아울러 생각되는 문화융화이기도 하다.

90a○ 【東明帝爲卒本扶餘王之謂也云云】 '유'의 분주가 동명을 졸본부여왕 즉 주몽으로 풀이하는 것은, 앞에서 논했듯이 올바른 이해이다. 또 '寧稟離. 乃夫婁王之異稱也'라는 것도 무리가 없는 추측이다.

⁹¹변한·백제

⁹¹ᵃ卞韓 · 百濟 亦云南扶餘.卽泗沘¹⁷¹⁾(泚)城也.

⁹²新羅始祖赫居世即位十九年壬午. 卞韓人以國來降. ⁹³新舊唐書云. 卞韓苗裔在樂浪之地. ⁹⁴後漢書云. 卞韓在南. 馬韓在西. 辰韓在東. ⁹⁵致遠云. 卞韓百濟也. ⁹⁶按本記 溫祚之起. 在鴻嘉四年甲辰. 則後於赫(居)世 · 東明之世. 四十餘年. 而唐書云. 卞韓苗裔在樂浪之地云者. 謂溫祚之系出自東明. 故云耳. ⁹⁷或有人出樂浪之地. 立國於卞韓. 與馬韓等並峙者. 在溫祚之前爾. 非所都在樂浪之北也. 或者濫九龍山亦名卞那山. 故以高句麗爲卞韓者. 盖謬. 當以古賢之說. 爲是. 百濟地自有弁山. 故云卞韓. ⁹⁸百濟全盛之時. 十五萬二千三百戶.

풀이 **⁹¹변한**(卞韓)·**백제**(百濟) **⁹¹ᵃ**또 南扶餘라고도 한다. 泗沘(泚)城을 말한다.

---

171) 파른본. 泚. 고증. DB. "삼국사기" 권26, 백제본기(百濟本紀) 성왕(聖王) 16년 조에는 泚.

[92]신라의 시조 혁거세왕의 즉위 19년, 임오에 해당하는 해에, 변한인이 나라를 내놓고 항복했다. [93]신구당서에 의하면 변한의 묘예는 낙랑 지방에 있었다고 한다. [94]또 "후한서"에 의하면 변한은 남방에, 마한은 서방에, 진한은 동방에 각각 위치했다고 하며, [95]최치원은 변한은 백제라는 견해를 보이고 있다. "삼국사기" 백제본기에 의하면 온조의 백제건국은 홍가 4년 갑진년에 해당하며, 혁거세나 동명왕주몽의 치세보다 40년 정도 늦다. 그런데 "당서"가 변한의 묘예가 낙랑 지역에 있었다고 하는 것은, 백제의 온조의 계보가 동명왕에서 나왔다고 말하는 것에 지나지 않는다. [97]또 어떤 인물이 낙랑 지방에서 나와 변한 지역에 나라를 세우고, 마한 등과 대립했다는 것은, 온조 이전의 일에 지나지 않는다. 그 도읍으로 한 곳이 낙랑 북방에 위치할 리가 없다. 또 어떤 자는 멋대로 구룡산의 별명이 변나산이라고 하며, 이것으로 고구려를 변한에 맞추기도 하는 것은 잘못된 설이다. 옛 현인 최치원이 말하는 바를 올바르다고 해야 할 것이다. 백제 지방에는 원래 변산이라는 산이 있어, 이것에 의해서 변한이라고 하는 것이다. 백제의 전성시대에는 152,300호가 있었다.

주해 **91**변한(卞韓)·백제(百濟) **91a**또 南扶餘라고도 한다. 泗沘(沘)城을 말한다.

91○ 【卞韓】 변(卞)은 변(弁)과 통하여, 변한(弁韓)이라고도 적는다. 통설로는 변한(卞韓)을 경상도 낙동강 하류 지역으로 추정. 후세에 가야·임나라고 부르는 지방이라고 되어 있다. 그러나 최치원은 후대의 백제지방(단, 남천(南遷)(서기 475) 이후의 백제를 가리키고 있는 것 같다.)이라고 하고 있으며, 본서도 이 설을 따른다. 또한 현재의 한국역사학회에서는 卞韓을 경상도 전체와 강원도 남단을 포함하는 지역이라고 하고, 진한

(辰韓)을 한강 유역과 강원도를 포함하는 지역이라고 하고 있다("한국사" 古代編 · 震檀學會編).

91a○ 【亦云南扶餘】'제기'에 의하면, 백제의 시조 온조는, 고구려의 시조 주몽(동명성왕)의 둘째 자식이다. 그리고 다음 그림과 같은 관계로부터, 온조가 건국한 백제를 남부여라고도 했다. 더 자세한 것은 '유' 권제2 · 남부여 · 전백제 조를 참조.

○ 【泗沘(沘)城】현재의 충청남도 부여군으로, 성왕 16년(538) 이후 백제국 멸망까지 왕성(王城)이었다. 자세한 것은 권제2의 남부여 · 전백제 조로 미룬다.

92○ 【新羅始祖云云】'나기' 시조 19년 정월 조와 같은 글.

93○ 【新書唐書云云】두 가지 당서의 동이전 · 신라 조 머리 글과 거의 같은 글.

94○ 【後漢書云云】同書 동이전의 한(韓) 조에, '馬韓在西. 其北與樂浪. 南與倭接. 辰韓在東. 其北與獩貊接. 弁韓在辰韓之南. 其南亦與倭接.'이라고 있다.

95○ 【致遠云云】'사'의 권46 · 열전 제6 · 최치원 조에, 그가 입당할 때 적었다고 말하는 '上大師侍中狀'의 글 가운데에 이 문구가 보인다. 최치원(858-?)에 대해서는, 마한 조(주해 25) 참조.

96○ 【按本記(紀)云云】권제2 · 남부여 · 전백제 조에서는, 백제의 건국 연차에 관해서, '제기'와 '고전기'를 인용하고 있는데, 모두 전한 홍가 3년의 일이라고 하고 있다. 이 '고전기'에 계유라고 보이는 것은, 계묘(癸卯)의

오기이다. 즉 '사' 연표·동 지리지 및 '유'왕력 등 모두 계묘이며, 홍가 3
년의 간지도 계묘이다. 여기에서 백제의 건국을 홍가 4년 갑진이라고 1
년 늦춘 것은, 백제본기 등이 들고 있는 홍가 3년이 십제(十濟)의 건국으
로, 나중에 백제라고 개칭되었다고 보이는 것으로, 저자 일연이 조작했다
고 생각된다. 그렇다고 한다면 신라 혁거세 41년에 해당되며, 이 기사와
부합된다. 그러나 고구려 동명성왕 21년에 해당되는 것으로, 동명(東明)
의 글자는 혼입된 것이라고 봐야 할 것이다.

○ 【而唐書云云】 이 기사는, 신구당서뿐만 아니고 다른 서적에도 보이지 않
는다.

97○ 【或有人云云】 이것 이하의 모든 설은, '유' 독특한 자료로 기술된 것 같
으며, 관련된 기사도 거의 보이지 않는다.

○ 【九龍山】 '승람'에는, 구룡산의 이름이 10군데나 보이나, 아마, 이 구룡산
은 권51·평양부·산천 조에 보이는 것을 가리킬 것이다. 그러나 이곳에
는 변나산 내지 고구려와의 관계를 보이는 것은 전혀 보이지 않는다.

○ 【卞那山】 미상.

○ 【古賢之説】 전술의 최치원 설을 가리킬 것이다.

○ 【卞山】 오늘날 전라북도 부안군에 있는 변산의 옛 지명일까. '승람' 권
34·부안현·산천 조에, '邊山. 一名楞伽山. 一名瀛洲山. 或云卞山. 語轉
而爲邊山. 卞韓之得名以此. 未知是否.'라고 보인다.

98○ 【百濟全盛之時云云】 新舊 兩唐書에는 '五部. 三十七郡. 二百城. 戶七
十六萬.'이라고 보이며, '사'의 '제기' 의자왕 2년 조나 지리지(4) 등도 76
만 호 설을 따르고 있다. 이 15만 2300호는 전혀 다른 계통의 자료에 의
했을 것이다.

⁹⁹진한

^{99a}辰韓 亦作秦韓

¹⁰⁰後漢書云. 辰韓耆老自言. 秦之亡人來適韓國. 而馬韓割東界地以與之. 相呼爲徒. 有似秦語. 故或名之爲秦韓. 有十二小國. 各萬戶. 稱國. ¹⁰¹又崔致遠云. 辰韓本燕人避之者. 故取涿水之名. 稱所居之邑里. 云沙涿・漸涿等^{101a}羅人方言. 讀涿音爲道. 今或作四梁. 梁亦讀道. 故¹⁰²新羅全盛之時. 京中十七萬八千九百三十六戶. 一千三百六十坊. 五十五里. ¹⁰³三十五金入宅^{103a}言富潤大宅也. 南宅 北宅 亏比所宅 本彼宅 梁宅 池上宅本彼部 財買井宅庾信公租家 北維宅 南維宅反香寺下坊 隊宅 賓支宅反香寺北¹⁷²⁾ 長沙宅 上櫻宅 下櫻宅 水望宅 泉宅 楊上宅梁南 漢歧(岐)宅法流寺南 皐(鼻)穴宅上同 板積芬皇寺上坊 別教宅川北 郡(𩇵)南宅 金湯宗宅梁官寺南 曲水宅川北 柳也宅 寺下宅 沙梁宅 井上宅 里南宅亏所宅 思内曲宅 池宅 寺上宅大宿宅 林上宅靑龍之寺東方有池 橋南宅 巷叱宅本彼部 樓上宅 里上宅 椧南宅 井下宅.

---

172) DB. 파른본. '反香寺犯'으로 되어 있다.

99진한(辰韓) **99a**秦韓이라고도 한다.

100후한서에, 진한(辰韓)의 노인들이 말하기를, 진(秦)의 망명자가 한국의 지역에 닿자, 마한은 동쪽 경계지역을 나누어 줬는데, 그들은 서로 부를 때 '도(徒)'라고 말을 거니, 이것이 진(秦)의 말과 비슷하기 때문에 이름 지어 진한(秦韓)이라고 불렀다고 기록하고 있다. 그리고 진한(辰韓)은 12개의 소국으로 되어 있으며, 각 나라마다 각기 1만 호 정도로 '국(國)'이라고 불렀다. **101**또 최치원 설에는 진한은 본래 연(燕)나라 사람이 도망 왔던 것이며, 그러한 까닭에 고국의 탁수173)의 이름을 따서 거주하는 읍리를 사탁174)이라든가, 점탁175) 등으로 부르고 있는 것이라고 한다. **101a**신라의 방언에서는 탁(涿)을 차음으로 읽어 道to라고 한다. 그래서 지금은 사량(四梁)이라고도 적지만, 이 양(梁)도 역시 훈독하면 torto가 되어 같은 것이다.

102신라의 전성시대에는 왕도는 178,936호를 헤아리고, 1,360방(坊)176)·주위가 55리였다. **103**35개의 금입택**103a**부자저택이다.이 있었다고 한다. 그 금입택을 열거하면 다음과 같다. 남택·북택·우비소택·본피택·양택·지상택본피부·재매정택177)김유신(庾信)공의 조상집(祖宗)·북유택·남유택반향사 하방(下坊)·대택·빈지택반향사 북쪽·장사택·상앵택·하앵택·수망택·천택·양상택양부의 남쪽·한기택법류사 남쪽·비혈택법류사 남쪽·판적택분황사(芬皇寺) 상방(上坊)·별교택개천 북쪽·아남택·김탕종택양관사 남쪽·곡수택개천 북쪽·유야택·사하택·사량택·

---

173) DB. 연(燕)에 있던 강 이름으로 현재 거마하(拒馬河).
174) DB. 사로 6촌의 하나로 사량부(沙梁部).
175) DB. 사로 6촌의 하나로 점량부(漸梁部) 또는 모량부(牟梁部).
176) DB. ≪삼국유사≫ 권5 피은 염불사(念佛師) 조에는 360방 17만 호.
177) DB. 현재 경북 경주시 교동 91번지에 재매정(財買井, 사적 246호)의 우물터가 남아 있어 이 우물 일대가 김유신(金庾信)의 집이 있던 자리로 추정.

정상택 · 이남택우소택 · 사내곡택 · 지택 · 사상택인숙택 · 임상택청룡이란
절(寺) 동쪽이니, 못이 있다 · 교남택 · 항질택본피부 · 누상택 · 이상택 · 명남
택 · 정하택이다.

주해 **99, 99a**○ 【辰韓(亦作秦韓)】 진한은 삼한 가운데에서 가장 동방에 위치했
다. 더 엄밀하게 말하면, 지금의 경상도 동부의 지방을 차지하고 있었다
고 생각된다. '위지' 한전에는, 진한은 그 기로의 전설에 의하면, 진(秦)대
에 노역으로부터 도망쳐서 한의 지역에 유입한 민중이, 마한에서부터 그
동쪽 경계의 지역을 나누어 받아 안착한 것으로, 그 언어는 마한과 같지
는 않고, 그 가운데에는 진나라 말과 비슷한 것이 있어, 진한(秦韓)이라
고도 이름 지었다는 이유라고 하지만, 이것은 반드시 사실적(史實的)으
로 신빙성을 가지는 것은 아니다. 애초에 6국이었으나, 나중에 약간 나뉘
어져 12국이 되었다. 또 여러 작은 읍이 있으며, 각각 거수(渠帥)가 있었
고, 높은 자는 신지(臣智), 다음으로 험측 · 번예 · 살해 · 읍차 등의 호칭
이 있었다. 대국은 4,5천 가, 소국은 6,7백, 합해서 4,5만 호이었다고 한
다. 그러나 진한은 자립하지 못하고, 어떤 나라는 마한인의 진왕(辰王)에
속했다고 한다. 이 지역은 2,3세기경 이미 농잠(農蠶)이 행해졌고, 겸포
(縑布)[178]를 생산하고, 우마(牛馬)를 타기도 했다. 더 나아가 진한 · 변한
의 지역에는 철을 생산했기 때문에, 한(韓) · 예(濊) · 왜인이 모두 이곳에
모여 무역을 하고, 낙랑 · 대방 2군에도 공급했다고 한다. 위(魏)가 공손
씨를 무너뜨리고, 새롭게 낙랑 · 대방 2군을 지배하게 되자, 한족(韓族)에
게도 강한 지배력의 영향을 끼쳤으나, 다음의 서진(西晉)대에는 이들 한
족(韓族)도 성장해서 중국에 통공(通貢)하게 되었다. 진한은 서기 280년,

---

178) 비단.

281년, 296년에 조공("晉書" 韓傳). 후의 신라국은, 진한 12국 가운데의 사로국(斯盧國)이 중심이 되어 이들 나라들을 통일했던 것이다.

100○【後嘆書云云】"후한서" 진한전의 '辰韓耆老自言. 秦之亡人避苦役適韓國. 馬韓割東界地與之'에 근거를 둔 것이다. 그러나 밑줄 친 부분은 다르다. 이 "후한서"의 기사는 '위지' 진한전을 거의 그대로 답습한 것이라는 것은 주지의 사실이다.

○【和呼爲徒. 有似秦語云云】"후한서" 동이전의 '相別爲徒. 有似秦語. 故或名之爲秦韓'에 바탕을 둔 것이다. 물론 언어학적으로 다룰 만한 기사는 아니다. 덧붙여 다음으로, '위지' 진한전의 관계기사를 적어 둔다. '辰韓. 在馬韓之東. 其耆老傳世自言. 古之亡人避秦役. 來適韓國. (中略) 名國爲邦. 弓爲弧 賊爲寇. 行酒爲行觴. "相呼皆爲徒. 有似秦人". 非但燕齊之名物也 名樂浪人爲阿殘. 東方人. 名我爲阿. 謂樂浪人. 本其殘餘人. "今有名之爲秦韓者". 始有六國. 稍分爲十二國.'

○【十二小國. 各萬戶. 稱國】진한 12국의 국명은 변진 12국명과 함께 '위지'동이전에 들어 있다. 그리고 이 문헌에 '弁辰韓合二十四國. 大國四五千家. 小國六七百家. 總四五萬戶' 또 同書의 馬韓 조에 '凡五十餘國. 大國四五千家. 小國數千家. 總十餘萬戶'라고 있다. 더 나아가 "후한서" 동이전에는, '韓. 有三種. 一曰馬韓. 二曰辰韓. 三曰弁辰. … 凡七十八國. … 大者萬餘戶. 小者數千家. 總十餘萬戶.'라고 있다. 진한의 12국 각각이 만여 호이었다는 것은 잘못이다.

101○【崔致遠云】최치원의 무슨 문헌인지는 불명.

○【涿水】중국의 찰음이성 탁록산에서 나와, 지금의 북경에 가까운 하북성 탁현 부근을 흐르는 지금의 거마하이다. 한(漢)의 고조가 시작해서 설치한 탁군은, 탁(涿)(지금의 涿縣)을 영역으로서 지금의 하북성 서북부에 놓였다.

101a○【羅人方言. 讀涿音爲道云云】신라의 중핵을 이루는 6부가 훼·사훼·점훼 등으로 훼(喙)를 붙이고 있는 것은 사실이지만, 그것이 탁수(涿

水)의 이름에 의한다고 하는 최치원 설은 잘못이다. 탁(涿)은 음차로 도(道) 혹은 양(梁)의 훈차 등으로 차자로 나타나는 신라의 고어 tor, tar을 나타낸 것이다. 이 말은 한족(韓族)의 고지명에 상용되어, 월(月)훈차·영(靈)훈차·돌(突)훈차·진(珍)훈차 그 외 여러 가지로 차자 표현되고 있다. 백제에서도 읍을 첨로(檐魯)라고 부르고 있는("양서" 백제전) 것도 같은 계통 언어이며, 신라의 월성(月城)·계림(鷄林) 등의 명칭 가운데에도 보인다. 아마 한족의 촌락공동체를 의미한 고어일 것이다.

102○ 【新羅全盛之時. 京中云云】 이미 앞장에 '高句麗全盛之日. 二十一萬五百八戶', '百濟全盛之時. 十五萬二千三百戶'라고 있었으나, 고구려(서기 668)과 백제(서기 660)가 당에 멸망할 때, 고구려는 '凡五部. 百七十六城. 戶六十九萬', 백제는 '五部. 三十七郡. 二百城. 戶七十六萬'이라고 "당서"에 보인다. 위의 '전성시'라는 것은 언제인가라는 의문이 나온다. 본서가 말하는 그 전성지시(全盛之時)라는 것은 통일초기의 왕권이 발전한 시기라고 하기보다도, 글의 뜻으로 봐서 왕도가 가장 발전하고 화려했던 헌강왕의 때라고도 생각된다. 다음으로 京中一七萬八九三六戶라고 하는 호수에 대해서도 의문을 가지지 않을 수 없다. 만일 1호당 5명이라고 해도 그 인구는 90만에 가깝고, 당시 세계 제1의 도읍아리고 하는 장안의 인구가 100만이라고 하는 것에 대해서도, 또 도성의 규모로 봐도 이상하다. 또 경중(京中)이라는 것은, 엄밀히 왕도만을 가리킨 것일까. 혹은 통일 전의 본래 신라를 가리킨 것일까. (고구려 및 백제 전성기와의 기재 균형 위에서) 일고(一考)를 요한다.

○ 【一千三百六十坊. 五十五里】 쇼와 초기에 후지시마 가이지로는, "建築雜誌" 제44집(쇼와 5년) 지면에 수회에 걸쳐 장문의 '朝鮮建築史論' 논고를 발표했고, 그 가운데에서 신라왕도의 조방제(條坊制)에 대해 논급했다. 그것은 경주의 유적을 면밀하게 조사하고, 조방(條坊)의 복원을 시도하여, 그 도표에도 보이듯이 1,360방(坊)·55리(里)를 긍정했다. 방수(坊數)가 많은 것은 일본 평성경(平城京)·평안경(平安京)의 각방에 해당하

는 것을, 한층 더 16구분했던 것을 방(坊)이라고 생각했던 것이다. 후지시마의 복원에서도 55리의 존재는 긍정할 수 있다(큰 구획은 64가 되지만, 이것이 리(里)를 가리키고, 산지에는 조방(條坊)이 불가능하기 때문에, 이 분량만큼 줄어든다). 또 그는 유적이나 현존 건축물의 척도를 측정하여, 신라의 도제(都制)는 동위척을 사용했다는 것을 밝혔다. 이것으로서 신라의 왕도제는, 북조(北朝)의 제도에 근원을 두었다고 말할 수 있겠다. 북위의 수도 낙양은 320리이었다고 한다. 이 중국 왕도제(王都制)는, 변천을 거쳐 수당에 이어져, 장안과 같은 대표적 도제로 발전했던 것이다. 일본의 평성경·평안경 등은 중국 도제를 받아들여 당척을 사용하여 조영(造營)되었던 것이나, 신라 왕도도 일본 도제와 비슷한 점도 많다는 것을 후지시마는 말하고 있다. 그런데 북위의 수도 낙양의 320리의 리(里)는, 후세의 방(坊)과 같은 것이라고 해석해도 좋을 듯하다. 一千三百六十坊은, 원래는 '一云三百六十坊'이라고 되어 있었던 것은 아닐까. 즉 '一云'이 '一千'이라고 오사(誤寫)되었던 것으로 생각한다. '유'(권제5) 피은 제8·염불사 조에 '城中三百六十坊·十七萬戶'라고 보이는 것으로부터도 뒷받침될 것이다. 앞서 말한 것같이 신라의 왕도는 북조제를 받아들여 360리가 되었던 것을, 본서의 저자는 里와 坊의 용어를 잘못하여 360방이라고 했던 것일까. 그러나 왕도제는 후세에 바뀌어 55방(평성경은 70여 방)이 되었다(坊 가운데의 소구(小區)는 후지시마가 말하는 바와 같이, 혹은 16구분 되었던 것일까).

이상으로부터 '新羅全盛之時', '京中十七萬八千九百三十六戶', '三百六十坊', '五十五里'의 글귀는, 제각기 다른 시대의 왕도에 관한 통계를 혼동하여, 한곳에 모았던 것은 아닐까. '사' 지리지(1)에 의하면, 신라왕도는 '長三千七十步. 廣三千一十八步. 三十五里'라고 되어 있다. 이것을 사각형으로 나타내면 왕도의 주위는 一方 2186步가 된다. 이 地理志의 史科는 통일 이후의 것이며, 당제(唐制)의 1리는 360보이었으므로, 왕도의 주위는 34리 약간 모자란다. 지리지의 35리는 왕도의 주위를 나타내고, 방리(坊里)의 수를 나타내는 것은 아니다.

103○ 【三十五金入宅】 금입택(金入宅)은 부자 저택이라고 분주(分注)하고 있는 것 이외에는 그 성질 등에 대하여 알 수 없다. 또 이하에 나란히 적고 있는 택명(宅名)에 대해서도 소재지를 비롯하여 알 수 있는 것이 적다.

○ 【財買井】 지금, 경주 황남리에 재매정지가 있다. 김유신의 저택이 남천의 강변, 재매(財買)에 있었기 때문에, 그의 부인 지소(智炤)(무렬왕 제3녀)는 재매부인이라고도 말했다. 또 '유' 권제1ㆍ김유신 조에는, 재매부인이 죽고 청연상곡(靑淵上谷)에 장례를 치뤘기 때문에, 이 계곡을 재매곡이라고 했다고 전하고 있다.

○ 【本彼宅 梁宅 漢歧(岐)宅 沙梁宅】 이들은, 본피부ㆍ양부ㆍ한기(漢歧)(岐)부ㆍ사량부 등이라고 하는 신라왕도의 6지구인 6부의 명칭에서 온 것이지만, 각부와 어떤 공적인 연관이 있었는지가 불명하다. 6부는 뒷장에서 설명한다.

○ 【思內曲宅】 사내(思內)는 사뇌가의 뇌(腦)와 같은 말이며, 가곡과 관계가 있었던 것일까. 혹은 양뇌야(동방의 들판)에 있었던 집일까.

¹⁰⁴우사절유택

又四節遊宅

¹⁰⁵春. 東野宅. 夏. 谷良宅. 秋. 仇知宅. 冬. 加伊毛. ¹⁰⁶第四十九憲康大王代.¹⁷⁹⁾ 城中無一草屋. 接角連墙. 歌吹滿路. 晝夜不絶.

풀이 ¹⁰⁴우사절유택(又四節遊宅)

　　¹⁰⁵봄에는 동야택에서, 여름에는 곡량택에서, 가을에는 구지택에서, 겨울에는 가이택에서와 같이, 4계절 각기 유희를 바꾸는 것이다. (신라의) ¹⁰⁶제49 헌강대왕대에는, 왕성 안에는 보잘것없는 초가집(草屋) 등은 한 채도 없고, 저택이 빼곡하게 들어서 그 집터가 이어져 있었고, 가성(歌聲)이나 악기를 울리는 소리는 도읍대로의 구석구석에까지 가득 차 넘치고, 주야를 가리지 않고 끊이는 일이 없었다.

---

179) DB. 규장각본에는 벌(伐). 파른본. 代.

104○ 【四節遊宅】춘하추동의 4계에 제각각 유회를 즐기러 가는 저택을 들었으나, 그것을 여기에 기재한 것은 아마 앞 조의 '35금입택(三十五金入宅)'의 기사와 연관해서 이 별장을 말했을 것이다.

105○ 【東野宅】동방의 들에 있었는데, 동야(東野) sai nai는 다음의 '신라시조혁거세왕' 조에 보이는 사뇌야(詞腦野)와 이자동어(異字同語)이다. 금입택 안에 보이는 사내곡택(思內曲宅)의 이름도 같은 이름이며, 중복으로도 보인다. 사뇌가(詞腦歌)·사내악(思內樂)·신열무(辛熱舞)가 향가·향악·향무라고 한역되어 있는 곳으로부터, 동야택은 봄의 가무유악의 시설이었다고 상상된다.

○ 【谷良宅·仇知宅】미상.

106○ 【第四十九憲康大王代云云】'유'(권제2) 처용랑·망해사 조에, '第四十九憲康大王之代. 自京師至於海內. 比屋連墻. 無一草屋. 笙歌不絶道路. 風雨調於四時'라고 있으며, '나기' 헌강왕 6년(880) 조에 '九月九日. 王與左右登月上樓四望. 京都民屋相屬. 歌吹連聲. 王顧謂侍中敏恭曰. 孤聞今之民間. 覆屋以瓦不以茅. 炊飯以炭不以薪. 有是耶. 敏恭對曰. 臣亦嘗聞之如此云云'이라고 되어 있다. '유' 찬자는, 이와 같은 기사에 의해서 사절유택(四節遊宅)의 관념에 어울리는 글을 만들었을 것이다. 헌강왕대는 가무유악이 성했으나, 사실은 신라왕조 멸망의 조짐이 조금씩 나타나기 시작했던 시기이다.

¹⁰⁷신라시조 혁거세왕

新羅始祖 赫居世王

¹⁰⁸辰韓之地古有六村. ¹⁰⁹一曰閼川楊山村, 南今曇嚴寺. 長曰謁平. 初降于瓢嵒¹⁸⁰⁾峯. 是爲及梁部. 李氏祖. ^{109a}_{奴181)}禮王九年置名及梁部, ^{109b}_{本朝太182)}祖天福五年庚子. 改名中興部. ^{109c}_{波潛183)}·東山·彼上·東村屬焉. ¹¹⁰二曰突山高墟村, 長曰蘇伐都利初降于兄山, 是爲沙梁部^{110a}_{梁讀云道. 或作涿, 亦音道.} 鄭氏祖. 今曰南山部, 仇良伐·麻等烏·道北·迴德等南村屬焉. ^{110b}_{稱今曰者. 太祖所置也. 下例知.} ¹¹¹三曰茂山大樹村, 長曰俱 ^{111a}_{一作仇禮馬,} 初降于伊山 ^{111b}_{一作皆比山}是爲漸梁 ^{111c}_{一作涿}部又牟梁部孫氏之祖. 今云長福¹⁸⁴⁾部, 朴谷村等西村屬焉. ¹¹²四曰觜山珍¹⁸⁵⁾支村. ^{112a}_{一作賔186)}之又賔子又

---

180) 고증. 嵓(巖). 파른본. 嵓.
181) 고증. 弩禮王. 파른본. 礼. DB. 《삼국유사》 권1 왕력(王曆)와 기이(紀異) 낙랑군(樂浪郡) 조에는 弩.
182) DB. 규장각본과 만송문고본에는 大.
183) 파른본. 고증. DB. 규장각본과 만송문고본에는 替. 파른본. 潜.
184) DB. 《신증동국여지승람(新增東國輿地勝覽)》에는 德.
185) 고증. 珎.

長曰智伯虎初降于花山是爲本彼部崔氏祖. 今曰通仙部, 柴巴等
東南村屬焉. **113**致遠乃本彼部人也, 今皇龍寺南味呑寺南有古墟, 云是
崔侯古宅也, 殆明矣. **114**五曰金山加里村, **114a**_{今金剛山栢栗寺之北山也.} 長曰祇¹⁸⁸⁾
沱. **114b**_{一作只他}初降于明活山. 是爲漢歧部. 又作韓歧¹⁸⁹⁾部. 裴氏祖. 今云
加德部上‧下西知‧乃兒等東村屬焉. **115**六曰明活¹⁹⁰⁾山高耶村, 長曰虎
珍. 初降于金剛山. 是爲習比部. 薛氏祖. 今臨川部, 勿伊村‧仍仇旀¹⁹¹⁾
村‧闕谷 **115a**_{一作葛谷}等東北村屬焉.

116按上文, 此六部之祖似皆從天而降. **117**弩禮王九年始改六部名. 又賜
六姓. **118**今¹⁹²⁾俗中興部爲母. 長福部爲父. 臨川部爲子. 加德部爲女. 其
實未詳. **119**前漢地節元年壬子 **119a**_{古本云建虎¹⁹³⁾元年,} **119b**_{又云建元三年等. 皆誤.}
三月朔, 六部祖各率子弟. 俱會於閼川岸上. 議曰, "我輩上無君主臨理蒸
民, 民皆放逸.¹⁹⁴⁾ 自從所欲, 盍覓有德人. 爲之君主. 立邦設都乎."

120於是乘高. 南望楊山下蘿井傍. 異氣如電光垂地,¹⁹⁵⁾ 有一白馬跪拜之
狀. 尋撿之. 有一紫卵.¹⁹⁶⁾ **120a**_{一云青大卵,} 馬見人長嘶上天. 剖其卵得童男.
形儀端美. 驚異之. 俗¹⁹⁷⁾於東泉. **120b**_{東泉寺在詞腦野北,} 身生光彩. 鳥獸率舞.

---

186) 규장각본. DB. 寊(賓의 이체자). 고증. 賓.
187) 파른본. DB. 규장각본과 만송문고본에는 水.
188) 고증. 祇(祗).
189) 파른본. 歧. 고증. 歧(岐).
190) 파른본. 活. 고증. 佸(活).
191) 고증. 旀(於).
192) 파른본. 令. 고증. 令(今).
193) 고려 2대 임금인 혜종(惠宗)의 이름인 武를 피휘.
194) 고증. 逸. 파른본. 逸의 이체자.
195) DB. 於時乘高南望, 楊山下蘿井傍異氣如電光垂地. 파른본. 於是.
196) 고증. 夘(卵), 이하 같다.
197) 고증. 俗(浴). 파른본. 浴.

天地振動. 日月清明. 因名赫居世王, **120c**蓋鄉言也. 或作弗矩內王, 言光明理世也.

120d說者云"是西述聖母之所誕也. 故中華人讚仙桃聖母 '有娠賢肇邦'之語. 是也." 乃至雞龍現瑞産閼

英, 又焉知非西述聖母之所現耶. 位號曰居瑟邯, **120e**或作居西干. 初開口之時自稱云"閼智居

西干一起", 因其言稱之, 自後爲王者之尊稱. **121**時人爭賀曰"今天子已[198]降, 宜[199]覓

有德女君配之."是日沙梁里閼英井. **121a**一作娥利英井. 邊. 有雞龍現, 而左脇

誕生童女. **121b**一云龍現死, 而剖其腹得之. 姿容殊麗. 然而脣似雞觜. 將浴於月

城北川. 其觜撥落, 因名其川曰撥川. **122**營宮室於南山西麓. **122a**今昌林寺

奉養二聖兒. 男以卵生. 卵如瓠, 鄉人以瓠爲朴. 故因姓朴. 女以所出井

名名之. **123**二聖年至十三歲, 以五鳳元年甲子男立爲王, 仍以女爲后.

124國號徐羅伐又徐伐. **124a**今俗訓京字云徐伐. 以此故也. 或云斯羅. 又斯盧. **125**初

王生於雞井. 故或云雞林國, 以其雞龍現瑞也. **126**一說. 脫解王時得金閼

智. 而雞鳴於林中, 乃改國號爲雞林. **127**後世遂定新羅之號. **128**理國六十一

年. 王升于天, 七日後遺體散落于地, 后亦云亡. 國人欲合而葬之, 有大蛇逐

禁, 各葬五體爲五陵亦名蛇陵, 曇嚴寺北陵是也. **129**太[200]子南解王繼位.

풀이　**107**신라 시조 혁거세왕(新羅 始祖 赫居世王)

　　108진한 땅에는 옛날 여섯 마을(六村)이 있었다. **109**그 제1은 알천

양산촌이라는 마을이며, 그 남쪽이 지금의 담엄사[201] 지역이다. 마을

---

198) 고증. 巳(已). 파른본. 已.

199) 고증. 宜(宜). 파른본. 冝.

200) DB. 규장각본. 파른본에는 大.

201) DB. 현재 경상북도 경주시 탑동 오릉의 남쪽에 위치했던 절이다. 지금은 절터에는 당간지
　　주만 남아 있다.

어른(村長)은 알평(謁平)이라 하여 처음에 표암봉202)에 내려왔으니, 이가 급량부 이씨의 조상이 되었다. **109a**노례왕(奴禮王) 9년에 부(部)가 설치되고, 동시에 급량(及梁)이라고 했다. **109b**태조 천복 5년 경자(庚子)(940년)에 이름을 고쳐 중흥부라 하였다. **109c**파잠·동산·피상·동촌이 여기에 속한다. 그 제2는 돌산 고허촌이고, 마을 어른은 소벌도리라고 하며, 처음에 형산에 내려왔으니 이가 사량부 **110a**양(梁)의 석독은 도(道)이며, 혹은 탁(涿)이라고도 한다.203) 탁(涿)의 음 역시 道이다.의 정씨(鄭氏)의 선조가 되었다. 지금은 남산부라 하니 구량벌204)·마등오205)·도북·회덕 등 남촌이 여기에 속한다. **110b**지금이라는 것은, 고려 태조 때에 설치된 것을 말하기 때문에, 이하도 같다. **111**제3은 무산 대수촌이니, 마을 어른은 구례마(俱禮馬)**111a**俱는 仇라고도 한다.라고 하며, 처음에 이산**111b**皆比山이라고도 한다.에 내려와서, 점량부**111c**梁은 涿이라고도 적는다. 또는 모량부 손씨의 조상이 되었다. 지금의 장복부라고 하니 박곡촌 등 서촌이 여기에 속한다. **112**제4는 취산진지촌**112a**珍支는 賓之·賓子·氷之라고도 한다.으로, 마을 어른은 지백호라 하여 처음 화산(花山)에 내려왔다. 이가 본피부 최씨의 조상이 되었다. 지금은 통선부라고 하니 시파(柴巴) 등 동남촌이 여기에 속하였다. **113**최치원은 본피부의 사람으로, 지금 황룡사의 남쪽에 있는 미탄사에서 더 남쪽으로 간 곳에 옛 터가 있고, 이것이 최후206)의 옛 고택임에 틀림없다. **114**제5는 금산 가리촌 **114a**지금의 금강산 백률사의 북쪽에 있는 산이다.으로, 마을 어른은 지타 **114b**只他라고도 한

---

202) DB. 경주 이씨의 시조인 알평이 탄생한 곳.
203) 석독(釋讀)이 아닌 음독으로 보였다.
204) DB. 지금의 울산광역시 울주군 두서면 구량리.
205) DB. 경주 남산의 남쪽에 있는 고위산 기슭의 천룡사(天龍寺)와 접한 땅이었던 듯하다.
206) DB. 최치원을 말한다.

다.라고 한다. 처음에 명활산[207])에 내려왔는데, 이것이 한기부(漢歧部) 또는 한기부(韓歧部) 배씨(裴氏)의 선조이다. 지금은 일러서 가덕부라고 하니 상·하서지·내아(乃兒) 등 동촌이 여기에 속한다. [115]제6은 명활성고야촌으로, 마을 어른은 호진(虎珍)이라고 한다. 이 사람은 처음에 금강산에 내려와, 습비부 설씨의 조상이 되었다. 지금은 일러서 임천부라고 하니 물이촌·잉구미촌·궐곡 [115a]갈곡(葛谷)이라고도 한다. 등의 동북에 있는 마을이 이것에 속한다.

[116]이상의 기사로부터 생각하면, 6부의 조상들은 모두 하늘에서 내려온 것 같다. [117]노례왕(弩禮王) 9년에 처음으로 6부의 이름을 고치고, 각각 6성(姓)을 하사받았다.[208]) [118]지금 세간에서는 중흥부를 어머니로 삼고 장복부를 아버지로 삼고 임천부를 아들로 삼고 가덕부를 딸로 삼으니, 그 근거는 상세하지 않다. [119]전한지절(前漢地節) 원년 임자 [119a]古本에서는 건호(建虎·建武)元年이라고 하기도 하고, [119b]또 건원(建元) 3년이라고도 하지만, 모두 잘못이다. 해의 3월 1일에, 6부의 조상들이 제각기 자제들을 이끌고 알천(閼川) 기슭에 모여, 여러 가지 의논을 했던바, 우리는 지금까지 백성을 다스릴 군주를 얻지 못했기 때문에, 인민도 모두 방종하여 자기 마음대로 하고 있다. 이때에 무언가 덕이 있는 사람을 군주로 하고, 나라를 세워 도읍을 정하지 않을 수 없을 것이라고 하게 되었다.

[120]그래서 모두 데리고 약간 높은 언덕에 올라갔다. 언덕 위에서 일

207) DB. 경상북도 경주시 천군동과 보문동에 걸쳐 있는 산으로, 정상에는 외적의 침입에 대비하여 수도 경주를 방어할 목적의 석축 산성이 있다.
208) DB. 이 기사는 ≪삼국사기≫ 신라본기 유리이사금(儒理尼師今) 9년 조의 기사와 더불어 사로(斯盧) 육촌에서 육부로 개편된 사실을 전하는 대표적인 사료이다.

행이 남쪽을 바라보자, 양산(楊山)의 기슭에 있는 나정의 곁에 이상한 정기가 번갯불처럼 땅에 내려와, 그곳에는 한 마리의 하얀 말이 무언가를 향해 절하고 있는 모습이 보였다. 곧장 그곳을 물어 찾아보니, 하나의 보랏빛 알(紫卵)**120a**파랗고 큰 알이었다고 한다.이 눈에 띄었으나, 사람의 인기척에 말은 한 번 크게 울음을 남기고, 하늘로 날아가 버렸다. 그런데 그 알을 깨 보니, 안에서 용모와 자태가 단정한 남자아이가 나타났기 때문에, 사람들의 놀라움과 탄식은 대단했던 것이다. 곧장 동천**120b**동천사는 가뇌벌(詞腦野)의 북쪽에 있다.에서 몸을 씻기니, 그 몸은 아름다운 광채로 빛나고, 그 근처의 새와 짐승들조차 기뻐 춤을 추며 날아오르고, 천지는 진동하고, 일월의 청명함도 한층 더한 것 같았다. 이 서조(瑞兆)로 인하여 혁거세왕이라는 이름이 봉해졌던 것이다. **120c**혁거세왕이라는 것은 향언(鄕言)으로 생각할 수 있다. 또 불구내왕이라고 기록하는 일도 있으나, 이것도 광명이세(光明理世)라는 의미를 가지고 있다. **120d**또 서술산의 성모가 이 혁거세를 낳았다고 하는 자도 있다. 예부터 중국의 사람들이 선도성모(仙桃聖母)가 낳은 현자가 탄생하여, 이윽고 나라를 시작하였고 하는 이야기를 전하며 찬미하고 있는 것은, 두말할 것도 없이, 이 고사를 가리키고 있는 것이다. 그러므로 또 계룡(鷄龍)이 드물게도 서조(瑞兆)를 나타내어 알영(閼英)을 낳았다는 이야기도 이 서술성모의 변신한 모습이었다고 말할 수 없는 것은 아닐 것이다. 왕의 칭호를 거슬감이라고 한다. **120e**이것은 거서간(居西干)이라고도 한다. 왜냐하면 태어나서 처음으로 말을 했을 때, 스스로 알지거서간이라고 이름을 짓고 일어섰다고 하는 것에서 기인하는 것으로, 나중에 왕의 존칭이 되었던 것이다. **121**그런데 이때 마을 사람들은 서로 다투어 경축(慶祝)의 말을 나누며, 기다리고 기다렸던 천자(天子)는 이제야 내려오셨다. 이제는 덕이 뛰어난 여자를 찾아서 천자에게 짝을 맞춰줘야 한다며 말을 나누고 있었다. 그런데 마침 그날, 사량리에 있는 알영정(閼英井)**121a**아리영정(娥利英井)이라고도 한다.에서 한 마리의 계룡이 나타나, 그 왼쪽 옆구리에서 한 여자아이가 탄생했다. **121b**일설에는 죽은 용의 배를 갈라 여자아이를 얻었다고도 전한다. 그 얼굴 생김새는 유난히 빼어났으나, 어찌된 일인지, 입술만은 닭의 부리같이 뾰족했다. 그러나 월성의 북천에서 씻겼더니, 그것은 휘어져 떨어져 버렸다. 이 때문에 북천은 발천이라고 부르게 되었다. **122**마을 사람들은 서둘러 남산의 서쪽 기슭**122a**지금의 창림사(昌林寺) 근처에 궁전을 짓고, 이 두 사람의 신성한 아이를 키우게 되었다. 두 사람 가운데 남자아이는 조롱박과 닮은 알에서 태어나, 조롱박을 이 지방에서는 박(朴)이라고 늘 말했기 때문에, 그 성을 박(朴)이라고 정했다. 여자아이의 알영이라는 이름도 역시 그 출생인 우물 이름에 기인한 것이다. **123**두 아이가 13살이 되던, 오봉원년(五鳳元年) 갑자년에, 남자아이는 즉위하여 왕이 되고, 여자아이는 왕후가 되었다. **124**국호를 서라벌 혹은 서벌**124a**지금 경(京)의 뜻을 서벌이라고 하는 것도 이 때문이다. 또는 사라·사로라고도 한다. **125**처음에 왕이209) 계정에서 태어난 것에 기인하여 계림국이라고 말하는 일도 있었다. 그 계룡(鷄龍)이 서상(瑞祥)을 나타낸 것에 의한 것이다. **126**더 나아가 일설에는, 탈해왕이 김알지를 얻었을 때, 닭이 숲속에서 울었기 때문에 국호를 계림이라고 고쳤던 것이라고 한다. **127**그러나 후세에 이르자 신라라는 국호가 고정하게 되었다. **128**혁거세왕은 61년 동안 세상을 다스린 후 하늘로 올라갔으나, 그 후 7일이 지나자 왕의 몸이 뿔뿔이 흩어져 땅에 내려왔고, 이때 왕후도 죽었다는 것이다. 이 나라 사람들은 흩어져 떨어진 왕의 뼈를 주워 모아 묻으려고 하니, 큰 뱀이 달려나와 방해를 했기 때문에, 그대로 오체(五體)를 분장(分葬)하기로 하

---

209) 고증에는 '왕비'로 보인다.

고, 다섯 개의 능(陵)210)을 만들었다. 이 때문에 이 능은 사능(蛇陵)이라고도 한다. 담엄사의 북쪽에 있는 능이 그것이다. [129]그 후, 태자가 자리를 이어 남해왕이 되었다.

주해

107○ 【新羅始祖】 '사', '유' 모두 혁거세거서간이라고 하고 있는데, 이것은 후대에 민족전승에서 정리된 것이다. 제2대 남해차차웅이나 김씨의 시조도 또 신라의 시조라고 풀이되고 있다. 120e에 혁거세를 알지라고 하고 있고, 그 양자가 민족전승의 위에서 시조로서 공통성을 가진 것이지만, 알지 쪽이 요소적으로는 오래되었다. 또 알(閼)의 음 ar과 남(南)의 뜻 arp는 음훈이 통하며, 남해(南解)는 알지와도 같은 인물적인 것이며, 알(卯)·곡물(穀物) 내지는 곡식껍질을 벗겨 나타난 것이라는 고대적 관념을 전한 이름이라고 말할 수 있다. 이것과는 다른 계통의 신화로서, 산신(聖母) 신앙이 신라·가라지방에 있었다. 그것이 중국의 선녀신앙과 결합하여(120 참조), 신라의 서술(西述)(西鳶山) 성모신앙이 된다. 중국에서 건너 온 선도산 신모(神母)가 '유' 권제5·선도성모수희불사 조에서는 혁거세의 어머니라고 되어 있다. 그러나 이들은 신화의 발전과정에서 절충하여 변화된 것으로, 본래의 것은 아니다. 신라왕조의 왕실·왕족계보의 역사적 과정을 생각하면, 내물왕을 시조라고 하고 있으며, 7세기부터 9세기에 걸쳐서 성행하는 신라왕실의 시조묘에는 미추왕이 모셔져 있다. 더 나아가 왕실 김씨의 시조로서 금석문에 보이는 것은 김알지의 자식 열한(熱漢)이다. 이와 같이 신라시조가 되었던 왕은 다수 있으며, 그것이 시조의 의미·성격 등의 차이, 민간신앙이나 신선사상의 도입 등에 의한 전승형태의 발전, 및 신라왕권의 발전에 동반되는 신화사상의 변화 등에

---

210) DB. 현재 경북 경주시 탑정동 67번지에 소재하고 있는 오릉(五陵).

영향을 받은 것이라고 생각된다.

○【赫居世王】 중국식 왕의 호칭은 법흥왕 내지 진흥왕부터 시작되지만, '유'에서는 그 본토 말을 싫어하여, 표제를 모두 모왕(某王)이라고 하고 있다. 혁거세는 120에 보이는 것과 같이 거슬감 혹은 거서간이라는 왕호를 가지고 있다. 혁거세의 거세(居世)가 왕호(王號) 거서(居西)(居瑟)와 같은 말이 중복된 것으로도 보인다. 그러나 거(居)는 음이 kō이지만, 그 머리 운(韻) k는 혁(赫)의 훈(訓) par-kal(붉다는 의미) 혹은 par-kar(밝다는 의미)의 어간 purk 혹은 park의 마지막의 자운(子韻)을 보이는 것이다. 세(世)의 음은 sō이지만, 叱·斯·瑟·西·尸·師·思 등 急促音 借字의 終聲으로서 다루어져, 의미는 없지만, 고어에서는 '…의'의미로 다루었던 적이 많다(鮎貝房之進 '借字攷' "朝鮮學報"7 수록). 120c에서는 별명 불구내왕이라고 하고 있다. 불구(弗矩)의 음은 pur-ku로, 그 어간은 purk이다. 아유가이(鮎貝)는 내(內)를 훈독하여 an이라고 하고, purk의 분사격(分詞格)(連體形)이라고 해석하고 있다. 혁거(赫居) 혹은 불구(弗矩)의 어간은 Pūrk, pārk, purk이 되며, 내(內) 음 nai·통속 훈 na는 통용되어, 세 글자 각각 통용으로 한역해서 광명이세가 된다. 120e에서는 알지거서간의 별명이 있었다고 되어 있으며, 126 이하의 김알지의 항목에 보이는 시조 전설과 그 전설 내용이 극히 유사하고 있다. 아마 혁거세의 별명은 민족전승에는 오래전부터 알지(閼智)라고 불렀을 것이다. 閼智=穀靈 내지는 난생자(卵生者), 빛이 나는 것이므로 알지가 전승적 옛 이름을 전하는 명칭일 것이라는 것에 대하여, 혁거세는 이 신령의 한자적 표현법이다. 6촌의 선조가 각기 강림했다고 하는 것은, 6촌의 수장도 또한 신라왕과 같이 사령자적(司靈者的) 수장으로 봤다는 것을 보일 것이다. 그러나 가락국기의 수로전설, 신라의 탈해왕 전설·김알지 신화 등 모두 토착민이 강림·도래하는 신을 맞이하는 의례에 동반된 신화이며, 토착민의 선조 자신도 또 하늘에서 내렸다고 하는 신화는 없다. 일본의 경우, 고천원계(高天原系)의 신화[211]로 통일되었기 때문에 사정이 다르

지만, 니기하야히노미도토(饒速日命)[212]와 진무(神武)천황과의 관계가
이것과 유사하다. 또 "풍토기"의 곳곳에 보이는 마을 신들의 강림도 이것
에 해당할 것이다. 일본 및 남조선을 북쪽 한계선으로 하는 아시아 몬순
지대에서는, 농경부락의 수호신령이 하늘 위에서 강림했다고 하는 신화
가 광범위하게 보인다. 그것이 개국신화로서, 고대왕조의 존경을 강조하
는 신화가 되어, 각 촌락의 강림신화를 시조신화 가운데에 포함해 버리는
일이 많다. '유'의 개국신화가 6촌의 각 수장의 시조강림을 한층 더 높이
고 있는 것은, 어떤 면에서는 현실의 촌락제의 의례를 반영하는 것이지
만, 왕실 측에서 보면, 왕권의 비절대성을 말하는 것이다. 아마 이 같은
신화가 구성되었던 것은, 신라 하대후반(9세기 중엽에서 10세기 전반)의
경주귀족연합정권의 반영이라고 볼 수 있을 것이다.

108○【辰韓之地古有六村】6촌에 대해서는 이하 상세하게 말하기 때문에
여기에서는 다루지 않는다. '나기' 권두의 시조혁거세 거서간 조에는 '先
是. 朝鮮遺民. 分居山谷之間. 爲六村'이라고, 육촌의 선조를 고조선과 연
결하고 있다. 이것은 중국사적을 중시하는 '사'의 입장을 보이는 것으로,
그 출전은 '위지' 진한전 '其者老傳世自言. 古之亡人避秦役. 來適韓國. …
始有六國. 稍分爲十二國.'에 의한 것이겠지만, 육촌은 진한12국 가운데
의 사로국(斯盧國)을 말하는 것으로, 육촌과 진한 여러 나라를 혼동하는
것 같다. 이것에 대하여 '유'는 민족전승을 기록한 점에서 흥미 깊다.

109○【閼川楊山村】알천(閼川) Ar-chōn, Ar-nae와 양산(楊山) yan-san과
의 2지명을 합친 것이다. 알천은 '승람' 권21·경주부 산천 조에 '東川(一
云 閼川. 在府東五里. 出楸嶺入堀淵)'이라고 보이며, 현재의 북천(北川)
에 해당한다. 閼(음ar)은 곡물(ar) 내지 卵(ar)의 의미로부터 '곡식 껍질

---

211) 다카마가하라케이(高天原系) 신화, 황통(皇統)의 정당성과 존엄성을 보이기 위하여, 高天
原(하늘)을 무대로 일컬어지는 신화.
212) 일본신화에 등장하는 신.

(皮殼)을 벗고 나타난 것'을 의미하고 있으며, 이들은 출생 시의 생명력에 신비를 느끼게 하는 것이다. 신라의 농경 생활의 발전은 수령신앙(水靈信仰)을 왕성하게 했고, 그 대표적인 성과로서, 이 북천이 알천 즉 생명의 강, 성스러운 강이 되어 있었다. 일본어의 '결실의 강' 에 해당한다. '서기' 진구전기(神功前紀)에, 신라왕의 서약 말 가운데에 '阿利那禮河'라고 보이는 것은, 당시의 알천을 비교적 올바르게 음사한 것이다. 알천은 별명 발천(撥川)이라고도 하는데, 발(撥)은 혁거세(赫居世)의 赫, 신라촌락 어미의 火 등과 같이, par, pur이라고 하며, 신령이 빛나 강림한다는 것을 의미한다. 그러한 고로 발천은 성스러운 강으로서 알천과 같은 의미의 명칭이다. 고구려 전설의 비류수, 일본 전설의 후루가와(布留川・古川)[213] 등은 발천과 같은 이름으로, 같은 의미인 전승내용을 가진다. '사'에는 알천에 관한 기사가 10곳 이상이나 보이고 있으며, 그들 기사내용은 출수(出水)와 열병기사이다. 출수기사도 원성왕 즉위(758)와 관련되며, 신의(神意)를 보이는 것이고, 열병도 성지에 있어서의 제사의례적인 것이다. 이들 기사로부터 알천이 신라시대를 통하여, 신성한 강으로서 신앙을 받았다는 것을 알 수 있다. 고려 회종시대의 "김극기집"에 의하면, '東都(경주)의 골짜기에, 6월 15일에 두발 및 신체를 東流(알천)의 물에 씻어, 액을 제거한다. 그리고 끽음(喫飮)을 산속의 정자에서 하는데, 이것을 유두연(流頭宴)이라고 한다.'라고 적고 있다. 이 유두연은 신라시대의 성천(聖川)에 목욕하는 의례(ミソギ) 가 중국 행사의 수용에 의해서 변화한 것으로, 조선에도 상당히 왕성하게 행해졌다. 양산(楊山)은 지금의 남산의 옛 이름이라고 생각된다. '사'에 탈해이사금이 '望楊山下瓢公宅. 以爲吉地. 設詭計. 以取而居之. 其地後爲月城'이라고 전하고 있는데, 현재의 월성터(月城址)는 문천(蚊川)(南川)을 사이에 두고 남산을 바라보는 지역에 있다. '사'는 시조 혁거세가 내려와 탄생한 곳을 '場山麓. 蘿

213) 나라현 텐리시 소재.

井傍林間'이라고 하고, 또 지증왕이 이 땅에 신궁(神宮)을 창립했다고도 전하고 있다. 나정(蘿井)에 대해서는 120에서 상세하게 말하지만, 이씨조선 이후, 남산의 서쪽 기슭(西麓)에 모셔져 있다. 나정을 이 위치라고 한다면, 양산은 남산이라고 생각해도 좋을 것이다. 또한 양산에 관한 기사는 '사'에 몇 군데 보이지만, 모두 서조(瑞兆)기사나 열병(閱兵)기사로, 알천에 상응하는 신성한 산으로 보고 있었던 것을 알 수 있다. 또한 남산은 불교의 수용 후는 불교로서의 유적이 상당히 많다. 이들 2성지를 포함하는 알천양산촌은, 현재의 경주군 경주시 동반부에서 내남면 북반구에 걸쳐 있었던 것이라고 생각된다. 혁거세전승에 대하여 종래의 연구도 많으나, 민속학적인 견지에서 이 전승 전체 및 개개의 전승요소의 상세한 연구로서 미시나(三品)의 '古代朝鮮に於ける王者出現の神話と義禮に就て'("史林"第18卷1-3호) 및 同 '古代朝鮮の祭政と穀靈信仰に就て', "史林"第21卷1-3호)가 있으며, 또 수사학적·역사학적 고찰로서 前間恭作 '新羅王の世次と其の名につきて'("東洋學報" 제15권 2호)·今西龍 "新羅史研究"·池内宏 '新羅の骨品制と王統'("東洋學報" 제28권 3호) 등이 있으나, 이들의 論을 모아 견해를 발전시킨 것으로 末松保和 "新羅史の諸問題"가 있다.

○ 【曇嚴寺】 담엄사(曇嚴寺)tam-am-sa는 '사', '유' 모두 혁거세 왕릉의 남쪽에 있다고 한다. 담엄사 절터에 대하여 藤島治郎('朝鮮建築史論' 其ノ二·"建築雜志" 제44집 531호, 쇼와 5년 3월)은, '담엄사. 탑리(塔里). 우경남삼조일리와 이리(二里)와의 중간. 五陸南隣, 殿前에 우수한 당간지주도의 좌우에 동서로 상대하고 있고, 지금 그 위에 들보를 걸쳐 홍전문[214]으로 하고 있다. 왕경도상(王京道上)에 해당하는 것은, 매우 알기 어려우나, 혹은 현재의 것은 다른 것으로부터 옮겨 놓은 것으로도 볼 수 있기 때문에, 절터(寺址)는 정하기 어렵다.'라고 되어 있다. 그러나 '유'의

214) 홍전문(紅箭門)?

기사를 보고 고려 전반에 거의 현재의 절터에 있었고, 특별히 이동한 형
적은 찾을 수 없다.

○ 【謁平】 알(謁)의 음은 ar이며, 알지·알영·알천(閼智·閼英·閼川) 등
의 알(閼)과 같은 음으로, 알·곡식 등의 신성한 것의 의미. 평(平)은 음
phyŏṅ과 같은 음인 평(坪)의 간략으로 보면, 평(坪)의 옛 훈(古訓) pār
혹은 por로서, 나라·들·양지(國·原·陽地) 등을 의미한다. 또한 평
(坪)의 현대 훈 tul도 들 등을 의미한다. 알평(謁平)은 신의 땅이라는 의
미로부터 신성한 토지를 지배한다는 의미가 된다.

○ 【瓢嵓(巖)峯】 phyo-am-poṅ, "동경잡기"(권1·山川·新增)에 '瓢巖. 在
府東北五里. 辛謁平所降處. 俗傳新羅時以此巖有害於國都. 種瓢以覆. 故
名焉'이라고 설명된 표암(瓢巖)이 조선 이후 오늘날까지, 경주 북쪽 교외
의 금강산 서쪽 기슭에 전해지고 있다. 그러나 알천양산촌과의 관련은
인정하기 힘들다.

○ 【及梁部】 '사'에서는 양부(梁部), '서기'에서는 훼부(喙部)라고 불렀다. 급
량(及梁)의 급(及)의 훈은 mit으로, 본바탕의 뜻(前間恭作 '新羅王の世次
と其の名につきて'). 양(梁)은 훈독해서 tūl이며, 고훈 tok, tak이라고 읽
은 것 같다. '서기'의 훼(喙)는 옛날 탁(啄) 글자와 통용했으며, 'タク'·
'トク'라고 읽고 있다. 더 나아가 다음의 사량부(沙梁部)의 분주에 '梁讀
云道. 或作涿. 亦音道'라고 있으며, トク·タク의 두음을 보이고 있다. 고
대 한반도 남부 지명 가운데에서 tol, tal(珍訓·等良·月良訓)을 어미로
하는 것이 상당히 보인다. tol의 원래 의미는 돌(石)·들(野) 등을 말하는
데, 촌락을 의미하는 고어라고 생각해도 좋을 것이다. 부(部)는 한어(漢
語)를 덧붙인 것으로, 고구려·백제의 5부에 영향을 받은 수사(修辭)이
다. 급량은 다음의 사량에 대하여 원촌을 의미하는 것으로 보인다.

○ 【李氏】 ri-si, 신라에서 이씨가 가장 오래된 것은 '사' 경덕왕 22년 8월 조
의 '大奈麻李純爲王寵臣. 忽一旦避世入山. 累徵不就. 剃髮爲僧爲王創立
斷俗寺'라고 보이는 것에서 시작된다. 또 '유' 권제5·신충괘관 조에 이준

(李俊)의 이름이 보이는데, 모두 승려로 중국풍의 성씨를 가칭한 것이다. '나기' 민애왕 원년(838)에 이순행(李順行)이 있고, 그는 궁복의 가신으로 당과의 무역에 종사했기 때문에, 이성(李姓)을 사용했다고 생각된다. 경애왕 4년(927)에 이충식, 경순왕 6년(932)에 이유의 이름이 보이는데, 모두 견당부사로 임명받고 있다. 이들 중국으로의 사절에는 성씨를 붙일 필요가 있었기 때문에, 반드시 신라 국내에서 성씨가 없는 자도 외교상 성씨를 가칭하는 경우가 많다. 또 후백제의 견훤도 성을 이(李)라고 하고 있는데, 이것은 '유' 권제2 · 김부대왕 조에 보이는 '慶州大尉李正言'과 같이 여말(麗末)의 유력자가 자기의 권위를 높이기 위해, 중국의 이름난 종족의 성을 말하기 시작했을 것이다. 이씨(李氏)는 고려조의 이름난 명족이 되어 있다. 아마 고려 말 이후의 전통에 의해서 6부의 성씨의 하나로서 여기에 다루었을 것이다.

109a○ 【奴(弩)禮王九年置】제3 노례왕 143 조 참조.

109b○ 【本朝太祖天福五年庚子. 改名中興部云云】본조(本朝)라는 것은 고려조, 천복은 중국의 후진(後晉) 고조 조의 연호이며, 천복 5년은 고려 태조 23년(940)에 해당한다. "고려사" 권2 '庚子二十三年春三月改州府郡縣號'라고 있다.

○ 【中興部】 cun-hŭñ-pu 신라가 고려에 항복하고 경순왕이 고려왕도로 옮기자, 경주는 왕도가 아니게 되었다. 940년에 경주에 대도독부가 놓이고, 왕도 내지는 왕기(王畿)에 해당하는 양부(梁部) 이하 6부가 각각 개칭되어, 중흥(中興)부는 양부에 해당하는 경주시 지방에 놓였다. 현재의 경주군 경주면과 내동면 · 내남면의 극히 일부에 걸치는 지역이라고 추정되고 있다.

109c○ 【波替 · 東山 · 彼上】파체 · 피상(波替 · 彼上)에 대해서는 전혀 단서가 없다. 경주군 천북면(川北面)에 동산리(東山里)의 이름이 현존하고 있으나, 동산은 '유' 분주에서는 동촌이라고 되어 있고, "동경잡기"(권2 · 고적조)에는 양산촌에 해당하는 중흥부를 부남(府南)으로 하고 있는 것

으로 보면, 동산(東山)을 이 동산리에 대는 것은 북쪽에 지나치게 치우친다. 오히려 동산리는 고야촌에 대는 것이 좋을 것이다. 같은 천북면의 동천리는 북천(알천)에 가까워 오히려 이것에 맞춰야 할 것이다. 덧붙여 "동경잡기"가 추정한 양산촌 중흥부에는 월남·남건(月南·南建)의 촌이름이 보인다. 남건촌은 불명이지만, 월남촌은 경주 남방 약 10㎞의 지역에 같은 이름의 마을 이름(里名)이 현존하고 있다.

110○ 【突山高墟村】 돌산과 고허의 두 이름을 합쳐서 만들었을 것이다. 돌산의 이름은 경애왕 4년(927) 조에 '慶州所管突山等四鄉. 歸於大祖(王建)'이라고 보이는 것뿐이지만, 그 소재는 왕도에서 멀리 떨어진 장소이며, 그 외에는 적당한 사료를 찾을 수 없다. 고허는 '나기' 진평왕 48년(626) 조에 '築高墟城', 그리고 그 제사지에 소사(小祀) 지역의 하나로서 '고허사량'이라고 보이는 것이다.

○ 【蘇伐都利】 so-pōl[pur]·to-ri 소벌(蘇伐)은 신라왕도 서벌(徐伐)과 동음이자이다. 徐伐sopur의 원래 의미는 신령이 임하는 성역 즉 신성한 수림으로, 그곳은 원시사회의 제정(祭政)을 행하는 장소이었다. 이윽고 이 수풀은 성역을 중심으로 하는 부락국가명이 되었고, 그 지역을 중심으로 보다 넓은 통일국가가 성립되자, 왕도에 명칭에 이용되었다. 도리(都利)의 利는 어미 l을 보이는 것으로 도리(都利)는 tol(촌락)을 의미하며, 이것이 인명 어미에 사용되면, 촌장, 촌의 유력자 등의 경칭어가 되고, 이윽고 귀족이나 지방호족의 인명 어미에 도·도(刀·道) 등의 글자가 상용되어, 존칭으로서 쓰였다. '사'에 소벌공(蘇伐公)이라고 되어 있는 것은, [도리]를 공(公)이라고 한역한 것, '사'에는 소벌공이 혁거세의 강림을 맞이하이, 이깃을 양육히는 6부의 대표로서 그려져 있으며, 왕도의 수장에 어울리는 신화 의례상의 활약을 하고 있다. 생각하건대 소벌도리는 신라왕의 원초적 존재 형태로, 시조의 영을 불러 6촌의 제정을 행했던 수장이다.

○ 【兄山】 "경상도지리지"의 경주도·경주부·수령행제소 조에 '兄山. 大王之神. 在府北相去三十里', '승람' 권21·경주산천 조에 '兄山在安東縣東

二十一里. 新羅稱北兄山. 爲中祠'라고 있으며, 형산(兄山)을 신라시대에 북(北)형산이라고 불렀던 것에 맞추고 있다. 북형산은 '사' 제사지에는 '中祠北兄山城(大城郡)'이라고 있다. 북형산에 대해서는, '나기' 문무왕 13년(673) 9월 조에 축성기사가 보이며, 현재의 경주군 강동면, 형산강남 안(兄山江南岸)에 있는 형산을 가리킬 것이다. 그러나 이 지역은 경주의 북방으로, '유'의 고허촌과는 완전히 반대 방향이다. 오히려 신라시대의 서(西)형산을 여기에 맞추는 것이 좋을 것이다. '승람' 권21 · 경주산천 조에는 선도산(仙桃山)에 대해서, '在府西七里. 新羅戶西嶽. 或稱西述. 或稱西兄. 或稱西鳶'이라고 되어 있어, 서형산은 경주시의 서쪽에 있으며 사량부에 가깝다. '사'에는 서형산이 처음 보이는 곳은, '眞平王五年(593) 秋七月. 改築明活城. 周三千步. 西兄山城. 周二千步'라고 보인다. 문무왕 13년 2월에도 증축성 기사가 보인다. 그러나 이 지역은 군사적 요지라고 하기보다, 성지로서 중시되었다. 즉 문무왕 즉위 전기(前紀)에 '母金氏文明王后. 蘇判舒玄之季女. 庾信之妹也. 其妹夢登西兄山頂坐. 旋流偏國內'라고 되어 있는 것을 비롯하여, 문무 14년(674) 8월, 홍덕왕 9년(834) 9월 조에는 '王祭幸西兄山下大閱'이라고 있으며, 애장 10년(809) 6월 조에는 '西兄山城鹽庫鳴聲如牛'라고 있어, 이 지역은 길흉의 징조를 계시하는 영지이며, 대열(大閱)을 행하는 성지로서 후대까지 신앙을 모으고 있었다. '사' 제사지의 소사(小祀) 가운데에는 '서술(西述)(牟梁)'이라고 되어 있고, '유' 권제5 · 선도성모수희불사 조에서도 선도=서형산(仙桃=西兄山)이 영지로서 두텁게 신앙을 받았다는 것을 전하고 있다. 또한 서형산을 포함하는 서형산군에는, 경주왕도 방위의 6기정(六畿停) 가운데 5기정까지 포함되어 있다. 이것은 앞서 말한 서형산성(城)의 군사적 중요성을 증명할 것이다.

○ 【沙梁部】 사량부의 沙(音sa)는 新(훈sai)의 의미이고, 사량부에 대해서 새로운 부(部)라는 의미이다. 그러나 진홍왕의 4비(四碑)로 보면, 이 양부(兩部)는 거의 차이가 없고, 6세기 중엽의 가장 유력한 귀족 집단 거주

지역이었다. 그 후, 신라에 투항한 금관가라국왕의 후예인 김유신의 일

가는 사량부에 속했고, 그의 활약은 7세기에는 급량부를 누르고, 신라 최

대의 귀족 집단의 부(部)가 되었다. 이와 같은 시대배경을 기초로 혁거세

전설은 만들어졌던 것이고, 6촌 가운데 사량부는 두 번째로 손꼽으면서,

'高墟村長蘇伐公. 望楊山麓. 蘿井傍林間. 右馬跪而嘶. 則往觀之. 忽不見

馬. 只有大卵. 剖之. 有嬰兒出焉. 則收而養之'이라고 '사'의 머리말에 적

혀 있다. 즉 사량부의 조신(祖神)이 6촌의 장(長)에 해당하는 왕도의 수

장으로서의 이름을 가지고, 시조강림 의례에도 지도적인 역할을 다하고

있다. 또 121에는 알영정이 사량리에 있다고 하는 것도, 그 지위의 높이

를 보이고 있다. '나기' 신문왕 2년 5월 7일 조에는, 왕비를 맞이하는 데

에, 귀족대표와 그 처·딸 및 급량·사량 2부의 할머니(嫗) 각 30명이 선

출되고 있다. 이것 또한 국가 의례에 사량부가 중시되었던 사례이다.

110a○ 【梁讀云道云云】 전술 110 양부(梁部)의 해설 참조.

110○ 【鄭氏】 '유' 권제5·혜통강룡 조에 건당사 정공의 이름이 보이며, '사'

에서는 민애왕 원년(838) 조에 보이는 궁복의 가신 정년뿐이다. 그러나

정년이 원래 정씨이었는지 아닌지는 불명하다. 궁복은 당과 무역을 하고

있었기 때문에, 당과의 무역의 필요상, 정(鄭)을 말했는지도 모른다. 두

가지 모두 중국과의 관계에서 성을 말한 것으로, 신라사회에서는 본래 정

씨를 말하는 자는 없었다고 봐도 좋다. 여기에 정씨 나름대로의 성씨의

전설이 보이는 것은, 정씨가 고려조에 들어와서 유력한 씨명이 되었기 때

문일 것이다.

○ 【南山部】 신라가 왕씨 고려에 항복했을 때, 옛 왕도를 경주대도독부로

하고, 옛 육부 지역을 개칭했다. 이때 사량부를 남산부로 고쳤고, 그 후

이씨 조선시대까지 거의 이것을 계승했다. 그 범위는 오늘날의 경주군

내남면과 울산군 두서면에 걸쳐 있다. 남산의 개칭은 신라왕도의 거의

중심에 있었던 남산에서부터 일어났던 것이다. 남산에는 왕성의 하나인

남산성 및 남산신성이 세워져, 그 안에는 장창(長倉)을 세워 두는 등, 왕

도로서 주요한 지구이었다.

○ 【仇良伐】ku-ryaṅ-pōl[pul] "동경잡기" 권2・고적돌산고허촌 조 및 '승람' 권2・경주역원조에 '仇良火村'이라고 보인다. '승람'에는 '府南四十六里'라고 있고, 오늘날 울산군 두서면 구량리에 해당한다. 아마 이 지역이 왕도의 최남단이었다고 생각된다. '사' 권3・소지왕 7년 춘2월 '築仇伐城'이라고 되어 있고, 구벌(仇伐)은 구량벌(仇良伐)인가.

○ 【麻等烏村】'유' 권제3・천룡사(天龍寺) 조에 '東都南山之南有一峰屹起. 俗云高位山. 山之陽有寺俚云高寺. 成云天龍寺. 討論三韓集云. 雞林土內有客水二條逆水一條 (中略). 俗傳云逆水者. 州之南馬等烏村南流川是. 又是水之源. 致天龍寺'라고 보이고, "동경잡기" 권2・위와 같은 조에 '自馬等烏至天龍寺爲三同'에 보이는 마등오(馬等烏)임에 틀림없다. 천룡사 유적은 위 서적에 의하면, 경주에서 언양(彦陽)에 이르는 길의 동쪽, 고위(高位)산 기슭에 있으므로, 마등오는 그 북쪽에 인접한 지역이었을 것이다.

○ 【道北・廻德】도북천(道北村)에 대해서는 전혀 실마리가 없다. 회덕촌(廻德村)에 대해서는 "동경잡기" 권1・역원(譯院) 및 '승람' 권21・경주역원 조에, 회은촌원(回隱村院)의 이름이 보인다. 덕(德)의 훈 kŭn과 은(隱)의 음 un과는 약간 유사한 것으로, 회은(回隱)이 회덕(廻德)의 개칭이라고 한다면, '승람'의 분주에 '在府南三十八里'라고 있다. 또 '잡기'의 분주에 '或云錢邑'이 있으며, 전읍(錢邑)은 앞서 마등오와 같이, 같은 문헌 권2・위와 같은 조에 '自錢邑至言陽. 爲二同三. 自馬等烏至天龍寺. 爲三同'이 있어, 경주에서 언양으로 가는 길 도중의 촌락이었다는 것을 알 수 있다.

○ 【茂山大樹村】무산(茂山)과 대수(大樹)의 두 이름을 합쳐서 만들었던 것으로 보인다. 무산은 진덕왕 원년(147)에 백제의 장군 의직에 의해 공격을 받은 유명한 3성(城)의 하나로서, 감물・동잠의 2성과 함께 전해지고 있는데('나기'・김유신전・비녕자전), 이들은 지금의 충주 방면으로 추정되기 때문에, 이 경우는 적당한 사료는 아니다. '유'에 박곡(朴谷) 등의 서

촌(西村)이 무산대수촌에 속하는 것으로부터, "동경잡기" 권2·고적에 '卽今之府西牟梁朴谷等村'이라고 보이는 모량촌·박곡촌은 모두 모량천(牟梁川)(毛良川) 유역의 대구방면으로 나가는 주된 길에 있으며, 지금의 모량리·박곡리에 해당한다. 모(牟)와 무(茂). 점(漸)은 음훈이 통하며, 양(梁)은 탁(涿)·도(道)와 같다. 그래서 무산(茂山)이라는 이름은 모량(牟梁)에서 나온 것이 아닐까. 대수(大樹)에 대해서는 적당한 사료는 없지만, 대수의 명칭은 시조 강림해서 태어났다는 마을로 어울린다.

○ 【俱禮馬】 음차해서 kur-ma, kor-ma라고도 읽은 것일까. 뜻도 불명하다.

○ 【伊山】 개비산(皆比山)이라고도 하는데, 모두 미상.

○ 【漸梁部·牟梁部】 점(漸)訓 모(牟)音 통용. '나기' 진성왕 10년(896) 붉은 바지(赤袴)의 적(賊)이 왕경 서쪽의 모량리에 침입했다고 하며, "동경잡기"에도 장복부를 경주 서쪽의 모량·박촌(牟梁·朴村) 등의 마을로 하고 있다. 경주 서면(西面)에는 모량(毛良 mo-ryaṅ)천이 흐르고, 그 유역에 모량리가 있다. 아마 이 강의 유역이 모량부이었을 것이다. 모량부의 이름은, 진흥왕의 4비에도 보이지 않고, 혹은 후세에 발생한 것인지도 모르나, '유' 권제2·죽지랑 조에 '大王聞之. 勅牟梁里人從官者. 並合黜副遣. 更不接公署. 不著黑衣. 若爲僧者. 不合入鐘皷寺中. 勅史上偁珍子孫. 爲秤定戶係. 標異之. 時園測法師是海東高德. 以牟梁里人. 故不授僧職'이라고 보인다. 이 설화는 모량리의 사람이 관위·승직에 몸담지 않았다는 설명전승이며, 무언가의 이유로 모량리의 사람이 관직에 몸담지 않았던 까닭에 비문(碑文)에 보이지 않았던 것이지도 모른다.

○ 【孫氏】 '유' 왕력의 신라 제26 진평왕 항목에 '後妃僧滿夫人. 孫氏'라고 있는데, 왕후, 왕족, 귀족의 성씨는 7세기 중엽 이후의 일이다. 왕후의 확실한 성씨의 예는, 제34대 효성왕비가 당에서 책명을 받아 박씨가 되었던 737년에 시작된다. 그런 까닭에, 여기에 보이는 손씨는 후대의 추기라고 해야 한다. 그 외에 '사' 신문왕 3년(683) 5월 조에 손문(孫文)의 이름이, '유' 권제5·손순매아(孫順埋兒) 조에 손순의 이름이 보이는데, 이들

은 성이라고 보기보다는 2자 이름이라고 보는 편이 좋다. 손씨에 관해서는, 신라시대의 확실한 1예도 없다. 손씨는 고려시대의 명문가이기 때문에 이곳에 다루어졌을 것이다.

○【朴谷村】경주군 서면 박곡리로 추정된다. "동경잡기" 권2·고적조에 장복부의 소속 촌으로서 박곡촌과 함께 모량촌을 들고 있으나, 모량촌은 현재 박곡리의 동남에 있는 모량리이다.

112, 112a○【觜山珎(珍)支(賓之. 賓子·氷之)村】자산(觜山)과 진지(珍支)의 두 이름을 합쳐 만들었을 것이다. 자산(觜山)은 불명. "동경잡기" 권2·각방(各坊)에 '東面路東三坊. 自沙里至陵旨爲內坊. 自道音方洞至下薪外坊. 自掛陵至龍加山爲賓子. 路西二坊. 自入谷至仇於驛爲一坊. 自沙日至冷川爲一坊. 以上東面 … '이라고 되어 있다. 사리(沙里)는 천북면(川北面) 서남의 구석에 있으며, 능지(陵旨)는 낭산 동쪽에 있다. 도음방동은 동방동을 말하는 것으로, 불신리는 외동면 신계리 내의 하신리이다. 이 남쪽 옆에 괘릉리가 있다. 용가산은 괘릉리의 남연안리 부근의 산일까. 구어역은 '승람'의 분주에 '在府東四十八里'라고 있는데, 이것은 임관(臨關) 즉 외동면 최남단의 모화리에 있고, 경주시에서는 약간 동쪽으로 붙어 있으나, 南方蔚山이 나오는 곳이다. 이것에 의하면, 빈자(賓子)는 괘릉리의 남방에 위치하게 된다. 다음에 서술하는 시파촌은 신계(薪溪)에 댈 수 있기 때문에, 진지촌은 사등천, 이천(伊川)의 유역에서 치술령을 넘어 모화리에 이르는 지역이다. 또한 진지(珍支)는 옛 훈음에 의해 tor-ki, tar-ki라고 읽으면 월성(月城) 등과 같은 말이 되는 옛 이름이다.

112○【智伯虎】미상.

○【花山】'유' 권제3·생의사석미륵(生義寺石彌勒) 조에, '善德王時. 釋生義常住道中寺. 夢有僧引上南山而行. 令結草爲標. 至山之南洞. 謂曰. 我理此處. 請師出安嶺上. 旣覺. 與友人尋所標. 至其洞掘地. 有石彌勒出. 置於三花嶺上'이라고 있다. 또 같은 문헌 권제2의 경덕왕·충담사·표훈대덕 조에 '僧曰. 僧每重三重九之日. 烹茶饗南山三花嶺弥勒世尊. 今玆旣獻

而還矣'라고 있다. 이 삼화령(三花嶺)이 화산(花山)이라고 한다면, 화산은 남산의 최고봉을 가리키는 것이 된다. 또한 미륵신앙과 연결된 이 산은, 화랑도의 영장(靈場)이기도 했다. 남산의 불적유물은 현재 발굴되어 있는 것만 해도 매우 많다. 이러한 영산(靈山)이, 후에 불교의 성역으로도 되었던 것이다.

○ 【本彼部】본피(本彼) pon-phi는 신라시대의 6부의 하나로, 진흥왕의 4비(碑)에 이미 그 이름이 보인다. 그러나 양부나 사량부에 비교해서 그 수도 적고, 관위도 현저하게 낮은 것이 주목된다. '사'에서는 제사지·직관지 등에 그 이름이 보이며, 또 이미 말한 신라 최고 전성기의 35금입택(三五金入宅) 가운데에도 그 이름이 더러 보인다. 이들 사례로부터 본피부가 왕도 내의 지역 구분이라는 것을 알 수 있다. 그러나 본피는 '사' 지리지에 강주 성산군의 소속 현 신안현의 옛 이름에 본피현의 이름이 있으며, 이것은 현재의 성주(星州)에 비정된다. '서기'의 계체기에 보이는 반파국은 본피국에 댈 수 있으며, 낙동강 유역의 대표적인 가라제국의 하나로, 514년 이후에 신라에 병합된 나라이다. 앞서 사량부가 사벌국(沙伐國)이라고 하며, 현재의 경상북도 상주의 유력한 국가이었으나, 5세기경에 신라에 병합되었다. 그 이름이 왕도의 사량부·본피부에 쓰였다고 하는 상정(想定)도 가능하지만, 본래 지명에는 같은 이름이 많고, 사벌 등은 특히 그러하고, 백제의 왕도명인 소부리가 신라왕도 서벌(徐伐)이나 이 사벌(沙伐)과 같은 말이라는 것을 생각하면 그러한 속단은 허용되지 않는다.

○ 【崔氏】최(崔)chō 씨는 신라하대에 보이는 하급귀족의 성이다. '사'에 의하면, 헌덕왕 14년 3월 조에 김헌창의 난 때, 완산장사 최웅의 이름이 보이며, 또 헌덕왕 17년 5월 조에서는 당에 유학한 대학생 최이정의 이름이 보인다. 또 '유'에서는 권제3·탑상의 삼소관음 및 천룡사 조에 여말의 경순왕을 모신 최은성의 이름도 보인다. 최씨 가운데에서 가장 이름을 날린 최치원(858년생)도 이 시기에 활약했다. 최씨가 관에 등용된 것

은, 9세기 이후로, 중, 소 귀족이라고 봐야 할 것이다. 그러나 이곳에서 다루어진 것은, 고려시대의 명족이었기 때문이다.

○ 【柴巴村】 전 항목 진지촌(珍支村) 조에서 인용한 "동경잡기"의 줄거리에 의하면, 시파(柴巴)si-pha는 경주 동남방 동면 신계리의 상하신리에 비정할 수 있다. 신(薪) 훈sōp 통용, 파(巴)는 시(柴)의 훈독 말음을 나타내는 첨자이다.

113○ 【致遠】 권제1·마한 조의 주해 25 최치원 항목 참조.

○ 【皇龍寺】 황룡사(皇龍寺)hwaṅ-ryoṅ-sa의 조영은 진흥왕 14년(553)에 개시되었으나, 금당·탑 등의 완성을 본 것은 선덕왕 14년(645)로서, 90년의 세월을 요한 신라최대의 사원이다. 진흥왕의 명에 의해 세워져, 그 후의 역대 왕도 이 절을 돈독하게 존숭하였고, 왕이나 국가가 어렵고 위기일 때에는 왕이 스스로 이곳에서 기도했다. 현재 경주군 구황리에 절터가 있으며, 잔존 초석의 실측으로 후지시마가이지로('朝鮮建築史論' 其の一)의 상세한 복원도가 시작(試作)되었다. 이것에 의하면, 일본의 사천왕사식 가람배치와 거의 같으며, 그 면적은 2배를 넘고 있다. 또한 '유' 권제3·탑상 제4의 황룡사장육, 황룡사9층탑, 황룡사종을 비롯하여, 전권에 걸쳐서 종종 그 이름을 본다.

○ 【味呑寺】 不詳.

114○ 【金山加利村】 금산(金山)을 김유신전에 보이는 금산원이라고 하며, 이것을 소위 각간묘(角干墓)(경주 서쪽 교외의 옥녀봉 동남릉 위에 있다)에 비정한다면, 경주 서쪽 교외에 해당된다. 이곳에서는 금산가리촌의 주에 '今金剛山栢栗寺之北山也'라고 있으며, 소속 촌(村)을 상하서지, 내아 등의 동촌으로 하고 있으니까, 그것과는 방향이 다르다. 더 나아가 제6촌은 명활산 고야촌이라고 하며, 시조가 내려온 산이 금강산으로 되어 있다. 제5촌의 금산(금강산)과 시조강림의 명활산은, 제6촌의 명활산과 금강산을 바꿔 넣은 것이라고 생각한다. 이러한 탁상작의(作意)는 6촌의 수를 합치기 위한 창작인가. 산명·촌명·시조강림지를 획일

적으로 만들어 냈기 때문일까. 어느 것이든 이 부분은 오랜 전승이라고 생각되지 않는다. 이 分注를 없는 것이라고 생각하고, 금산가리촌의 이름을 중심으로 생각해야 할까. 소속 촌의 위치로부터 본다면, 동남의 외촌(外村)으로 보인다. '유' 권제3 · 영취사 조에 보이는 금악(金岳)을 금산이라고 한다면, 장산국(東萊縣)에서 경주로 가는 도중, 굴정현(후의 영취사) 부근의 산이 되는 굴정현의 이름은 달리 보이지 않으나, 영취사와 관련되는 영취산은 '유' 권제5 · 낭지승운에 '歃良州阿曲縣之靈鷲山 歃良今梁 州. 阿曲一作. 又云求佛又屈佛. 今蔚州置屈佛驛. 今存其名.'이라고 보인다. 또 이 울산 부근에는 가리산의 지명도 '대동여지도'에 보인다. 그렇다면 상하서지촌이나 내아촌과도 가까운 지방이 될 것이다.

114a○ 【金剛山】 '승람' 권21 · 경주부산천 조 '金剛山 (注略) 在府北七里. 新羅號化嶽'이 보인다. '유' 권제1 · 진덕왕 조에는 신라 4성지의 네 번째로 북쪽은 금강산이 되며, 또 권제3 · 원종흥법 조에도 '乃葬北之西嶺 即金 剛山也云云'이라고 보인다. 신라시대의 성지.

○ 【栢栗寺】 paek-ryul-sa '승람' 권21 · 경주부 불우 조에는 '在金剛山. 有栴 檀像'이라고 보인다. 또 후지시마 '朝鮮建築史論' 其二에 '龍江里, 금강산 중턱에 있으며, 法興王廿五年草叛'이라고 보이는 것도, 법흥왕 25년(538) 백률사(栢栗寺) 창건의 연차는 불명. '유' 권제3 · 사불산 및 백율사 조에 기사 있다.

114, 114b○ 【祇(祇)沱. 只他】 미상.

114○ 【明佸(活)山】 '승람' 권2 · 경주부산천 조에 '在府東十一里'라고 보인다. 지금도 경주군 내동면 북천 남변에 작은 언덕에 성터가 남아 있다. 이 성터는 '사' 지리지에 보이는 명활성(明活城)으로 '周一千九百六步'라고 되어 있으며, 금성(金城) · 월성(月城) · 신월성(新月城) · 남산성(南山城)과 함께 왕도의 중요한 성이었다. '사', '유' 모두 이 성에 관한 기사는 많고, 왜가 일으킨 신라왕도 침입전승과 연결된 기사에 많다. 또 선덕왕 16년(647) 비담(毗曇)이, 이 성에 들러 내란을 일으킨 것은, 신라 역사상

중요한 사건이다.

○ 【漢(韓)歧(岐)部】 '나기' 기마왕 전기에 '初婆娑王獵於楡湌之澤. 太子從焉. 獵後過韓歧部. 伊湌許婁饗之. 酒酣許婁之妻攜少女出舞. 摩帝伊湌之妻亦引出其女. 太子見而悅之. 許婁不悅. 王謂許婁曰. 此地名大庖'라고 되어 있다. 이것은 단순히 대포(大庖)han-ki와 한기(漢歧)han-ki와의 음상통에 의한 지명 설명 설화로, 그 원래 뜻은 han-ti 즉 광야(曠野)·대촌(大村)의 의미이다("古歌之硏究"). 한기부(漢祇(歧)部)에 대해서, 다음의 설화가 있다. '婆娑王二十三年(一○二)八月. 音汁伐國與悉假直谷國爭疆. 詣王請決. 王難之. 謂金官國首露王年老多智識. 召問之. 首露立議 以所爭之地. 屬音汁伐國. 於是王命六部. 會饗首露王. 五部皆以伊湌爲主. 唯漢祇部以位卑者主之. 首露怒. 命奴耽下里. 殺漢祇部主保齊而歸云云'('나기'). 이들 설화는 한기부가 다른 5부에 비해서 특이한 존재였다는 것을 말하고 있다. 다음으로 '나기' 첨해왕 5년(251) 춘정월 조에 '始聽政於南堂. 漢祇部人夫道者家貧無諂. 工書算著名. 於時王徵之爲阿湌. 委以物藏庫事務'라고 되어 있다. 이것은 앞 두 가지와 약간 성질을 달리하며, 6부 가운데 특히 사무적·경제적으로 활약하는 부(部)라고 하는 전승도 가지고 있었다. 이 같은 전승의 기반으로서, '사' 김양(金陽) 열전에 '陽於是突圍而出. 至韓歧市'라고 보이며, 왕성의 시(市)로서 번성했기 때문이라고 생각된다. 역사시대에 들어오면 '나기' 문무왕 16년(677) 6월 조나, '유' 권제2(문무왕법민)에 보이는 총장 3년 경오(670) 정월 7일 조나, '유' 권제3·분황사 천수대비 조에 보이는 경덕왕대의 전승도, 모두 한기부의 사람이 넷·다섯 쌍둥이를 낳은 길사를 전하고 있다. '나기'의 전승시대의 벌휴왕 10년(193) 3월 조에도 또 같은 종류의 기사가 있다. '사' 열전8의 효녀지은도 또 하대의 헌강왕대의 한기부의 사람이다. 이들 역사시대의 사람들은 하급관료 내지는 농민으로서, 정치상의 활약을 하기보다는, 오히려 길사선행에만 나타나는 것이 특색이다. 한기부의 위치는 명활산 즉 북천의 상류에서 동해안으로 빠져, 해안 쪽에 남하해서 하서리(下西

里)에 이르는 도로를 중심으로, 이 지역일대를 불렀던 것으로 보인다.

○ 【裴氏】 배씨(裴氏)pae-s'i는 하대의 상당히 유력한 성씨이었던 같다. '사'에 의하면 배부(裴賦)는 성덕왕 19년 정월 대아찬에서 상대등에 취임하고, 같은 왕 27년까지 재직하고 있다. 배훤백도 희강왕 즉위 때에, 김명(金明)에 이어서 반란을 일으킨 귀족의 일원이다. '사' 궁예전에 배현경의 이름이 보이며, 유자(儒者)이지만, 고려태조에게 궁예를 칠 것을 말한 인물이다. 고려조에서는 배씨는 그렇게 유력하지 않으나, 신라시대의 전통이 여기에 살아 있었던 것으로 보인다.

○ 【加德部】 고려태종 23년(940) 신라왕도인 한기부를 고쳐서 가덕(加德)부라고 했다고 "고려사" 권57·지리지는 전하고 있다. 그 지역은 명확하지 않으나, 경주군의 동해에 접하는 양북면·양남면으로, 내동면 북천 상류를 포함하는 것으로 보인다.

○ 【上西知村·下西知村·乃兒村】 상·하서지촌(上·下西知村)에 대해서는, '유' 권제1·제4 탈해왕 조에도, '雞林東. 下西知村阿珍浦(今有上西知. 下西知村名)'이라고 되어 있다. 또 '승람' 권21·경주부 봉수(烽燧) 조에 '下西知烽燧(在府東六十三里. 南應蔚山郡柳浦. 北應禿山)'이라고 있다. 이들 기사로부터 하서지촌을 현재의 경주군 양남면 하서리에 비정할 수 있다. 상서지촌은 하서리의 서쪽에 접한 상서동일 것이다. 내아촌은 乃의 음 nae에 가까운 나(羅)의 고훈(古訓) na를 차용한 것 같은 나아리로 추정 생각할 수 있으며, 나아리는 양남면의 동북 구석에 있다.

115○ 【高耶村】 불명. 혹은 고허촌(高墟村)에서 연상된 조작일까.

○ 【虎珍(珍)】 불명. 덧붙여서 말하면, 인명어미·지명어미에는 평·도리·진(平·都利) pur, tor 등의 음훈이 공통해서 붙는 예가 많으나, 이 인명과 지명과의 관련은, 지연(地緣)성을 시사하는 것으로 봐야 하는 것일까.

○ 【習比部】 "고려사" 지리지에 의하면 임천부라고 개칭된 지역으로, 그 소속 촌의 위치로부터 생각하면, 형강(兄江) 유역이 된다. '서기' 수이코(推古) 19년(611) 8월 조에 보이는 '習部大舍親智·周智'의 습부(習部)는 습

비부(習比部)의 약칭일 것이다. 따라서 습비부가 7세기 초두에 존재했다는 것은 분명하지만, 그 지역을 명확하게 한 것은 아니다. 근소하게 '사' 제사지의 대사삼산의 필두에, '奈歷(習比部)'라고 있으며, 이어서 사성문제(四城門祭)의 삼(三)에 습비문(習比門)의 이름이 보인다. 내력(奈歷)은 내을·내림(奈乙·奈林)이라고 적으며, 시조강림의 지역으로 되어 있고, 시조묘의 이름도 되었다. 현재, 시조 발생의 지역이라고 전하는 나정(蘿井)은 남산서북(南山西北)에 있다. 그러나 이 나정 지역은 사량부 지역으로 비정되고, 습비부에 넣을 수는 없다. '유'에서는 한기부·습비부의 촌명과 촌장 시조의 강림지 이름과 똑같은 명활산으로 되어 있고, 이들은 지명 추정에는 다소 혼란이 있다. 혹은 6부의 성격 내지는 6부의 소재지에 이동이 있었기 때문일까. 또는 '사', '유' 두 서적에 가필조작이 있었기 때문일까 생각한다.

○ 【薛氏】설씨(薛氏)sŏr-si라고 생각되는 씨명을 가진 자는, 이 6부의 씨명 가운데, 가장 많이, 또한 가장 일찍부터 나타난다. 전설시대의 것으로는 '나기' 벌휴왕 7년 8월 조에 부곡성주에서 좌군주(左軍主)에 발탁된 설지와 내해왕 19년에는, 요차(腰車)성주로서 활약한 설부라는 이름이 보인다. '유'에서는 권제2·미륵선화 조에 처음으로 화랑이 된 사람을 설원랑이라고 하고 있다. 이들은 성씨가 없는 상고·중고에 관한 것으로, 후세의 추기(追記)이다. 다음으로 오래된 것으로서 '사' 열전에 설계두가 있다. 그는 진평왕 43년에 입당하고, 후에 당군에 들어가 고구려 전쟁에 참가한다. 이 경우, 신라 존재 시대부터 설씨를 이름으로 하고 있었다고 하기보다도 입당 후의 것으로 보인다. 문무 10년 3월 고구려와 연합하여 신라가 당과 싸울 때, 신라 측의 장군으로서 사찬 설오유의 이름이 보인다. 더 나아가 문무왕 14년 9월 조에 '幸靈廟寺. 前路閱兵. 觀阿飡薛秀眞六陳兵法'이라고 있다. 또 열전6 설총전에는, 그가 입당하여 그 시의 재능을 나타냈다는 것을 전하고 있다. 이들은 모두 사실로 봐도 좋으나, 모두 당과 관계가 깊은 일이라는 것을 생각하면, 이 설(薛)이라는 성도 당풍을

따른 것으로 보인다. 당시의 신라사회에서는 아직 성은 중요시되지 않았다. 설씨는 고려시대에는 그렇게 활약하지 않으나, 신라시대의 명문가로서 여기에 다루어졌을 것이다.

○【臨川部】"고려사" 지리지에 의하면 태조 23년(940)에 옛 신라왕도의 습비부를 임천(臨川)부라고 개칭했다고 되어 있다. 이 임천부는, 스에마쓰(末松)의 추정으로는, 경주군 강동면·강서면 및 천북면·견곡면의 대부분을 포함하는 지역이다('新羅六部考', "新羅史の諸問題" 수록).

115, 115a ○【勿伊村·仍仇旀(於)間】스에마쓰(末松)는, 물이(勿伊)를 경주시의 동북십오선리(東北一五鮮里)의 천북면 물천리에, 또 궐곡(闕谷)은 물천리의 북방에 인접하는 갈곡리(葛谷里)로 각각 추정하고 있다. 궐곡(闕谷)을 갈곡(葛谷)으로 나타낸 것은 궐(闕)과 갈(葛)과의 음 상통에 의한다. 잉구며(仍仇旀)는 불명.

116 ○【按上文. 此六部之祖似皆徒天而降】이 문장은 '유' 편자의 주인데, 6부 시조의 본질적 성격을 다루고 있기 때문에 주목된다. 6부의 시조를 '先是. 朝鮮遺民. 分居山谷之間. 爲六村'이라고 되어 있는 '사'의 기술은 '위지' 진한전에 '辰韓. 在馬韓之東. 其者老傳世自言. 古之亡人避秦役. 來適韓國. 馬韓割其東界與之'라는 기사를 염두에 둔 작문으로, 원래 신라의 옛 전승은 아니다. '유'에서는, 혁거세의 강림 이전에 6부의 시조가 제각기 강림하여, 그 시조신의 자손에게 지휘를 받아 원시촌락이 연합하여, 통일 왕의 시조 강림을 맞이했다고 하는 것이다(참조 119 이하). 이와 같은 전승은 '사'의 해석과는 다른 계통으로, "가락국기"의 구간(九干)의 그것과 유사하다. 그러나 "가락국기"에서는 황금알 6개가 금상자 안에서 평등하게 태어나, 제각기 6가야의 왕이 되어 간다. 이것은 가라제국이 무언가의 연맹적 관계를 가지면서 각각 독립하고, 통일 왕을 가지지 못한 현실을 반영하고 있다.

117 ○【弩禮王九年始改六部名. 又賜六姓】노례왕 9년은 '유' 왕력에 의해 계산하면, 후한 광무제의 건무 8년(32)에 해당한다. '사'는 노례왕을 유리

왕(儒理王)이라고 하며, 그 9년 봄 조에 '改六部之名. 仍賜性. 楊山部爲梁
部. 姓李. 高墟部爲沙梁部. 姓崔. 大樹部爲漸梁部(一云牟梁). 姓孫. 于珍
部爲本彼部. 姓鄭. 加利部爲漢歧部. 姓裵. 明活部爲習比部. 姓薛'이라고
되어 있다. 이 6부 사성(賜姓)의 기사는 고전승이 아니다. 6촌과 6부가
결합한 것은 6세기에서 7세기 중엽에 걸치는 신라 중대에, 귀족의 이름
에 부 이름을 붙이고 있으나, 그것이 후세의 성씨적인 것이라고 생각했
다. 6부에 6성을 맞춘 것은 신라 말 이후의 것으로, 이들 6성은 모두 당의
명문가의 성으로, 그 대부분은 고려조 명문가의 성이 되었다. 6성을 각부
에 맞춘 것으로 '사'와 '유'에서는 차이가 있고, 사회적 기능을 가지고 있
었던 것은 아니고, 탁상의 조작이라고 할 수 있다. 6촌과 6부의 관계도,
신라 말 고려 초의 경주의 구분에서 추정한 전설이다.

118○ 【令(今)俗中興部爲母. 長福部爲父. 臨川部爲子. 加德部爲女. 其實未
詳】 금(今)이라는 것은 '유' 편찬 당시를 가리키는 것이겠지만, 고려 중기
에 부락(지방) 사이에서 부모형제 관계를 가지고 있었다는 사료는 눈에
보이지 않는다. 이것과 유사한 것으로 '서기' 긴메이기(欽明紀) 5년 3월
조에 '夫任那者以安羅爲兄. 唯從其意. 安羅人者考以日本府爲父. 唯從其
意(百濟本紀云. 以安羅爲父. 以日本府爲本也).'라고 되어 있다. 그러나
이 부형(父兄)의 관계는 긴메이기 2년 4월 조에 보이는 성명왕(聖明王)의
말에 '昔我先祖速古王貴首王之世. 安羅·加羅·卓淳旱岐等. 初遣使相
通·厚結親好. 以爲子弟. 冀可恒隆'이라고 되어 있는 자제(子弟)와 같은
그 지배관계와 친근감을 담은 일반 명칭이다. 아마 '유'의 이 기사도 그것
을 미화하여 쓰인 것으로, 사회민속학적 의미를 가지지는 않을 것이다.

119, 119a, 119b○ 【前漢地節元年壬子(古本云建虎(武)元年. 又云建元三年等. 皆誤.)
三月朔】 지절원년(地節元年)은 전한선제 즉위 5년(기원전 69)으로, 건호
(建虎)는 건무(建武)이며, 원년은 후한광무제 즉위 원년(25) 을유년일 것
이다. 건원 3년은, 전한무제 즉위 3년(기원전 138) 계묘년이다. 이 외에
'사'에서는, 시조강림의 해를 '前漢孝宣帝 五鳳元年(前 57) 甲子. 四月丙

辰(一曰正月十五日).'으로 하고 있다. 신라건국 연도는, 고려조가 되어서도 이설(異說)이 많고, '사'와 '유'조차도 서로 일치하지 않는다. 두 서적에서 일치하는 점은 고구려·백제의 건국연차보다 신라의 그것을 올리게 하는 것이다. '사'의 건국연차가 갑자의 간지를 가진다는 것은 참위(讖緯)사상에 의한 갑자건원설에 의한 것이며, 오봉(五鳳)원년으로 한 것은, 여제(麗濟) 2국 건국 이전의 최초의 갑자년을 취한 것이다. '유'의 3설 가운데 건무원년설은, 신라건국을 후한의 그것에 맞춘 것이다. 이 설은, 신라의 전신(前身) 진한의 이름이 처음 보이는(사료계보로서는 '위지' 한전(韓傳)에서 인용했던 것이지만) 것에서 조작되었던 것으로 보인다. 이 설을 '유'가 취하지 않았던 것은, 여제 2국의 건국보다 늦기 때문일 것이다. 건원 3년설의 근거는 불명하지만, 같은 한 무제의 원봉 3년(기원전 108)에 낙랑·임둔·현도·진번의 4군 설치 및 위만조선멸망년에 이끌려 조작되었을지도 모른다. 지절원년설은 그 명칭이 신라인의 기호(嗜好)에 있었을지도 모르지만, 추측할 만한 단서조차 없다. 이들 연차는 신라사가(史家)의 주관에 의한 저작이라는 것은 분명하다. 날짜에 대해서는 연중행사와의 관련이 상정된다. 예를 들면 '사' 분주(分注)의 5월 15일은, 현재, 농촌에서 가장 중요한 연중행사가 일어나는 소위 '농민의 날'이다. 이 날은 소위 상원(上元)215)으로, 부락제인 동신제(洞神祭)를 비롯하여 영월(迎月)·답교(踏橋)·약식(藥食) 등의 주술적인 행사나 들불놀이·횃불놀이·줄다리기·석전(石戰)216)·사자놀이·연날리기·놋다리밟기 등 각지에서, 점술적 의미를 담은 놀이가 일어나는 날이다. 4월 병진(丙辰)이 만일 4월 8일이라면, 불교의 영향을 받아 석존탄신의 날을 맞춘 것이라고 생각된다. 3월 1일은 현재 조선의 연중행사에서는 특별한 것이 보이지 않으나, "가락국기"의 '삼월계락지일'이나 알지강림의 춘삼

---

215) 음력 정월 보름날.
216) 돌 던지기 놀이.

월, 더 나아가 '서기' 긴메이기 7년 3월 조에 '제시개지' 등, 3월이 봄 제사 철이었다고 하는 기사는 많다.

119○【六部祖各率子弟. 俱會於閼川岸上. 議曰云云】6부의 사람들이 제각 기의 수장에게 인솔 받아 알천 강기슭에 모인 것은, 신의 자손을 영접하 기 위하여, 알천에서 계불(禊祓)을 행하였다는 것을 의미한다. 이 6부는 6촌이라고 하는 것이 맞으며, 알천(閼川)ar-chōn, ar-nae는 알지(閼智) 조에서 해설하는 것과 같이, 신성한 강의 의미이며, 여기에서 계불을 행 한다. 알천(閼川)은 신비적인 생명을 가지는 강, 영위(靈威)의 알이 나오 는 강의 의미이다. 이곳에서 계불을 행하는 것은, 그 영위를 몸에 지녀, 사악을 불제(祓除)해서 심신에 새로운 생명력을 가진다는 것이다. '승람' 권21・경주부풍속의 항목에, '浴東流水(金克己集. 東都遺俗. 以六月望云 云. 因爲禊飮. 謂之流頭宴. 盖以河朔避暑之飮. 誤爲禊飮耳)'라고 있듯이, 후세 오래토록 알천에서 계불하는 민속행사가 남아 있다. 영신(迎神)을 위한 계불이 끝나면, 몽골의 원시적인 쿠릴타이와 같이, 무속적인 제정의 례가 일어난다. 그곳에 '議曰云云'이라며 영신의례가 시작되는 것이다. 이 와 같은 영신(迎神) 등의 제사의례를 행하는 곳을 성역이라고 생각하며, 이곳에서 신의 말을 듣고 촌락정치를 행하는 것은, 원시사회 일반현상이 다. 신라에서는 진덕왕(7세기 중엽) 때에도 또한 이 전통을 이어받아, 성 역에서 정치가 행해졌다고 전하고 있다. '유' 권제1・진덕왕 조에 '新羅有 四靈地. 將議大事則大臣必會其地謀之. 則其事必成'이라고 되어 있으며, 이 시기의 회합은 유력귀족에게 제한되어 있지만, 일찍이 6촌의 각 촌락 에서 표암봉 이하 제각기의 촌의 시조가 강림했다고 하는 산이나, 알천에 서, 영신의례와 함께 촌락의 정치가 논의되었다고 생각한다. 또한 '가락 국기'의 수로(首露)의 강림을 맞이하는 전설에는, 의례와 신화와의 관계 가 가장 흥미 깊게 나타나기 때문에, 좋은 참고가 된다.

120○【蘿井】'사' 제사지에 '第二十二代智證王. 於始祖誕降之地奈乙. 創立 神宮. 以享之'라고 보이며, 나정(蘿井)은 내을(奈乙)이라고도 적혀 있다.

내을(奈乙)은 nar-(日)의 의미라고 하는 설도 있는데, 蘿(ra → na) 奈와 같은 음, na(나다·태어나다)의 의미를 따르고, 나정을 어생(御生)(강림)의 우물, 즉 시조가 태어나는 우물의 의미라고 해석할 수 있다. 奈를 태어나다의 의미로 쓴 것은, "고려사" 권57·영암군 조에 '月出山(新羅稱月奈岳躋小祀. 高麗初稱月生山. 山有九井峯云云)' 등을 들 수 있다. 신령강림의 땅으로서 영산(靈山)뿐만 아니고, 영정(靈井)의 신앙이 있었다는 것은, 알영정의 예로부터도 알 수 있다. 나정의 시조묘는 일본에 많은 '井上의 社'의 유형에 속하고 있다. 신정(神井)전설의 예로서 "후한서" 동이전 동옥저 조에 '又説. 海中有女國. 無男人. 或傳. 某國有神井. 闚之輒生子云'이라고 되어 있으며, 그것은 또 기자(祈子) 신앙에 연결된 신정(神井)이었다. 게다가 그 우물과 결합된 형태는 일본의 와다쓰미노미야(海宮)遊幸神話[217) 가운데에도 보이며, 용궁의 문 앞 우물 안에 히코호호데미노미고토(彦火火出見尊)의 모습을 도요다마히메(豊玉姬)가 보고, 그래서 결혼을 한다. 또 앞서 보인 쓰기오이야마(月生山)의 우물(井戸)은, 조선의 민속에서 1월 15일의 달이 우물물에 비치는 것을, 절하는 풍속과도 연관되며, 그것이 행운풍작의 점술로도 되어 있다.

○ 【異氣如電光垂地. 有一白馬跪拜之狀】 시조강림 혹은 신령을 부르는 기도 의례는, 우선 부락민이 계불로 몸을 청결하게 하고, 영신의 협의·신과 사람과의 문답·영신의 가무 등의 영신의례를 거처 신이 강림한다. 이 신의 강림을 나타내는 이변이 있고, 강림을 알리는 신의 사자(使者)가 출현한다. 여기에서는 강림의 이변을 전광(電光)으로 나타내며, 수로신화에서는 자줏빛 밧줄로 묶여 있다. 그 모든 것이 하늘에서 땅으로 내려와, 천지의 결합, 강림의 통로를 보이고 있다. 여기에 나타나는 백마는 강

---

217) 日本書紀 神代下 第十段 소재. 山幸彦(やまさちひこ)(彦火火出見(ひこほほでみ)尊)는, 형인 海幸彦로부터 빌린 낚시 바늘을 잃어버려, 그것을 찾으러 용궁에 갔다가 용궁의 공주와 결혼을 하고 돌아와 형을 징벌하고 아이를 낳았다는 등의 이야기.

림을 알리는 신의 사자(神馬)이며, 천마의 관념으로도 통하고 있으나, 그것은 말의 사육이 시작된 후의 관념이다.

120, 120a○ 【一紫卵(卵). 一云靑大卵(卵)】 난(卵)의 훈은 ar로 알지·알영·남해(閼智·閼英·南解) 등의 알(閼音南訓)에 통한다. 알(閼)의 원래 뜻은 알(卵)이나 곡물을 의미하며, 원시적 관념으로는 궤(櫃) 등의 신령을 넣는 성스러운 도구(聖器)를 의미했던 것 같다. 현재의 말로 알이 '껍질(皮殼)을 벗기고 나타나는 것', '皮殼을 벗기고 나타난 것'이라는 의미의 복합어가 있다. 새나 벌레가 알에서 출생하는 신비한 생명력이나 곡물이 발아하는 생성력을 고대인이 신의 출현으로 통하는 것이라고 받아들였다. 일반적으로 원시인의 신앙에는 볼 수 없는 신령의 역할을 형상화하고, 신을 의인화하는 경향이 있다. 특히 수도(手稻)경작을 하며, 곡령신앙이 성행하는 곳에서는, 이 난생(卵生)계의 전승이 많다. 자·청(紫·靑)의 색은 수로(首露)신화의 황금란과 같이 미화적인 것으로, 아마 전광(電光)의 색에서 온 관념일까.

120○ 【剖其卵(卵)得童男】 후술하는 알지가 어린아이의 호칭이라고 하듯이, 강림한 신령이 어린아이의 모습으로 나타난다고 하는 오랜 관념에서 유래한다. 신비한 생명력을 잉태하는 성기(聖器)인 알 안에서, 생성력이 가장 풍부한 어린아이의 출현이야말로, 신령의 강림을 표현하기에 어울리며, 현재의 부락제례에도, 그 형식을 남기고 있는 것이 많다.

120, 120b○ 【俗(浴)東東.(東泉寺在詞腦野北)】 동천(東泉)은 sŏi-ǔr이라고 훈독했던 것 같으며, 주(注)에 그 소재지가 詞腦野sŏi-nǎi-mǎi이라고 불렀던 것과 이름이 통한다. 동(東)의 훈 sŏi는 서·신(曙·新) 등과도 의미가 통하고 있으며, 동천은 신생(新生)의 성천(聖泉)을 의미하여, 시조강림과 관련되는 이름인 것과 함께, 동천은 신라 sŏi-ra, 서벌so-pur, so-ūr과도 통하는 말이라는 점에서, 고대 제정(祭政)국가로서의 신라국의 탄생을 시사하고 있다.

120○ 【身生光彩. 鳥獸率舞. 天地振動. 日月淸明】 이 어구는 불교적인 표현

을 빌려, '몸이 빛난다.'로서의 시조의 영위(靈威)를 보인 것이거나, 혹은 영신(迎神) 출현의 의례로서 행하는 가무(歌舞)를 나타낸 것일까. 김알지 조에는 '鳥獸相隨喜躍蹌蹌'이라고 보이며, "가락국기"에는 '以之踏舞則是 迎大王歡喜踊躍之也'라고 되어 있는 것 등, 모두 영신의례의 표현이다.

120c○ 【弗矩內】아유가이(鮎貝)·스에마쓰(末松) 등은 불구(弗矩)를, 혁(赫)의 훈과 같은 어근 pūrk, pārk라고 하며, 내(內)를 훈(an)으로 보고 pūrk, pārk의 분사(分詞)격이라고 했다. 불구내왕(弗矩內王)은 pārk-an-waň이라고 읽고, '밝게 빛나는' 왕의 의미로, 혁거세간(赫居世干)과 같은 뜻으로, 지명어미의 火pur이나 혁거세의 혁(赫) 등을, 고대 조선인의 종교적 관념에서 '빛나는 신령(神靈)이 강림하는 것'의 의미라고 하고, park-an왕은 하늘에서 빛나는 강림을 하여, 국토를 다스리는 왕으로서, 한역하면 광명이세왕(光明理世王)이 된다.

120d○ 【說者云. 是西述聖母之所誕也. 故中華人讚仚(仙)桃聖母. 有娠賢肇邦之語. 是也. 乃至雞龍現瑞産閼英. 又焉知非西述聖母之所現耶】이 일설은 저자 일연이 다음에 들고 있는 '나기' 권제12 말미의 사료와 '유' 121의 사료를 결합해서 생각하려고 했던 것이다. '나기'에는 '政和中(1111-1117)(김부식의 入宋은 1116년) 我朝遣尚書李資諒入宋朝貢. 臣富軾以文翰之任輔行. 詣佑神館見一堂設女仙像. 館伴學士王黼曰. 此貴田之神. 公等知之乎. 逐言曰. 古有帝室之女. 不夫而孕. 爲人所疑. 乃泛海抵辰韓生子. 爲海東始主. 帝女爲地仙. 長在仙桃山. 此其像也. 臣又見大宋國信使王襄祭東神聖母文. 有娠賢肇邦之句. 乃知東神則仙桃山神聖者也. 然而不知其子王於何時'라고 되어 있다. 이러한 설화가 신라에서 언제 성립된 것인지는, 김부식조차 몰랐던 것이지만, '유' 권제5·선도성모수희불사(仙桃聖母隨喜佛事) 조에서는, 진평왕 조(579-631)의 일로서, 선도성모의 유래에 대해서 다음과 같이 말하고 있다. '神母本中國帝室之女. 名娑蘇. 早得神仙之術. 歸止海東. 久而不還. 父皇寄書繫足云. 隨鳶所止爲家. 蘇得書放鳶. 飛到此山而止. 逐來宅爲地仙. 故名西鳶山. 神母久據玆山. 鎭祐

邦國. 靈異甚多. 有國已來. 常爲三祀之一. 秩在群望之山(上)' 이라고. 이들 선도성모전설은 신선사상에 의해서 농후하게 꾸며진 것이다. 원래 해상에서 온 것을, 지리적 지식의 발달에 따라, 이것을 중국에 맞췄던 점 등, 후세의 부가(附加) 윤색을 제거하면, 탈해 전설이나 수로왕비 도래 전설과 궤를 같이하고 있다. 또 박제상(朴堤上) 전설의 지술신모(鵄述神母)·대가야의 정견모주·지리산성모 등 많은 성모전설과도 매우 비슷하다. 이들 성모는 산신으로, 천상에서 강림하는 신령에 대하여, 지기(地祇)[218]에 해당한다. 이 성모는 산신이지만, 본래 물의 신령적 존재로, 바다·강·우물(海·川·井戶)과 관련을 가지고, 신의 자식을 낳는 것이 특색이다. 선도성모전승은 모화(慕華)사상[219]의 발전과 더불어, 중국에서 도래한 자가 되고, 나아가 신의 자식을 낳는 것으로부터, 신라시조 혁거세들의 모신(母神)이 되지만, 이것은 모두 탁상의 풍습이다. 특히 후자의 '사' 편찬자 부식은 이 성모를 신라왕 역대의 어느 곳에 맞춰야 하는지를 몰랐으나, '유' 편찬자는 이것을 대담하게도 시조 혁거세 위에 덧씌운 것이다. 아마 신라시대에는, 이 정도로 명료하게 국왕의 시조전승이 되지는 않았을 것이다. 그것은 어쨌든 서술성모의 전승은 새(솔개)에게 인도되어 해상으로부터 온 신이며, 그것이 물과 관계 깊은 농경 신으로서 제사 지냈다. 이와 같은 농경신은 이윽고 불교와 섞여, 물가의 관음신앙으로도 된다. 예를 들면, '승람' 권44·강원도 양양(襄陽)도호부 고적 조

---

218) 땅의 신령.

219) 일본에도 이와 유사한 신화가 많다. 그런데 일본 신화에 대해서는 모화(慕華)사상이라는 말은 일절 없다. 매우 대조적인 서술태도이며 한국을 대하는 관념론이, 이 원저서 전체에 지배적이다. 이것은 소위 한국에 대한 일본의 분위기를 반영하는 것으로, 일본의 내셔널리즘의 하나로 보인다. 더욱 심각한 것은 삼국유사 등의 내용을 이 원저자 의도에 따라 이를 무비판적으로 수용하여 말하는 한국의 앵무새 식자(識者)들이다. 은(殷, 중국최고(古)의 왕조 (?-기원전 1122/1027))·주(周, 기원전 1046년경-기원전 256년)시대의 동진(東進)정책에 따른 민족대이동, 지정학적 이유에 의한 중국과의 활발한 교류, 군사력에 의한 피동적 외교 등에 관한 사실(史實)을 잘 알고 있을 것이다.

에, '冷泉(在五峰山下. 世傳. 觀音化作女刈稻. 元曉因取飮冷泉. 與之戲
謔)'라고 되어 있는 것으로도 알 수 있다. 또 용신용녀 신앙이 되어, 탈해
전설 이하의 전승을 낳는 것과 함께, 영동모 등과 같이, 널리 농촌에서 비
바람의 신으로서 모신 것도 있다. 또한 선도산과 서술산은, 이름만 다른
것으로 사실은 같은 곳이다. '승람' 권21 · 경주산천 조에 '仙桃山(在府西
七里. 新羅號西嶽. 或稱西述. 或稱西兄. 或稱西鳶)'이라고 되어 있다. 또
'사' 제사지에는 소사(小祀)의 말미에 '西述(牟梁)'이라고 되어 있으며,
'유'의 다른 전승과는 달리, 서술성모가 반드시 국가의 제사서열로는 고
위가 아니라고 하는 사료도 있다.

120, 120e○ 【居瑟邯】 【居西干】 【閼智居西于】 주해 107을 참조. 또한 알
지에 대해서는 '유' 권제1 · 김알지 조를 참조.

121○ 【閼英】 알(閼)ar은 알(卵)ar로서 곡식 알(穀物)ar과 통하며, 곡식의
영(穀靈) · 조상의 영(祖靈) · 왕자(王者)의 시조 · 왕자의 명칭으로까지
발전한 것이다. 영(英)은 '꽃송이'k'och-pat-chim(k'och은 꽃)으로 알영
(閼英)이라는 것은, 곡물의 꽃을 의미하며, 알지(閼智)(穀靈)에 대해서 곡
모적 존재를 의미한 것으로도 해석할 수 있다. 혹은 puri를 존칭어미로
한 것일까. 주몽전설의 유화(柳花) · 위화(葦花) 등, 수신명(水神名)의 꽃
도 같을 것이다. 그런데 이 알(神靈)은 그를 부르는 사령자 · 사제자를 통
하여 나타나, 이윽고 사제자가 신 그 자체로 보이게 된다. 알영이 우물 안
에서 나타나 물로 목욕을 한다는 것은, 성천(聖川)에서 계불을 행하는 영
신의 제의(祭儀)를 보이는 것이라고도 생각할 수 있다. 이와 같은 사제자
는, 고대에는 여성이 이것을 담당했기 때문에, 그래서 알의 이름은 오히
려 왕비 이름으로 많이 쓰였으며, 알영뿐만 아니라 남해왕비아루부인 ·
남해왕매아로 · 탈해왕비아로부인 · 기마왕비애례부인 · 가라니질미왕비
아지를 비롯하여, 아달라이사금비내례부인 · 벌휴이사금비지진내례부
인 · 조분이사금비아이부인 등도 그 예이다. 이와 같이 알을 왕비 이름으
로 하는 것에는, 지금 한 가지 문제를 생각할 수 있다. 그것은 목욕하는

은계(殷契)의 모(母)가 난자(卵子)의 형태로 강림하는 신령과 교감하는 신혼(神婚)전설이다. 이것에 의해서 사제자 알영을 신처(神妻)·왕비로 하는 배경을 추정할 수 있다. 소위 알영은 강림하는 신의 자손 알지=혁거세를 맞이하는 신모(神母)이고, 또한 신비(神妃)이기도 할 수 있다. 더 나아가 '유' 왕력·신라제1 혁거세의 주에는, '徠娥伊英. 娥英'이라고 있으며, 徠는 매(妹)이고, 알영은 혁거세와 형매(兄妹)라고도 한다. 이것은 신의 처로서 조상의 영(祖靈)을 모시는 여성이 미혼의 여자가 아니면 안 되기 때문이며, 일본의 제궁(齊宮)에 해당한다. 이와 같이 알영이 혁거세의 어머니·부인·여동생(母·妃·妹)의 측면을 모두 가지는 것은, 조상의 영에 대한 국가적 무녀(巫女)가 가지는 성격의 성능을 보이는 것이라고 볼 수 있다. 알영이 중국의 선녀 설과 융합되어, 앞서 말한 것과 같이, 성모전설로도 되었던 것이다.

121, 121a○ 【閼英井(一作娥利英井)】 알(閼)을 아리(娥利)라고 주를 하고 있으나, 양자는 모두 ar을 나타낸 동음이훈자이다. 알영정(閼英井)은, '승람' 권21·경주부고적 조에 '閼英井(在府南五里云云)'이라고 보이며, 남산 북서쪽 기슭의 나정(蘿井)터로 추정할 수 있다. '나기'에는 '赫居世五年春正月. 龍見於閼英井. 右脇誕生女兒. 老嫗見而異之. 收養之. 以井名名之. 及長有德容. 始祖聞之. 納以爲妃'라고 되어 있어, 우물 이름에서 알영의 이름이 생겼다고 전하고 있으나, 이 기재는 반대인 것으로, 알영신앙에서 알영정(閼英井)의 이름이 나왔던 것이다. 명칭 전설을 별도로 한다면 알영은 우물의 용에서 태어난 지모신(地母神)으로, 우물도 용도 물의 신(水神)을 나타낸 것이다. 또 알영의 ar을 곡물의 뜻으로 풀이할 수 있다면, 곡모적 존재도 생각할 수 있다. 그것은 마침 그리스의 데메테르가 지모(地母)와 곡모(穀母)의 두 가지 의미로 풀이할 수 있는 것과 비교해서 흥미 깊다. 그런데 '사'에서는 용의 오른쪽 옆구리(右脇), '유'에서는 왼쪽 옆구리(左脇)에서 알영이 태어났다고 하고 있으나, 이것은 불교적인 윤색이다. 마찬가지로 후세의 윤색이기는 하지만, '사'에서는 중국풍으로 오

른쪽(右)으로 하고, '유'에서는 조선(일본도 같다)풍으로 왼쪽(左)을 신성시하고 있다. 이곳에도 두 서적의 성격이 보인다. 다음으로 용을 이곳에서는 계룡(鷄龍)이라고 하고 있다. 125, 126에 신라국명의 이칭인 계림에 대한 전승이 있다. 전자는 알영이 계정(鷄井)에서 태어났다고 하고, 후자는 알지전설의 백계(白鷄)에서 이 이름이 났다고 하고 있는데, 신라에 있어서는 닭 신앙(鷄信仰)의 예를 보지 못했고, 따라서 이것은 계림(鷄林)의 국명에서 반대로 생긴 설명 전승일 것이다(주해 125의 계정(鷄井)·계림국 참조).

121b○ 【一云龍現死. 而剖其腹得之】용은 중국에서 창조된 상상의 동물인데, 뱀을 신격화한 것이다. 뱀은 논 혹은 습지·늪·연못 등 물가에 출몰하는 일이 많다. 신격화되는 동물은 용뿐만 아니고, 거북이·곰·호랑이·사자·말·개·하마(蝦蟇)·까치 등, 물새 종류 등을 들 수 있다. 이들은 원래 토테미즘이나 애니미즘에 근본을 가지는 것이나, 삼국시대가 되면 무당과 박수의 귀신, 주술신앙의 점술대상이 되어, 유·불·도(儒·佛·道)의 중국의 신앙으로 윤색되어 간다. 여기서는 용이 죽고, 그 뱃속에서 신이 나타난다고 하고 있는데, 이 같은 신의 화신 혹은 사자(使者)의 시체로부터 새로운 신이 재생하는 것은 조선신화 가운데에서는 달리 예가 보이지 않는다. 다만 "동국이상국국집(東國李相國集)"에 '雙鳩含麥飛. 來作神母史(朱蒙臨別. 不忍睽違. 其母曰. 汝勿以一母爲念. 乃裹五穀種以送之. 朱蒙自切生別之心. 忘其麥子. 朱蒙息大樹之下. 有雙鳩來集. 朱蒙曰. 應是神母使送麥子. 乃引弓射之. 一矢俱擧. 開喉得麥子. 以水噴鳩. 更蘇而飛去云云)'가 보이고 있으며, 이 이야기는 "세조실록" 지리지·평양 조에도 보인다. 여기에 보이는 쌍구(雙鳩)는 일단 죽으나, 다시 살아나기 때문에 앞 이야기와는 상당히 내용을 달리한다. 일본의 신화에서는, '서기' 사신출생(四神出生) 조에 이러한 종류의 이야기가 많고, 이자나미노미고토(伊弉冉尊)가, 불의 신 가구쓰치(軻遇突智)를 낳고 타 죽은 것을 비롯해, 이자나미노미고토가 이것에 분노하여 가구쓰치를 베어

죽이자, 그 피에서 많은 신이 태어났다. 또 우게모치노가미(保食神)(飮食神, 오곡을 관장하는 신)의 사체에서 소와 말, 오곡이 생겼다고 하는 전승 등이 있다. 더 나아가 유명한 보검 출현 조는, 이 용의 사체에서 알영이 출현했다는 전승과 유사한 점이 많다. 혹은 중국의 우제의 탄생에 대하여, '鯀復生禹. 鯀死三歲不腐. 剖之以吳刀. 化爲黃龍也'("산해경(山海經)")라는 것과 닮았다. 덧붙여 곤(鯀)(黃龍)은 부(父)라고 되어 있으나, 본래는 수모적(水母的) 존재이다.

121○【唇似雞觜. 將浴於月城北川. 某觜撥落. 因名其川曰撥川】월성(月城)의 북천(北川)은 '승람' 권21 · 경주부 산천 조에 '東川(一云北川. 一云關川. 在府東五里. 出楸嶺入堀淵)'이라고 되어 있으며, 북천=동천=알천=발천(北川=東川=關川=撥川)이 된다. 이와 같이 방위에 의한 강 이름인 북천이 동천이라고 이름이 바뀐 것은, 경주 분지의 중심부에서 흐르는 물길의 변화 내지는 합류가 생겼기 때문일 것이다. 발(撥)은 par, pur로 혁거세의 혁(赫)과 통하는 것이다. 혁거세가 알지와 동일 신이었던 것처럼, 알천과 발천은 신성한 강의 의미로 같은 뜻의 말이 된다. 이 알천은 혁거세의 강림을 6부의 사람들이 영접한 장소로, 영신의례를 행하는 성지이다. 이 북천(발천)에서 알지가 목욕을 하는 것은, 신의 처(왕비)의 영신의례의 하나의 과정이라고 봐야 할 것이다. 즉 의례적으로 말하면, 알영이 이 성스러운 강에서 목욕을 하는 것에 의해, 성천(聖川)의 신령을 몸에 지닐 수 있고, 신의 처가 되는 자격을 얻게 된다. 더 나아가 수도(手稻) 경작에 있어서의 지모신 · 물의 신(地母神 · 水神)으로서의 영력을 얻어, 날씨를 좌우하는 천신의 처가 된다. 이와 같이 수도경작의 신에는 천신의 부신(夫神)과 지모적 · 물의 신적(地母的 · 水神的)인 처신(妻神)이 있으며, 그 자신(子神)이 생성력을 가지는 신으로서 가장 높이 받들어 모신다. 또 중국이나 동아시아 모든 지방에서의 신화나 풍속에는, 목욕과 혼인과의 결합이 많다. 이 점에서도 알영이 북천에 목욕을 한 것은, 신처(神妻)가 되는 전승으로서 어울리는 것이라고 말할 수 있겠다. 그러나

120d의 항목에서는, 알영이 서술성모가 아닐까 하는 저자의 해석이 보인다. 이것은 종종 저자의 생각뿐만 아니고, 알영을 혁거세의 모신으로 하고, 혁거세를 자신으로서 신알을 가졌던 풍습이 있었다고 생각된다. 이 점 '유' 탈해전설에서 '浦邊有一嫗 名阿珍義先. 乃赫居王之海尺之母'라고 되어 있으며, 아진(阿珍)이 알영과 동등하게 물의 신(水神)으로서, 혁거세의 모가 되어 있다. 더 나아가 '유' 왕력의 혁거세의 주에서는, '徠娥伊英. 娥英'이라고 있다. 徠은 누이 매(妹)이며, 아이영(娥伊英)은 아리영(娥利英) 즉 알영이다. 이곳에서는 혁거세와 알영은 형매(兄妹)로 되어 있다. '유' 권제5·선도성모수희불사 조에 선도성모가 '生聖子. 爲東國始君'이라고 한 융합전설을 저자는 '盖赫居閼英二聖之所自也'라고 기록하고, 혁거세·알영을 형매(兄妹)로 한 해석도 시도하고 있다. 이 같은 해석을 굳이 한 것은, 양자를 형제로 한 전승이 있었기 때문일 것이다. 이와 같이 혁거세와 알영과의 관계는 부부, 모자, 형제의 세 가지가 전해지고 있으나, 이것은 각각의 신의 기능에 바탕을 두는 세 가지 면을 계보로 나타낸 것이라고 볼 수 있겠다. 즉 부부신으로서는 농경생산의 기본이 되는 날씨를 지배하는 남편인 천신과 토지와 물을 지배하는 처신을 제사 지내는 것에 의해, 그 생산력을 증대시키려고 하는 것이다. 모자신의 관계는 자신을 생성력의 상징으로 하고, 그 모체무녀·신처(神妻)의 신비성을 강조한 것으로, 태어난 자신을 곡령(穀童)으로서 신앙을 가졌던 것이다.

한편 형매신(兄妹神)이라고 하는 것은, 시조묘의 사제자가 왕의 누이였다고 하는 사실(史實)에서 오는 것이다. 즉 '사' 제사지 조에 '按新羅宗廟之制. 第二代南解王三年春. 始立始祖赫居世廟. 四時祭之. 以親妹阿老主祭'라고 되어 있기 때문에 알 수 있다. 이와 같이 알영이라는 이름의 여성은, 시조 혁거세의 처·모·누이(妻·母·妹)의 3역을 혼자서 맡고 있으나, 제2대 남해차차웅의 경우에는 모 알영, 왕비 아루부인. 누이 아로로 3자로 구분하고 있다. 그러나 3 사람의 이름은 모두 ar로, 그 차자를 달리한 탁상의 조작이며, 이것 또한 "동국이상국집" 인용 분주의 '구삼국사'에 '河伯大怒其女曰. 汝不從我訓. 終辱我門. 令左右絞挽女口. 其脣吻長三尺. (中略) 其女脣長不能言. 令三載其脣. 乃言云云今在太伯山南)'이라고 되어 있는 것과 같은 계통의 신화관념이고, 그 근저에 조상의 신적(祖神的) 물의 신(水神)을 수조(水鳥)라고 하는 북방아시아계의 요소의 끄트머리를 집어 올리는 것이다. 이러한 수정적(水精的) 여성과 천제의 자손인 해모수가 혼인을 해서 주몽이 태어나는 것이다('유' 고구려 조 참조). 이 주몽 신화 가운데의 난생(卵生)요소는 남방계이며, 일광감생(日光感生)요소나 수조(水鳥)요소는 북방계이고, 그러한 남북 양계통의 복합형태가 고구려 민족의 성격과 문화의 계통을 시사하고 있다. '구삼국사'에서는 '不能言. 令三載其脣. 乃言'이라고 하고 있으나, 알영의 전승 쪽이 훨씬 민속적으로, 목욕하는 것에 의해 자(觜)[220]가 자연히 떨어졌던 것으로 되어 있다.

122a○ 【昌林寺】창림사chan-rim-sa터는 경주군 내남면 탑리에 있다. 후지시마 가이지로(藤島亥治郎)의 실측조사보고가, '朝鮮建築史論' 其二("建築雜志" 542호)에 보이며, 그것에 의하면, 부지가 3단으로 나뉘어져, 상·하단에는 폐탑이 있고, 중단에 회랑 터가 있었다. 현존하는 것은 조선시대 양식으로 추측되고 있다. 또한 '승람' 권21·경주부 고적 조에서는 다음과 같이 전하고 있다. '昌林寺(金鰲山麓有新羅時宮殿遺基. 後人卽其地建此寺. 今廢. 有古碑舞字. 元學士趙子昂昌林寺碑跋云. 右唐新羅僧金生所書其國昌林寺碑. 字劃深有典刑. 雖唐人名刻. 無以遠過之地. 古語云. 何地不生才. 信然).' 또한 금오산(金鰲山)에 대해서는 "동경잡기" 산천 조에, '金鰲山. 一名南山. 在府南六里'라고 되어 있어, 남산을 가리키는 것이다.

122○ 【夘(卵)如瓠. 鄕人以瓠爲朴. 故因姓朴】호(瓠) 음ho, 훈pak과 박(朴)

음pak과는 음훈상통. 그러나 그것에 의해, 혁거세·알영의 성이 박씨가 되었다고 하는 것은, 속된 해석이다. 신라왕 53대 신덕왕 이하의 3대가 박씨를 말했다는 것에서, 이 시기에 시조 혁거세 등을 박씨라고 했던 것 같다. 신라시대는 성씨제도가 충분히 발달하지 않고, 신라 말에 이르러서도 또한 성씨의 사회적 기능은 지극히 불완전한 것이었다.[221] 신라 말의 왕실에서도 중국의 동성불혼 원칙을 충분히 이해하지 않고, 왕과 왕후가 김씨인 것도 적지 않다. 이 시조 성 박씨의 설명전승은 자음(字音)의 일치에 의한 어원속해에 지나지 않으나, 瓠(표주박)는 무격(巫覡)의 성기(聖器) ―신령의 용기(容器)― 로 하고 있었던 것으로부터 연상했던 것일까.

123○ 【五鳳元年甲子】 오봉(五鳳)원년은 전한효선제 17년, 서력 기원전 57년에 해당한다. 이 해의 간지가 갑자이었기 때문에, 참위(讖緯)사상에 의해 건국년으로 했다. 또한 신라의 사가(史家)에 있어, 신라를 고구려·백제보다 역사를 올리기 위해, 고구려 건국의 건소(建昭) 2년 갑신(기원전 37)이나 백제건국의 홍가 3년 계묘(기원전 18)보다 이전으로 할 필요가 있었을 것이다.

124, 124a○ 【國號徐羅伐. 又徐伐. 今俗訓京(京)字云徐伐. 以此故也.】 서벌(徐伐)sŏ-pŏr은 임(林)의 훈su-phur을 음차한자로 나타낸 것이다. 신라의 원시국가는 신성한 수림(樹林)에서 제정의례를 행했다. 이것은 김알지가 시림·구림(始林·鳩林)에 강림한 것을 비롯하여, 신라 6촌의 조상 영이 각기 성산의 수림에 강림하였고, 김유신도 골화천(骨化川)의 숲속에서 호국의 신으로부터 구국의 신책(神策)을 받고 있다. 또한 진덕왕대 국사를 논의하는 4영지(靈地)도 또한 숲속이라고 생각된다. 이와 같이 원시국가에서 고대국가에 걸쳐, 국사(國事)가 숲속에서 제사를 동반하며 논의되었다. 원시의 부락국가 시대에는, 이 성역=林pŏr, pur을 부락국가

---

221) 중국적 성씨 관념에 의한 사고일 것이다. 어디의 아무개라는 호칭은 지금도 한국 시골에서 남아 있으며, 이것은 일본에 정착되어 있는 성명의 기원적 표현일 것이다.

이름의 어미에 붙였다. 신라지방에서는 화·벌(火·伐), 백제지방에서는 부리(夫里)의 어미를 가진 지명이 많이 보이는 것은, 그 까닭이며, 한층 더 오래된 예로는 "위지" 한전(韓傳)이 기재하는 국명에 모비리라고 있다. 결국 불=마을[222]을 의미하게 되었다. 더 나아가 고대국가는 그 진전에 따라 통상의 왕도를 영위했으나, 그 수도(sŏ-ur)을 서벌이라고 불렀던 것은, 수림(樹林)정치가 이어지고, 그러한 말 위에서 제정관념이 남았다는 것을 말하고 있다. 또 앞서 말한 돌산고허장소벌도리의 소벌(蘇伐)이나, 17등 관위의 제1위의 별칭각(別稱角)(spūr 干), 서불(舒弗)sŏ-pur감(邯) 등도, 신령강림의 성림(聖林)의 사제자에게 원의(原義)를 나타낸 수장(首長)의 칭호이다. sŏ-pŏr이라고 불렀던 것 같은 조선 고지명은 상당히 많으며, 예를 들면 잡라·삽라·초라[223]라고 되어 있는 양산(梁山)의 옛 이름, 사벌국(沙弗·沙火, 지금의 상주)·설부루(고구려 옛 지명)·소부리(백제왕도 부여) 등, 같은 계통의 말이 왕도나 국명·중요지명에 보인다. 또 일본에서도 천손강림 신화의 添山(소호리노야마) 소이노야마(副國)[224]을 비롯해, 현재 후쿠오카현(福岡縣)의 背振山[225] 등도, 서벌(徐伐)에서 온 지명이라고 생각하고 있다.[226]

124○ 【斯羅. 又斯盧】 사라(斯羅)sa-ra의 斯는 "해동역사"(續)에 '東語新曰斯伊. … 斯新義則同也.'라고 되어 있으며, 신(新)의 뜻 sae와 통하는 것이라고 했다. 그러나 sae에는 새벽, 여명의 의미가 있으며, 동방의 뜻을 포함하고 있다. 나(羅)는 나라를 의미하며, 노·나(盧·羅)는 음 상통, 혹은 ra, na=pur이라는 말뜻을 생각하면 서벌·서라벌(徐伐·徐羅伐)과 사

---

222) 원저서에는 フル=ムラ.
223) 원저서에는 匝羅(さふら)·歃羅(さふら)·草羅(さはら)라는 일본문헌 읽기.
224) 원저서에는 ソヒの山.
225) せふりさん이라고 읽는다.
226) 고대 동아시아에서는 언어문화교류가 상상할 수 없을 정도로, 매우 친밀하게 이루어졌다는 것을 증명할 것이다. 이것은 일본 전체에 걸쳐 보이는 보편적인 것이다.

삼국유사 권제1

라(斯羅)는 별칭이 아니다. '위지' 변진(弁辰)전에서 사로국(斯盧國)이라고 했고, "자치통감"에 의하면 진(晉)의 열종태원 2년(377)에, 진(秦)[227)에 신라라는 국명으로 입공하고 있다. 그 이후는 대개 신라라고 적고 있으나, 또한 사라(斯羅)라는 차자는 "수서(隋書)"에까지 보이며, '서기'에서 인용한 "백제본기"에도 사라의 다른 호칭이 긴메이기(欽明紀)까지 보인다. '나기' 지증마립간 4년(517) 동10월 조에, '羣臣上言. 始祖 創業已來. 國名未定. 或稱斯羅. 或稱斯盧. 或言新羅. 臣等以爲新者德業日新. 羅者 網羅四方之義. 則其爲國號宜矣. 又觀自古有國家者. 皆稱帝稱王. 自我始 祖立國. 至今二十二世. 但稱方言. 未正尊號. 今羣臣一意. 謹上號新羅國 王. 王從之'라고 되어 있다. 국호가 신라라고 고정되는 것은, 앞서 말한 사료에서 6세기 초두라고 생각되지만, 여기에 보이는 국호 개제(改制)[228)의 상주(上奏) 등도 분명히 후대적인 것이며, 신라의 문자해석도 유교적이다.

125○ 【初王生於雞井】 이 글은 121의 알영정(閼英井)의 계룡(鷄龍)에서, 알영이 태어났다는 것에 대응하는 문장이라고 생각된다. 그러나 여기에서는 왕비 알영이 아니고, 왕이라고 하고, 알영정이 아니고 계정(鷄井)이라고 하고 있다. 문자 그대로 읽으면 양자는 완전히 다른 것이라고 말해야 한다. 그러나 알영부인은 조상 신(祖神)의 일면을 나타낸 것에 지나지 않고, 부왕(夫王)인 혁거세와 합해 시조적 존재로도 된다. 혹은 물의 어머니(水母)(雞龍)와 아들 신(子神)의 탄생이라는 오래된 형태의 단편적 잔존이라고 한다면, 매우 흥미 깊다. 예를 들면 주몽의 어머니(물의 여신)과 알영은 공통된 성격을 보이고 있는 것이다. 계정(鷄井)의 鷄는 앞서 말한 계룡(鷄龍)을 비롯하여, 다음에 보이는 계림·계명(雞林·雞鳴) 등

---

227) 원저서 그대로 보인다. 진(晉) 9대 열종(烈宗) 태원(太元)은 376년-396년.

228) 원저서에는 난해한 용어가 매우 많은데, 일본국내에서도 일반적인 용어는 아니다. '고쳐서 제도화(制度化)한다.'는 의미.

과 함께 이 신화에 집중해서 보인다. 그러나 닭(雞)을 신앙의 대상으로 하는 풍습은 다른 신라전승에 거의 보이지 않기 때문에, 이들 닭(雞)은 토테미즘이나 애니미즘의 대상이 되는 계(雞)는 아니다. "계림유사"에 '雞曰喙'가 있으며, 雞 뜻 tark은 신라의 옛 이름으로, "양서"의 육탁평(六喙評)의 喙, 고대 비석의 사훼부(沙喙部)・훼부(喙部)의 훼(喙), 월지・월성의 월(月)과 음훈통용하며, 촌락을 의미하는 말이다. 계정(鷄井)은 원래 마을의 우물의 의미로, 농경시회에 있어서는 우물이나 샘의 물의 신(水神) 신앙과 결합하여, 마을의 성스런 우물(聖井)로서 추앙받았을 것이다. 우물물의 신은 땅의 신(地神)이며, 부락의 신으로서도 신앙 받고 있었던 것을, 여기에서는 그대로 처음 왕(시조왕) 탄생의 이야기가 되었던 것이다. 혹은 신정(神井)에 있어서의 신사의례를 상정해도 좋다. 알영정 전설이 생기기 이전의 민속전승으로서, 계정(鷄井)을 이해해야 할 것이다.

○ 【雞林國】신라의 별칭. 계(雞)는 앞 항 계정(鷄井)에서 말한 것과 같이, tark → tor, tak으로, 신라 옛 지명의 훼(喙)・월(月) 등에 해당하며, 촌락을 말한 고어이다. 숲(林)도 서벌(徐伐)의 항목에서 설명한 것과 같이 마을(村)의 성림(聖林)으로, 부락의 제정의례를 행한 장소=왕도를 의미하고 있다. 그런 까닭에 계림은 부락의 성림(聖林)의 의미에서 왕도・서울(京)로 말이 바뀌어, 그것이 그대로 신라의 국호로서 쓰였다. "양서"가 전하는 신라의 탁평(喙評)의 評은, '서기' 게이타이기(繼體紀)에서는 고호리(己富里)라고 훈독되어, ko(大) phur 즉 큰 마을(大邑)의 의미이며, 따라서 탁평(喙評)은 tak-(ko)-phur라고 읽으며, 이 계림(鷄林)과 같은 말이 된다. "萬葉集" 등에는 신라의 마구라 고토바(枕詞)로서 栲衾(다쿠부스마)[229]가 쓰이고 있는데, 이것도 계림의 발음에 이끌린 것이다.

126○ 【一説. 脱解王時 … 雞林】알지(閼智)의 전설 126에서는, 신의 아들

---

229) 닥나무로 만든 침구. 栲=栲(북나무, 낙엽, 활엽교목).

의 강림을 시림(始林) 안쪽에서 흰 닭(白鷄)이 울면서 알려왔기 때문에, 국호를 계림(鷄林)이라고 개칭했다고 되어 있으며, '유' 왕력이나 '사'는 이 설을 따라 탈해왕 때에 계림의 국호를 고쳤다고 하고 있다. 모두 후세 전설에 연차를 넣어, 충실화할 때에 조작한 것이다. 또한 흰 닭은 태양숭배와 관련짓지 못할 것은 없으나, 역시 계림(鷄林)의 차자가 본래일 것이다. 상세한 것은 권제1·김알지(金閼智) 조를 참조.

127○ 【後世邃定新羅之號】124의 사라우사로(斯羅又斯盧)의 항목을 참조.

128○ 【理國六十一年】'유' 왕력에서는 혁거세는 '理六十年'이라고 되어 있고, '나기'에서는 재위 61년 춘삼월에 승하했다고 전하고 있다. 이와 같이 왕력이 1년 짧게 되어 있는 것은 월년칭원법을 따르고 있기 때문이고, '유' 본문이나 '나기'·'사' 연표는 당년칭원법을 따랐기 때문에, 재위 연수가 1년 많아졌다.

○ 【五陵】오릉(五陵)은 혁거세 승천 후 7일에, 유체(遺體)가 지상에 흩어져 5체가 분산되었다. 이를 합쳐 장례를 치르려고 했으나, 큰 뱀이 중간에 끼어 5체를 제각기 묻었다고 전하고 있다. 현재 오릉이라고 하는 것은, 경주군 내남면 남천하류의 남쪽 강기슭에 있다. 오릉의 이름은 '나기'에는 보이지 않는다. 그러한 까닭에 이 전승을 그대로 믿는 것 이외에 달리 방법은 없는데, '나기'에 의하면, 혁거세를 묻은 사릉(蛇陵)의 원내에는, 제2대 남해(南解), 제3대 유리(儒理), 제5대 파사(婆娑)의 4대가 묻혔던 것으로 되어 있다. '유' 128은 알영도 이곳에 묻혔다고 하고 있어, 박씨의 4왕1비(四王一妃)가 사릉(蛇陵)의 한 구역에 모였다는 것이 된다. 오체산락(五體散落)의 설도, 박씨(朴氏) 4왕1비의 설도, 모두 후세의 관념적인 부가 기사이며, 사실(史實)과는 관계없다.

○ 【蚍陵】사릉(蛇陵)의 이름은 혁거세의 유체가 흩어져 떨어진(散落) 것을 백성이 합장하려고 했으나, 큰 뱀이 나타나 이것을 방해했다는 설화에서 생긴 명칭이다. 뱀과 왕릉과의 관계를 보이는 설화는, '유' 권제2·가락국기 조에도 보인다. 즉 신라 말에 수로묘(首露廟)를 습격한 도적이, 30여

척의 큰 뱀에게 당하여 흩어졌다는 전승이다. 뱀은 물의 영적인 존재(水靈)로서, 특히 수도(水稻) 경작민에게 신앙의 대상이 되고 있다. 혹은 불교의 호국의 용신(龍神)의 신앙과 관계되는 것일까.

참고

신라의 6부

신라의 6부는 고구려의 5족5부, 백제의 5방5부와 함께 고대조선의 사회조직을 보이는 것으로서, 중요한 연구과제로 되어 왔다. 이 6부 연구에 가장 밝은 스에마쓰 야스카즈의 '新羅六部考'("新羅史の諸問題" 수록)를 중심으로 이 문제를 해설해 둔다. 신라의 6부를 시조 혁거세 전설과 결합해서 말하고 있는 것은 '사'와 이 '유'인데, '사'에서는 유리(儒理) 9년(32)에 다시금 각 부로 사성(賜姓)을 받았던 것으로 되어 있다. '유'에서는 이곳에 보이는 것과 같이, 양자가 결합되어 있을 뿐만 아니라, 6촌의 시조 촌장 이름이나, 그들의 강림지명, 더 나아가 고려시대의 개명 및 각부의 부락명, 그 외가 덧붙어 가장 잘 갖추어진 것이 되어 있다. 그러나 이와 같이 정비된 전승은, 사실(史實)이 아니고 신화전승으로서의 발전이고, 고려초기의 경주대도독부의 행정적 현실과 신라 건국신화에 대한 고려인의 해석의 결과이다.

그런데 여기에 보이는 6부의 지역과 성씨와의 관계는, '사', '유'의 다른 부분에 나타나는 관계 사료와 비교하면, 모두 부정적이며, 사실로서 생각되지 않지만, 이 6부가 경주왕도의 지역 구분이었던 것 같은데, 성씨 발생 이전에 이것을 대신하는 것으로서, 부(部) 이름이 경주 왕도 출신자에게 쓰였다는 것(三品 '骨品制社會' 인용) 등을 알 수 있다. 다음으로 6세기 후반의 비문(진흥왕의 4비〈碑〉와 남산신성비)에는 훼·사훼·본피(喙·沙喙·本彼)의 3부밖에 보이지 않고, 그 가운데에도 본피부는, 겨우 3명이며, 그 관위도 제9위 이하이다. 이것으로 훼·사훼보다 본피부가 사회적으로 열세한 부(部)이며, 더 나아가 여기에 부 이름이 보이지 않는 다른 3부는 한층 더 미약한 부(部)이었다고 생각된다. 의심을 해본다면 비문에 보이지 않는 3부는 6세기 후반에, 아직 성립되지 않았던 것은 아닐까라고도 생각되며, 적어도 신라 중대·하대에는 확실하게 존재하지 않은 6부도 이 시기에 완전히 갖추어져 있었는지 어떤지는 의문이다.

다음으로 남산신성비 등에서 6부의, 부 이름을 가진 것이 경관위를 가지고, 부 이름을 가지지 않은 자가 외위(外位)라는 것에서, 본래의 신라인과 신부(新付)의 지방인에 의해 구별되었던 것으로도 생각되며, 더 나아가 부(部)에 의해서 관위가 구별되어, 관직에 의한 차별도 생각할 수 있다. 그렇다면 이마니시류(今西龍)가 '新羅史

通説'("新羅史硏究" 수록)에서 말하는 것과 같이, 혈연관계가 아니고, 여러 사람이 결합한 Tribe(부족)이며, 이 6가지의 Tribe는 그 지형 상으로 보아, 나중에 신라왕성이 지어진 경주를 중심으로 시장과 같은 것을 만들어, 이것을 통해서 연합한 것으로 보인다. 미시나(三品)는 이 견해를 민족학적 견지에서 Tribe라고 하기보다, 자연촌락으로서의 마을이라고 생각하여, 원시사회의 지연적 집단으로서 6부를 다루고 싶다('骨品制社會', "古代史講座" 七 所收)고 한다. 스에마쓰도 지역집단이라고 생각하고 있으나, 그 성립을 신라왕조의 정복과정에 성립되는 것이라고 하고 있다. 주해에 인용했듯이, 6부의 부명(部名) 해독에서 훼부(喙部)를 본래의 신라라고 보고, 사훼부(沙喙部)는 첨해이사금 2년(248)경, 석우로에 의해 병합되었다고 전하는 사량벌국이라고 한다. 사실적(史實的)으로는 사량벌국의 병합은 전설보다 늦은 350년대 전후, 즉 신라가 멀리 전진(前秦)에까지 견사공헌(遣使貢獻)했던 때로 보이며, 이 병합과정에 시작되어 2부제가 다루어지게 되었다고 하며, 이어서 본피부의 병합을, 본피(本彼) 즉 '繼體紀'('서기')의 반파국(伴跛國)이라고 한다면, 긴메이(欽明) 23년(562) 이후라고 보며, 앞서 말한 6세기 전반의 훼·사훼 2부와 본피부의 관위의 차이를 그 병합연대의 신고(新古)에 바탕을 두는 것으로 하고 있다. 이 3부의 성립을 정복과정뿐만 아니고, 각부 간의 통혼(通婚)을 계기로 출발하여, 그것이 확대되어 각부는 통혼단체와 같은 것으로까지 성장 변화했던 것이라고까지 추정하고 있다. 본피부의 병합에 의해, 3부제가 성립되었던 6세기 초경부터 신라는 군사적·정치적으로 급격한 발전을 하여, 새로운 관직 관위 제도가 정비됨에 따라, 부(部) 제도는 그 성장을 멈췄다. 그럼에도 불구하고 7세기에 걸쳐서, 습비부(習比部) 등의 3부가 이 시기에 성립되고, 부 제도는 그 본질적인 성장이 멈춘 후가 되어 형식적으로 완성되었다고 보고 있다. 또 골품제도의 1-6두품(頭品)을 6부와 관계 짓고 있다. 이러한 점들에 대해서는 사료의 결여로 실증되어 있지 않다. 그러나 사회기능을 잃고, 다른 제도로 바뀐 후에 반수에 걸치는 3부가 신설된다고 보는 것은 약간 의문이 된다. 실제로 6세기 후반에 보이는 관직명·부명(部名)·명(名)·관위의 기재방법에서도, 부명(部名)이 그대로 관위에 흡수되는 일은 생각할 수 없다. 특히 관위제도에는 잡찬·파진찬을 임나지방의 삽량·본피(歃良·本彼) 등에 맞추는 설도 있으며, 이것은 6세기 말의 비문에 동시에 보이는 바이기 때문에, 양자를 동일기반으로 생각하는 것은 곤란할 것이다. 하지만 6부를 사회제도로서 다루어, 그것을 사회발전사 가운데에서 다룬 것은 스에마쓰가 처음인 것으로, 이 논고를 기초로 6부의 연구는, 신라 사회사 전체 가운데에서 한층 더 발전시켜야 할 것이라고 생각한다.

육촌고략(六村考略)

경주분지의 물을 모아, 영일만으로 보내는 형산강은, 그 원천이 울산군 두서면의 인

박령 부근에 있어, 서천이라고도 부른다. 이 서천은 북으로 흘러 금오산·남산의 서쪽을 지나, 지금의 경주시에 이르고, 서쪽에서 흘러 들어오는 모량천(毛良川)·동남쪽에서 흘러 들어오는 남천(토함산에 원천이 있으며, 상류를 사등이천, 하류를 문천이라고 한다)·동쪽에서 흘러 들어오는 동천(北川·閼川)의 물이 합쳐지는데, 경주시내를 나오면, 두모연·굴연·온지연이 되며, 더 나아가 작은 지류의 물을 모으면서 경주시 최북단의 강동면에서 동북으로 굽어 영일군과의 경계에 있는 형산·제산의 사이를 이어, 이름을 형산강이라고 바꿔 영일만을 만들면서 바다로 흘러간다.

지금의 경주시 동쪽 반의 대부분은 경주평야이지만, 이 평야는 동천(北川·閼川)·문천·서천의 세 개의 강으로 둘러싸여 있다. 그리고 서천·모량천·동천·남천의 모든 계곡은 모두 경주평야를 통하고 있으며, 이들 계곡과 경주평야와의 관계를 사람 몸이라고 한다면, 손발과 몸의 관계에 해당될 것이다. 또 부채에 비유한다면, 평야는 부채의 사북230)에 해당에 해당할 것이다. 또 경주평야의 주변에는, 남산·선도산·낭산(명활산의 하나의 줄기) 등의 명산이 있으며, 많은 전승이나, 유적을 남기고 있다. 신라왕조가 영화를 누릴 때, 이 경주가 수도로서 번성했다는 것은, 이미 '진한(秦韓)' 또 '사절유택'의 각조에서 말했다. 지금의 경주시는 옛날 그 모습을 남기고 있지 않으나, 유적에 풍부하게 남아 있어, 그 옛날을 그리기에 충분하다. 신라시대의 왕도로서의 범위는, 단순히 조방(條坊)이 세워지거나, 금입택이 있던 지역에 머물지 않았다. 즉 경주평야를 중심으로, 서천·모량천·동천·남천의 계곡, 더 나아가 동해안, 남천의 계곡을 지나, 남쪽의 울산방면을 향하는 가도(外東面) 방면까지 교차했던 것 같다. 바꿔 말하면, 지금의 경주시·울산시 두서면 근처를 포함하는 것으로, 고려 초의 경주대도독부의 영역에 상당하며, 이 지역이 본래의 신라, 신라건국의 중심이 되었던 소위 진한 12국 가운데의 사로국(斯盧國)임이 틀림없는 것이다.

'나기' 시조혁거세 즉위 조에, '先是. 朝鮮遺民. 分居山谷之間. 爲六村. 一曰閼川楊山村. 二曰突山高墟村. 三曰觜山珍支村(或于珍村). 四曰茂山大樹村. 五曰金山加利村. 六曰明活山高耶村. 是爲辰韓六部云云'이라고 되어 있다. 위의 '朝鮮追民云云'은 논외로 하고, 사로(斯盧)는 이와 같이 6촌이 통합된 것으로 보인다. 그리고 '山谷之間에 分居하여'라고 되어 있듯이, 이 지방의 주민은 모량천·서천·남천·동천 등의 계곡이나, 남산·낭산·금강산 등의 산기슭 등에, 우선 개별적으로 작은 취락을 이루었을 것이지만, 그들의 촌사람들은 부근의 명산·대수(大樹)를 모시며, 그곳에 하늘에서 강림했다고 하는 공통된 선조 전승을 가지고 있었다. 또 이들 촌의 형성에

---

230) 부채의 뼈대를 철하기 위해, 그 맨 끝 가장자리에 구멍을 뚫고 넣는 못. 가장 중요한 부분.

는 시기의 차이가 있었지 않았을까 생각하지만, 이미 역사시대에는 지리적으로 6촌이 되어, 이윽고 그들이 연합하여 신라국 건국의 근간이 되었다고 할 수 있겠다. 이마니시류는 일찍이 경주를 시찰하고, '지금의 경주는 신라의 번성했던 때의 광경이 전부 사라지고, 소위 진한, 사로시대의 적막으로 복귀하였고, 그리고 지금보다 그 이상의 간단한 생활은, 사회의 근간이 인류인 까닭에, 인민의 생활 상태는 상고(上古)와 다를 바 없다. 아니라 다를까, 경주의 장날에, 남산에 올라 앞서 적은 계곡에서, 사람들이 시장으로 집으로 돌아가는 모습을 바라보면, 실로 몸은 태고의 진한의 부락 연합시대에 있는 것 같은 느낌이 들어, 이때의 감흥은 잊을 수 없다.'("新羅史研究" 98, 99면)라고 말했다.

다음으로 6촌의 위치에 대해서이지만, '유'의 6촌에 관한 기사는, 고려 초기의 경주6부에 바탕을 두고 있어, 기사는 모두 지나치게 잘 정리되어 있기 때문에, 오히려 원래 모습을 불명하게조차 하고 있다. '유', '사' 모두 그 촌명까지도 후세의 광범위하게 발전했을 때의 촌(村)의 실태에서 고안해 냈던 것이라는 느낌마저 든다. 그래서 원래의 6촌의 위치범위의 비정은 자세하게 정하기 어려우나, 대략적으로는 가능할 것 같다. 여기에서 주의해야 할 것은, '유'의 본문에서는 이들 6촌이 금방 후세의 6부로 이어져 있는데, 이것도 의문의 여지가 많다. 또 동천(北川·閼川)의 하류는, 상당히 후세에까지 자주 범람했으며, 옛날에는 문천(蚊川)에 흘러들었던 것은 아닐까라는 것조차 말하고 있기 때문에, 평지는 애초에는 아직 취락을 이루기에는 적합하지 않았을 것이다. 일찍이 이마니시는 ① 알천양산촌은 '남산성 아래의 땅, 경주부 서남의 반리에서 1리의 땅을 중심으로 해서 서천의 곡성(谷城)에 있었고', ② 돌산고허촌은, '울산 방면으로 경주부 성을 가는 3, 4리의 계곡에 있었고', ③ 무산대수촌은, '모량천의 계곡', ④ 자산진지촌은, '경주부 남쪽 1리 정도의 곳, 남천 부근에 있었고', ⑤ 금천가리촌은 '북천의 계곡에 있으면서 해안까지 걸치는 것', ⑥ 명활산고야촌은, '영일방면에 있는 것이 된다.'라고 6촌 지구의 비정을 시도했다(전게서 98면). 우선 위의 ①에 대해서는 이마니시의 비정보다, 좁혀서 양산 즉 남산의 서북 기슭 일대와 북쪽 기슭은 월성 일대에서 알천 하류(단 지금의 흐르는 물길보다는 남쪽으로 본다)에 이르렀다고 생각된다. 신라건국 전설에 나타나는 나정이나 5릉의 유적도 이 지역에 있으며, 6촌의 필두로 말하는 까닭이 있을 것이다. 알천도 앞서 말한 바와 같이, 남산 방면으로 흘러들었던 것일까. 그리고 후세에 6부제가 설치되었던 것이나, 알천양산촌의 지성은 급량부에 들어갔던 것으로 보인다. ③은 현재에도 모량천, 모량리(毛良川 毛良里)가 있어, 이마니시가 추정했던 모량천(毛良川)의 계곡으로, 나중에는 모량부가 되었던 것으로 보인다. ④는 동남촌이 이것에 속했다고 하는 것, 황룡사 남쪽에 해당한다고 말했던 것으로부터, 이마니시도 추정했던 것처럼, 남천 근처일 것이다. 나중에는 본피부에 들어간 것 같다. ⑤는 촌장이 명활산에 내려왔다

고 하는 것이나, 상하서지 등의 촌이 동해안에 현존하고 있는 것 등으로부터, 이마
니시는 '북천계곡에 있으면서 해안까지 교차하는 것이다.'라고 추정하는 것 같으나,
나중의 금산원 등의 위치로부터도 다음의 명활고야촌과 바꿔 넣었던 것일까. ⑥은
촌명에 명활산이라고 되어 있는 곳부터, 명활산 기슭·북천 계곡, 나아가 상하서
지·내아(乃兒) 등 해안방면의 동촌이 속했던 것으로 보인다. 그리고 금산가리촌은
알곡(閼谷)(葛谷) 등의 동북촌을 포함하는 지방, 즉 소금강산의 서쪽 기슭 방면으로
보인다. 금산가리촌과 명활산고야촌의 땅은, 고려 초에 각각 임천부, 가덕부로 들어
갔다고 생각되지만, 그 전신은 신라의 한기부, 습비부 어느 쪽에 속했던 것인지는
불명하다. '사' 제사지·대사(大祀)의 조에 보이는 3산(山)의 필두에 있는 내력은 습
비부에 있고, 또 사성문제(四城門祭) 조, 제2에 습비문이 있다. 습비문은 습비부에
이르는 문일 것이지만, 내력이나 사성문의 추정이 이루어지면, 습비부의 위치도 정
해진다. 마지막으로 ②에 대해서는 이마니시는 남천 상류 즉 사등천이천의 계곡방
면으로 비정했다. 이 땅은 동남으로 해서 울산방면으로 통하지만, 이미 건국 초기에
는 모화(外東面) 근처도 포함되었던 것으로 보인다. 이 모화는 나중에 모인(蚊伐)군
이 되며, 나아가 성덕왕대에 일본인의 침입을 막고자 해서 축성했던 것으로부터 임
관군이 되었다. 또 '유'에 지금의 남촌이 속했다고 하는 것으로 서천상류의 계곡으로
비정될 수 있겠다. 이 방면은 남쪽으로 가면 언양으로 통한다. 어느 쪽이든 서천 상
류계곡(남산을 포함하여)은 고려 초에 울산군의 두서면과 함께 남산부에 들어갔다.
이병도는 사량부에 대해서는, 시조부인 알영의 탄생지를 '沙梁里閼英井(一作娥利英
井)邊云云'(旣述)라고 하고 있는 것으로부터, 알영정이 있는 남천(蚊川)의 북쪽 물가
인 사정리를 중심으로 하는 남천이북, 서천이동, 북천(閼川) 이남지역으로 추정하고
있다("韓國史" 고대편). 그리고 이병도는 돌산고허촌을 위의 지역으로 상정했던 것
일까. 앞서 말한 것과 같이, 경주평야의 중심부는 북천의 범람지역이기도 하여, 원
시시대에 일찍부터 촌이 발생했다는 것일까. 남산서북 기슭은 박씨 시조 발상의 전
설이 있는 것같이, 가장 오래전 또는 부락의 중심이었던 같다. 급량(及梁)의 及은 앞
서 말한 것처럼, 근본의 뜻을 가지며, 급량이 원래 시초의 읍락인 것에 대해서, 사량
은 새로운 읍락을 나타내기 때문에, 경주평야 중심부는 시대적으로는 약간 뒤늦게
각광을 받는 것은 아닐까. 그러나 평야의 중심부는 이 지역의 심장부에 해당하며,
경주분지를 중심으로 하기 때문에, 교통상·경제상·정치상으로도 우위를 차지하
여, 이 지역의 집단이 발전했던 것으로 보인다. 결국 이들 소위 6촌은 경주 중심부에
서 주변의 요지로 통하는 중요한 교통노상에 있었던 것이기도 하다.

　신라는 법흥왕 치세부터 현저한 발전을 이루지만, 이들 6촌은 왕도를 형성하고,
특별한 행정구를 이루었던 것 같다. 소위 중고 초기에 관한 것을 많이 전하는 "양서"
신라전의 육탁평(六啄評)은 이들 6촌을 말하는 것일까. 또 중심부와 다섯 방면으로

통하는 요지에는 군영이 놓여져, 왕도를 수호했다. '사'에 '6부의 병사를 云云'이라는 기사가 자주 보이는 것은, 그러한 역사적 사실에 바탕을 둔 것일까. 그것은 모지정·도품혜정·근내정·두량미정·우곡정·관아양지정(北阿良)이라고 불렀다. 이 6정(停)은 통일 후의 경덕왕대(?)에, 각각 동기정·남기정·중기정·서기정·북야정·막야정이라고 개칭되어, 현(縣)에 상당하는 행정구획으로서 다루어졌다. '사'지리지 양주 조에 의하면, 동기정은 대성군의, 다른 5정(停)은 상성군의 영역 아래에 있었던 것을 알 수 있다. 군(郡)과 정(停)의 관계는 군(郡)과 영현(領縣)과의 관계와는 다르지만, 통일 후의 어느 시기부터 왕도제의 개변을 엿볼 수 있을 것이다.

'나기' 유리이사금 9년 춘 조에는 '改六部之名. 仍賜姓. 楊山部爲梁部. 姓李. 高墟部爲沙梁部. 姓崔. 大樹部爲漸梁部(一云牟梁). 姓孫. 干珍部爲本彼部 姓鄭. 加利部爲漢祇部. 姓裵. 明活部爲習比部. 姓薛'이라고 되어 있다. 전설시대의 유리왕대에 이와 같은 일이 있었다고는 인정하기 어렵지만, 지명·성명 등은 후세의 지식을 바탕으로 한 전승이다. '사' 직관지(상)에는, 육부소감전(六部監典), 전읍서(典京府)에 과한 기사가 있으며, 중대말기의 어느 시기에 왕도가 양부·사량부·모량부·본피부·한기부·습비부의 6 가지로 구분되었고, 또 '6명의 감(監)이 있어 6부를 분령(分領)하고', 감(監)의 아래에 한층 더 여러 관리가 배치되어 있었다는 것을 알 수 있다. 이것은 종래의 제도에 바탕을 두고 정리했던 것으로 보인다. 이들 6부 이름에 대해서는, 스에마쓰에 의하면 신라귀족의 부별(部別)의 명칭이 없어지게 되자, 왕도의 지구의 명칭으로서 머물렀다고 한다. 그러나 또 반대로 왕도의 지구 명칭에서 귀족의 부명(部名)이 일어났다고도 볼 수 있겠다. 이것이 고려조에 이르러 개명, 확대되어 경주대독부의 아래에 새로운 6부가 되었다. 즉 중흥·남산·장복·통선·가덕·임천[231]의 부이다. 단 양(梁)(及梁)·사량·점량(牟梁)의 양(梁)이나, 본피·습비의 피(彼)나 비(比), 또 한기(漢岐)(漢祇)의 기(岐)나 기(祇)는 어느 것이든 읍락·성(城)·국읍(國邑) 등을 보이는 말로, 6부 이름의 연원(淵源)을 반드시 스에마쓰와 같이 정복과정으로 다루지 않아도 괜찮지 않은가라고도 생각된다.

'사' 직관지(중)의 내성(혹은 전중성, 이것은 관내성과 같은 것일까) 조에, 그 장관인 사신(私臣)(令)에 대해서 말하고 있는데, 진평왕 7년에, 대궁·양궁·사량궁의 3궁에 각기 사신(私臣)을 두었으나, 44년에 이르러, 한 명의 사신이 3궁을 겸해 관장하게 되고, 그 위계는 금하에서 태대각간에 이르렀다고 되어 있다. 또 이 서에 신문왕 원년에 두었다고 하는 본피궁의 궁제가 기재되어 있다. 이병도는 위의 대궁은 군왕소재의 왕궁, 양궁은 박씨 본궁(發祥處), 사량궁은 김씨 본궁, 본피궁은 석씨(昔

---

231) 中興·南山·長福·通仙·加德·臨川.

氏) 본궁의 관부(官府)라고 한다. 이것으로 신라의 3성 가운데, 박씨 계통의 거수(渠帥)[232]는 급량(梁) 부락의 출신, 석씨계통의 거수는 본피부의 출신, 김씨계통의 이사금은 사량락의 출신으로 보며, 이들 3성씨는 6부족 가운데에 있어 우세하고 상호 밀접한 혈연관계를 가지고 있었다고 한다("韓國史" 고대편).

조선의 시조전설

조선의 신화, 특히 시조신화는, 그 기본적인 요소로 분류하면, ① 난생형(卵生型), ② 상주표류형(箱舟漂流型), ③ 감정형(感精型)의 3형식이 된다. 또 만주, 몽골지방의 수조형(獸祖型) 시조신화의 영향도 보인다.

난생신화로서는, 신라의 시조혁거세 강림이나 가라의 시조수로왕, 신라왕 석씨의 시조탈해왕의 출현 등의 시조신화에 보이며, 고구려 시조동명왕의 출처에도 보인다. 난생신화는 인도, 그리스, 아이슬란드, 핀란드, 남미페루 및 일본 등, 우주란형의 천지개벽신화나 시조신화에도 보이지만, 그 지역적 연결이나, 난생요소 등에서 지역을 한정하는 것이 좋을 것이다. 즉 난생신화를 한층 더 분류하면, ① 강하형, ② 조란형, ③ 화생형, ④ 인웅적출산형[233]의 4유형이 된다. 이들 난생신화의 지리적 분포는, 조선을 북쪽 한계선으로 하고, 티베트·인도방면에까지 넓혀졌다. 이것은 조란형, 나아가 신라혁거세왕이나 가라수하왕 신화에 보이는 강하형은 타이완, 버마[234]에서 보인다. 신라탈해왕, 고구려 동명왕신화의 인웅출산형은, 옛 황하강 입구부근, 안남(安南), 버마, 아삼, 티베트 등 대륙주변부에 보인다. 이것은 조란형·화생형이 인도네시아, 멜라네시아 등 해양성의 것과 지역적으로 다르다. 더 나아가 구성요소의 점에서도, 혁거세신화로 '辰人謂瓠爲朴. 以二初大卵如瓠. 故以朴爲姓'이라고 하고, 타이완이나 인도대륙 지방의 신하에 종종 보이는 호단[235]이나 항아리 등과 유사한 신령의 용기(容器)가 보인다. 이와 같은 것은 난자와 함께 하늘에서 내려오는 자손의 용기로서 쓰이며, 이들 신화의 관련성이 한층 더 명백하게 되고 있다. 난생신화의 기본이 되는 인도네시아, 멜라네시아[236] 지방을 중심으로 하는 조란형 신화의 영향으로, 본래 호(瓠)·호(壺) 등의 강림신화였던 이 지방의 신화가 변화한 것이다. 인웅적 출산형 신화는, 지역분포뿐만 아니라, 구성요소도 복잡하고, 진보한 신화라고 할 수 있겠다. 특히 다른 난생신화와 달리, 인웅적 어머니에 의해, 난

---

232) 통솔자.

233) ① 降下型, ② 鳥卵型, ③ 化生型, ④ 人熊的出産型.

234) 미얀마.

235) 표주박.

236) 남태평양 제도 가운데, 경도 180도선에서 서쪽으로 위치한 여러 섬.

자가 생겨나 출산하고, 대부분은 아버지가 있고, 어머니도 또한 왕비인 경우가 많다. 또 이 형태는 용신과의 관계가 현저하다. 더 나아가 그 난자는 일단 버려져, 국왕이나 백성이 주워, 이윽고 건국의 영웅이 되어 가는 것이다. 이 사이에는 탈해설화와 같이, 불전의 설화가 딸려 있는 것도 보인다. 이와 같은 상당히 복잡한 구성요소를 가진 신화가, 광범위한 지역에 분포하기에는, 역사적인 교섭과정을 생각할 수 있다. 아마 황하, 양자강 하류에 있던 원주민이 춘추전국 이후 한민족(漢民族)의 발전과 동반하여, 민족이동을 피할 수 없었지만, 원주민의 시조신화가, 그들의 민족이동과 더불어 조선이나, 인도차이나, 티베트 방면으로 분산 전파되어 간 것은 아닐까라고 생각한다. 고구려 동명왕 전설은 예맥족이 원래 살던 지역 발해연안에서 쫓겨나 고구려로 전해진 것이며, 신라의 탈해왕 전설은 불전설화가 민족고유의 난생관념(卵生觀念) 가운데에 자리 잡아 간 것이라고 생각된다.

상주(箱舟) 표류형 신화로서는 탐라국 시조 을야신화, 가라 수로왕비의 도래신화, 신라시조 성모(聖母)의 표착신화, 무조사희 전설, 신라탈해왕의 표류신화 등을 들 수 있다. 이러한 유형의 요소는, 쓰시마 소우우지의 선조전설을 비롯하여, 쓰시마ㆍ이기(壱岐)ㆍ규슈 방면에 많이 보이는 신화로, 우가야기아에즈노미코토[237]의 탄생. 히루코[238] 등의 신화에도 찾을 수 있다. 그 외, 타이완, 중국, 필리핀, 인도차이나 등에도 보여, 남방 모든 민족 사이에 널리 보이는 것이다. 즉 황해ㆍ동지나해ㆍ남지나해 연안을 중심으로 한 것이다.

감정형 신화로서는 고구려 동명왕의 탄생, 신라왕자 천지일모의 전설을 들 수 있다. 이 감정형 시조 신화는 중국ㆍ만주, 몽골ㆍ한반도에 분포되어 있는데, 뇌박[239] 및 성신에 의한 감정신화는, 한(漢)민족의 전승으로, 일광(日光)감정신화는 만주, 몽골을 중심으로 조선에까지 미치고 있다. 그러나 일광감정전설은 크게 나누면 2종류가 되어, 인응적 일광감정형과 전(前)인응적 '해의 자손'형으로 나눈다. 전자는 한층

---

237) 盧玆草葺不合尊(ウガヤフキアエズノミコト): 히코호데미가 형에게 낚시대를 빌려 낚시를 하던 중, 이를 잃어버린다. 심히 슬퍼하던 중, 물과 흙의 신을 만나 바다의 신이 사는 궁으로 가서, 바다 신의 공주, 도요다마히메를 만난다. 육지로 돌아와 도요다마히메가 아이를 낳던 중, 엿보지 말라는 주의를 무시하고, 히코호데미는 악어가 기어 다니는 공주의 본래의 모습을 엿보게 된다. 도요다마히메는 슬퍼하며 바다로 돌아가 버리고, 그 아들은 숙모 손에 자라나 숙모와의 사이에 4자식을 낳는다. 그 막내가 야마토정권의 창시자 진무천황(神武天皇)이 된다. 가상의 이야기이다.

238) 이자나기노미코토(伊耶那岐命)와 이자나미노미코토(伊耶那美命)와의 사이에 태어나는 최초의 신(神). 태어나자마자 갈대로 만든 광주리에 담겨, 오노고로 섬에서 물길에 따라 보내버림을 받는다.

239) 천둥, 우레.

더 (A) 여자가 햇빛(日光)을 느끼고 출산하는 것과, (B) 여자가 햇빛이 인용화한 신과 결혼을 하는 것으로 나누어진다. (A)는 순수한 만주, 몽골 신화로, 동명왕이나 아메노히호코(天之日矛)[240]의 전설로 이어지는 것이다. (B)는 만주, 몽골 방면뿐만 아니라, 티베트, 미얀마 방면에도 퍼져 있다. 이들은 대체로 만주 몽골계 신화라고 봐도 좋은데, 이것에 대해서 전인웅형은 만주 몽골에 전혀 보이지 않고, 오히려 타이완, 셀레베스, 아삼, 미얀마 등 남방지역에 한해 있다. 이 유형도 신화의 구성요소에 의해 두 가지로 나누어져, (C) 태양이 산란하거나, 혹은 햇빛과 함께 난자나 용기가 내려오는 것과, (D) 햇빛이 난자 혹은 용기에 닿아서 아이가 부화, 출현하는 것이 된다. (C)에서는 신라의 혁거세나 알지의 신화가 이것에 들어간다. 이와 같은 태양의 자손의 요소는 남방민족으로 이어지는 사상이지만, 고구려 동명왕전설에 보이듯이, 북방의 일광감정형과 결합하기 쉬운 요소이기도 하다.

수조형(獸祖型) 시조신화라는 것은, 이리를 비롯하여 특정의 동물이 부족이나 씨족의 원조가 되는 신화이나, 만주 몽골을 중심으로 해서 중국 남부, 타이완, 류큐[241]에도 보인다. 다만, 그 중간에 있는 한국이나, 일본에는 이러한 종류의 신화가 완전히 빠져 있다. 이 종류의 신화는 만주 몽골 등, 수렵, 목축 생활 형태에 의한, 종교적 · 사회적 특질에서 생기는 것으로, 한국의 농경사회에는 받아들여지지 않았던 것으로 보인다. 지리적 · 역사적으로 매우 관계 깊은 한국과 만주 몽골의 그 시조신화라는 가장 기본적인 문화면에서, 이와 같이 명료한 구별이 있는 것은 주목하지 않으면 안 된다.

3성 교체전설

신라 신화의 연구는 일본에서도 일찍이 에도시대부터 시작되어, 메이지(明治)의 고대사연구가의 관심을 모았던 바인데, 이마니시에 의한 고증적인 연구에서 비약적으로 발전했다. 그 후, 마에마 고사쿠(前間恭作) · 이케우치 히로(池內宏) · 스에마쓰 야스카즈(末松保和) 등의 여러 사람이나, 미시마(三品)에 의해 왕호 · 왕명 · 계보의 연구 및 민속학 · 역사학의 모든 분야로부터의 연구가 행해져 왔다. 최근 조선에서 민족주의적인 입장에서 연구가 성해지고 있다. 신화는 단순한 사실(史實)이 아니고, 각종의 요소가 결합해서 생긴 것이기 때문에, 그 연구 분야도 다방면에 걸치고, 또한 해명의 수단도 같지 않다. 신화연구의 분야를 크게 나누면, 사회를 반영하는 요

---

240) 기기(記紀) 설화 속에 나오는 신라왕자로, 수이닌쵸(垂仁朝)(BC:97-AD:70)(?)에 일본에 건너와, 효고현의 이즈시(出石)에 머물렀다는 사람.

241) 琉球, 오키나와.

소와, 관념적·초사회적 요소로 나눈다. 사회적 요소는 또 촌락의례와 같이, 장기에 걸쳐 그 요소가 바뀌지 않는 것, 즉 민속학의 연구 분야와, 국가의례나 왕의 존엄을 표시하는 가변적인 요소를 연구하는 역사학의 분야가 있다. 관념적 요소에는 종의 (宗儀)·세계관 및 문학적 요소 등이 있다. 여기에서는 신화의 국가권력과의 관련을 보기 위해, 신라신화의 3성 교체의 전승을 보고자 한다. 신라의 시조신화는 일본의 경우와 같이, 몇 가지 종류가 있었던 것 같다. 그것이 '사'나 '유'에 전해지게 된 것은 상당히 후대의 것이라고 생각한다. 어느 나라든 고대왕권의 원조(遠祖)가 개국의 주역을 맡는 데에, 신라에서는 왕실의 시조가 되는 김알지가 태자가 되면서 즉위하지 않고, 6세의 자손이라고 전하는 미추왕이 신라 13대째의 왕위에 오르게 된다. 그 이전의 12대는, 박씨와 석씨와의 원조(遠祖)가 서로 이으면서 즉위하고, 특히 개국의 시조 혁거세를 박씨라고 하고 있다. 이것은 제53대 신덕왕 이후 3대의 왕이 박씨를 말한 것에서, 그 시기에 시조의 성을 박씨라고 했을 것이라는 설이 가장 유력하다.

박씨 3대는 신라 말, 917-929년으로, 이 시기에 신라신화의 일부 내지는 상당히 대폭적인 변경이 행해졌던 것이라고 봐야 한다. 이 시기는 신라 말의 혼란기로, 지방에는 후백제·고려 등이 자립하고, 왕도에서도 왕권은 매우 약하고, 유력귀족이 제각기 세력을 가지고 있었던 시대이다. 이와 같은 정치세력의 분포로 보아, 3성 교체의 정치이상을 드는 신화가 만들어지기에 어울리는 시기이다. 그러나 이 시기에 왕도에서 세력을 가지고 있었던 세력은 모두 김씨이고, 박·석 2씨는 그다지 그 이름을 전하지 않는다. 그 가운데에서도 석씨는 "속일본기"에 요로(養老) 7년(723) 8월 입공한 신라사절의 한 사람인 석양절의 이름이 보일 뿐이다. 이 문제를 생각하기 위하여 신라의 성(姓)에 대하여 다루고 싶다. 신라에서 최초로 성이 붙은 것은, 북제(北齊)의 하청 4년(565)에 진흥왕이 북제로부터 책명을 받았던 때에 시작된다. 왕후·귀족이 성을 쓰기 시작하는 것은 7세기 중엽이다. 박씨의 성이 보이는 것도 이 시기부터이나, 그 수는 적다. 예를 들면 신라파견의 견일사·견당사 관계로, 김씨 142명에 대해서 박씨는 10명이고, 금석문에도 김씨 46명에 대해서 박씨 6명으로 게다가 박씨의 지위는 매우 낮다. 효성왕 2년(738) 이후, 왕비·왕모도 또 당으로부터 책명을 받게 되었다. 중국에서는 동성불혼의 사상이 강하기 때문에, 당은 신라의 왕비·왕모를, 김씨 성 이외로 할 것을 요구했다. 그 때문에 박·숙·신·정(朴·淑·申·貞) 등, 그때에 응해서 임시로 성을 부가했다. 예를 들면, 계화부인은 제39대 소성왕비로서는 숙씨이고, 40대 애장왕모로서는 신씨라고 하며, 국내에서는 김씨를 말하고 있다. 이와 같은 관계는 다른 왕비·왕모에게도 보이는 것으로, 계보와는 별도로 성이 쓰이고 있다. 그 후, 책명뿐만 아니고, 동성불혼 사상을 관념적으로 받아들여, 김씨의 자손이면서 왕비·왕모의 때만 박씨 성을 대는 자도 나타났다. 53대 박씨 신덕왕의 경우도 그 변형으로, 제49대 헌강왕의 딸 김의성(金義成)과 결혼해서 왕위에 오르기 위해, 박씨를 말하게 되었다. 이와 같이 계보로서의 박씨는 아니었기 때문에, 박혁거세 이하 신화시대의 박씨 제왕과는 본래 무관계로, 신화시대의 박씨 마지막 왕, 제8대 아사달왕의 기사에는, '유', '사' 모두 '무사(無嗣)', '무자(無子)'가 되어 있다. 시조혁거세에 박씨를 붙인 것은, 신덕왕 이후, 박씨왕계의 시기일 것이나, 신덕왕은 중소귀족인 박씨와는 계보적인 관계를 가진 자가 아니고, 하물며 박혁 거세 신화, 이 중소귀족의 시조신화를 차용한 것도 아니다. 이 점으로 보아, 석탈해 전설도 또 석씨와는 무관계일 것이다. 굳이 말한다면, 김씨 왕족 내의 유력귀족집단의 분립을 성의 형식을 빌려 나타낸 것일 것으로 보인다. 이것과는 별도로 왕족 김씨는 문무왕릉비나 신라멸망 직후의 두 개의 금석문에서, 강림한 성한(星漢)을 시조라고 하고, 내물(奈勿)을 초대왕이라고 하는 전승을 가지고 있었다는 것을 알 수 있다. 그것을 3성 교체의 신화에 편입할 때, 신라 촌락사회 공통의 조상령 알지를 더해, 3성의 마지막에 두게 되었다. 그것은 신화 작성상의 문제, 예를 들면 신라기원을 고구려·백제보다 앞에 두는 것이나, 3의 수치를 존중하는 것 등이 생각되지만, 특히 당시의 신라주권이 유력 귀족집단에 의해서 옹립되어, 각 귀족집단의 실권을 인정하게 하려고 했던, 정치사상의 표현이라 해도 주목해야 할 것이다. 3성 교체 이전의 신라신화는 완전한 형태로 전해지고 있지 않으나, 13대 미추왕을 시조로 하는 사상이 있었다. 그것은 문무·신문왕대부터 일어나는 오묘제(五廟制)의 사상이다. 이것은 시조 미추왕과 부계의 직계 존속 4대의 영(靈)을 제사 지내는 것으로, '천자 7묘·제후5묘'[242]의 모화사상이다. 이 사상은 40대 애장왕 이후까지 변질되면서 이어지고 있다. 아마 5묘제를 둘러싼 독자적인 신화가 있었다고 봐도 좋을 것이다. 그곳에서는 3성 교체의 신화는 발생할 리가 없고, 당연히 일본의 신화와 같이, '만세일계신화(萬世一系神話)'의 형성이 예상된다. 게다가 그 시기는 일본신화의 성립과 시기도 조건도 동등한 7세기 후반으로, 당의 율령제를 도입하는 시기이다. 그 이전의 신화전승에 대해서는 충분한 단서가 없어, 분명히 할 수 없으나, 아마 신라 정치제도의 변천에 동반하여, 그 신화의 구성도 크게 변모했을 것이다. 그리고 오늘날 남는 3성 교체의 신라신화의 가운데, 개별적 요소는 촌락, 예의 등과 공존해서 예부터 전해진 것도 많지만, 전체의 구성은 신라 말에 성립했던 것으로 보아도 좋지 않을까.

---

242) 天子七廟·諸侯五廟.

¹³⁰제2남해 왕
第二南解王

¹³¹南解居西干. 亦云次次雄. 是尊長之稱. 唯此王稱之. ¹³²父赫居世. 母
閼英夫人. 妃雲帝夫人. ^{132a}一作雲梯. ^{132b}今迎日縣西有雲梯山聖母祈旱有應. ¹³³前漢
平帝元始四年甲子. 即位. 御理二十一年. 以地皇四年甲申崩. ¹³⁴此王乃
三皇之弟一云. ¹³⁵按三國史云. 新羅稱王曰居西于. 辰言王也. 或云. 呼
貴人之稱. 或曰. 次次雄. 或作慈充. ¹³⁶金大問云. "次次雄方言謂巫也.
世人以巫事鬼神. 尚祭祀. 故畏敬之. 逐稱尊長者爲慈充. ¹³⁷或云. 尼師
今. 言謂齒理也." 初南解王薨. 子弩禮讓位於脫解. 解云. "吾聞聖智人多
齒." 乃試以餠噬之. 古²⁴³⁾傳如此. ¹³⁸或曰麻立干. 立一作袖. 金大問云. "麻
立者, 方言謂橛也. 橛標准位而置. 則王橛爲主. 臣橛列於下. 因以名之."
¹³⁹史論曰. "新羅稱居西干, 次次雄者一. 尼師今者十六. 麻立干者四. 羅
末名儒崔致遠. 作帝王年代曆. 皆稱其(某)王. 不言居西干等. 豈以其言鄙

---

243) DB. 규장각본과 만송문고본에는 占. 고증. 언급이 없다. 파른본. 古.

野不足稱之也. 今記新羅事. 具存方言, 亦冝[244](宜). [140]羅人凡追封者, 稱葛文王. 未詳. [141]此王代樂浪國人來侵金城. 不克而還. [142]又天鳳五年戊寅. 高麗之椑(稗)屬七國來投."

풀이 [130]제2 남해왕(第二南解王)

[131]남해거서간은 또 차차웅[245)이라고도 말한다. 차차웅이라는 것은, 이는 존장(尊長)의 칭호이니,[246)] 단 이 임금만 이렇게 불렀다. [132]아버지는 혁거세. 어머니는 알영부인. 왕비는 운제부인이다. [132a]雲梯라고도 한다. [132b]지금 영일현의 서쪽에 운제산이라는 곳이 있으나, 운제성모에게 제를 올리고 기우제를 하여 영험이 있는 곳이다. [133]남해왕은 전한(前漢) 평제 원시 4년 갑자년에 즉위하고, 21년 동안 나라를 다스리다가, 지황 4년 갑신년에 사망하였다. [134]남해왕은 그 3황(三皇)의 동생[247)이라고도 한다. [135]생각해 보건대 우선 삼국사에 의하면, 신라에서는 왕을 거서간이라고 하며, 거서간이라는 것은 진한(辰韓)어로 왕을 의미한다고 적고 있고, 또 귀인을 가리켜 차차웅이라고 하며, 차차웅은 또 자충이라고도 적는다. [136]김대문은 "차차웅이라는 것은 방언에서는 무당을 말하며, 무당이 귀신을 모시고 제사를 지내는 것으로부터 사람들은 이것을 경외하여, 이윽고 높은 사람을 일반적으로 자충이라고 부르게 되었다."라고 설

---

244) 고증. 冝(宜). 파른본. 冝.
245) DB. 신라 초기 왕의 칭호로서 자충(慈充)이라고도 하였다. 차차웅과 자충은 같은 말을 달리 표기한 것으로, 이는 남해왕에게만 붙여졌던 칭호이다. 김대문에 의하면 차차웅은 원래 무당을 일컫는 말이었으나 후에 존장자의 칭호가 되었다고 한다.
246) 고증. '보통 시존장(是尊長)의 호칭(呼稱)이다.
247) DB. '첫 번째'.

명하고 있다. **137**이 외에 왕을 이사금이라고도 하는데, 이것은 치리[248]를 가리켜서 하는 것이다. 왜냐하면 제2대의 남해왕이 죽었을 때, 그 아들인 노례는 자신이 왕으로서 어울리지 않는다고 생각하여, 왕위를 탈해에게 양도하려고 했다. 그런데 탈해도 "거룩하고 슬기로운(聖智) 사람은 많은 치아를 가지고 있다고 들었다."라고 하면서, 곧 왕위를 받으려고 하지 않는다. 그래서 두 사람 가운데 어느 쪽이 많은 이를 가지고 있는지를 시험하고자 떡의 이 자국을 봤다. 이와 같이 고전은 '치리(齒理)'의 유래를 말하고 있다. **138**이 외에도 마립간(麻立干) 立은 袖라고 하는 일도 있다.이라는 것도 있다. 이 칭호에 대하여 김대문은 "마립(麻立)은 방언에서 말뚝(橛)을 말하는 것이며, 궐(橛)[249]이라는 것은 군신이 모였을 때와 같이, 출석자의 지위에 따라 그 자리를 표시하기 위한 것으로, 물론 왕의 자리를 보이는 말뚝이 가장 높은 자리에 놓이고 신하되는 자는 아래 자리에 늘어놓는다. 이와 같은 습관에서 왕호를 마립간이라고 하는 것이다."라고 하고 있다. **139**"사론"에 의하면, 신라의 왕 가운데 거서간 혹은 차차웅이라고 부르는 예가 각각 하나, 이사금이라고 부른 예가 16, 마립간이라고 부른 예가 넷 있다. 그런데 신라 말기에 최치원은, "제왕연대력"[250]을 만들었는데, 여기에서는 모두 '아무 왕'이라고 적고, 거서간 등의 칭호를 쓰고 있지 않다. 이들의 말이 비속하기 때문이라거나, 왕호로서 어울리지 않는다고 어찌 말할 수 있겠는가. 신라의 사적을 적어 남기고자 한다면, 오히려

248) DB. '잇금을 이른 말이다.'
249) DB. 궐표(橛標).
250) DB. 최치원의 저작이라고 하나 현전하지 않아 내용에 대해서는 알 수 없다. 다만 제목에서 연대기적인 글로 추정된다.

조심스럽게 이들 방언을 보존해 두는 쪽이 옳을 것이다. **140**신라인이 왕족인 자를 추봉할 때에, 갈문왕(葛文王)[251]이라고 하는 칭호를 쓰고 있는데, 그 의미는 자세하게는 모른다. **141**이 남해왕 때, 낙랑국인이 신라를 침입하여 금성을 공격하였으나, 이기지 못한 채로 물러갔다. **142**또 천봉 5년 무인년에, 고구려에 속한 7국이 신라에 투항해 왔다.

주해

130○【南解王】 남해의 원의에 대해서 마에마 교사쿠는 "雞林類事麗言攷"에서 '남해의 南은 arph로 次位의 뜻인 ac 같다.'라고 했는데, 남(南)은 ar 즉 알(閼)의 글자와 같이 알·신령(卵·神靈)을 의미하는 훈차자로 봐야 할 것이다. 해(解)는 존칭 pur-c의 훈차자이다. 그렇다고 하면 남해는 알지·알영과 어미의 존칭을 달리할 뿐으로, 마찬가지 시조영적존재이다. 더 나아가 '사'에 의하면 어머니 알영, 왕비 1명 아루(阿婁) ar부인, 누이(妹) 아로(阿老) ar의 이름 모두 같은 계통이다. 앞서 말한 것과 같이, 알영이 혁거세에 대하여 성모·왕비·왕의 누이의 3역을 겸한 신화적인 존재인 것에 대하여, 남해차차웅의 기사에서는 3자에 각기 별명을 붙여 사실적으로 기재하고 있으나, 양자는 본질적으로 동일한 사람이다. 120 알영의 주해를 참조.

131, 136 ○【次次雄·慈充】 왕호를 거서간 혹은 차차웅이라고 한다. 거서간은 혁거세 조 120e를 참조. 차차웅은 현대음 chăchăuń, 자충은 căchuń으로 음 상통. 남해왕 1대에만 붙인 신라고대왕호. '유'는 이 어의에 대하여, '次次雄方言謂巫也'라고 하는 김대문의 말을 담아 기재하고 있다. 이마니시는 '이 설을 따라야 한다.'(今西龍, '新羅骨品考', "新羅史研

---

251) DB. 주로 국왕과 혈연·혼인 등으로 밀접한 관계에 있는 자에게 봉해진 칭호라고 보는 것이 일반적이다.

究" 수록)라고 하고, 아유가이도 차웅(次雄) 2글자를 반절[252]차자라고 보고, 차차웅을 chăchăuň이라고 읽고, 후세의 승려의 뜻 chyuň의 약자음으로서, 무(巫)의 의미와 통한다고 했다. 양주동도 또 chă는 두음에서는 cŭ로 음차되기 때문에, 따라서 chăchăuň, căchuň, cŭcuň으로 바뀌고, 무(巫)의 뜻인 sŭsuň과 통한다고 한다. 이와 같이 김대문의 설을 언어학적으로 뒷받침하여, 그것에 찬동하는 학자가 대세를 이루고 있으나, 다만 미시나는 이들의 설을 부정하며, "고려사" 소재 김관의의 '편년통록'에 고려왕조가 검은 기장(穄)을 심은 결과, 왕조를 열 수 있었다며 왕씨를 말한 이유를 설명하고 '穄(稷의 일종)之與二王方言一相類'라고 되어 있는 하나의 글에 주목하고, 제(穄)의 음 kacaň은 자충(慈充)căchuň과 통하며, 그곳에 고대 왕과 곡물의 즉융관념을 찾을 수 있다고 생각했다(三品彰英, '古代朝鮮の祭政と穀靈信抑に就いて'〈中〉, "史林" 21권 2호).

132, 132a○ 【雲帝夫人(一作雲梯)】 '나기 남해차차웅 즉위전기에는 '妃雲帝夫人(一云, 阿婁夫人)'이라고 되어 있다. 아루(阿婁)는 앞서 말했는데, 운제(雲帝)라는 것은 음차훈차에 의한 신라어가 아니고, 한어적인 말뜻이다. 단군신화에 보이는 운사와 가장 가깝다. 운사는 "좌전"에 '黃帝氏以雲紀, 故爲雲師'라고 있으며, 중국의 농경신화에서도 우신(雨神)으로서 중시되어, 백관의 장으로서 운사를 두었다고 전하고 있다. 그러나 雲帝가 주문(注文)에 보이는 운제(雲梯)라고 한다면, 신선이 승천할 때에 오르는 운제(雲梯)(구름사다리)를 말하는 것으로, 다음에 보이는 운제산성모(雲梯山聖母) 전승에 어울린다. 하늘의 징검다리, 무지개의 신앙에 이어진다고 생각된다. 운제(雲梯)에서 운제(雲帝)의 이름이 생겼던 것일까. 또한 운제산성모가 '기조유응(祈旱有應)'의 직무를 전하고 있는 것처럼, 운사와 같이 우신의 신앙을 보이게 되었던 것일까.

132b○ 【迎日縣】 yŏn-ir-hyŏn 현재의 경상북도 영일군으로, 영일만을 바라

---

252) 자음과 모음을 각각 다른 글자로 나타내, 하나의 음을 조합하여 만드는 발음표기법.

보는 일본해안에 있다. '승람' 卷23·영일현의 건치연혁 조에 '本新羅斤
烏支縣(一作烏良友). 景德王改臨汀爲義昌郡領縣. 高麗改今名. 顯宗屬慶
州'라고 있다. 영일현의 유래전승은 연오랑·세오녀 조(166) 이하에 있기
때문에 그것으로 미룬다.

○ 【雲梯山聖母】 운제산(雲梯山)은 경주의 동북·영일만 남방에 위치한 산
이다. '승람' 권23·영일현·산천 조에는, '在縣南十二里. 鎭山'이라고 보
인다. 운제(雲梯)의 뜻은 구름에 다다를 만큼 높은 모양, 옛 공성구이다.
또 중국의 황하 고도(故道)·회수하구방면(江蘇縣淮安縣)에 운제관이 있
었다. 이 운제산은 경주분지의 물을 모아 영일만으로 보내는 형산강이나
영일만 혹은 일본해를 바라보는 진산이었기 때문에, 위의 사례를 따른 것
일까. 신라에서는 서왕모 신앙에 따른 것 같은 선도성모를 모시는 성모
사(祠)가 경주의 선도산(西岳·西兄山)에 건립되었던 같다. 다른 기록에
는 보이지 않으나, 혹은 운제산에도 성모가 모셔진 것일까. '사'나 '유'가
편찬되었던 고려시대에는 유불도 3교 외에 민간신앙에서 오는 신인신앙
도 성행했다. 그래서 혹은 운제산의 여자무당이 신선의 도를 얻고, 성모
가 되었던 자가 있었다. 이것이 왕모전승에 들어간 것일까. 그런 까닭에
운제산 성모는 남해차차웅이라고 하는 무격의 성격을 가진 왕자의 비로
서 어울리는 것일까.

133○ 【前漢平帝】 전한(前漢) 13대의 천자. 휘는 衎, 원제의 서자 자손(庶
孫), 중산효왕의 아들, 어머니는 위희. 원수 2년 6월(기원전2) 애제가 죽
고, 태황태후 왕씨가 다시 정권을 잡고, 왕망 또 대사마가 됨에 이르러,
겨우 9세에 옹립되어 즉위. 그러나 원시 5년 12월, 왕망에게 살해당하다.

○ 【元始四年甲子】 서기 4년. 이전의 갑자년에는 시조 혁거세의 즉위년이
되어 있다.

○ 【地皇四年甲申】 서기 23년. 지황은 신국(新國)(王莽)의 연호. 지황 4년
의 간지는 계미이기 때문에, 이곳에 보이는 갑신(甲申)은 잘못되어 있다.
단 남해가 죽은 해를 '사'의 연표에서는, 다음 해 경시 2년 갑신253)으로

서 1년의 차이가 있다. 이것은 '유'의 지황 4년이 잘못되었기 때문이다. 즉 '유'에서도 남해의 즉위를 원시 4년 갑자라고 하고, 치세 21년이라고 하고 있는 '유' 본문에서는 당년칭원법을 취하기 때문에, 원시 4년(四)에서 21년째는 경시 2년(24)이 되어, 간지도 갑신이 되지 않으면 안 된다. 남해가 죽은 해를 경시 2년 갑신이라고 한다면, '유' 왕력, '사' 본기 및 연표 등 모두 일치한다. '유' 본문에서의 지황 4년 설의 착오는 다음에 말하는 3황(皇)의 지황(地皇)에 이끌린 것이라고도 추측된다.

134○ 【三皇之弟一】 3황은 중국의 고전설에 보이는 태고의 황제명. 3황에 해당하는 황제이름에는 '천황·지황·인황' '천황·지황·태황', '복희·여왜·신농', '복희·신황·축융', '수인·복희·신농', '복희·신농·황제' 등의 여러 설이 있다. 이 삼황을 신령·신인이라고 보는 설이 "삼오력기"에 다음과 같이 보인다. '神靈一人十三頭. 號天皇. 有神聖人十二頭. 號地皇. 有神聖人九頭. 號人皇'이라고 되어 있다. 이와 같은 삼황의 신령·신인설에 연유하여 남해를 삼황의 동생이라고 했을 것이다. 마에마는 제(弟)를 제(第)라고 읽고, 삼황을 남해·유리·탈해라고 하며, 남해 시조설을 말했으나, 원전에는 제(第)라고 보일 만한 것은 없다. 또 제(弟)를 제(第)라고 읽어야 할 근거를 보인 고증도 짐작가지 않기 때문에, 이곳에서는 원전대로 제(弟)라고 읽는다. 남해를 삼황의 제1로 하지 않고, 제(弟)의 한 사람으로 한 것은, 신라 말 내지 고려 초의 유학자의 소중화사상·중화사상을 가장 단적으로 보인 것이라고 할 수 있겠다.

135○ 【居西干. 辰言王也】 진언(辰言)이라는 것은 진한(辰韓)어 즉 신라의 고어라는 뜻이다. '위지' 진한전에 '辰韓. 在馬韓之東. 其耆老傳世自言. 古之亡人避秦役. 來投. … 其言語不與韓同 … 有似秦人'이라고 되어 있는 것을 참고했던 것으로 보인다.

136○ 【金大問】 Kim, Tae-mun 7세기 후반에서 8세기 전반 경까지의 신라

---

253) 翌年更始二年甲申.

의 문인으로 부모의 이름이나 그 계보는 불명하지만, 신라의 귀족으로, 성덕왕 3년(704)에 한산주도독이 되었다. 당시 그는 설총과 어깨를 나란히 하는 문인이 되어, "고승전", "화랑세기", "악본한산기" 등 다수의 저술이 있고, '사', '유'에는 그 인용문이 상당히 많이 보인다. 그것은 신라시대의 사료로서 중시되어 있는데, 특히 이곳에 보이는 신라어에 의한 왕호의 해설은, 신라의 언어·사회를 해명하는 단서로서 주목받는다.

137○ 【尼師今】 이질금·치질금·이질금[254)]이라고도 적는다. 이(尼)·이(爾)는 음 ni, 치(齒)는 뜻 ni. 사(師)·질(叱) 모두 받침[255)] s 표기로 관용이 되어, 따라서 이사금 nis-kŭm[256)]이라고 읽힌다. 이 왕호가 붙은 왕은, '유' 왕력에서는 제3대 노례왕부터 제16대 걸해왕까지로 되어 있으나, '나기'에서는 한층 더 내려가, 제18대 실성왕까지로 되어 있다. 이 '사'의 이야기는 '유' 본문의 '尼師今十六'이라고 하는 것에 왕대 수에 있어서 일치한다. 또한 '서기' 츄아이기(仲哀紀) 9년의 '新羅王波沙寐錦', 광개토왕비문의 '新羅⋯錦', 봉엄사지증대사적조탑비문[257)]의 '寐錦之尊' 등에 보이는 매금(寐錦)mit-kŭn도, mi가 ni로 바뀌는 예가 많은(任生-ミブ〈mibu〉, 任那-ミマナ〈mimana〉 등) 것으로부터, 이사금과 같은 말로 해석하는 학자가 많다(今西龍, "전게서"; 池內宏 "日本上代史の一硏究"). 그러나 양주동은 이사금과 매금을 다른 말이라고, 전자는 '사왕·계왕(嗣王·繼王)', 후자는 '시조'의 의미라고 하지만, 만약 이마니시와 같은 사람들의 설을 따른다면, 이 왕호는 금석문 위에서도, 그 존재와 절대 연대와의 접점을 얻을 수 있게 된다. 이사금의 원의에 대해서 '유', '사' 모두 '聖智人多齒'라고 적고 있고, 동시에 김대문의 '尼師今言謂齒理'라고 하는 설을 수록하고 있으나, 이것이 단순한 어원속해에 지나지 않음은 두말할 것도 없다. 아

254) 尼叱今·齒叱今·爾叱今.
255) 고증. '急促音符'라고 표현.
256) 닛금, 임금을 말하고 싶은 것이다.
257) '鳳嚴寺智證大師寂照塔碑文.'

유가이는 nim-kŭm의 옛 뜻을 가진 황·제·군과 같은 계통의 말이라고 하고("훈몽자회"), 더 나아가 ni는 존칭첨가어, s는 경사급촉음부(敬辭急促音符),[258] kŭm은 주군(主君)의 의미라고 분석하고 있다. 마에마의 견해도 주군의 존칭인 nim-kŭm을 차음자로 나타낸 것이 이사금으로, 그것은 국주(國主)·대왕을 의미한다고 하며, 원칙적으로 아유가이의 설과 일치하고 있다.

138○ 【麻立干】 '사'와 같이 '유'에 마수간이라고도 한다. 麻는 음ma, 立의 음 rip의 r을 빌려서 마립간은 mar-han 혹은 ma-ri-kan이라고 읽는다. '유'에 보이는 마수간(麻袖干)의 袖는 뜻 ri를 빌린 것이다(鮎貝·梁 설). 이 왕호가 붙은 왕대는, '유' 왕력에서는 제17대 내물왕부터 제22대 지증왕까지 되어 있으나, '사'에서는 내려가서 제19대 눌지왕부터 시작되고 있다. 이 '사'의 왕대 수는 '유' 남해왕 조의 '麻立干者四'라고 하는 것과 일치한다. '유' 지철로 조에 '鄕稱王爲麻立干者自此王(智證王)始'라고 되어 있는 것은, '사' 남해왕 말년 조에 '新羅謐法始於此'라고 되어 있는 전승의 잘못일 것이다. 또한 "진서(秦書)"에 '秦苻堅建元十八年(奈勿王 27년-382)其王樓寒遣使貢美女'라고 되어 있는 '앵한(櫻寒)'에 대하여, 나가는 내물왕의 다른 이름인가, 혹은 마립간의 립간을 나타낸 것인가라고 하고, 마에마(前間)는 마립간 mar-č'-han의 ma를 생략한 것으로 추정하고 되어 있다. 그리고 두 사람은 이것에 의해, 마립간의 왕호가 이미 내물왕대부터 시작된다고 하는 '유' 왕력에 사적 신빙성을 구했다. 그러나 마립간의 왕호가 내물왕대부터 시작된다고 하는 견해에는, 호태왕비문 영락 10년(내물왕 45년-400) 조에 보이는 '昔新羅ㆍㆍ(寐)錦'이라는 말이 의문으로 남는다. 왜냐하면 이 자료를 '昔'이라는 말에 중점을 두고, 내물왕 이전의 '寐錦'의 용례로서 이용하는 것도 가능하지만, 그러나 자료성립 시점에 있어서의 왕호로서, 과거를 쫓아 호칭하는 예도 상당히 많이 인정될 수

---

258) DB. s는 존칭어미.

있기 때문이다. 그런데 이 왕호의 원의에 대하여, 김대문은 마립(麻立)은 지위에 준해서 표시하는 좌석의 말뚝(橛)(mar)=杙을 나타낸 한어(韓語)라고 말하고 있다. 이마이는 '나기 눌지왕 조에 부기되어 있는 마립간에 대한 김대문의 설의 한 구절 '橛謂誠樔'를 '유'의 그것에 의해서 '橛謂誠標'라고 수정하고, 궐(橛)과는 함(誠)(和와 같은 뜻)의 표(標). 즉 화백(和白)의 시대에 쓰는 표목이라고 생각했지만, 이 궐(橛)을 마립에 연결해서 풀이하는 것은 반대하며, 마립은 두음(mari)의 뜻이라고 했다(今西龍 "전게서"). 미시나는 마립은 궐(橛)이라고 하는 김대문의 설을 원칙적으로 인정하여, 좌석을 궐표로 표시하는 풍습을 민속학적으로 추구하여, 마립간의 마립(麻立)은 좌표임과 동시에, 주체의 품위이며, 宗(mai-祖廟)의 제사권을 가진 일족의 상징이라고 결론지었다(三品彰英, '麻立干の原義を尋ねて', "朝鮮學報" 13輯). 이 외 아유가이는 한어(韓語) 가운데에서 mai와 같은 계통의 말이라고 생각되는, 頭·主(mai)·宗(mare·maro)·棟(ma-re)·背·梁(ma-rê)·廳(maro) 등을 다루고, mal의 원의는 '정상·극소'라고 정의하는 것과 함께, 신라인명에 붙여진 종·부(宗·夫)도 이것과 같은 의미라고 하고, 존칭적 인명 미칭으로서도 쓰인다고 했다. 또한 이마이·아유가이는 마립의 원류를 고구려 최고의 관호인 막리지에 있다고 하며, 스에마쓰도 면밀한 고증에 의해 이것을 지지했다(末松保和, '新羅建國考', "新羅史の諸問題" 수록).

139○ 【史論曰】 이것은 '나기 지증마립간전기(前紀)에 이어지는 편찬자의 '논(論)'을 옮겨 적은 것이다. '사'의 기사를 다음에 기재해 둔다. '論曰. 新羅王稱居西干者一. 次次雄者一. 尼師今者十六. 麻立干者四. 羅末名儒崔致遠作 帝王年代曆. 皆稱某王. 不言居西干等. 豈以其言鄙野不足稱也. 曰. 左, 漢中國史書也. 猶存楚語穀, 於菟, 匈奴語撑犁, 孤塗等. 今記新羅事. 其存方言亦宜矣.'

○ 【崔致遠】 chö, chi-wön. 25 참조. 신라 말의 이름난 유학자. 헌안왕 2년(858)에 경주 사량부(혹은 본피부)의 사람으로서 태어났다. 12세에 당에

입당하여, 황소(黃巢)의 난이 일어났을 때에는 고병의 종사가 되어, 격문(檄文)을 적어 신라인의 면모를 보였다. 헌강왕 11년 3월 귀국하여 시독 겸한림학사가 되었다. 그 후 견당사에 뽑히기도 하고, 시무십여조를 갖추어 아뢰기도 했는데, 이미 신라 말의 난세로, 그 정치적 식견을 발휘할 기회를 얻지 못했다. 후년에 가야산 해인사로 물러나, 그 몰년은 전해지고 있지 않다. 고려태조 왕건은 그를 등용하려고 했으나, 나오지 않고, 그의 문하인이 대거 관에 종사했다. "견당서" 예문지에는 그의 문집이 있다. 그 외 현존의 금석문에서 '봉엄사비문', '숭복사비문'은 그가 찬술한 것이며, '승람' 권29·고령현 건치 연혁 조에 인용된 '석리정전', '석순응전'도 또한 그의 글이라고 한다.

○ 【帝王年代曆】 최치원의 작이라고만 전해지고, 내용은 거의 알 수 없다. 그 제목으로 미루어 보아, '유' 왕력과 같은 것인가라고 생각된다. 이것은 '유'가 직접 인용한 것은 아니고, '사'의 기재를 옮겨 적은 것이다.

140 ○ 【葛文王】 Kar-mun-waṅ. 이마니시의 kor-mon(親身) 설, 가쓰라기(葛城)의 cik-kur(崇上王) 說, 아유가이(鮎貝)의 지명·관명 설, 양주동의 kar-maṅ(準王) 설, 스에마쓰(末松)의 남계(男系)상속제로의 과도현상 설[259] 등이 있다(末松保和, '新羅中古王代考', "新羅史の諸問題" 수록). 이 가운데 이마니시·스에마쓰의 설이 가장 역사적인 해명법을 가지고 있고, 그 소론에 따를 만한 것이 많다. 우선 갈문왕의 존재를 보이는 것은, 진흥왕의 창녕비이다. 신라의 왕의 칭호는 진흥왕 내지 법흥왕에 시작되기 때문에, 갈문왕의 칭호도 이 이후이다. 다음으로 갈문왕의 칭호가 가장 집중되는 것은 선덕·진덕·무열, 3왕의 존속으로, 외척도 포함하여 양친 등 이내의 존속으로 왕 내지는 태자의 칭호를 가지지 않는 것은, 모두 갈문왕의 칭호를 가지고 있다. 이것으로 6세기의 전반에 갈문왕의 칭호가 발생하고, 7세기 중엽의 3왕대를 갈문왕의 최전성기로 볼 수

---

259) 過渡現象説, 과도기현상.

있다. 이 3대는 신라의 귀족연합정치단체에서 중앙집권적인 왕제로 바뀐 시기로, 왕의 계보적 존엄을 주장하는 시대이다. 이 시기에, 선덕·진덕 2 여왕을 성골로서, 당 및 이것을 따르는 신라귀족의 세력을 누르고 있다. 이것으로 역추정하면, 6세기 전반의 왕권성립기에 왕호와 함께 왕의 특정의 존속에 갈문왕의 칭호를 부여했다고도 생각할 수 있다(井上秀雄, '新羅の骨品制度', "歷史學硏究" 304호).

141○ 【此王代樂浪國人來侵金城. 不克而還】 '나기 남해차차웅(南解次々雄) 조에, '元年秋七月. 樂浪兵至. 圍金城數重. 王謂左右曰. 二聖棄國. 孤以國人推戴. 謬居於位. 危懼若涉川水. 今隣國來侵. 是孤之不德也. 爲之若何. 左右對曰. 賊幸我有喪. 妄以兵來. 天必不祐. 不足畏也. 賊俄而退歸', '十一年. 倭人遣兵船百餘艘. 掠海邊民戶. 發六部勁兵以禦之. 樂浪謂內虛. 來攻金城甚急. 夜有流星. 墜於賊營. 衆懼而退. 屯於閼川之上. 造石堆二十而去. 六部兵一千人追之. 自吐含山東. 至閼川. 見石堆. 知賊衆乃止'라고 되어 있다. 이 두 가지 조는 '사'의 일반적인 기재법으로 보면, 얼마 되지 않는 설화로, 기사 그 자체를 사실(史實)로 볼 수는 없다. 그 때문인지, '유'에서는 매우 간략하게 이들 기사를 전하는 데에 머무른다. "위략" '위지'에 의하면, 2세기 중엽에 한·예(韓·濊) 모든 민족이 낙랑군의 통치에 반대하여 반란을 일으켰다. 3세기 초에 공손(公孫)씨가 대방군을 신설하여 한·예를 토벌하고 이것을 복속시켰다. 그러나 또다시 2군의 통제력은 잃었으나, 238년 위(魏)에 의해서 부흥했다. 그러나 얼마 가지 않아, 한(韓)의 여러 나라가 2군과 대립하고, 이것을 멸망시킬 정도이었다. 그 후 2군은 재차 부흥하여 313년 고구려에 의해 낙랑군이 망하고, 얼마 가지 않아 대방군도 소멸했으나, 그동안 2군에 의한 한족(韓族) 지배가 상당히 순조롭게 진행되었다. 그러나 이곳에 보이는 한(韓)은 크게 마한을 의미하고, 신라의 전신 진한과의 직접적인 공수(攻守)는 기록되어 있지 않다. 아마 낙랑군의 금성공략은 없었다고 생각된다. 또한 '나기 혁거세 30년, 유리 13년의 두 가지 조에는, 각기 낙랑이 신라에 침입

했다고 전하고 있다. 또 유리왕 14년(37) 조에는, 고구려가 낙랑을 멸망시켰다고 하고, 더 나아가 기림왕 3년(312) 3월에는 2군이 복귀했다고 전하고 있다. 후자는 다음해 313년에 고구려가 낙랑군을 멸망시킨 해로, 이 기사는 중국사적에 의한 것으로 보이지만, 전자는 조작기사이다.

142○【天鳳五年戊寅. 高麗之裨(稗)屬七國來投】 '사'에는 이러한 전승이 없다. 이것은 '사'와는 다른 사료에 의한 것이라고 생각된다. 이 천봉 5년 (18)은 고구려 유리명왕(瑠璃明王)이 죽고, 대무신왕 무휼이 일어난 해이다. 무휼은 유리명왕의 제3자인데도 즉위했기 때문에, 고구려에서는 이 신왕즉위에 대하여, 나라 전체에 대립이 있었고, 게다가 6년 전의 시건국 4년에는 고구려 왕추가 중국의 신국(新國) 왕망에게 살해당했다고 "한서" 이하가 전하고 있다. 이와 같은 고구려의 혼란기이기 때문에, 그 복속제국이 반란을 일으켰다고 상상할 수 있다. 그러나 그들의 나라가 신라에 투항을 했다고는 생각되지 않는다. 그러나 이와 같은 전설이 일어날 수 있는 가능성은 인정된다.

혹은 이 해의 다음 해에 해당하는 '나기 남해왕 16년 봄 2월 조의 '北溟人耕田. 得濊王印獻之'에 의한 것인지도 모른다. 물론 이 '득예왕인'의 '사'의 기사는 '위지' 부여전의 '예왕지인'의 기사에서 조작되었던 것일까. '濊王之印'에 대해서는, 구리하라도모노부의 '전왕지인과 濊王印'("秦漢史の研究" 수록), 및 오카자키 다카시 '大租藏君銀印をめぐる諸問題'("朝鮮學報" 46집)를 참조. 덧붙여 1958년 11월에 평양시 정백리에서 '부조예군'의 문자가 있는 은인(銀印)이, 또 1966년 2월에는 경북 영일군 신광면에서 '진솔선예백장'의 문자가 있는 동인(銅印)이 발견되었다.

¹⁴³제 삼 노 례 왕
第三弩禮王

¹⁴⁴朴弩禮尼叱今. ^{144a}<small>一作儒禮²⁶⁰⁾</small>王. 初王與妹夫脫解讓位. 脫解云. 凡有德者多齒. 冝(宜)以齒理試之. 乃咬餠驗之. 王齒多故先立. 因名尼叱今. 尼叱今之稱. 自此王始. ¹⁴⁵劉聖公更始元年癸未即位. ^{145a}<small>年表云甲申即位.</small> ¹⁴⁶改定六部號. 仍賜六性. ¹⁴⁷始作兜率歌. 有嗟辞 · 詞腦格. ¹⁴⁸始製黎(犁)耜及藏氷庫. 作車乘. ¹⁴⁹建虎²⁶¹⁾十八年. 伐伊西國滅之. ¹⁵⁰是年高麗兵來侵.

풀이 ¹⁴³제삼노례왕<small>(第三弩禮王)</small>

¹⁴⁴박노레이질금^{144a}혹은 儒禮王이라고도 적고 있다. 처음에 이 왕은, 여동생

---

260) 파른본. 礼. DB. ≪삼국사기≫ 권1, 신라본기(新羅本紀) 유리이사금(儒理尼師今) 조에는 理.
261) DB. 고려 2대 임금인 惠宗의 이름인 武를 피휘.

의 남편이었던 탈해와 왕위에 오르는 것을 서로 양보한다고 한 적이 있었다. 그때 탈해는 '대개 덕이 높은 사람이라고 하는 자는 반드시 이빨이 많아야 하니, 우선 이빨 수를 시험하는 것이 가장 좋다.'라고 하는 의견을 말했다. 그래서 즉시 떡을 씹어 재 봤더니, 노례의 이빨이 많은 것을 알았다. 이렇게 해서 왕은 탈해보다 먼저 왕위에 오르고, 그러한 사정에 있는 까닭에 이질금(尼叱今)이라고 이름을 지었다. 즉 이질금이라는 칭호는 이 왕부터 처음 불렀던 것이다. **145**유성공의 경시원년의 계미년에, 즉위했다 **145a**연표에는 갑신년 즉위라고 되어 있다. **146**다시 6부의 이름을 정하고, 겸해서 6성(姓)을 하사했다. **147**처음으로 도솔가가 만들어졌는데, 차사(嗟辭: 구절)262)와 사뇌격(詞腦格: 음격)이 있었다.263) **148**처음으로 이(犁)(소의 쟁기)와 사(耜)(손 쟁기), 그리고 장빙고가 완성되고, 차륜(車輪)도 만들었다.264) **149**건호(建虎) 18년, 이서국(伊西國)265)을 토벌하여 이것을 멸망시켰다. **150**이 해 고구려의 병사가 침입해 오는 일이 있었다.

주해　**144**○【弩禮王】no-rye-waṅ. 144a에서는 유례왕(儒禮王)yu-rye-waṅ이라고 하고, '사'에서는 유리(儒理)yu-ri라고 하고 있다. 마에마는 이것을 nu-ri라고 읽고, c를 더해 nu-ri-c(世嗣)의 뜻이라고 했다. 이것은 마에마

---

262) DB. 차사(嗟辭)는 슬픔을 표현하는 말로 '아으'와 같다. 사뇌격(詞腦格)이란 곧 사뇌가의 격식을 갖추었다는 뜻이다. 사뇌가의 끝장은 반드시 차사로 시작됨이 그 특이한 격식이다. 차사와 사뇌격을 붙여 '차사사뇌격'으로 보는 견해도 있다

263) 고증. '그 가운데에 차사(嗟辭)로 사뇌격(詞腦格)이 있었다.'

264) DB. 보습(犁耜)과 얼음 창고(藏氷庫)를 만들고, 수레를 만들었다.

265) DB. 이서국(伊西國)에 관하여 ≪삼국유사≫에서 보이는 최초의 기사는 기이 이서국조(伊西國條)에서 노례왕 14년 이서국인이 와서 금성을 쳤다고 한 기록이다(≪삼국유사≫ 권1 기이1 이서국).

가 노례왕을 3황(三皇)의 제2왕(第二王)이라고 보고, 차왕(次王)의 읽기를 맞춘 것이다. 스에마쓰는 노례가 탈해보다도 연장이었다는 전설로부터 nūr(늘어나다 · 심다 · 넓어지다), nūrk(老)를 대응시키고 있다. 제14대 유리왕과는 같은 이름으로, '사'가 인용한 "古記"에도 어느 것이 맞는지 알 수 없다고 의문을 제출하고 있다. 현재로서는 제14대 유리왕으로부터 제3대 노례왕이 가짜라는 설이 유력하다. 만약 이 설을 인정한다면, 제13대 미추왕(mi · ch → mis; mit〈元 · 本, 즉 시조왕의 의미)의 차왕이라는 것으로부터, 마에마 설이 유력해진다. 다만 마에마의 삼황전설은 또한 고증의 여지가 있기 때문에, 왕명의 원의는 결정할 수 없다.

145○ 【劉聖公】유현을 말한다. 전한말 · 신 · 후한 초의 사람. 춘능재후의 증손자. 광무제의 족형. 자 성공. 왕망이 실정(失政)을 하고, 인민은 기근에 괴로워하고, 천하가 떠들썩하자, 민중에게 옹립되어 경시장군이라고 한다(地皇 3년). 더 나아가 경시원년 2월 황제의 자리에 올라 경시제라고 부른다. 유약한 그는 유연 · 유수 형제가 왕망의 군대를 부수고, 군중의 선망을 얻자, 결국 연(演)을 죽였다. 나중에 중망(衆望)을 모은 유수(광무제)가 제위에 오르자(서기 25), 경시(更始)는 회양왕이 되었는데, 이윽고 적미의 도적에 잡혀 살해당했다.

○ 【更始元年癸未】서기 23년. 경시는 신국 유성공의 원호.

145a○ 【年表云. 甲申即位】연표라는 것은 '사'의 '연표'를 가리키는데, '사' 연표도 '유' 왕력도 모두 노례(儒理) 즉위년을, 계미의 다음 해 경시 2년 갑신이라고 하고 있다. '유' 본문만이 1년 차이가 나는 것은, 133 지황 4년 갑신 항목에서 주해했듯이, 편찬자의 오기에 의한 것이다.

146 ○ 【改定六部號. 仍賜六性】6부에 각각 성을 내린 것은 혁거세왕 조 (109-115)에 걸쳐 적혀 있다. 106a에서는 '弩禮王九年(32) 置名及部'라고 되어 있고, 일설에는 부명(部名)을 정했다고 하고 있다. 이것은 '유' 유리왕 9년 춘 조에 '改六部之名. 仍賜姓. 楊山部爲梁部. 姓李云云'이라는 것에 의한다. 6부 및 6성(姓)과의 관계는, 혁거세의 주해 109 이하 및 '참고'

를 참조.

147○ 【始作兜率歌. 有嗟辭(辭)·詞腦格】양주동은 도솔가를 tos-nor-ae →
thō-s-nor-ae(國歌)의 의미라고 하고, 조선의 부락음악에 자주 쓰이는 간
단한 타고동동(打鼓冬々)의 흉내음 tu-ri-tuṅ-tuṅ에서 취한 말일까라고
한다. 그러나 미륵신앙이 성한 것으로 해서, 도솔천의 찬가라고 해야 할
것이다. '유' 권제5·월명사도솔가 조에 '明奏云 臣僧但屬於國仙之徒. 只
解鄕歌不閑聲梵. 王曰. 旣卜緣僧. 雖用鄕歌可也. 明乃作兜率歌賦之.'라
고 있어, 가요의 형식으로 하면 도솔가는 대표적인 향가이며, 국가의 노
래이다. '나기 유리왕대의 기사에 노래에 관한 두 가지의 설화기사가 있
다. '五年冬十一月. 王巡行國內. 見一老嫗饑凍將死. 曰. 予以眇身居上.
不能養民. 使老幼至於此極. 是予之罪也. 解衣以覆之. 推食以食之. 仍命
有司. 在處存問. 鰥寡孤獨老病. 不能自活者. 給養之. 於是. 鄰國百姓聞而
來者衆矣. 是年. 民俗歡康. 始製兜率歌. 此歌樂之始也', '九年春(中略)王
旣定六部. 中分爲二. 使王女二人各率部內女子. 分朋造黨. 自秋七月旣望.
每日早集大部之庭績麻. 乙夜而罷. 至八月十五日. 考其功之多少. 負者置
酒食以謝勝者. 於是. 歌舞百戲皆作. 謂之嘉俳. 是時負家一女子. 起舞歎
曰. 會蘇會蘇. 其音哀雅. 後人因其聲而作歌. 各會蘇曲'이라고. 5년 조는
왕의 인정 전승과 그것을 칭송하기 위해 저명한 향가인 도솔가와 회소곡
(會蘇曲)과의 창제전설을 기재하고 있다. 그러나 '사'의 편찬자의 생각에
는, 즉 도솔가는 '민속환강' 가운데에서 태어난 것이며, 그 민중의 기쁨은
전반의 왕의 어진 정치에서 일어난 것으로 하고 있는 것 같다. 또 별도로
월명사의 작이라고 하는 전승도 있었던 것이다. 다음으로 회소곡의 기원
설화가 있으나, 보기에 민속학적으로 흥미 있는 이야기이다. '其音哀雅.
後人因其聲而作歌'라고 되어 있는 것 같이, 그 가조(歌調)에 의한 영탄의
의미로 '차사'라고 했을 것이다. 다음의 '사뇌격'은 사뇌((sa-no)가의 격조
의 생략, 사뇌조라는 뜻이다. 사뇌라는 것은 '유' 권제2, 경덕왕 조에 '王
曰. 朕嘗聞師讚耆婆郎詞腦歌. 其意甚高. 是其果乎. 對曰. 然. 王曰. 然則

爲朕. 作理安民歌'라고 되어 있으며, 앞서 노례왕이나 월명사의 도솔가 등과 같이, 왕의 인정과 민간의 가무를 유교적인 생각으로 결합시킨 전승이다. "균여전"에서는 '夫詞腦者. 世人戱樂之具'(第七・歌行化世分), '十一首之鄕歌. 詞淸句麗. 其爲作也. 號稱詞腦'(第八・譯歌現德分)라고 있으며, 민간가요 즉 향가를 사뇌라고 말했다는 것을 알 수 있다. 사뇌(詞腦)는 사내・시뇌・신열 등으로도 적으며, sāe-nāe라고 부르고, sāe sae 의 원뜻은 신・서・동(新・曙・東)으로 서벌(徐伐)의 徐 등과 같은 뜻이라고 생각할 수 있다. 결국 '나라의 노래' 즉 향가를 의미한다. '사' 악지에는 '德思內. 河西郡樂也. 石南思內. 道同伐郡樂也'라고 보이며, 지방의 민요까지 사내(思內)(詞腦)라고 불렀다. 여기에서는 많은 사뇌가 이름이나 그 작자 등을 전하고 있으며, 더 나아가 하신열무・사내무・상신열무(下辛熱舞・思內舞・上辛熱舞) 등, 향가를 동반한다고 생각되는 가무가 있었던 것도 알 수 있다. 이러한 향가 가운데 14예는 그 가사를 '유'에 남기고 있어, 신라시대의 언어・문학의 연구에 귀중한 자료가 되고 있다.

148○ 【始製黎(犂)耜及藏氷庫. 作車乘】 나기 유리이사금 시대의 기사에는, 이것과 관련된 기사가 전혀 보이지 않는다. 그러나 나기마립간 3년 춘2월 조에 '始用牛耕'이라고 보이며, 이어서 同 6년 동11월 조에 '始命所司藏氷. '始命所司藏氷. 藏氷. 又制舟楫之利'라고 있다. 양자(兩者)에 약간의 상위가 보이기 때문에, 단순히 '유' 편찬자의 착오라고 결정할 수는 없다. 그러나 노례왕의 재위를, 서기 1세기 전반으로 하고 있기 때문에, 이 시기에 쟁기나 장빙고의 존재를 인정하는 것은 곤란할 것이다. '위지' 변진전에는 '乘駕牛馬'라고 되어 있어, 아직 수레(車)의 존재를 전하고 있지 않다. 시기적으로 말하면, 6세기 초두의 지증왕대에, 중국으로부터 이러한 것들을 수입하고, 제작하기 시작한 것이 사실(史實)에 가까울 것이다.

149○ 【建虎十八年. 伐伊西國滅之】 건호(建虎)는 건무(建武)이며, 후한광무제의 원호. 건무 18년은 서력 42년, 노례왕 19년 임인에 해당한다. 이

서국에 대해서는 68-70의 기사가 있으며, 이미 주해를 한 바이다. 여기에서는 노례왕 14년에 이서국이 금성을 공격했다고 되어 있으며, 171에서는 노례왕을 제14대 유리왕으로 하고 있는 것으로부터, 서기 297년의 사건으로 보인다. 그것이 여기에서는 건호 18년이라고 하고 있고, 그 연대에 착오가 있는 것을 생각할 수 있다. 이서(伊西)(isō)국은 '서기' 게이타이기(繼體紀) 24년 추9월 조에 보이는 이시기무라(伊斯枳牟羅)(isikimura[イシキムラ]. ki[キ]는 기[支]·지[只]·기[己] 등으로 보이는 고대 남조선의 지명 말미어로, 성[城]·촌[村]을 의미하고 있다)로 추정할 수 있다. 이때(538) 청도(伊西國) 부근의 騰利枳牟羅(torikimura[トリキムラ]) 등, 5촌을 신라에게 빼앗기고 있다. 아마 이서국의 멸망은 538년으로 해도 좋을 것이다. 이와 같이 이서국 멸망의 기사가 건무 18년에 비정(比定)된 것은 잘못이지만, 이 같은 착오를 일으킨 이유를 추측해 보겠다. 우선 제14대 유리왕 14(297)년에, 이서국의 침입전설을 결정지었다. 이어서 이서국 멸망의 기사를 그 후 5년의 유리왕 19년('사'에 의하면 유리이사금은 15년에 죽었으나, 여기에서는 연표조작 상 임시로 이같이 해 둔다)으로 설정했다. 그런데 제14대의 유리왕과 제3대 유리왕(弩禮王)을 혼동하여, 이 기사를 3대의 노례왕 19년의 일로 했다. 그리고 여기에서는 그해를 중국의 연호로 부르게 되었다. 이 같은 추정이 이치를 얻지 못해도, 이 기사가 탁상의 조작이라는 것은 틀림없을 것이다.

150○【是年高麗兵來侵】시년(是年)이라는 것은, 건무 18년(42), 노례왕 19년을 말한다. '나기 유리왕19 조에는 이것에 해당하는 기사는 없다. 같은 해 추8월 조에 '貊師獵得禽獸. 獻之.'라고 되어 있고, 더 나아가 기원전 17년 추9월에는, 화려·불내의 2현이 신라에 침입한 것을, 맥국의 원군을 얻어 이것을 물리치고, 신라는 맥국과 우교관계를 맺는다. 이 맥국은 명확하지 않으나, 이것을 고구려라고 생각한다면, 여기에 보이는 기사와는 반대 현상이 된다. '나기' 내물왕 이전의 기사에는, 고구려의 신라침입 기사는 거의 없다. 침입해 오는 것은 거의 왜(倭)이며, 백제와의 교전기

사도 많다. 이 시기에 있어서 고구려의 침입기사는, 조분왕 16년 10월에 고구려가 신라북변에 침입하였고, 우로가 이를 격퇴했다고 하는 것뿐이다. 이것은 '사'의 편찬태도와 관련되는 문제로, 반드시 사실(史實)과는 관계 있다고는 할 수 없다. 사실로서 고구려와의 관계를 알 수 있는 것은, 4세기 후반 이후로, 호태왕비문에는 신라를 예부터 예속민으로 하고 있었다고 되어 있다. '사', '유'도 또한 이것을 따르는 듯, 내물왕 이후에 왕자를 인질로서 고구려에 보내고 있다(末松保和, '新羅建國考', "新羅史の諸問題" 참조). 이 같은 확실한 기사로부터 '유'는 내물왕의 전대(前代)에 고구려의 침입을 인정하고, 이것을 제14대 유리왕대에 기사를 넣은 것이라고 생각된다. 단 149의 경우와 같이, 잘못하여 제3대 노례왕대의 일로 하게 되었다.

151제 사 탈 해 왕

第四脫解王

152脫解齒叱今. 152a一作吐解尼師今. 南解王時 152b古本云壬寅年至者謬矣. 近則後於弩
禮卽位之初. 無爭讓之事. 前則在於赫居之世. 故知壬寅非也. 駕洛國海中有船來泊. 其國首
露王. 與臣民皷譟而迎. 將欲留之. 而舡乃飛走. 至於雞林東下西知村阿
珍浦. 152c今有上西知下西知村名. 153時浦邊有一嫗. 名阿珍義先. 乃赫居王之海
尺之母. 望之謂曰 "此海中元無石嵓. 何因鵲集而鳴." 拏舡尋之. 鵲集一
舡上. 舡中有一櫃266)子. 長二十尺. 廣十三尺. 曳其船. 置於一樹林下. 而
未知凶乎吉乎. 向天而誓爾. 俄而乃開見. 有端正男子. 并七寶奴滿載其
中. 154供給七日. 迺言曰 "我本龍城國人. 154a亦云正明國. 或云琓夏267)國. 琓夏或
作花國厦.268) 龍城在倭東北一千里. 我國嘗有二十八龍王. 從人胎而生. 自五歲六
歲繼登王位. 敎萬民修正性命. 而夵八品姓骨. 然無揀擇皆登大位. 時我

---

266) DB. ≪삼국사기≫ 권1, 신라본기(新羅本紀) 탈해이사금(脫解尼師今) 조에는 櫝. 고증에는
櫝(櫃). 파른본. 櫝.
267) DB. 厦. ≪삼국사기≫ 권1, 왕력(王曆) 파른본에는 夏. 고증에는 夏.
268) 고증. 본문대로 옮겼다. 파른본. 花厦國.

父王含達婆. 娉積女國王女爲妃. 久無子胤. 禱祠求息. 七年後産一大夘 (卵). 於是大王會問羣臣. '人而生夘(卵). 古今未有. 殆非吉詳.' 乃造櫝(櫃) 置我. 幷七寶奴婢載於舡中. 浮海而祝曰. '任到有緣之地. 立國成家.' 便 有赤龍. 護舡而至此矣." [155]言訖. 其童子曳杖率二奴. 登吐含山上作石 塚. 留七日. 望城中可居之地. 見一峯如三日月. 勢可久之地. 乃下尋之. 卽瓠公宅也. 乃設詭計. 潛埋砺(礪)炭於其側. 詰朝至門云. "此是吾祖代 家屋." 瓠公云"否". 爭訟不決. 乃告于官. 官曰. "以何驗是汝家." 童曰. "我本冶[269]匠. 乍出隣鄕. 而人取居之. 請堀地崎撿看." 從之. 果得砺(礪) 炭. 乃置而居爲. [156]時南解王知脫解是智人. 以長公主妻之. 是爲阿尼夫 人. [157]一日吐解登東岳. 廻程次令白衣索水飮之. 白衣汲水. 中路先甞而 進. 其角盃貼於口不解. 因而嘖之. 白衣誓曰. "爾後若近遙不敢先甞." 然 後乃解. 自此白衣讋服. 不敢欺罔. 今東岳中有一井. 俗云遙乃井是也. [158]及弩禮王崩. 以光虎帝中元六年丁巳六月. 乃登王位. [159]以昔是吾家取 他人家故. 因姓昔氏. 或云. 因鵲開櫝(櫃). 故去鳥字. 姓昔氏. 解櫝(櫃)脫 夘(卵)而生. 故因名脫解. [160]在位二十三年. 建初四年己卯崩. 葬疏川丘 中. [161]後有神詔. "愼埋葬我骨." 其髑髏周三尺二寸. 身骨長九尺七寸. 齒 凝如一. 骨節皆連瑣. 所謂天下無敵力士之骨. 碎爲塑像. 安闕內. 神又報 云. "我骨置於東岳." 故令安之. [161a]一云崩後二十七世文虎王代. 調露二年庚辰三月十五 日辛酉. 夜見夢於太宗. 有老人皃[270]甚威猛. 曰'我是脫解也. 拔我骨於疏川丘. 塑像安於吐含山.' 王從 其言. 故至今國祀不絶. 卽東岳神也云.

269) 고증. 冶(冶). DB. 파른본. 冶.
270) DB. 규장각본. 파른본. 皃. 고증. 貌.

151제사탈해왕(第四脱解王)

152탈해치질금**152a**혹은 吐解尼師今이라고도 한다.은 남해왕의 때. **152b**고본에는 탈해가 온 것은 임인년이라고 하고 있으나, 잘못이다. 뒤의 임인년을 쫓아가 보면 그것은 두말할 것도 없이 노례왕의 즉위 초년보다 훨씬 뒤가 되고, 노례와 탈해가 왕위를 서로 양보하려고 하는 일이 일어날 리가 없고, 또 그보다 앞의 임인년이라고 한다면, 그것은 혁거세의 치세연차 가운데에 들어가 버린다. 그러므로 임인년이 아닌 것을 알 수 있다. 가락국의 해상에 배가 다가와서 그곳에 정박하는 일이 있었다. 그 나라의 수로왕은 신하 되는 자나, 인민 모두 떠들썩하게 북을 치며 환영하며, 그 배를 잡아 두려고 했다. 그렇지만 배는 날아가듯이 멀리멀리 도망가다가, 이윽고 계림의 동쪽, 하서지촌의 아진포(阿珍浦)에 닿았다. **152c**지금도 上西知, 下西知라는 村의 이름이 남아 있다. **153**마침 그때, 홀연히 해변의 변두리에 이름을 아진의선이라고 하는 한 여자가 나타났다. 이 사람이야말로 혁거세왕의 해척[271]의 어머니이었는데, 정박하고 있는 배를 바라보며 모두 '이 부근의 바다 가운데에는 원래 바위가 없는데, 어째서 까치가 와서 모여우는 것일까.'라고 말을 했다. 그래서 잡아 조사를 해봤더니, 까치는 오직 이 배 위에 모여 있어, 배 안에서 하나의 궤짝이 눈에 띄었으나, 그 길이는 20자이고, 넓이는 13자나 되었다. 그 배를 끌고 와서, 한 수림(樹林)의 아래에 묶어 뒀는데, 이것이 불길한 것인지, 경하할 일인지 아무도 몰랐기 때문에, 그저 하늘을 향해 좋은 일이 일어나기만을 기도할 뿐이었다. 머지않아 조심스럽게 그 궤를 열어 보니, 단정한 남자 아이가 나타났고, 더불어 그 안에는 칠보나 노비까지 가득 실려 있었다. **154**공양을 하고 몸을 보살피고 있었는데, 칠일째가 되어 그 동자

---

271) 고기잡이.

는 처음으로 입을 열고, "우리는 본래 용성국의 사람[154a]또 정명국이라고도 하며, 혹은 완하국이라고도 한다. 이 완하국은 또 화하국이라고도 한다. 용성국이라는 것은 왜의 동북, 일천 리의 거리에 있다. 우리나라에는 일찍이 28용이 나타났는데, 모두 사람의 배를 빌려 태어나, 5세·6세가 되면 차례차례로 왕위에 올라, 만민이 살아갈 길을 닦도록 이끌었다. 용왕들은 8품의 성골(姓骨)이었기 때문에, 고르는 것도 없이 모두 똑같이 왕의 자리에 올랐다. 그때 자기의 부왕이었던 함달파는, 적녀국의 왕녀를 맞아들여 왕후로 했으나, 얼마 후 뒤를 이을 자식이 생기지 않았다. 신명(神明)에게 고하면서 기도를 하며, 자식의 탄생을 원했던바, 7년 후 하나의 큰 알을 낳았다. 그 때문에 대왕은 많은 가신을 모아 의견을 물어봤으나, 사람이면서 알을 낳았다는 것은, 예부터 지금에 이르기까지 아직 일찍이 있었던 적이 없다. 반드시 길상은 아닐 것이라는 것이 되어, 그 후 궤(櫃)가 만들어지고, 자신은 칠보와 노비와 함께 그 안에 담겨졌다. 궤는 한층 더 이 배 안에 안치되어 바다로 띄워지게 되었다. 그렇게 사정을 알리는 말이 나왔는데, '너는 마음껏 인연이 있는 땅으로 가서 그곳에서 나라를 세우고 집을 짓도록'라고 말을 들었다. 그러자 이내 붉은 용이 나타나 배를 지켜 줬기 때문에, 이곳에 도착할 수 있게 되었다."라고 하며, [155]지금까지의 사정을 말하기가 끝나자, 그 동자는 지팡이를 끌면서, 두 사람의 시종을 이끌고 토함산의 정상에 올라갔다. 그리고 돌로 총(塚)을 만들고 성소로 하고, 그곳에 칠일 동안 웅크리고 있다가, 그 후 성의 주위를 건너보고 자신이 주거하기에 적당한 곳을 찾아냈다. 과연 동자의 눈에는 초승달(三日月) 같은 모양을 한 봉우리가 눈에 띄었고, 그 땅의 형세에는. 오래토록 상서로운 기상이 엿보였다. 그러나 동자가 토함산에서 내려와, 그 땅을 물어보니, 그것은 분명히 호공의 저택이어서 바로 살 수는 없었다. 그래서 동자는 상대를 속이려고 계략을 세우고, 사람이 모르는 틈에 숫돌(砥石)과 숯을 그 저택 옆에 묻어 두고, 다음날 아침 그 문을 두드리며 '이 집은 다름 아닌 자기의 선조 대대의 가옥이었습니다.'라고 아뢰었다. 기억이 없는 호공은 '그럴 리가 없다.'라고 주장하며, 다툼이 일어났으나, 결착이 있을 리가 없다. 결국 분쟁은 윗분에게 아뢰게 되었다. 관리는 동자에게 '도대체 무엇을 근거로 이 집을 너의 집이라고 할 수 있는가.'라고 물었던바, 동자는 '자기의 집은 원래 대장장였습니다만, 얼마동안 옆 마을에 나가 있었습니다. 그랬더니 어느 틈엔가 타인 이 저택을 가로채 살고 있었습니다. 부디 이 땅을 파서 살펴봐 주시길 바라옵니다.'라고 말하기 때문에, 판단을 위해 그곳을 파보니, 동자가 말하는 대로 과연 대장장이가 쓰는 숫돌과 숯이 발견되었다. 이렇게 해서 동자는 보기 좋게 그 저택을 손에 넣고, 그곳에 눌러앉아 살았다. [156]그 때에 남해왕은 이 탈해가 정말 지략에 뛰어난 사람이란 것을 알고, 그 장녀를 탈해에게 시집을 보냈다. 이것이 아니부인[272]이다. [157]어느 날 토해는 동악[273]에 올라 한 바퀴 돈 후, 목의 갈증을 달래려고 시종에게 말하여 물을 찾도록 보냈다. 그런데 그 시종은 물을 뜨고 왕의 곁으로 가던 도중에, 자신이 우선 시험 삼아 한 모금 마시고, 그 후에 왕에게 드리려고 했다. 그런데 그 물을 넣은 4되나 들어가는 물 잔은, 시종의 입에 착 달라붙어 버려 아무리해도 떨어지지 않는다. 이것을 보고 토해는 시종을 엄하게 꾸짖었다. '앞으로는 근처에 있든지, 떨어

---

272) DB. ≪삼국사기≫ 권1 신라본기 탈해이사금조에는 아효부인(阿孝夫人)으로, ≪삼국유사≫ 권1 왕력에는 아노부인(阿老夫人).
273) 토함산.

져 있든지, 결코 먼저 뭔지 알아보기 위해 맛보거나 하지 않겠습니다.'라고 맹세하자, 입에 붙었던 물 잔은 바로 떨어져 버렸다. 이러한 일이 있었기에, 시종들은 이 왕을 경외하여 복종하게 되어, 결코 왕을 속이려고 하지 않았다. 지금도 동악의 산중에 하나의 우물이 있으며, 속칭 요내정(遙乃井)이라고 하고 있으나, 이 고사가 있던 우물이다. **158**노례왕이 죽자, 광호제[274]의 중원[275] 6년, 정사년 6월에 토해는 왕위에 올랐다. **159**옛날, 이 왕은 다른 사람의 집을 가로채서 자기 집이라고 한 것에서, 그것으로 인해 석씨(昔氏)를 성으로 했다고도 하고, 혹은 또 무리 지었던 까치 덕분에 궤가 열리게 된 것으로 인하여, 작(鵲)의 글자에서 조(鳥) 자를 버리고 석씨를 성으로 했다고도 한다. 또 궤가 열리고 가까스로 알을 벗고 이 세상에 태어났다는 것으로부터, 탈해라고 이름을 지었다고 하는 것이다. **160**탈해는 23년 동안 왕위에 올랐으나, 건초 4년의 기묘에 죽어, 그 유해는 소천의 언덕 가운데에 매장되었다. **161**나중에 '삼가 나의 뼈를 매장해 달라.'라는 신의 말씀이 있었다. 그 머리의 뼈는 둘레가 3척 2촌(三尺二寸), 몸의 길이는 9척 7촌(九尺七寸)이 되며, 치아는 단단하게 붙어 한 개 같았으며, 뼈마디도 희귀하게 이어져 있었고, 그 골격은 소위 천하무적의 역사(力士)이었다. 이 뼈를 부수어 소상(塑像)이 만들어지고, 그 소상은 궁성의 안 깊숙하게 봉안되었다. 그러나 또 신의 계시가 있어 '내 뼈를 동악에 놓아라.'라는 것이기에, 그 말씀대로 뼈를 동악에 옮겨 안치시켰다. **161a**어떤 곳에는 다음과 같은 것도 말하고 있다. 탈해가 죽은 후, 27대인 문호왕이 세상을 다

---

274) DB. 고려 2대 임금인 혜종(惠宗)의 이름인 武를 피휘하기 위하여 호(虎)로 썼다.
275) DB. 후한 광무제의 연호로 56-57년.

스리고 있었던 조로(調露)[276] 2년의 경진년, 3월 15일, 신유일 밤의 일, 왕의 꿈에 태종이 나타났

는데, 그때 매우 근엄한 얼굴을 한 노인이, '나는 다름 아닌 탈해이다. 내 뼈를 소천의 언덕에서 꺼

내어 소상을 하고 그것을 토함산에 안치하라.'라고 알렸다. 문호왕은 그 말대로 해서 탈해의 뼈를

모셨다. 그렇기 때문에 지금도 토함산에서 이 국사(國祀)는 끊이지 않고 이어지고 있고, 그것이 동

악신이라고 불리고 있는 것은 두말할 것도 없다운운이라고.

주해 **151, 152, 152a**○ 【脫解王】 Thar-hae-waň. 다음 글 152a・왕력・'나기'의

주에는, 토해(吐解)tu-hae라고 되어 있다. 주해 155에 탈해는 토함산에

올라, 거주지의 땅에 대해 점을 쳤다고 되어 있는 것으로, 마에마는 탈

(脫)을 훈독해서 pas라고 하고, 토함(吐含)의 吐의 뜻pat에서 온 것이라

고 하면서, 토함산 신앙에서 탈해의 이름이 나왔다고 해석을 했다. 양주

동은 성을 석(昔)과 연관지어 석탈・석토를 모두 nyo-is-to(舊基)라고 하

고, 해(解)를 남해(南解)의 解와 같은 hāe(인명어미의 존칭)으로 하고 있

다. 두 설 모두 유력하지만, 탈해 전설의 주 무대가 동악=토함산이라는

것으로 보면, 보다 더 마에마 설을 존중해야 할 것이다. 또한 토해와 토함

과의 관계에 대해서는, 해(解)의 뜻 pūr과 함(含)의 뜻 mūr이 서로 상통

하고, 산(山)의 옛 뜻 mö:mo-ro:mu-ru에서 나온 것으로 보인다. 더 나아

가 토(吐)의 path은 해(海)의 뜻(일본어의 wata[ワタ, 海])과 통하는 것으

로, 토해는 해해가 되어, 해동(watatumi[ワタツミ, 海神])의 의미로, 일본

의 신화인 우미사치히고(海幸彦)[277]와 같은 뜻이다. 이 같이 탈해는 토함

---

276) DB. 당 고종의 연호로 679-680년.

277) ウミサチヒコ(海神). 동생인 山幸彦(ヤマサチヒコ)가 형 海幸彦에게 낚싯대를 빌려 낚시
하다가, 그 도구를 잃고 슬퍼하던 중, 鹽椎神(シオツチノカミ)의 도움을 받아 용궁으로 가
서, 그곳의 공주 豊玉姫(トヨタマヒメ)와 결혼, 3년 살다가 잃어버린 낚싯대와 潮盈珠(シオ
ミツタマ)와 潮乾珠(シオフルタマ)를 받아와, 형 海幸彦을 굴복시킨다. 民話 浦島太郎의 모

기이 제1   227

산의 산신인 것과 동시에, 용성국(용궁)에서 온 해신(海神)이기도 하다. 용(蛇)이 해신인 것과 동시에 산신이며, 또 물을 지배하는 물의 신으로서 동일의 기능을 가진 것이다(三品, 전게 2논문 및 '脫解傳說'·'日鮮神話傳說の硏究' 수록. 여기에는 탈해전설 및 그 모든 요소의 개별연구가 있다).

참고

비교를 위하여 '나기에 기재된 탈해전설을 보인다.

脫解本多婆那國所生也. 其國在倭國東北一千里. 初其國王娶女國王女爲妻. 有振. 七年乃生大卵. 王曰. 人而生卵. 不詳也. 宜棄之. 其女不忍. 以帛裹卵幷寶物. 置於櫝中. 浮於海. 任其所往. 初至金官國海邊. 金官人怪之不取. 又至辰韓阿珍浦口. 是始祖赫居世在位三十九年也. 時海邊老母. 以繩引繫海岸. 開櫝見之. 有一小兒在焉. 其母取養之. 及壯身長九尺. 風神秀朗. 智識過人. 或曰. 此兒不知姓氏. 初櫝來時. 有一鵲飛鳴而隨之. 宜省鵲字. 以昔爲氏. 又解韞櫃而出. 宜名脫解. 脫解始以漁釣爲業. 供養其母. 末嘗有懈色. 母謂曰. 汝非常人. 骨相殊異. 宜從學以立功名. 於是專精學問. 兼知地理. 望楊山下瓠公宅. 以爲吉地. 設詭計. 以取而居之. 其地後爲月城. 至南解王五年. 聞其賢. 以其女妻之. 至七年. 登庸爲大輔. 委以政事. 儒理將死曰. 先王顧命曰. 吾死後無論子壻. 以年長且賢者繼位. 是以寡人先立. 今也宜傳其位焉.

152b○ 【古本云壬寅年云云】 '사' 연표 및 '유' 왕력에 의하면, 남해왕 치세의 간지는 갑자에서 갑신까지로 되어 있고, 이것과 가장 가까운 임인년은 노례왕 19년과 혁거세 39년이 된다. 이 주는 이들 연표에 의해 비정된 것이지만, 고본은 다른 연표에 의한 것을 생각할 수 있다. 원래 남해나 탈해 등의 전설은 연차를 가지지 않는 전승으로, 이것을 후세 연대사로 하고 정리할 때에, 제각기 편찬자의 생각에 의해 연차를 넣은 것으로, 그 옳고 그름을 객관적으로 비교·연구할 수 있는 것은 아니다.

152○ 【駕洛國海中云云】 "가락국기"에도 탈해와 수로왕의 이야기가 전해지고 있으나, 이곳과는 달리 왕위를 둘러싼 술책, 분쟁의 설화가 되어 있다.

티브가 된다. 山幸彦은 후에 神武天皇의 祖父가 된다고 한다.

그 원형은 주몽전설에 의한 것 같으나, 이 경우와 같이, 후세에 덧붙인 설화이다. 또 '나기에는 파사왕 23년 추8월 조에 음즙벌국과 실직곡국과의 경계분쟁으로, 파사왕의 의뢰를 받아, 수로왕이 그 조정에 나섰다는 설화도 있다. 이들의 신화전설로부터 신라와 금관가라국과의 관계가 매우 오래되었다고 생각할 필요는 없다. 금관가라국이 532년에 신라에게 복속된 후, 그 후예가 신라의 장군으로서 백제 성명왕을 죽이고(김무력), 신라 통일의 중심이 되어 활약했다(김유신)는 것으로부터, 신라왕조에 커다란 세력을 가지게 되었다. 이 같은 6세기 후반에서 7세기에 걸쳐서의 정치세력이 신화 가운데에 반영되었다고 보아야할 것이다. 탈해는 원래, 해상의 용성국에서 아진포에 직접 상륙하면 되는 것으로, 신화구성 상, 가라국이나 수로왕의 등장을 필요로 하는 것은 아니다.

○【下西知村阿珍浦】하서지촌은 지금의 경주군 양남면 하서리에 해당한다 (혁거세 조 참조). 아진포(a tor-na 혹은 ator-kara)는 '승람'의 경주의 고적조에도 보이는 것이나, 아진은 바다(海)(pat)이기 때문에, 아진포는 바닷가의 땅을 가리키는 것이다. /

153○【阿珍義先】a-cin-ūi-sōn. 아진은 바다의 뜻이며, 의선은 그 의미를 알 수 없다. '赫居世王之海尺之母'라고 되어 있는 것으로부터, 바다(海)(水)와 관련된 자이다. 해척(海尺)의 尺은 인명의 어미에 붙여서 직업을 나타내며, 옛날에는 존칭으로도 쓰였다. 그 흔적은 신라관직 제2등을 이척찬, 제6등을 아척간, 제8등을 사척간, 제9등을 급척간 등이 있으며, 외위에도 일척·아척 등이 보인다. 후세, 무격을 수척이라고 부르고, 반드시 사회적으로는 지위가 높지 않으나, 제정시대에도 더 높은 위치가 주어졌을 것이다. 이곳에 보이는 해척의 이름도 앞서 보인 예와 함께 생각하면, 제4등의 파진찬, 별명 해간에 해당하는 것으로 생각된다. 특히 혁거왕지해척이라고 하는 것으로 보면, 시조 혁거세 전설과 관련된 해(海)(水)의 사제자 혹은 해인(海人)적 무녀라고 해도 좋지 않을까. 구체적으로는 용성국 왕비의 화신으로 볼 수도 있다. 탈해는 해동(海童)으로서 신

라의 바닷가에 와서, 아진에게 양육되어 왕이 되지만, 이 같은 해동신앙이 용신신앙과 연결되어, 용등신앙이 되어, 제주도를 중심으로 남조선의 각지에 그 잔영을 남기고 있으며, 대마도에서도 천동(天童)신앙으로서, 쇼와(昭和)까지 남아 있었다.

○【鵲】 까치(鵲)에 관한 신라 말의 전승으로서 '유' 권제4·보양리목 조에 '於是壤師將興廢寺. 而登北嶺望之. 庭有五層黃塔. 下來尋之則無跡. 再陟望之. 有群鵲啄地. 乃思海龍鵲岬之言. 尋掘之. 果有遺傳無數. 娶而蘊崇之. 塔成而無遺塼. 知是前代伽藍墟也. 畢創寺而住焉. 因名鵲岬寺.'라고 있다. 이곳에서 해룡과 까치(鵲)가 탈해 전설과 같이 한 쌍이 되어 나타나고 있다. 또 까치무리(群鵲)가 길조를 보이는 것도 같다. 중국에서는 "금경(禽經)"과 같이 '영작조희'라고 있으며, 청조의 시조 탄생설화에도 신작(神鵲)이 가져온 주과(朱果)를 마신 천녀가 신의 아들을 낳았다고 하고 있다. 이 같은 중국사상이 조선에 전래된 것인가라고 생각되지만, 까치(鵲)에 대한 민속 신앙은 강원도, 경상도 방면에 많고, "파마국풍토기"에 '船引山, 此山有鵲鳥, 世俗云韓國鳥'라고 하고 있는 것으로 보아도, 조선에 많은 새로서, 수이코(推古) 6년 4월에 신라로부터 까치 두 마리를 헌상 받았다는 것으로 보아도, 신라에서 일찍부터 까치(鵲)를 신앙의 대상으로 했던 것이라고 봐도 좋을 것이다. 까치는 동아시아뿐만 아니라, 유럽에서도, 하늘과 땅 사이를 왕래하는 영조(靈鳥)라고 해 왔던 것이며, 매우 오랜 시대의 문화전파는 일단 놔두고서라도, 신라신화의 형성 시기에 중국방면에서 전래된 신화요소라고 볼 필요는 없을 것이다. 일본에서는 새의 신앙은 구마노(熊野)(tokoyo의 신, 바다를 건너온 신) 신의 사자이며, 민속 사이에는 misaki(ミサキ)[278]의 전승으로 퍼져 있다. 해상동정의 진무(神武)천황(본명: hikoodemi)를 선도하는 일본의 신으로서, yata 鳥[279] 전설도 참고 예가 된다.

---

278) 일본의 신.

○ 【櫝(櫃)子】 알이 생명력을 머금는 것으로서, 신 그 자체, 혹은 신이 머무르는 곳으로 생각되어 왔다. 원시시대의 이 같은 종교적 관념으로부터, 금속기의 도입이나 중국의 신문물의 도입에 의해, 이것을 숭배하게 되고, 신이 머무르는 것도 원시적인 알에서 신문물로 변화되어 간다. 이 궤짝(櫝子)이나 알지전승의 황금 궤 등은, 알에서 발전된 성기(聖器)의 사상이다.

○ 【長二十尺】 고려조·조선의 양전척·결부의 바탕이 된 척도는, 주척에 의해서였다. 신라의 조방제는 동위척에 의한 것 같으나, 본문의 척(尺)은, 주척·동위척·혹은 당척 등의 어느 것에 의한 것인지는 불명.

154○ 【龍城國】 탈해가 태어난 나라. '나기 탈해이사금 전기(前紀)에 '脫解本多婆那國所生也. 其國在倭國東北一千里.'라고 보이는 것으로부터, 일찍이 일본에서는 多婆那를 但馬나 肥後玉名郡 그 외로 추정하는 자가 있었으나, 모두 세세한 고증 없는 추정이다. 154a에 '龍城, 在倭東北一千里'라고 되어 있듯이, 이야기의 본국은 신라의 동방 훨씬 먼 바다 가운데로 상정하는 것이 지당할 것이다. 그리고 '유'의 탈해전설에는 불교의 설화나 사상에 바탕을 두는 문구가 있어, 소위 '동해의 용왕'은 신라의 모든 불설 가운데에서 자주 보게 되는 말이며, 용성은 우리들 귀에 익숙한 '용궁', 혹은 'watatumi의 나라'라고 하는 쪽이, 그 신화적 의미를 이해하기 쉬울 것이다. '사'에서는 '유'의 용성국이 다파나국(多婆那國)으로 바뀌어 있다. 다파나국의 이름은 '위지' 세종기영평 원년 3월 기해 조에 서역의 우전과 함께 보인다. 아마 서역의 한 소국이었을 것이다. 그런 까닭에, 이곳에 보이는 다파나국이라는 것은 지리적으로 전혀 맞지 않으나, 용성국왕인 함달파가, 서역의 악신건달파 신앙에 유래한다고 생각되기 때문에, 불전에 의한 문화전파의 경로로 말하면, 용성국과 다파나국의 일치를

---

279) 일본신화에서 神武東征 때, 高皇産靈尊(タカミムスビ)에 의해, 神武天皇에게 보내어져, 熊野國에서 大和國으로 길 안내를 했다는 까마귀. 길 안내의 신이라고 한다.

인정해도 되지 않을까.

154a○ 【正明國】【琓夏國】【花厦國】 미상.

○ 【二十八龍王】 용은 범어 나가(那伽)nāga의 역. 그 우두머리를 용왕 혹은 용신이라고 하며, 물속에 살며 구름을 부르고 비를 일으킨다고 믿어 온 뱀 모양의 귀신 종류로, 세계각지에서 물의 신으로서 신앙을 모으고 있다. 불교경전에도 많은 설화가 있으며, 불교를 수호하는 팔부중의 하나로 헤아리고 있다. 그 수도 많아, "불모대공작명왕경"에는 실로 160여 종의 용왕이 나와 있다.

○ 【八品姓骨】 신라에서는 성(聖)·진(眞) 2골 및 6·5·4두품(頭品)의 신분제도가 있었다. 3·2·1두품에 대해서는, 구체적인 사료가 빠져 있으나, 두품의 수치배열로부터, 그 존재가 예상되고 있다. 이 2골과 6가지 두품을 합쳐 팔품 성골(姓骨)이라고 했을 것이다. 신라의 골품에 대해서는 많은 연구가 있으나, 그것이 제도화된 것은 상당히 늦고, 골(骨)에 대해서는 7세기 중엽, 두품에 대해서는 9세기가 되고부터이다. 그러나 골품이 사회적 기능을 가지고 있었던 것은 이보다 훨씬 이른 것이었다고 생각된다. 골품의 명칭에서 신분질서가 혈연에 의한다고 예상되지만, 신라 사회에서는 지연성이 강한 사회이기 때문에, 그 사회적 기능에 대해서는 또한 고찰의 여지가 남아 있다. 골품제의 연구로서는 앞서 보인 여러 논문이 있다. 今西龍 ‘新羅骨品考’·‘新羅骨品“聖而”考’(“新羅史硏究” 수록), 池內宏 ‘新羅の骨品制と王統’(“滿鮮史硏究” 上世第二冊 수록), 三品彰英 ‘骨品制社會’(“古代史講座”7 수록), 武田幸男 ‘新羅の骨品體制社會’(“歷史學硏究” 299호), 井上秀誰 ‘新羅の骨品制度’(“歷史學硏究” 304호).

○ 【含達婆】 ham-tär-pha. 함달파는 불교음악의 신으로, 서역에서는 주사적 악인(樂人)을 가리키며, 용인(龍人)신앙과 연결되어 있다. 신라에서는 ‘유’ 권제5·융천사혜성가 조에서, 진평왕대의 화랑 거열랑 등이 동해변의 풍악(楓嶽)에서 다음의 노래를 불러 왜군래관의 흉조를 지워 없앴다는 전설이 있다. 그 노래는 ‘살고 있는 세동방의 물가, 건달파가 노니는

성(城)을 바라보며, 왜군이나 올까 봉화를 붙여 근처에 이른다.'라고 있으며, 건달파＝함달파를 노래하고 있다. 이 함달파 신앙은 산수의 영역(靈域)에 유오가무하며, 또한 해신(海神)신앙과 긴밀하게 연결되어 있는 화랑의 도가 불교신앙과 합하여 일어난 것이다. 함달파의 이름은 불전에 유래하는 것으로, 불교신앙의 색이 짙은 것이지만, 현실의 신앙형태는, 오히려 고유의 민족본래의 해신신앙에 가까웠던 것은 아닐까 생각된다.

○ 【積女國】cŏk-nyŏ-kuk. '나기에는 탈해의 어머니에 대하여 '初其國王娶女國王女爲妻'라고 되어 있으며, 모두 탈해의 어머니를 여국(女國) 출신이라고 하고 있다. 이것과 관련되는 설화로서, "후한서" 동이전 동옥저조에 '又說海中有女國. 無男人. 或傳. 其國有神井. 闚之輒生子云.'이라고 있으며, "위지"에도 이것과 비슷한 전승이 있다. 지금도 통천지방에 용녀신의 신앙이 변질되면서 남아 있다. 일본의 海宮遊幸神話[280]도 또 이 바다 가운데의 여국(女國)으로 볼 수가 있다.

○ 【有赤能護. 舡而至此】일본의 hikohohodeminomikoto(ヒコホホデミノミコト)[281]의 海宮遊行의 신화에 toyotamahime(トヨタマヒメ[282])가 해궁에서 나와서 우가야후키아에즈노미코토[283]를 출산할 때, 본래의 모습인 팔심웅악[284] 혹은 용의 모습으로 나타나는 이야기와 상통한다. 적룡(赤龍)은 해룡탈해의 어머니의 출현 형상이다.

155○ 【吐含山】경주의 동남근교에 있는 영산(靈山). '사' 제사지의 중사(中祀) 조에 '五岳. 東, 吐含山(大城郡). 南, 地理山云云'이라고 보인다. 경주에서 동해안까지는 토함산 북쪽 기슭을 경유해야만 하고, 또 동방해안 일

---

280) 아래에 자세히 나온다.

281) 神武天皇을 말한다.

282) 豊玉姬. 용궁의 공주.

283) 鵜葺草葺不合命(ウガヤフキアエズノミコト). 豊玉姬가 출산할 때, 가마우지 깃털로 보이지 않게 가렸으나, 채 다 깔지 못하고 태어났다는 뜻에서 유래. 豊玉姬의 동생인 玉依姬 손에서 자라, 그녀와 결혼, 4명의 자식을 낳고 그 막내가 神武天皇이 된다.

284) 악어.

대에는 탈해나 문무왕의 전설지역(咸恩寺·利見台·大王巖)이 산재되어 있다. 이 산이 왕성동방의 진호(鎭護) 산이 되는 것은 당연하며, 불교융성기가 되어, 이 영산(靈山)에 불국사가 세워지고, 석굴암이 만들어진 것도 그 성산(聖山)인 까닭이다. 다음으로 탈해는 해룡 계통의 신인이며, 토함산의 산신은 동해의 신을 봉사(奉祠)했던 것이다. 토해(吐解)라고도 적었다. 즉 탈(脫)과 토(吐)는 유음(類音)에 의한 차자이다. 토해(吐解)·토함(吐含) 모두 같은 말로, 각각 인명이 되기도 하고, 산 이름이 되기도 했던 것이다. 덧붙여 토함산에서 동해를 조망한 경치는 아름답다.

○ 【作石塚】 '나기 남해왕 11년 조에 '(전략)屯於閼川之上. 造石堆二十而去. 六部兵一千人追之. 自吐含山東. 至閼川. 見石堆. 知賊衆乃止'라고 있으며, '나기에서는 석퇴(石堆)가 많음을 가지고 왜적이 많은 것을 보이는 것과 합리적으로 판단하고 있다. 그러나 탈해가 토함산 위에 석총을 만들었다고 하는 전승은 이 같은 해석으로는 성립되지 않는다. 조선에는 석단(石段)·석퇴의 신앙이 보이며, 그 영향으로 이 같은 기사가 생겼다고 생각된다. 조선에서는 신성한 수림 속에 신단으로서 쌓아 놓은 석단(石先王等이라고도 한다)이 있고, 이들을 종종 옛 사람의 석장이라든가, 모신과 자신을 제사 지내는 곳이라고 하며 전해지고 있다(孫晉泰, '朝鮮の累石壇と蒙古の鄂博に就いて', "民俗學" 五ノ一二). 또 고려시대에는 돌을 쌓아 만든 장생표가 있었으며, 촌락의 수호신·경계의 신을 제사 지내고 있었다. 이와 같은 풍습은 널리 퉁구스족·몽골족 등에 보이는 신앙 형태로, 북아시아의 민속이 한반도에 전파된 것이라고 생각된다(秋葉隆, "朝鮮民俗志"). 쓰시마(對馬)의 천동보살의 분총(墳冢)이라고 전해지는 그 지역의 쌓은 석단은 조선의 석단과 닮았으나, 한편 말레이시아 등의 남방 여러 지역과도 유사한 석단 무리가 있어, 그 방면으로부터의 영향도 생각할 수 있다(三品彰英, '對馬の天竜傳説', "增補日鮮神話傳説の研究", 論文集第五卷 所收). 한편 탈해는 대장장이였다고 하는 것으로 보면, 대장장이의 신은 지하에 있는 소인(小人)이라고 하는 전설이 널리 유럽, 아

시아 대륙 여러 종족 사이에 있기 때문에, 그러한 모티브와 연결되는 점
도 고려해야 할 것이다.

○ 【一峯如三日月】월성을 말한다. 고려에서는 참위설에 바탕을 두는 지리
풍수설이 유행했으나, 탈해가 토함산에서 성 안을 바라보며, 땅의 점을
쳐서, 호공(瓠公)의 저택을 궤계(詭計)로 빼앗은 것도, 그러한 사상과 통
하기 때문이다. 이곳에 옮겨 산 탈해가 월성이라고 이름을 지었다고 '나
기에 전하고 있다.

○ 【瓠公】'나기에는 '瓠公者. 未詳其族姓. 本倭人. 初以瓠繁腰. 度海而來.
故稱瓠公'이라고 되어 있다. 더 나아가 그는 시조 혁거세의 사자로서, 마
한에 부임하여, 마한왕과 진한 변한 2한(韓)의 소속을 다투어(시조 조)
탈해에게는 월성의 주택을 양보했으나, 탈해가 왕위에 오르자 대보(大
輔)가 되고, 이윽고 시림(始林)에서 김씨의 조상 김알지를 찾아냈다(탈해
조)고 한다. 이 전승 가운데, 호공 본래의 전승은 해상 도래와 주택의 분
쟁에 다 채우고, 다른 것은 후세 사가의 가필일 것이다. 바다를 건널 때,
호(瓠)를 이용한 것은 진구(神功)전설에도 보이나, 표주박(瓠)의 부력에
흔들대는 마술이었을 것이다. 그리고 해상으로 오는 신의 이야기가 왜인
도래설로까지 발전했을 것이다. 또 역사적으로 보이는 기사는 후세 사가
의 가필이겠지만, 시조 혁거세의 성 박씨의 유래를 '나기에 '辰人謂瓠爲
朴. 以初大卵如瓠. 故以朴爲性'이라고 설명하며, 앞서 말한 진한 6촌의
제1인 알천 양산촌의 수장인 알평(謁平)이 처음으로 강림했던 것은 호암
봉(알천의 북쪽 물가에 있다)이라고 한다. 신라의 고전승과 호(瓠)의 관
계도 흥미 깊다.

○ 【我本治(冶)匠】돌궐의 개국전설이나 몽고의 먼 조상 전설에도 대장장이
전설이 있고, 시베리아나 만주, 몽고의 샤머니즘 사이에는, 철이라는 말
만으로도 마귀를 물리치게 된다고 하고 있다. 또 야쿠트족[285]에서는 무

---

285) 동부 시베리아에 사는 민족. 야쿠트어는 튀르크어의 하나.

녀의 옥 장신구를 만드는 자는, 9대 이상을 경험한 대장장이가 좋다고 하고 있다. 조선의 무녀가 그 옷에 쇠로 만든 동그란 접시나 방패 모양의 철편을 붙이거나, 혹은 도검을 가지는 것에 의해, 주력(呪力)을 강하게 한다고 생각하고 있다. 이와 같이, 샤먼과 대장장이와는 불가분의 관계를 가지고 있었다. 대마도의 천룡지의 다데라(龍良)나 조선의 옛 지명 다다라(踏鞴)津(神功紀)·다다라(多々羅)(敏達紀)를 비롯해, 조선의 귀화인 부락에 다다라(タタラ)의 지명이 많다. 특히 산성이 많은 다다라(多々羅)의 임나의 귀화인이 김의 다다리(多々利)를 헌상했다는 "신찬성씨록"의 기사에는 주목된다. 더 나아가 宇佐八幡[286]의 전승에는 대장장이의 신이 3세의 신동으로서, 연못가에 출현하고 있다. 이와 같이 대장장이 신앙은 북아시아의 샤머니즘에 시작되어, 조선을 거쳐 일본에 전파되었다는 것을 보이고 있다. 일본의 대장장이 전설로서는, 수미야기고조(炭燒小僧)·수미야기고고로(炭燒小五郎)의 이야기로서 알려져 있다.

156○ 【何尼】a-ni '유' 왕력에서는, 탈해왕비를 남해왕의 딸 아로(a-ro)부인 이라고 하고, '나기에서는 아효(a-hyo)부인이라고 하고 있다. 스에마쓰(末松)는 효·노·이(孝·老·尼) 3자는 자형이 매우 비슷하기 때문에, 시비를 가리기 어려우나, 노(老)가 맞고, 孝·尼는 잘못 전래되었을 것이다. 아로(阿老)는 알·아리·아루(閼·娥利·阿婁)와 같은 말이라고 하고 있다. 또한 남해왕의 누이 아로(阿老)의 이름이 '사' 제사지에 보인다. 이와 같이 보면, 남해왕을 비롯해, 어머니 알영·왕비 아루부인·누이 아로(阿老)·딸 아로(阿老)라고, 남해왕의 한 가족 모두의 인명의 어간이 ar이며, 알(卵) 내지는 곡물을 나타내는 말을, 차자만을 달리한 것이 된다. 또 아로는 귀녀(貴女)를 부르는 존칭 내지는 보통명사라고 해석을 해야 할 것이며, 후대의 아지씨와 통하는 말이기도 하다.

157○ 【東岳】토함산을 말한다. '승람'의 경주부·산천 조에 '吐含山(在府東

---

286) 宇佐八幡宮(うさはちまんぐう).

三十里. 新羅稱東嶽. 爲中祀)'라고 되어 있다(토함산 항목 참조).

○ 【白衣】 신분이 낮은 자, 시종의 뜻.

○ 【遙乃井】 yo-nae-cōn. 요(遙) 뜻myor·내(乃) 음nae·정(井) 옛말ör이라고 읽으면, myor → moro, moir(山), nae(나오다)의 뜻. 따라서 요내정은 '산에서 나는 샘터(泉井)'를 의미한다. 즉 해상에서 온 물의 신으로서의 탈해신앙에 유래한 샘터(井泉)전설에 어울린다. 이 요내정의 추정지는 불명이지만, 오늘날 또한 신앙을 가지고 있는 토함산 석굴암 근처의 성스런 샘터(聖井)를 연상한다.

158○ 【光虎帝】 후한 제1대의 천자. 광무제를 말한다.

○ 【中王六年丁巳六月】 광무제는 건무중원 2년(57) 정사의 2월에 죽고, 중원은 2년으로 끝나 있다. '사' 연표에서는 탈해의 즉위를 중원 2년이라고 하고, '유' 왕력도 또한 '丁巳立'이라고 있기 때문에, 중원 2년 정사(丁巳)가 맞고, 중원 6년은 잘못 간행된 것이다. 다만 163a의 주문으로 보아, 이 오간(誤刊)은 '유' 편찬자에 의한 것이 아니고, 그 원전에서 나온 것이라는 것을 알 수 있다. '나기'에서는 유리왕 34년(중원 2년에 해당한다) 동 10월에 왕이 죽었고, 탈해왕 전기(前紀)에는 유리왕의 유언에 의해 탈해가 즉위했다고 하는 전승을 들고 있다. 이 같은 '나기'의 기술에 따르면, 탈해의 즉위는 동년 10월 이후라야 한다. 이곳에 6월이라고 보이는 것은 다른 종류의 사료에 의한 것이라고 생각된다.

159○ 【姓昔氏】 석씨(昔氏)의 성씨에 관한 기원전승으로서 '나기 탈해왕 즉위 전기에 '或曰. 此兒下知姓氏. 初櫃來時. 有一鵲飛鳴而隨之. 宜省鵲字. 以昔爲氏.'라고 있으며, 이곳의 후반의 설명과 대동소이하다. 양주동은 석탈해라고 이어서 읽고, 석탈(昔脱)을 nyes-to라고 부르고, 구기(舊基)의 의미라고 했다. 스에마쓰(末松)는 석(昔)의 음sōk에서 '배를 묶는 데 여건이 좋은 장소', '선착장'을 의미하는 것이라고 하고, 탈해가 해외에서 온 도래자인 것으로, 이것에 어울리는 sōk(昔)을 붙였다고 하고 있다. 그러나 탈해전설은 신라중기 이후 발생한 석씨(昔氏)와는 관련이 없고, 관

넘적으로 탈해 전설과 억지로 맞춘 것이 분명하기 때문에, '사', '유'의 까치(鵲)과 관련된 억지로 맞춘 전승을 그대로 다루었다고 해도 좋지 않을까.

160○【建初四年己卯】서기 79년. 건초(建初)는 후한 제3대의 장제조의 원호. '사' 연표에서는 건초 5년 경진년에 탈해가 죽었다고 되어 있고, '나기'도 이것과 맞다. '유' 왕력은 전왕의 훙년을 차왕 즉위년이라고 하고 있고, 제5대 파사왕이 경진년에 즉위하고 있는 것으로 보아, 이곳의 기사는 별개의 사료에 의한 것이라고 해야 할 것이다.

○【疏川】소(疏)는 음차 so로, 소벌(蘇伐)·서벌(徐伐)의 蘇·徐와 통음 so → sōe 즉 동(東)의 옛 말이라고 해석한다면, 소천(疏川)은 동천(東川)과 같은 말이다. 또한 주해 121 발천·북천(撥川·北川)의 항목에서 말했듯이, 현재 북천은 동천이라고 부르는 강으로, 토함산의 북방의 계곡에서 흘러 나오는 강이다. 따라서 토함산의 산신(동악신)인 탈해가 소천 언덕에 묻혔다는 전설과 일치한다.

161○【齒凝如一】이빨(齒)에 관한 설화로서는, 144나 '나기 유리왕 전기(前紀)에 '凡有德者多齒', '吾聞聖智人多齒'를 들 수 있다. 이곳에서는 그 반대로 이빨이 하나(一枚) 같다고 말하고 있는데, 역시 치아에 관한 신비성이라는 것일까. "古事記" 한세이(反正)천황 조에 '이 천황, 몸의 길이 9척 2촌 반,[287) 이빨의 길이 1촌, 넓이는 2푼. 상하 가지런하고, 원래 구슬을 꿴 것 같다.'라고 되어 있으며, 탈해와 같이 장신·한 덩어리 치아의 전승이 보인다. 이 같은 신앙이 있었던 것일까라고 생각된다.

○【碎爲塑像】화장한 뼈를 갈아서 초상(肖像)이나 불상에 칠하는 것은 불교의 영향이다. 민족고유의 탈해(동악신)의 전설이 그와 같이 조화를 이루면서 변화했던 것이다.

161a○【調露二年庚辰】서기 680년. 조로(調露)는 당고종 조의 원호.

---

287) 尺(자)=30.3cm, 寸(치)=3.03cm, 分=0.303cm.

○【東岳神】이 전승은 탈해가 문무왕대에 국가적 산신으로서 특히 중시되었다는 것을 보이는 것이다. 그러나 본래 탈해는 동구(東丘)의 산신으로, 그것이 왕대(王代)사의 석씨 시조전설로 다루어진 것이라고 봐야 할 것이다.

¹⁶²김알지 탈해왕대

金閼智 脫解王代

¹⁶³永平三年庚申 ^{163a}一云中元六年. 誤矣. 中元盡二年而已. 八月四日. 瓠公夜行月
城西里. 見大光明於始林中. ^{163b}一作鳩林. 有紫雲從天垂地. 雲中有黃金樻
(櫃). 掛於樹枝. 光自樻(櫃)出. 亦有白雞鳴於樹下. 以狀聞於王. 駕幸其
林. 開樻(櫃)有童男. 臥而即起. 如赫居世之故事. 故因其言以閼智名之.
閼智即鄕言小兒之稱也. 抱載還闕. 鳥獸相隨. 喜躍蹌蹌. ¹⁶⁴王擇吉日册
位太子. 後讓故(於)婆娑. 本即王位. 因金樻(櫃)而出. 乃姓金氏. ¹⁶⁵閼智
生熱²⁸⁸⁾漢. 漢生阿都. 都生首留. 留生郁部. 部生俱道. ^{165a}一作仇刀. 道生
未鄒. 鄒即王位. 新羅金氏自閼智始.

---

288) 파른본. 고증. '熱'.

162 김알지 탈해왕대(金閼智 脫解王代)

163 영평 3년 경신년**163a**혹은 중원 6년이라고 하고 있으나, 잘못이다. 중원(中元)은 2년으로 다하고, 그 이상은 이어지지 않는다. 8월 4일. 호공이 밤에, 월성 서쪽 마을에 갔을 때의 일. 시림(始林)**163b**혹은 鳩林 안에 크게 빛나는 빛을 보았다. 그렇게 자색 구름이, 하늘에서 땅으로 내리고, 그 구름 안에는 황금 궤(櫃)가 보이고, 그것이 나뭇가지에 걸렸으며, 큰 빛은 그 궤에서 나왔고, 나무 아래에는 흰 닭까지 울고 있었기 때문에, 이 모양을 왕에게 알렸다. 왕은 그 숲에 나가, 궤의 두껑을 열어 보자, 안에 어린 남자아이가, 곧장 일어났고, 그 모습은 그 혁거세의 고사와 같다. 그래서 스스로 알지거세간이라고 이름을 댄 것으로 인해, 이 동자도 閼智라는 이름으로 불리게 되었다. 알지라는 것은 분명 이 나라에서 소아(小兒)를 가리키는 말이다.289) 왕은 동자를 태우고 궁성으로 돌아오자, 새나 짐승도 그 행렬을 따르고, 그 기쁨에 춤추며 날아오를 정도이었다. **164** 왕은 길일을 골라, 이 동자를 세워 태자의 자리에 앉혔으나, 나중에 태자는 왕위를 파사에게 양보했기 때문에, 자리에는 오르지 않았다. 알지는 그 금궤가 가진 인연으로 이 세상에 태어났다고 하기 때문에, 김씨를 그 성으로 했다. **165** 알지는 이윽고 열한을 낳고, 열한은 아도를 낳고, 아도는 수류를 낳고, 수류는 욱부를 낳고, 욱부는 구도**165a**혹은 仇刀라고 한다.를 낳고, 구도는 미추를 낳고, 이 미추는 왕위에 올랐다. 신라의 김씨는 알지에서 시작된 것이다.

---

289) DB. 그래서 혁거세가 처음으로 입을 열었을 때, 스스로 알지라고 하였다. 알지는 우리말로 아이(小兒)를 일컫는 말이다.

162○ 【金閼智】kum-ar-ci. 김(金)은 신라왕실이 6세기 중엽 이후, 중국의 책명을 받기 위해, 성 김씨를 대고, 이후에 붙여진 것이다. 알지(閼智)의 智는 존칭어미로, 알(閼)(ar)은 '난(卵)', '곡물(穀物)', '피곡(皮殼)'을 벗기고 나타나는 것', '껍질을 벗고 나타난 것'을 원래 의미로 하고 있다. 알이나 곡물은 그 안에 신비한 영력을 머금고, 생명력의 용기라고 생각되어, 일찍부터 사회인이 숭배하는 신령의 상징으로 보였다. 신문물의 사용과 함께, 알이 성기(聖器)로서, 또 궤짝이나 황금 궤 등으로 바뀌는 일도 있다. 이와 같이 알지는 신령 그 자체, 내지는 신이 깃들어 있는 것으로, 신화형성을 할 때에, 국조신・왕자(王者)의 시조가 되어 간다. 또 강림하는 신은 생성력을 상징하는 소아의 모습으로 나타난다. 그것으로부터 알지를 '鄕言小兒之稱也'라고 하는 것이다. 김알지는 신라왕실의 시조가 되면서, 국조전설에서는 가장 늦게 나타났고, 일찍이 왕위에 오르지 않았다고 한다. 이 점, 일본의 시조신화 등과는 뚜렷한 차이를 보이며, 신라의 사회 및 정체의 특수한 일면을 말하는 것으로서 주목된다. '나기' 탈해이사금 9년 春3월 조에도 알지의 강림전승이 있기 때문에, '유'의 기사와 비교를 위해 보인다. '王夜聞金城西. 始林樹間. 有鷄鳴聲. 遲明遣瓠公視之. 有金色小櫝掛樹枝. 白鷄鳴於其下. 瓠公還告. 王使人取櫝開之. 有小男兒在其中. 姿容奇偉. 上喜謂左右曰. 此豈非天遣我以令胤乎. 乃收養之. 及長聰明多智略. 乃名閼智. 以其出於金櫝. 姓金氏. 改始林名鷄林. 因以爲國號.'라고. 알지전설의 강림형식은 시조혁거세의 그것과 매우 유사할 뿐만 아니고, 120e에 '初開口之時. 自稱云. 閼智居西干. 一起. 因其言稱之.'라고 되어 있으며, 신사(神事)의례에서 가장 중요한 신의 자칭이 혁거세가 아니고 알지로 되어 있다. 알지는 신령 그 자체를 가리키는 명칭으로, 혁거세는 북방아시아 배천교(拜天敎)에 의한 빛을 보이는 명칭이다. 알지라는 말은 보다 오래되어, 남방계의 민족문화에 이어져 있다.

163○ 【永平三年庚申八月四日】영평 3년은 서기 60년이며, '사' 연표에 의하면, 탈해왕 4년에 해당한다. 영평은 후한 명제 조(57-75)의 원호이다.

알지 강림 연・월・일에 대해서는, '나기'에 탈해왕 9년 춘3월이라고 되어 있어, 연차로 5년의 차이가 있고, 월도 맞지 않다. 아마 162의 표제에 보이듯이, 알지 강림현상의 원형은 탈해왕대에만 있었고, 연차・날짜가 없었던 것인가 생각된다. 그것이 아마 신라 말에 신화전승을 받아들여 중국사적에 준하는 연대사로 했을 때, 제각기 마땅한 연차를 붙였을 것이다. 원리적으로는, 신화적 시조는, 제사의례를 행할 때마다 강림하는 것으로, 1년에 몇 번인가 있을 것이다. 그런 까닭에 연차뿐만 아니라, 날짜도 또 다르게 된다.

163a○ 【一云中元六年. 誤矣. 中元盡二年而已】중원(建武中元)은 후한 광무제 조의 원호. 중원 2년(서기 57)에, 광무제가 죽고 황태자인 장(莊)(넷째 아들)이 자리를 이었다. 이것이 제2대의 명제이다. 그래서 중원은 위와 같이 2년까지로 끝나고, 다음 해는 영평 원년이 되었다. 만일 무언가의 사정으로 중원의 연호를 써 오던 대로 했다고 해도, 영평 3년은 중원 5년이 되기 때문에, 중원 6년과는 1년의 차이가 있다.

163○ 【月城】wor-sŏň. '사' 지리지에 의하면, '初赫居世二十一年(기원전 37). 築宮城. 號金城. 婆娑王二十二年(101). 於金城東南築城. 號月城. 或號在城. 周一千二十三步 新月城北有滿月城. 周一千八百三十八步.(中略) 始祖已來金城. 至後世多處兩月城.'이라고 있다. 그 연차는 물론 따라야 할 것도 없지만, 남천(南川)의 북쪽 물가, 약간 높은 곳에 산성의 흔적이 오늘날 또한 남아 있다. 월성의 이름은 월(月)의 뜻 tar에서 읍성의 의미로, 왕도 여러 성의 중심을 이루는 것이 그 이름으로부터도 알 수 있다. '사'에는 월성의 성문・정청・왕궁에 관한 사료가 매우 풍부하여, 역사시대의 왕성이었다는 것은 분명하다. 그 가운데에서도 임해전지는 현존하며, 후지시마(藤島亥治郞)의 조사보고가 있다('朝鮮建築史論', 其の二). 또한 생각건대, '위지' 한전에 '辰王治月支國'이라고 되어 있는 월지(月支)가 신라의 월성tar-ki과 연관될지도 모른다.

163, 163b○ 【始林(ᆞ作鳩林)】si-rim, ku-rim. 신라의 강림신화에 있어서,

신이 강림하는 곳은 대부분 수림(樹林)이었다고 되어 있다. 또 남부조선의 부락제(祭)에서 신이 강림하는 제사 장소는 역시 수림 또는 신목(神木)이 있는 곳이 많다. 이것은 신라가 신의 뜻에 의해 정치를 행하는 제정시대에, 성지로서 수림이 선택되고, 이곳에서 신정(神政)이 행해졌다는 것을 알 수 있다. 신라가 율령사회가 되어서도, '유' 권제1 · 진덕왕 조에 보이는 4영지와 같이, 수림정치의 흔적을 남기게 되었고, 임(林)의 뜻 suṕur이 그대로 제정이 일어나는 왕도(王都)(spur, sophur)를 보이는 말이 되었고, 신라의 국호, 서벌(徐伐) · 계림(鷄林)(talk 읍락의 suṕur이라는 뜻) 등도 같은 말에서 나오고 있다(124 서벌 · 계림의 주해를 참조). 시림은 '승람' 경주부 · 고적 조에 '始林(在府南四里云云)'라고 되어 있어, 월성의 서방, 남천의 북쪽 물가에 있었던 것이라고 생각된다. 시림은 sai-spur (asi는 新 · 曙 · 東이라는 뜻)이라고 혼독 되었던 것 같다. 또 구림(鳩林)의 구(鳩)ku-ko는 대(大)의 뜻을 가진 미칭으로 풀이된다. 마치 pur(村)과 ku-pue(郡 · koori[コホリ])의 용어법처럼.

163○【關智即郷言小兒之稱也】 미야자키 미치사부로는 '삼국유사 김알지 조에 의하면, 알지라는 말은, 소아의 뜻이라고 합니다만, 살펴본즉, 같은 말의 원래 뜻은 역시, 난생(卵生)과 관계가 있는 것이라고 생각됩니다. … 지금의 한국어(韓國語)에서는 어린아이를 아지(阿只), 즉 a-ki라고 하며, 이것을 ak-chi라고도, 또 ar-ki라고도 말하지는 않습니다만, 계(鷄)를 말할 것 같으면, 경성에서 tark, 부산에서 tak이라고 말하는 예가 있는 걸로 보면, 나는 阿只로서 알지(關智) 즉 ar-chi(ar-ki)의 와전으로 보고자 합니다.'(法學協會雜誌 二六ノ四, 六'阿利那禮河と新羅の議會')라고 말하며, 시조알지와 소아와의 내용적인 관련성에는 깊이 추구하고 있지 않으나, 20세기 초두에 보이는 방언의 차이에서, 언어상 양자의 일치를 인정하고 있다. 또 아유가이(鮎貝房之進)는 유아를 의미하는 아지(阿只)에 대하여, 只는 '지금 조선음 chi에서 ki의 음은 없다. 고음에 ki 음도 있었던 것은, 옛 지명 등에 모두 ki의 음차로 쓰이고 있는 것으로 분명하다.'라고

말하면서, 고대조선과 현대어와의 변화를 분명히 하고 있다. 여기에서 말하는 향언은, 아마 유사 편찬 당시의 것을 말하는 것이겠지만, 앞서 말한 것과 같은 시조알지의 기능으로 하면, 알지 명칭이 생겼던 신라시대에도 알지와 소아(小兒)와는 음 상통하고 있었다고 생각된다.

164○ 【姓金氏】 김(金) 뜻 so는 su-phur이라는 국명의 su, so에서 따온 것일까. 어느 것도 같은 말이기 때문에, 사량부(沙梁部)의 沙를 김(金)이라고 생각해도 좋다. 김씨에 대해서는, 다음에 보이는 기시타(木下)의 논문을 참조.

165○ 【熱漢】[290] yŏr-han '나기 미추왕 전기(前紀)에 '閼智生勢漢. 勢漢生阿道'라고 있다. '文武王陵碑'(681 건립)에 '十五代祖星漢王. 降質圓穹. 誕靈仙岳. 肇臨(下闕), 또 고려 초기의 최언위(崔彦撝) 편찬의 금석문 '廣照寺眞澈大師寶月乘空塔碑'(937 건립)에 '大師. 法諱利嚴. 俗姓金氏. 其先雞林人也. 考其國史. 實星漢之苗.'라고 있으며, 더 나아가 '毗嚧庵眞空大師普法塔碑'(939 건립)에 '俗姓金氏. 雞林人也. 其先降自聖韓. 興於郳勿. 本枝百世. 貽厥嘉猷.'라고 되어 있다. '사'의 세한(勢漢)(se-han)은 신라 및 고려 최초기의 성한(星漢)(sŏn-han)・성한(聖韓)(sŏn-han)과 유음이자로, 마에마(前間)는 성(星)의 옛 뜻 pyŏr("훈몽자회")에서 불・빛(火・光)의 의미를 가진 pur을 나타낸 것이라고 하고, 성한(星漢)을 혁거세・불구(弗矩)에 해당한다고 했다. 스에마쓰(末松)는 열한의 열(熱)을 爇[291]이라고 하며, '燒', '불에 굽다.'의 의미로 보고, 그 뜻 pur-pus-ci-ta, 옛말 pūr-pū-thūr에서 pūr, pur을 나타내는 것이라고 했다. 양쪽 모두 논의 형식을 갖췄지만, 열한은 pur-han으로, 촌락의 어른(首長)의 의미가 된다. 금석문은 겨우 3예에 지나지 않으나, 신라시대의 확실한 사료로서는, 이것에 의해야 할 것이며, 그 어느 쪽이든 왕실김씨의 시조로서 성한

---

290) 이하 모두 이체자 爇을 열(熱)로 표시한다.
291) 熱의 異體字.

(星漢)을 들고 있는 것은 주목된다. 그 명칭이 촌락의 수장이라고 하는, 가장 소박한 인명에서 왔다고 한다면, 이것을 신라시조의 원초적인 것으로 보는 것은 타당할 것이다. 스에마쓰는 성한(星漢)을 purk이라고 한 것 같으며, 역사적 실존의 시조로서 내물을 태양의 의미라고 하고, 문헌상의 시조알지 등과 금석문에 보이는 시조성한 등을, 태양의 속성으로서, 내물(奈勿)에서 분화된 것이라고 보고 있다. 내물과 성한과의 관련은 사료적으로도 분명하지만, 알지와의 관계는 분명하게 되어 있지 않다. 오히려 금석문에 보이는 바에 따라, 열한을 왕실김씨의 시조라고 인정하고, 거기에서 신라신화의 형성과정을 다시 생각해 볼 필요가 있을 것이다.

○ 【阿都】a-to 【首留】su-ryu 【郁部】uk-pu 【俱道】ku-to. '나기' 미추왕 전기에 '勢漢生阿道. 阿道生首留. 首留生郁甫. 郁甫生仇道. 仇道則味鄒之考也.'라고 되어 있다. 4대째 수류(首留)가 양쪽 모두 완전히 동일문자를 사용하는 것을 비롯하여, 3대째 아도(阿都)와 아도(阿道), 6대째 구도(俱道)와 구도(仇道) 모두 그 음은 완전히 같다. 5대째 욱부(郁部)와 욱보(郁甫), pu와 po와의 차이가 있을 뿐으로 김씨의 선조는 3대부터 6대까지 거의 완전히 일치하고 있다. 게다가 그 사이에 무언가의 전승도 전해지고 있지 않다. 참고, 木下禮仁, '新羅始祖系譜의 構成—金氏始祖를 中心으로 해서'("朝鮮史研究會論文集", 第2集).

¹⁶⁶연오랑 세오녀

延烏郎 細烏女

¹⁶⁷第八阿達羅王即位四年丁酉. 東海濱有延烏郎細烏女. 夫婦同²⁹²⁾居. 一日延烏歸海採藻. 忽有一巖. ^{167a}一云一魚負歸日本. 國人見之曰 "此非常 人也." 乃立爲王. ^{167b}按日本帝記. 前後無新羅人爲王者. 此乃邊邑小王. 而非眞王也. 細烏 怪夫不來歸尋之. 見夫脫鞋. 亦上其巖. 巖亦負歸如前. 其國人驚訝. 奏獻 於王. 夫婦相會. 立爲貴妃. ¹⁶⁸是時新羅日月無光. 日者奏云 "日月之精. 降在我國. 仐(今)去日本. 故致斯怪." 王遣使來(求)二人. 延烏曰 "我到此 國. 天使然也. 今何歸乎. 雖然朕之妃有所纖細鄕綃(絹). 以此祭天可矣." 仍賜其綃(絹). 使人來奏. 依其言而祭之. 然後日月如舊. 藏其綃(絹)於御 庫爲國寶. 名其庫爲貴妃庫. 祭天所. 名迎日縣. 又都祈野.

---

292) 고증. 同. 규장각. DB. 파른본. 이(而).

166연오랑 세오녀(延烏郎 細烏女)

167제8대 아달라왕이 즉위해서 4년째, 정유년의 일. 동해안의 해변에 연오라는 남자와 세오라는 여자가 부부로 살고 있었다. 어느 날, 연오가 바다에 가서 해조(海藻)를 캐고 있으니, 갑자기 하나의 바위가 나타나,**167a**일설에는, 바위가 아니고, 한 마리의 물고기라고 한다. 연오를 태우고 일본으로 건너가 버렸다. 이 연오랑을 보고, 일본의 사람들은 '이것은 보통 사람이 아니다.'고 서로 말했다. 그래서 연오랑을 세워 그 나라의 왕으로 했다. **167b**"일본제기"를 살펴보아도, 이때에 신라인이 왕이 되었다는 예는 찾을 수 없다. 그렇기 때문에, 이 일본의 왕이라는 것은, 어느 외진 시골의 소왕(小王)이고, 진짜 왕은 아닐 것이다. 세오는 아무리 기다려도 남편이 돌아오지 않는 것을 이상하게 생각하고, 남편을 찾으러 해변에 나가 봤더니, 그곳에 버려진 남편의 짚신을 발견했다. 세오도 그 바위에 올라 봤는데, 그러자 이내 연오 때와 같이, 바위는 세오를 태운 채 일본으로 가 버렸다. 일본 사람들은 바위가 한 여자를 태우고 온 것에 놀라는 한편, 또 의심스러워, 그 모양을 왕에게 알리고, 그 여자를 왕에게 보냈다. 그래서 연오와 세오는 재회하고, 왕은 세오를 왕비로 세웠다. **168**이때 신라에서는 태양도 달도 빛을 잃어 버렸다. 궁정에 일하는 천문관은, 이러한 이상한 일을 점치고 '태양과 달의 정기는, 모처럼 우리나라에 내려왔는데, 지금은 벌써 일본으로 사라져 갔습니다. 이렇게 태양도 달도 빛을 잃어 버린 것은 그 때문이옵니다.'라고 아뢰었다. 그 때문에 신라의 왕은 사자를 보내, 어떻게 해서라도 두 사람을 돌아오게 하려고 힘썼으나, 연오랑은 '제가 이 나라에 온 것은, 하늘이 명했기 때문이옵니다. 그러므로 지금 어떻게 돌아갈 수 있겠습니까. 그럼 말입니다만, 여기에 제 아내가 짜 만든 아름다운 명주가 있사옵니다. 이것을 가지고 천신에게 제를 올리시면, 꼭 좋은 결과를 얻을 수 있겠습니다.'라고 말하며 신라에서 온 사신에게 그 귀한 명주를 하사했다. 사신은 고국으로 돌아가 일부시종을 왕에게 주상하고, 그 말대로 제를 올렸더니, 그 후 태양도 달도 원래대로 빛나게 되었다. 그 흰 명주로 짠 것은, 궁정의 창고에 넣은 뒤, 나라의 보물로 정해지고, 그 창고는 귀비고라고 이름을 지었다. 또 천신을 제사 지낸 장소는, 영일현 혹은 도기야라고 이름을 지었다.

166○ 【延烏郞 細烏女】 이 전설 인명을 어떻게 읽는지는 미상. 중국의 까마귀(烏)와 태양의 전설에 연결 지어서 해석하는 설도 있으나, 정곡을 벗어난 것이다. 오(烏)는 인명 득오・곡오・기오공 등의 예와 같이, 차자문자에 지나지 않는다. 오히려 해양을 거주지로 하고, 까마귀(烏)를 그 사자로 하는 신앙과 관계가 있을 것이다. 탈해전설의 까치(鵲)(朝鮮烏)와 비교해도 좋다.

167, 167a○ 【延烏歸海採藻. 忽有一巖. 一云一魚負婦日本云云.】 해와 달(日月)의 정기인, 연오와 세오가 한 바위를 타고 일본으로 돌아갔다는 전승은, 태양이 배를 타고 천계를 운행한다고 생각하는, 소위 태양선 신앙과 그 모티브를 같이할 것이다. 이러한 형태의 신화는 뉴라시아대륙의 남해안 지대에 분포하고, 해양의 열매로서 태양의 고토(故土)라고 생각하는 해양형 신화에 속하고 있다. 이곳에는 일본을 태양의 고토라고 비정하고 있으나, 물론 후대적인 관념에 의한 것이다. 이 신앙은 죽은 영혼이 가는 저승 세계를, 바다의 열매라고 생각하는 해양민족 공통의 관념과 결합해서, 죽은 영혼이 타고 가는 태양영선 신앙으로의 발전, 유럽이나 북아프리카에서는 영혼을 나르는 태양선의 조각이나, 고분 안에서 배가 발견되는 예도 있다. 규슈(九州) 메즈라시즈카(珍敷塚)고분의 벽화는, 이들 여

러 지방의 태양영선과 그 구도에 있어서 높은 근사성을 가지는 것 이외, 사이도바르(西都原) 110호분에서는 선형식륜의 발견 예도 있어, 이 신앙의 일본으로의 전파를 고고학적으로 뒷받침하고 있는데, 또 문헌면에 있어서도, "琢磨國風土記293)" 가모군 이가이노(賀毛郡 猪養野) 조에 '아마데라스오가미(天照大神)가 앉으시는 배(舟)에서', "수미요시진다이기(住吉神代記)" 이고마간나비(膽駒神南備) 산본기(山本記)에 '大八嶋國294)의 하늘 아래에 태양신(日神)을 보내 받는 것은, 후나기(船木) 먼 신(神), 오다다가미(大田田神)다. 이 신이 만드시는 배 두 척云云' 등이라고 적혀 있다. 조선에서는 태양선 신앙의 흔적을 구체적으로 뒷받침하는 것은 불가능하지만, 일본과 같은 해양형 신화의 문화권에 속하는 이상, 그 존재의 개연성은 높은 것이라고 해야 할 것이다(참조, 松前健"日本神話の新研究").

167b○ 【日本帝記】 권제2·원성대왕 조에도 보인다. 서명으로 보면 일본의 역사서처럼 생각되나 미상.

168○ 【日者】 유사한 말로서 일관의 이름이 '만파식적' 조에 보인다. 아마 천문점을 보는 자일 것이다.

○ 【朕之妃有所纖細郷綃(絹). 以此祭天可矣】 여성 사제자와 베틀(機織)과의 관련을 말한 신화는, 일본 아마데라스가미(天照大神)나 그리스신화의 아테네여신의 예에도 보이듯이, 널리 세계적으로 분포되어 있고, 그것은 여성 사제자가 제신(祭神)을 위하여 신의 옷(神衣)을 짠다는 종교적 행위 위에 성립된 것이다. 태양정기(日精)의 처, 세오녀가 짰다고 전해지는 세견(細絹)이 귀비고(貴妃庫)에 보관되고, 게다가 영일현에서 제천(祭天)의 종의(宗儀)가 실현되고 있는 것으로 미루어 보면, 이 베틀(機織) 전승도 동해를 바라보는 해변의 땅에서 현실로 실천되었던, 하늘의 신을 맞이

---

293) "播磨國風土記"(はりまのくにふどき[하리마노구니후도키]).
294) 'おおやしまぐに', 오야시마구니. 일본국의 이칭(異稱).

하는 의례에 밀착되어서 전승되었을 것이다. 그리고 그 종의(宗儀)가 '일월무광(日月無光)' 때에 맞춰서 실천되는 것으로 보면, 혹은 동지제의 종류에 속하는 제(祭)이었을까. 신포(神布)를 보관하는 보고를 귀비고라고 불렀던 것으로, 이 제천의 의례가 고귀한 무녀에 의해서 이루어졌다고 생각되나, 그것은 '手玉玲瓏織紝之少女[295]' 木花開耶姫[296]가 해변에 八尋殿[297]을 일으키고, 천손을 맞이했다고 전하는 '서기'의 전승과 매우 비슷하다. 조선에 있어서의 하늘에 바치는 직물(神上織物)과의 관련전승으로서는, 옛날 '위지' 예전(濊傳)의 '作縣暁侯星宿. 予知年歳豊約'의 1구가 주목되며, 일본에서도 오진기(應神紀) 14년 조에, '阿知使主等, 自呉至筑紫, 時胸形大神, 有乞工女等, 故以兄媛奉於胸形大神', 유랴기(維略紀) 14년 조에 '以衣縫兄媛. 奉大三輪神' 등의 전승을 남기고 있다. 현재, 무나가다 다이진(胸形大神)[298]을 모시는 무나가다진쟈(宗像神社)에 헤이안기(平安期)의 것으로 추정되는 일본 최고(最古)의 雛形織機[299]가 소장되어 있고, 규슈(九州) 오기노시마(沖ノ島)의 제사유적에서 나라기(奈良期)의 금동제모형베틀(金銅製模型織機)이 발굴된 것 외에, 고분묘에서도 석제모조의 베틀(織機)이 발견되어 있어, 신령과 베틀과의 관련을 구체적으로 뒷받침하고 있다. 또한 신령에게 옷을 모시고 제사지내는 종교적 의의에 대하여, J·E 해리슨은 新衣[300]의 봉헌에 의해서 신의 생명과 복운이 갱신된다고 하는 종교적 관념에 바탕을 두는 것이라고 말하고 있다(三品彰英, '古事記と朝鮮', "古事記大成 神話民俗篇" 所収 · jane Ellen Harrison "Ancient art and Ritual").

---

295) '手玉玲瓏織紝'(たたまもゆらにはたおる), 다다마모유라니하타오루 소녀.
296) このはなさくやひめ, 고노하나사쿠야히메. 大山祇神(おほやまつみのかみ)의 딸.
297) やひろどの, 고지키(古事記)에 등장하는 신전(神殿).
298) 胸形神社 むなかたじんじゃ 栃木縣小山市寒川1730 소재.
299) 雛形 ひながた 작게 축소한 것. 織機는 はた라고도 읽는다.
300) 원저서 그대로.

○【迎日縣. 又都祈野】도기(都祈)는 현대음 toki. 양주동은 '사' 지리1에 '臨
汀縣. 本斤烏支縣. 景德王改名. 今迎日縣'이라고 되어 있는 근조지(斤烏
支)의 도끼(斤)의 뜻 to chō가 도(都)와 통하는 것이며, 도기(都祈)는 근
오지(斤烏支)라고 하고 있다("古歌研究"). 그러나 "훈몽자회"에는 근(斤)
의 훈에 to chō는 보이지 않는다. 영일현에 대해서는 '유' 권제1·남해왕
조를 참조할 것.

¹⁶⁹미추왕 죽엽군

未鄒王 竹葉軍³⁰¹⁾

¹⁷⁰第十三代未鄒尼師今 ^{170a}<small>一作祖又未古</small> 金關智七世孫赫世紫縷仍有聖

德 受禪于理³⁰²⁾解 始登王位 ^{170b}<small>今始(俗)稱王之陵爲始祖堂 盖以金始³⁰³⁾</small><small>始登王位</small>

<small>故後代金氏諸王皆以未鄒爲始祖宜矣</small> 在位二十三年而崩 陵在興輪寺東 ¹⁷¹第十四

儒理³⁰⁴⁾王代 伊西國人來攻金城 我大擧防禦 久不能抗 忽有異兵來助

皆珥竹葉 與我軍幷擊賊破之 軍退後不知所歸 但見竹葉積於未鄒陵前

乃知先王陰隲有功 因呼竹現陵 ¹⁷²越三十六世惠恭王代 大曆十四年已

(己)未四月 忽有旋風 從庾信公塚起 中有人乘駿馬如將軍儀將³⁰⁵⁾

亦有衣甲器仗者四十許人 隨從而來 入於竹現陵 俄而陵中似有振動哭

---

301) DB. 본문 전체에 걸쳐 말(未)로 보인다. 미(未)의 오기(誤記)라고 표시. 이하 같다. 잘못이
　　아닐 수도 있다. 파른본. 전부 未.

302) DB. ≪삼국사기≫ 권1, 신라본기(新羅本紀) 沾解尼師今 조에는 沾.

303) 고증. 始(氏). DB. 문맥상 氏로 수정되어야 할 것.

304) DB. ≪삼국사기≫ 권1 신라본기(新羅本紀) 유례이사금(儒禮尼師今) 조와 ≪삼국유사≫
　　권1, 왕력(王曆)에는 禮. 파른본. 理.

305) 파른본. 狀. DB. 狀.

泣306)聲. 307) 或如告訴之音. 其言曰. "臣平生有輔時救難匡合之功. 今爲
魂魄鎭護邦國. 攘災救惠之心暫無渝改. 徃者庚戌年. 臣之子孫無罪被誅.
君臣下念我之功. 烈臣欲遠移他所. 不復勞勤. 願王充(允)之." 王荅曰.
"惟我與公不護此邦. 其如民庶何. 公復努力如前." 三請三不許. 旋風乃
還. **173**王聞之懼. 乃遣工(上)臣金敬信. 就金公陵謝過焉. 爲公立功德寶田
三十結于鷲仙寺. 以資冥福. 寺乃金公討平壤後. 植福所置故也. 非未鄒
之靈. 無以遏金公之怒. 王之護國不爲 不大矣. 是以邦人懷德. 與三山同
祀308)而不墜. 躋秩于五陵之上. 稱大廟云.309)

풀이 **169**미추왕 죽엽군(未鄒王 竹葉軍)

170제13대 미추이사금**170a**혹은 未祖라고 하고, 또 未古라고도 한다. 김알지의 7
세손이다. 미추왕은, 자영(紫纓)의 서조(瑞兆)에 의해 하늘에서 내려온
혁거세와 같이 한층 덕이 높고, 제12대 유리이사금으로부터 물려받
아 처음으로 왕위에 올랐다. **170b**지금 속칭 미추왕의 능을 시조당이라고 하고 있는 것
은, 아마 김씨 출신이 이 왕이 최초이었기 때문에, 후세 김씨를 말하는 왕이 하나같이 미추를 시조

로 하고 있는 것도 지당한 일이다. 미추왕은 재위 23년 후 죽었다. 이 능은 흥륜
사의 동쪽에 있다. **171**제14대 유리왕 때, 이서국의 군사가 금성에 쳐
들어왔기 때문에, 우리도 대거 이를 방어했으나, 오래 버티지 못할 것
같았다. 그런데 돌연히 그다지 보지 못했던 병사들이 도와주러 나타

---

306) DB. 규장각본. 泣. 고증. 位.
307) 고증. 파른본. 犎(聲).
308) 고증. 파른본. 杞(祀).
309) 고증. 파른본. 厺(云).

났다. 보니까 그 병사들의 귀에는 똑같이 댓잎(竹葉)이 끼워져 있었으나, 우리 군과 힘을 합쳐 적을 쳐부수었다. 그리고 군이 물러간 후에는, 이 원군의 모습도 사라져, 어디로 가 버렸는지, 짐작도 못했던 것이다. 그러나 미추왕의 능 앞에 댓잎이 쌓여 있는 것을 발견했다. 그래서 원군이 나타난 곳은 선왕 미추왕의 음덕 덕택이었다는 것을 알고, 그 대공을 치하해 새로이 죽현릉이라고 부르게 되었다. **172**제36대 혜공왕310)의 대력 14년 기미 4월에 김유신의 묘311)에서 갑자기 선풍(旋風)이 불어 올라, 그 안에서 준마에 걸터앉은 너무나 장군 같은 얼굴 생김새의 용맹한 자가 나타났고, 그 뒤에는 갑옷과 투구를 걸친 자가, 40명 정도나 따르고 있었다. 밖으로 나온 한 무리는 그대로 죽현릉에 들어갔는데, 그러자 살짝 능이 진동을 하고, 안으로부터 격하게 흐느끼는 목소리까지 새어 나와, 아무래도 무언가를 호소하고 있는 모양이었다. 그 말하고 있는 것을 들으니, '평생 신(臣)이 왕을 보필하고 있었을 때는, 몇 번인가 나라의 난국을 구하고, 정사를 바로잡아 가는 데에도 공적이 있었습니다. 몸은 혼백이 된 지금도, 이 나라를 진호(鎭護)하여 재앙을 뿌리치고 위급을 구하고자 하는 마음은, 잠시라도 변한 적은 없습니다. 그런데 경술년(770)이었습니다. 신의 자손에 해당하는 자가 죄를 범하지도 않았는데, 주살당했습니다.312) 군신 모두 저의 공적은 조금도 참고하시지는 않았다고 생각합니다. 그러

---

310) DB. 신라의 제36대 왕으로 '제37대'라고 서술한 본문은 잘못. 재위기간은 765-780년.

311) DB. 현재 경상북도 경주시 충효동 송화산에 김유신의 무덤이라고 전하는 무덤이 있다.

312) DB. 혜공왕 6년에 김유신의 자손인 김융이 복주(伏誅)당한 사건을 가리킨다. ≪삼국사기≫ 권9 신라본기9 혜공왕 6년(770)조에 따르면 김융은 반혜공왕의 입장에서 난을 일으켰다가 죽임을 당한 바 있다.

므로 차라리 멀리 떨어진 곳으로 옮겨 버리고, 나라의 일에 대해서는 두 번 다시 마음을 아파하지는 않을 것이라고 생각합니다. 부디 이 소원을 허락해 주십시오.'라고 하고 있다. 미추왕은 이것에 대해, '생각해 보니, 나와 공이 이 나라를 지키지 않았다면, 도대체 인민은 어떻게 되어 버렸을까. 공도 마음을 바꿔, 전과 같이 또 노력을 거듭해 주길 바란다.'라고 대답하고, 유신이 세 번까지 같은 소원을 반복해도, 세 번이나 그것을 허락하지 않았다. 그래서 기세 좋게 호소하러 온 유신공도 어쩔 수 없이 다시 선풍과 함께 돌아갔다는 것이다. [173]혜공왕은 이것을 두려워하여, 즉시 상신[313]인 김경신을 김유신공의 능에 보내, 스스로의 잘못을 깊이 사과함과 동시에, 공과 인연이 깊은 취선사에, 공덕의 보전(寶田) 30결을 기진(寄進)하여 그 명복을 빌게 하였다. 이 절은 김공(金公)이 평양을 친 후에, 불교의 가르침을 성행하게 하려고 가람을 일으킨 유서 있는 곳이었기 때문이다. 즉 미추왕의 영력만이, 김공의 분노를 가라앉힐 수 있었던 것이며, 이것을 생각만 해도, 왕의 호국신으로서의 역할을 과소하게 생각할 수는 없다. 그래서 나라 사람은 이 왕의 위덕을 생각하여, 삼산과 같이 그 능을 제사 지내고, 언제까지나, 쇠퇴하는 일 없이, 그 오릉[314]보다도 위에 올려, 대묘라고 말하는 것이다.

313) DB. 상대등(上大等).
314) DB. 신라 시조인 박혁거세의 무덤.

미추(未鄒)의 현대음 mi-chu는 '元·本'을 나타내는 mi-th과 통하며, 그 원래 의미는 '시조왕'의 유래이라고 한다(前間作, '新羅王の世次とその名につきて', "東洋學報"五ノ二). 틀림없이 이 왕이 김씨 최초의 국왕이라는 것에, 그 이름이 생겼을 것이다. '나기' 미추왕 조에는, 상당히 풍부하게 내정·외정에 걸치는 기사를 싣고 있으나, 근본적으로 믿을 만한 것은 아니다. 또한 '유' 왕력의 제13 미추이사금 조를 참조.

170○ 【作未祖. 又未古】조(祖) 음čo는 추(騶) 음 chu와 통음한다. 고(古) 음 ok[315]은 아마 소(召) 음 so의 와전된 자(謁字)일 것이다. '사' 지리지 (4)에는 '買召忽縣一云彌鄒忽'이라고 되어 있으며, 召와 鄒가 통음하는 것을 보이고 있다.

170○ 【赫世紫纓】혁세(赫世)는 혁거세를 말한다. 영(纓)은 관(冠)의 끈으로 왕통을 의미한다. 자주색(紫)은 예부터 신성한 색으로 생각되었으며, 혁거세가 자주빛 알(紫卵)에서 동남(童男)으로 탄생했다는 전승이나, 김알지의 출현을 '有紫雲從天垂地'('유')라고 기록하고 있는 것은 이것을 증명한다. 혁거세를 신라의 시조 왕이라고 하는 왕통계보 위에서, 이 1구가 적혔을 것이다.

○ 【受禪于理解】이해왕 Rihae-waṅ은 신라 제12대 왕(성 석씨, 재위 248-261). 왕명에 대하여 '왕력'에서는 '一作詀解王', '사'에서는 첨해이사금이라고 되어 있다. 첨(沾) 음 čŏm과 참(詀) 음 čam은 음 상통하지만, 리(理)와는 통하지 않는다. 이것은 고려성종의 휘 치(治) 음 čhi를 피하여 리(理)로 만든 것이며, 본래는 치해왕이었다고 추정된다. 스에마쓰 야스카즈는 chi의 이름은 자세하지 않지만, čŏm·čam은 '若'의 뜻인 čŏrm-ta[316]의 čŏrm에 댈 수 있다고 한다("新羅史の研究"). 그러나 주몽(朱蒙) 음 čūm이 kǔm의 와전된 음이라고 한다면(梁柱東, "古歌研究"),

---

315) 원저 그대로 보인다. ko일 것이다.
316) 젊다.

čŏm도 왕을 의미하는 kŭm과 통하는 것이 있을지도 모른다. 또한 이해 왕으로부터 미추왕으로의 계승을 '수선(受禪)³¹⁷'이라고 하고 있는 것은, 석씨 왕통에서 김씨왕통으로의 이행을 중국의 선양사상에 의해서 적고 있는 것 외에는 달리 없다.

170b○ 【金氏諸王皆以未鄒爲始祖】 미추왕으로서 김씨 시조로 삼는 전승은, 이 외에 '나기' 미추왕 조에 '沾解無子. 國人立味鄒. 此金氏有國之始也', '사' 제사지에 '至第三十六代惠恭王. 始定五廟. 以味鄒王爲金姓始祖' 등으로 보이고 있다. 김씨의 시조로서는, 주지와 같이, 이 외에 알지설·성한설·내물설 등이 전해지고 있다(주해 62 이하 참조). 기시타(木下)는 이 미추왕시조설의 성립기에 대해서, ① '유' 미추왕·죽엽군의 조에서 미추왕과 김유신의 연결, ② '나기' 신문왕 7년 조에서 '遣大臣於祖廟致祭曰. 王某稽首再拜謹言太祖大王眞智大王文興大王太宗大王文武大王'의 태조대왕(시조왕)이 미추왕을 가리키는 것이라고 생각할 수 있는 것의 2점을 들어, 문무왕부터 신문왕대에 걸쳐서의 시기 내지는 그것에 가까운 시기일 것이라고 추정하고 있다(木下禮仁, '新羅における始祖系譜の形成過程', "文學會論集" 제31호).

170○ 【興輪寺】 Hunryun-sa 흥륜사의 창건에 대하여, '我道本碑'('아도기라' 조)는 미추왕대의 일이라고 기록하고 있으나, '국사'·'향전'('원송흥법 염촉멸신' 조)에는, 법흥왕 14년(527)에 처음으로 열리고, 22년 천경림을 채벌하고 착공, 계초석감을 갖추고, 진흥왕 5년(544)에 이르러, 완성했다고 되어 있다. '나기'에도 진흥왕 5년 춘2월 완성, 10년 양(梁)에서 불사리가 전해졌다고 적혀 있다. 신라에 있어서 불교 조행(肇行)³¹⁸의 시기로부터 생각하여 후설을 따라야 할 것이다. 영흥사와 함께 그 건립은 신라 사원사 가운데에 있어서 가장 이른 시기에 속한다. 선덕왕대 미륵

---

317) 임금의 자리를 물려받음.
318) 처음으로 시작됨.

존상·좌우의 보살상을 소성(塑成)하고, 금화(金畵)로 사내(寺內)를 채웠다고 전한다('밀본최사' 조). 경명왕대 남문·좌우의 낭무(廊廡)에 화재가 일어났는데, 같은 왕 5년(921) 정화·이계[319] 2승려에 의해 수복되고, 보현보살상을 벽간에 그렸다고 전해지고 있다('興輪寺壁畵普賢' 조). 그 위치에 대하여 "동경잡기"에는 '興輪寺在府南二里'라고 기록되어 있다. 현재 흥륜사지라고 추정되고 있는 것은, 경주 사정리자흥륜사평에 있는 금당지로, 그 가람배치는 탑·금당·강당(講堂)이 남북 일직선상에 늘어서는 형식이라고 추정되고 있다(齋藤忠, "朝鮮古代文化の硏究").

171○ 【第十四儒理王代. 伊西國人來攻金城】 '이서국' 조의 69 참조.

○ 【忽有異兵來助. 皆珥竹葉. 與我軍幷擊賊破之】 소위 죽엽신병의 전승인데, 이것과 서의 같은 기사가, '나기' 유례이사금 14년 조에 보인다. 대나무(竹)가 영험한 피리(靈笛)로서의 기능을 하고, 벽사(辟邪)의 주술적 효과를 맺는다는 신앙은 중국에 연원하는 것인데, 조선에서도, '유' 만파식적 조에 '吹此笛則兵退. 病愈. 旱雨晴. 風定. 波平'이라고 되어 있는 것같이, 호국신앙과 연결되어 고도의 발달을 이루었다. 죽엽신병의 전승도, 이것과 동일관념의 소산이다. 또한 댓잎(竹葉)과 호국신앙의 연결은, 일본 고전승 가운데에도 보이며, "하치만구도군[320]"에는, 호국 영험 위력의 신 하치만다이보사쓰의 출현을 '3살로 보이는 어린아이가 되어, 대나무 잎에 서다.'라고 기록하고 있다(三品彰英, '脫解傳說', "日鮮神話傳說の硏究" 수록).

○ 【竹現陵】 현(現) 음 hyŏn은 엽(葉) 음 yŏp와 음 상통. 따라서 죽현릉은 죽엽릉과 통하며, 죽엽신병의 전승은 능 이름의 기원설화라고 생각된다. 이마니시 류는 미추왕릉은 경주 남황남리에 있으며, 이서고국(경상북도 청도군)이 금성을 공격하여, 신라병사가 패배했을 경우, 북쪽의 능 주변

---

319) (?) 고증. 虬繼.
320) 八幡神의 영험·신덕(神德)을 말한 寺社緣起.

에서 최후의 방어전을 시도하지 않을 수 없었을 것이라고 추측한다("新羅史研究"). 또한 '유' 본문에 '陵在興輪寺東'이라고 있지만, 현재 미추왕릉은 흥륜사지의 북북동에 해당한다.

172○【惠恭王】후문 '혜공왕' 조 참조.

○【大曆十四年】779년. 대력(大曆)은 당대 종묘(宗廟)의 원호.

○【庾信公塚】김유신의 묘에 대해서는 '사' 김유신전에 '葬于金山原. 命有司立碑. 以起功名', '유' 김유신 조에 '陵在西山毛只寺之北東向走峰'이라고 기록되어 있으나, 금산원·모지사의 위치는 불명. 현재 '전김유신묘(傳金庾信墓)'라고 하는 것은, 경주의 서쪽 송화산의 동소봉 위에 위치하는 동그란 무덤으로, 그 동쪽 돌에는 성덕왕릉이나 괘릉 등과 같이, 방위에 따라서 12지 신상(神像)을 양각했고, 한국의 가장 발달된 분묘형식을 보이고 있다(關野貞, "朝鮮の建築と藝術").

○【庚戌年. 臣之子係無罪被誅】'나기' 혜공왕 6년 경술(770) 조에 보이는 '大阿飡金融叛伏誅'의 사건에 관련되는 것이라고 생각된다. 유신 이후의 신김씨는, 그 적손 윤중이 성덕왕의 은고(恩顧)를 입고, 대아찬의 지위에 올라, 동생 윤문(允文) 또한 발해 토벌 장군으로 임명되어 활약했다. 혜공왕대가 되어서도, 윤중의 서손 이찬엄은 사천대박사, 양(良)·강(康)·한(漢) 3주(州)의 태수, 집사부시랑·패강진두상 등의 요직을 역임하는 것 외에, 대당, 대일 외교에도 등장하며, 신김씨(新金氏)는 의연·은연한 지반을 중앙정계에 두고 있었다. 유신의 한 후예인 김융이 일으킨 반란에 대해서는, 명확하지 않다. 그러나 치세 겨우 16년간의 혜공왕에게 6회의 대란이 속출한 것을 생각한다면, 이 시대가 정치적·사회적으로 대변혁기이었다는 것을 알 수 있다. 이노우에 히데오는, 상대등으로 상징되는 경주문벌귀족과 집사부를 축으로 하여, 지방귀족을 흡수하여, 율령적 집권국가로 향하는 신세력의 대립면에서, 이 시기를 다루고 있다. 김융의 난도 아마 이러한 동향 가운데에서 야기되었을 것이다(井上秀雄, '新羅政治體制の變遷過程', "古代史講座" 4).

173○ 【工(上)臣】 공신(工臣)은 상신(上臣)의 잘못된 글자. '사' 직관지에 '上大等或云上臣法興王十八年始置'라고 있으며, 상신(上臣)은 상대등을 말한다. 진흥왕 22년 신사(561) 건립의 진흥왕창녕비에 '상대등'의 이름이 보이며, 관의 설치를 법흥왕대로 하는 '사'의 기술은 일단 시인해도 좋다. 이후 원칙적으로, 신왕의 초년에 놓았다. 상대등의 업무에 대하여, '總知國事. … 如今之宰相'('나기' 法興王 18년), '委以國事'('나기' 진지왕 원년)라고 적혀 있는데, 그 구체적 내용은 지극히 막연하다. 다만 '유' 진덕왕 조에 상대등 알천이 화백(和白)의 의장을 맡았다고 되어 있으므로, 신라귀족회의의 의장으로서, 대등(내신)을 대표통솔하고, 국사에 참여했던 것으로 추정된다. 이 지위는 이벌찬 · 이찬의 관등자를 중심으로 뽑혔으나, 그 임명차례에 대해서는 불명하다. 진덕왕 5년(651) 2월 국정(國政)의 총괄기관으로서 새롭게 집사성이 놓이면서, 상대등의 정치적 지위는, 차츰 그 장관 중시에게 건너갔던 것이라고 생각된다. 또한 상신(上臣)이라는 말은, '繼體紀' 23년에도 보이며, 신라의 장군 이사부를 '上臣伊叱夫禮智干岐'라고 기록하고 있다(李基白, '上大等考', "歷史學報" 제19집, 末松保和'上大等について', "新羅史の諸問題" 수록; 井上秀雄, '新羅政治體制の變遷過程', "古代史講座" 4 수록).

○ 【金敬信】 kŭm Kyōnsin. 신라 제38대 원성왕의 휘(諱). '유' 권제2 · 원성대왕 조 참조.

○ 【寶田】 보(寶)에 대해서는 "고려사" 식화지3, 진휼 조에 '寶者方言, 以錢穀施納, 存本取息利於久遠故謂之寶'라고 되어 있으며, 양주동은 보(寶)(po)는 상(償)(pu) · 식(殖)(put)의 음차자일 것이라고 하고 있다. 보(寶)로서 사원에 시납된 물품은 전곡(錢穀)에 제한되지 않고, 그 가운데에는 전지(田地)가 포함되어 있었다는 것은, '유' 권제4(의해 제5) 원광서학 조에 점찰보로서의 납전기사를 보면 분명하다. 고려시대에는 정종 원년에 '(王)以穀七萬石納諸大寺院, 各置佛名經寶及廣學寶以勸學法者'라고 보이는 것과 같이, 국가로부터 많은 보물이 사원에 기진(寄進)되고, 이것

을 자본으로서 여러 가지 불교활동이 사원에 의해서 운영되었다. 보물에는 이 외에 금종보(交化寺碑陰記)·수장보(浄兜寺石塔記)·대장보·기일보(宣德七年監務官關字)·팔관보(高麗史·百官志) 등등의 이름이 사료에 보인다(白南雲, "朝鮮封建事會經濟史" 上卷; 稻葉岩吉, '高麗の貴族政治'"世界歷史大系11·朝鮮滿州史" 수록).

○ 【鷲仙寺】 Chwisŏn-sa. 건립 내력에 대해서, 후문에 '金公討平壤. 後植福所置云云'이라고 되어 있으며, '사' 김유신전에도 '是寺庚信平麗濟二國所營立也'라고 되어 있다. 따라서 고구려가 멸망한 해(668)에서 김유신이 죽은 해(673) 사이에 조영되었던 것이라고 생각되지만, 그 연차에 대해서는 불명하다. 또 그 위치에 대해서도 분명하지 않다.

○ 【三山】 '사' 제사지에 '大祀. 三山. 一奈歷. 習比部二骨火. 切也火郡 三穴禮. 大城郡'라고 되어 있다. 주해는 '김유신' 조 230으로 미룬다.

○ 【五陵】 '혁거세' 조 128을 참조.

¹⁷⁴내물왕 김제상

奈勿王一作那密王金堤上

175第十七那密王即位三十六年庚寅. 倭王遣使來朝曰, "寡君聞大王之神

聖. 使臣等以告百濟之罪於大王也, 願大王遣一王子表誠心於寡君也." 於

是王使第三子美海 一作未吐³²¹⁾喜. 以聘於倭, 美³²²⁾海年十歲. 言辝³²³⁾動

止猶未備具, 故以内臣朴娑覽. 爲副使. 而遣之. 倭王留而不送. 三十年.

  176至訥祇³²⁴⁾王即位三年己未, 句麗長壽王遣使來朝云,³²⁵⁾"寡君聞. 大

王之弟寶海秀智才藝, 願與相親. 特遣小臣懇請." 王聞之幸甚. 因此和通.

命其弟寶海. 道於³²⁶⁾句麗, 以内臣金武謁爲輔而送之. 長壽王又留而不

送.

---

321) 고증. 吐(叱).
322) 美의 이체자. 이하 모두 같다.
323) 辝(辭)의 이체자.
324) 고증. 祇(祇)
325) 고증. 去(云)
326) 고증. 放.

177至十年乙丑. 王召集群臣及國中豪俠. 親賜御宴, 進酒三行. 衆樂初作. 王垂涕而謂群臣曰, "昔我聖考誠心民事, 故使愛子東聘於倭. 不見而崩, 又朕即位已來. 隣兵甚熾. 戰爭不息. 句麗獨有結親之言, 朕信其言. 以其親弟聘於句麗. 句麗亦留而不送. 朕雖處富貴. 而未嘗一日暫忘327)而不哭. 若得見二弟. 共謝於先主之廟, 則能報恩於國人. 誰能成其謀策." 時百官咸奏曰 "此事固非易也. 必有智勇方可. 臣等以爲歃羅郡太守堤上可也."

178於是王召問焉. 堤上再拜對曰 "臣聞, 主憂臣辱主辱臣死. 若論難易而後行. 謂之不忠, 圖死生而後動. 謂之無勇, 臣雖不肖. 願受命行矣." 王甚嘉之. 分觴而飲. 握手而別.

堤上簾前受命, 径趨北海之路. 變服入句麗. 進於寶海所. 共謀逸期, 先以五月十五日歸. 泊於高城水口而待. 期日將至. 寶海稱病. 數日不朝, 乃夜中逃出行到高城海濱. 王知之. 使數十人追之. 至高城而及之, 然寶海在句麗. 常施恩於左右, 故其軍士憫傷之. 皆拔箭鏃328)而射之, 遂免而歸.

179王旣見寶海, 益思美海. 一欣一悲. 垂淚而謂左右曰, "如一身有一臂一面一眼, 雖得一而亡一. 何敢不痛乎." 時堤上聞此言. 再拜辭朝, 而騎馬不入家而行. 直至於栗浦之濱. 其妻聞之. 走馬追至栗浦, 見其夫已在舡上矣. 妻呼之切懇, 堤上但搖手而不駐.

180行至倭國. 詐言曰, "雞林王以不罪殺我父兄. 故逃來至此矣." 倭王信之. 賜室家而安之. 時堤上常陪美海遊海濱, 逐捕魚鳥. 以其所獲每獻於倭王. 王甚喜之而無疑焉. 適曉霧濛晦. 堤上曰. "可行矣" 美侮329)曰 "然則偕行" 堤上曰 "臣若行. 恐倭人覺而追之. 願臣留而止其追也." 美海

---

327) 고증. 志(忘).
328) 규장각본과 만송문고본, 순암수택본. 파른본에는 鏃.
329) 규장각본과 만송문고본, 순암수택본 모두 侮. 고증. 파른본. 해(海).

曰"今我與汝如父兄焉，何得棄汝330)而獨331)歸."堤上曰"臣能救公之命
而慰大王之情則足矣，何願生乎."取酒獻美海，時雞林人康仇麗在倭國，
以其人從而送之，堤上入美海房，至於明旦，左右欲入見之，堤上出止之
曰，"昨日馳走於捕獵，病甚未起，及乎日吴，332)"左右惟之而更問焉，對曰
"美海行已久矣."左右奔告於王，王使騎兵逐之，不及．

181 於是囚堤上問曰，"汝何竊遣汝國王子耶."對曰"臣是雞林之臣，非倭
國之臣，今欲成吾君之志耳，何敢言於君乎."倭王怒曰"今汝已爲我臣，
而言雞林之臣，則必具五刑，若言倭國之臣者，必賞重祿."對曰"寧爲雞
林之犬狕，不爲倭國之臣乎．333) 寧受雞林之箠楚，不受倭國之爵祿."王
怒，命屠剥堤上脚下之皮，刈蒹334)葭使趨其上，仐335)蒹葭上有血痛 俗
云堤上之血，更問曰"汝何國臣乎"，曰"雞林之臣也."又使立於熱336)鐵上
問"何國之臣乎"，曰"雞林之臣也."倭王知不可屈 燒殺於木島中，**182** 美
海渡海而來，使康仇麗先告於國中，王驚喜，命百官迎於屈歇驛，王與親
弟寶海迎於南郊，入闕設宴，大赦國内，冊337)其妻爲國大夫人，以其女子
爲美海公夫人，**183** 議者曰"昔漢臣周苛在滎338)陽，爲楚兵所虜，項羽謂
周苛曰，'汝爲我臣，封爲萬祿侯339)'，周苛罵而不屈，爲楚王所殺，堤上

---

330) 규장각본과 만송문고본, 순암수택본에는 伩. 파른본. 汝.
331) 규장각본과 만송문고본, 순암수택본에는 좌변 彳, 우변 蜀. 彳이 亻와 같이 보일 수도 있
　　다. 파른본. 獨.
332) 규장각본과 만송문고본, 순암수택본에는 吴. 고증. 오(吳). 파른본. 吴(의 이체자)
333) DB. 子. 규장각, 고증. 파른본(이체자). 호(乎).
334) 고증. 규장각본. 蒹, DB. 蒹.
335) 금(今).
336) 파른본. 고증. 褻(熱).
337) 파른본. 고증. 朋(冊).
338) 縈의 오기로 보인다.
339) 파른본. 고증. 俟(侯).

之忠烈無怍於周苛矣."

184初堤上之發去也, 夫人聞之追不及, 及至望德寺門南沙上. 放臥長號. 因名其沙曰長沙, 親戚二人扶腋將還. 夫人舒脚. 坐不起. 名其地曰伐知旨. **185**久後夫人不勝其慕, 率三娘子上鵄述嶺, 望倭國痛哭而終.[340] 仍爲鵄述神母, 今祠堂存焉.

풀이 **174**내물왕(奈勿王)혹은 那密王이라고도 한다. 김제상(金堤上)

175제17대의 나밀왕이 즉위해서 36년째인 경인년에, 왜왕은 그 사신을 보내, 다음과 같이 아뢰었다. '나의 군주는, 대왕이 매우 덕이 많으시다는 것을 들으시고, 우리들을 사절로 보내셨습니다. 그것은 백제의 죄를 대왕 앞에서 알리기 위한 것입니다. 이러한 까닭이오니, 대왕은 부디 한 왕자를 우리나라에 보내시어, 우리 군주에 대한 대왕의 성심을 나타내 주시기를 바랍니다.' 그래서 내물왕은 제3왕자인 미해혹은 未叱喜라고도 한다.를 답례 사절로서 왜에 보냈다. 이때 미해는 아직 겨우 10세 소년으로, 그 말이나 동작은 아직 어렸기 때문에, 내신(內臣)인 박사람을 부사로서 함께 왜에 가게 했던 것이다. 그런데 왜왕은 이 사절을 그 나라에 30년 동안이나 잡아 두고 돌려보내려고 하지 않았다. **176**눌지왕 즉위 3년, 기미년이 되자, 고구려 장수왕이 사자를 보내왔는데, 그 사자는,

'우리 군주는 대왕의 동생 보해님이, 매우 지혜가 뛰어나고 재능이 풍부한 분이라는 것을 전해 듣고, 서로의 친교를 맺고 싶다고 바라고

---

340) 규장각본과 만송문고본에는 絡. 파른본. 終.

계십니다. 그래서 특별히 제가 파견되어 왔던 것이옵니다.'

라고 아뢰었다. 눌지왕은 이것을 듣고 매우 좋은 일이라고 생각했다. 그래서 화친을 맺으려고, 그 동생인 보해에게 명하여 고구려에 가게 하고, 또 내신 김무알을 수행비서역으로서 보냈다. 그런데 앞서 왜왕이 미해를 잡아 두었던 것처럼, 장수왕도 또 보해를 돌려보내려고 하지 않았다. [177]눌지왕은 그 10년인 을축년에, 군신뿐만 아니고 온 나라의 호걸이나 협객까지 궁정에 초대하여, 친히 잔치를 베푸셨다. 술잔이 세 번이나 자리를 돌게 되자, 사람들은 겨우 떠들썩하게 되는 것 같았다. 하지만 이때 왕은 닭똥 같은 눈물을 뚝뚝 흘리면서, 군중을 향해,

'옛날 나의 아바마마는 오로지 민생을 편안하게 하는 일에 마음을 써 오셨다. 그래서 나의 귀여운 자식을 먼 동쪽의 왜국에까지 보내셨으나, 이윽고 다시 만날 기회도 없는 채, 왕은 돌아가 버리셨다. 또 내가 왕위에 올랐다고 하지만, 가까운 여러 나라의 병력은 매우 위험하고, 전쟁은 끊임없었는데, 다만 고구려만은 친교를 맺고 싶다는 말을 해 왔다. 나는 이것을 조금도 의심하지 않고, 가까운 동생을 고구려에 보냈다. 그런데 고구려도 역시 동생을 억류하고 돌려보내려고 하지 않는다. 나는 부귀 가운데에서 무엇 하나 부자유한 것 없이 살고 있다고 해도, 하루는 커녕 잠시도 이 일을 잊을 수가 없고, 목소리 내어 울지 않는 날도 없었다. 만일 이 두 동생과의 재회가 이루어지고, 선왕의 묘에 그 감사의 기분을 함께 보고할 수 있게 된다면, 이 은혜를 인민에게 넘치게 보상하겠다. 누군가 그 일을 이루게 해 줄 자는 없을까.'라고 말했다. 그때 같이 있던 백관들은 모두, '이것은 원래 쉬운 일이 아니옵니다. 반드시 지용(智勇)을 갖춘 자가 일을 맡아야, 비로

소 성공할 것이옵니다. 여러 가지 생각을 하온데, 신들은 저 삽라군341)의 태수인 김제상이야말로, 그 임무에 걸맞은 인물이라고 생각합니다.'라고 아뢰었다. **178**그래서 즉시 제상을 불러들여, 그 기분을 물으셨다. 제상은 왕 앞에서 공손하게 예를 하고, 다음과 같이 답했다.

'저는 주군에게 무언가 근심이 있다면, 그것은 신하로서 수치스러운 일이며, 또 주군이 수치를 받는 일이 있다면, 신하는 죽음으로써 일을 맡는 것이 당연하다는 말을 들어 왔습니다. 지금 계략의 어려움을 이러쿵저러쿵 말하며 그런 후 겨우 행동을 하는 것은, 그것이야말로 불충한 신이라고 말하지 않으면 안 되며, 또 생사의 문제를 도모한 후에. 행동을 하려고 하는 것은, 그것이야말로 용기 없는 자라고 말하지 않으면 안 됩니다. 저는 보잘것없는 자입니다만, 부디 바라옵니다. 명령을 내려 주십시오. 곧장 고구려로 가겠습니다.'

왕은 제상의 이 말을 매우 기뻐하시며, 잔을 권하였다. 두 사람은 서로 잔을 비우고 굳은 악수를 나누고 헤어졌다. 다시 왕 앞에 나선 제상은, 보해 구출의 명을 받고, 해로를 따라 북해(北海)로 나아가, 변장을 하는 등을 해서 고구려에 잠입할 수 있었다. 드디어 보해가 있는 곳을 찾아온 제상은, 같이 탈출할 수 있는 기회를 잡으려고 계획을 세우고 있었다. 그 결과 제상이 5월 15일을 기해서 먼저 출발하고, 고성(高城)의 수문에서 임시 숙박하면서 뒤에 올 보해를 기다리기로 했다. 약속을 한 날이 가까워 오자, 보해는 병이라고 위장을 하며 나가지 않다가, 밤중에 도망쳐 나와서 운 좋게 고성의 바닷가까지 도착할 수 있었다. 이것을 안 고구려 왕의 지시를 받은 수십 명의 추격대도, 고성

---

341) DB. 지금의 경상남도 양산군 일대의 옛 지명.

에서 보해와 그 무리들을 쫓아왔다. 어떻게 된 것인지 생각했는데 보해는 고구려에서 오래 머무는 동안, 그 주위 사람들에게, 평소 은혜를 베푸는 것을 잊지 않았기 때문에 추격하는 군사들도 이것을 생각하였던지 활을 쏘는 데에도 화살을 빗나가게 하며 쏘는 모습이었다. 이렇게 겨우 고구려를 벗어나, 고국에 돌아올 수 있었다. [179]눌지왕은 보해를 만나게 되자, 이번에는 미해의 신변이 점점 염려되어, 일희일비하는 모양새이었는데, 어느 날 눈물과 함께 측근을 향하여.

'한 몸에 한쪽 팔밖에 없고, 얼굴이 반이며, 눈도 한쪽인 것과 같이, 지금 한 동생의 구출에는 성공했지만, 또 다른 동생이 지금도 타향에서 잡힌 채로 있다. 이것을 생각하면, 어떻게 마음을 아파하지 않고 있을 수 있겠는가.'라고 호소했다. 우연히 이 말을 들은 제상은, 왕의 앞에 공손하게 예를 올리고 궁정에서 물러나, 말에 올라타 채찍을 하자마자 집에도 들르지 않고, 미해 구출의 장대한 꿈을 이루려고, 곧장 율포[342] 해변까지 갔다. 이것을 들은 제상의 처는 말을 달려 남편의 뒤를 쫓아, 율포에 도착했다. 그러나 남편이 이미 배를 탄 것을 멀리 보고, 이별을 한없이 안타까워하고 있던 모습은 정말 통절한 것이었다. 한편 제상은 그저 크게 손을 흔들 뿐, 배는 멈출 줄 모르고, 시야 밖으로 사라져 갔다. [180]왜국에 도착한 제상은,

'계림의 왕은 죄도 없는 우리 아버지나 형을 죽였기 때문에, 몸의 위험으로부터 벗어나기 위해, 이렇게 이곳에 왔습니다.'
라며 거짓을 늘어놓았다. 이것을 완전히 신용해 버린 왜왕은, 제상을 위하여 집을 하사하고, 편안하게 살 수 있도록 마음을 배려했다. 이러

342) 지금의 경상남도 울산 지역.

는 동안에도 제상은 평소 미해를 따라붙어 해변 놀이터에서 물고기나 새를 쫓으며, 잡은 것은 당연히 왜왕에게 헌상하기로 하고 있었다. 왕은 이러한 두 사람의 행동을 크게 기뻐하며, 아무런 의심도 가지지 않은 모양이었다. 어쩌다가 해가 뜰 무렵에 짙은 안개가 끼어, 근처가 아무도 보이지 않게 된 일이 있었다. 제상은 미해에게,

'어서 가십시오.'

라고 하자, 미해는

'그렇다면 그대도 같이 가자.'

라고 말했다. 그러나 제상은

'아닙니다. 만일 저도 같이 가면, 필경 왜인들이 이 계획을 알고, 뒤를 쫓아올 것입니다. 그러니 부디 바랍니다. 저는 뒤에 남겨 두고, 그 추격대를 잡아 두게 하십시오.'

라고 말했다. 미해는,

'나와 그대와는, 지금은 이미 피가 통하는 부형이라고도 할 수 있는 사이이지 않은가. 어째서 그대만을 버리고, 나 혼자만이 고국에 돌아갈 수 있을까.'

라고 말한다. 그래서 제상은 한층 더,

'저는 어떻게 해서든 공(公)의 목숨을 구하고, 대왕의 마음을 편안하게 할 수만 있다면, 이미 그것으로 충분합니다. 이제 와서 어찌 오래 살 수 있기를 바라겠습니까.'

라고 말을 하자, 이별의 잔을 미해에게 올렸다. 때마침 왜국에 와 있던 강구려라고 하는 계림 사람을, 제상은 자기 대신 미해를 맡기고 두 사람을 도망치게 했다. 뒤에 남은 제상은 미해가 있던 방으로 들어갔다. 다음 날 아침이 되어, 측근에 있던 자가, 만나기를 원하면서, 그

방에 들어가려고 하자, 아무렇지도 않은 듯한 얼굴의 제상이 나와서 이것을 막고,

'공은 어제 사냥을 나가서 뛰어다녀, 심하게 지쳐 있는지라, 아직 눈을 뜨지 않았다.'

라고 거짓말을 했다. 해질 무렵이 되어 수상하게 여긴 미해 측근이, 또 제상에게 캐묻자,

'공은 벌써 이곳을 떠나, 이제 무척 시간이 지났습니다.'

라고 대답을 했다. 측근들은 서둘러 이 일을 왕에게 보고했다. 왕은 곧 기병에게 명하여 서둘러 미해의 일행을 쫓게 했으나, 이제 추격은 포기했다. [181]그래서 제상을 잡고,

'너의 나라의 왕자를, 어째서 몰래 도망을 가도록 했던가.'

라고 묻자, 제상은,

'저는 곧 계림을 받드는 사람, 결코 왜국의 신은 아닙니다. 지금은 그저 나의 주군의 뜻을 이루고 싶다고만 생각할 뿐이니, 어떻게 왜왕 인 당신에게, 그 일을 아뢸 수 있겠습니까.'

라고 대답했다. 왜왕은 화를 내고

'지금은 너는 왜왕의 신분을 받드는 신하이면서, 이제 와서 계림의 신하라고 우긴다면, 다섯 가지 대형(大刑)을 면하기 힘들 것이다. 다 만 태도를 바꿔 왜국의 신하로서 맹세한다면, 반드시 충분한 봉록을 받도록 하겠다.'

라고 말해 봤으나, 제상은,

'가령 제가 계림에게 있어 아무런 소용없는 돼지로 내려가는 일이 있어도, 그래도 왜국의 신하는 되지 않을 것입니다. 오히려 벌을 받는 다면, 우리 계림의 채찍질 처벌이라면 몰라도, 어찌 왜국의 작위나,

녹을 받을 수 있을까요.'

라고 대답했다. 화가 난 왜왕은 도축하는 사람에게 말해, 제상의 다리 안쪽의 살을 벗기고, 다른 한쪽으로는 우거진 갈대를 깎아 날카롭게 하고서는 그 위를 제상에게 뛰게 했다. 지금도 갈대 끝이 피처럼 빨간 것은, 세간 에서는 이 제상의 피 때문이라고 전하고 있다.

그렇게 하고 왜왕은 또 제상을 향하여

'너는, 도대체 어느 나라 신하인가.'

라고 다시 물었으나,

'예, 저는 계림의 신하이옵니다.'

라고 대답했다. 왜왕은 또 다시 제상을 달군 쇠 위에 세운 채, 또

'너는, 어느 나라 신하인가.'

라고 재촉했으나, 역시

'계림의 신하이옵니다.'

라고 대답했다. 왜왕은 제상이 도저히 굽히지 않을 것이라는 것을 알고, 목도(木島)343) 안에서 죽이고 말았다.

182한편 미해 일행은 바다를 건너 고국에 닿자, 강구려를 먼저 도읍으로 향하게 하여, 뭐가 어떻게 되었든, 그 도착을 온 나라에 알렸다.

이 보고에 내물왕은 놀라면서 기뻐하여, 백관에게 명하여 미해를 굴헐역으로 마중 나가게 하고, 자신도 동생인 보해와 함께, 성의 남쪽의 벗어난 곳까지 마중을 나갔다. 관문을 들어가자, 그곳에서 축하 연회를 벌이고, 또 온 나라에 대사면을 하고, 조칙을 내려 제상의 부인을

---

343) 일본학계에서는 박제상의 처형 장소를 대마도의 북안 '악포(鰐浦)'로 비정하고 있는데, 대마의 중심부인 지금의 미진도(美津島) '선월(船越)' 부근으로 추정하기도 한다.

국대부인으로 하는 것과 동시에, 그 딸을 미해공의 부인으로 삼았다. [183]이 제상의 이야기를 말하는 사람들은,

'옛날 한(漢)의 신하인 주가라는 사람이 형양 땅에 있었는데, 초나라 병사들에게 포로가 되어 버렸다. 초왕인 항우가 그 주가에게 "만일 네가 우리나라의 신하가 된다면, 만록(萬綠)의 대명으로 봉해 주겠다."라고 하자 주가는 그것을 꾸짖으며 굽히지 않자, 이윽고 초왕에게 살해를 당해 버렸다는 것이다. 이 제상의 충렬은, 이 주가의 경우와 비교해서 조금도 모자라는 것이 없다.'

라고 말하면서 제상을 칭송했다. [184]처음 제상이 계림을 출발하자마자, 곧장 부인은 이것을 듣고 뒤를 쫓았으나, 잡을 수가 없었다. 그래서 망덕사의 문 남쪽에 있는 물결이 치는 곳까지 가자, 그곳의 모래 위에 몸을 던지고, 오랫동안 목 놓아 울었다. 이 때문에 그 모래벌판은, 장사라고 이름이 붙게 되었다. 또 두 사람의 친척인 자가, 부인의 겨드랑이를 잡고 집으로 돌아가려고 하자, 부인은 다리를 차는 모양으로 주저앉아 버리고, 일어나려는 기미도 없었다. 이것으로 인해 그 땅은 벌지지라고 부르게 되었다. [185]세월이 많이 지난 뒤에도, 부인은 추모하는 마음을 견디지 못하고, 세 딸을 데리고 치술령에 올라, 아득하게 먼 왜국을 향해 바라보면서, 심하게 울던 중, 그곳에서 숨이 끊겨 버렸다. 그 때문에 부인은 치술령모라고 부르게 되었고, 이 봉우리에는, 지금도 부인을 모시는 사당이 있다.

주해 174○ 【奈勿王一作那密王】 나밀왕('사'32 잡지2), 내물마립간('유' 왕력) · 내물이사금('사' 목록)이라고도 적는다. 나(奈) · 나(那)는 na, 물(勿)의 음

은 mur, 밀(密)의 음은 mir이다. 최언위 편찬의 '진공대사보법탑'("조선금석총람" 上, 수록)에서는 郍勿이라고도 적혀 있다. 스에마쓰 야스카즈는, 이 왕명을 奈·那의 nar과 勿·密의 종성 r을 떼고 nar 즉 태양의 뜻으로 해석하고, 신라왕실의 시조에 어울리는 호칭이라고 하고 있다("新羅史の諸問題", pp.72-75·108). 내물왕은 '사' 연표와 '유' 왕력에는, 356년 병진에 즉위하고, 402년 임인에 죽었다고 되어 있는데, '유' 본문은 왜왕 사신파견에 관해서, '即位三十六年庚寅'이라고 기록하고 있다. 이 '三十六年庚寅'을 기준으로 한다면, 경인년은 390년이기 때문에, 355년 을묘에 즉위한 것이 되어, 1년의 차이가 생긴다. 또한 내물왕·실성왕·눌지왕의 즉위연차, 복호의 입려(入麗)·미해의 입왜(入倭) 연차의 이동(異同)에 대해서는, '참고'의 연표에 정리해 두겠다. 그런데 이 내물왕은 '秦書曰. 苻堅建元十八年. 新羅王倭寒遣使衛頭. 獻美女'("太平御覽" 781·東夷2)라고 하는 기록으로, 중국 사적에는 처음으로 신라라고 하는 국명을 기록하고, 신라왕통 가운데에서 처음으로 실재가 확인되는 인물이다. 즉 건원 18년은 서기 382년으로, '사', '유'에 전해지는 내물왕의 재위 중이고, '앵한(櫻寒)'이 '麻立干'의 '立干'의 음에 가까운 것이기 때문이다(前間恭作 '新羅王の世次と其名につきて', "東洋學報" 15의 2; 池內宏, "滿能史硏究" 上世篇 2, 558). 신라의 왕호를 이사금에서 마립간으로 바꾼 것은, '사'에서는 19대 눌지왕부터라고 하고, '유' 왕력에서는 내물왕부터라고 하고 있으나, 스에마쓰는 '양설 가운데 한쪽이 옳다고 하기보다는, 내물에서 눌지에 이르는 사이에 두 가지 호칭이 병존해 있었을 것이라고 생각하고 있다("新羅史の諸問題", 154-155). 신라 왕통은 내물왕부터 김씨 하나의 계통이 되어, 연대사적으로도 일단 역사시대에 들어간다. 내물왕릉이라고 전해지는 것은, 첨성대의 서남, 계림 서쪽에 있다. 또한 '마립간'에 대해서는, '제이남해왕' 조를 참조.

○ 【金堤上】 '사' 열전에서는 박제상·모말, '서기' 진구(神功)황후기 5년 조

에는, 모마리질지(毛麻利叱智)라고 부르고 있으나, 동일인물이다. 제(堤)는 음차로 tuk, tho, to로 쓰이며, 토(吐) 등과 통용되지만, 提와 모(毛)는 통용차자가 아니다. 말(末)은 음 mar로 마리(麻利)에 해당된다. 상(上)은 수·종(首·宗)과 옛말에 의한 통용으로 mara, mar, mari라고 읽었던 것일까. 또는 차음으로 ča, chi, čahi라고 읽었던 것인지 모르지만, 전자라면 상(上)은 麻利와 같은 말이다. 麻利는 신라인의 인명 어미에 많고, 통상 종(宗)·부(夫)가 훈차 사용되어 있다. 질지(叱智)는 존칭적 첨가어이기 때문에, 모말(毛末)과 모마리질지(毛麻利叱智)는 같은 말이다. 따라서 제상(提上)은 같은 인물의 별칭이라고 생각하지 않으면 안 된다. '사'에서는 성이 朴, '유'에서는 金으로 되어 있으나, 신라에서는 성씨가 생기는 것은, 삼국통일 전후(三品彰英, '新羅の姓氏に就いて', "史林" 15의 4), 후대의 추기(追記)이며, 전하는 바에 따라 朴·金 일치하지 않았을 것이다. 박제상에 대하여, '사' 열전은, '始祖赫居世之後. 婆婆尼師今五世係. 祖阿道葛文王. 父勿品波珍湌. 提上仕爲歃良州干'이라고 되어 있고, '유', '歃羅郡太守提上'이라고 되어 있다. 원조(遠祖)라는 것은 허구일 것이나, 삽량주간이었다고 하는 점은, 삽량은 경상남도 양산 ryan-san의 옛말로, 신라, 일본의 교전(交戰史) 위의 요지이기 때문에, 제상이 이 요지의 군사행정의 장관이었다는 것은, 전하는 바의 줄거리로부터도 꽤 높은 지위의 인물이다. 또한 제상의 명의에 대하여 약간 고찰을 보태어 둔다. 제상은 경주 내의 토상이라는 마을에서 나온 자라는 설이 있는데("雜攷"7上, 133丁), 찬성하기 힘들다. 남산신성비명문(조선총독부, "慶州南山の佛蹟", p.11)에 열거되어 있는 인명에 '□次干文尺竹生次一伐面提上珍巾□□提上知ネ沙□提上首次尒干□提上辱□□受□'라고 제상이라는 말이 네 군데에 기록되어 있다. 난해한 글이지만, 次□(喉인가)提上沙尒干을 한 사람의 명칭으로서, 제상은 직명과 같이 해석할 수 있다. 제상은 전술과 같이 tor-mor, to-mar(앞 훈독), 혹은 tor-ča(앞 훈독)라고 읽고, mar(mara)는 두·상·수(頭·上·首)의 뜻, ča(chi)는 지·척(知·尺)이

라고도 적으며, 직관을 의미한다. 직명이라고 해석하면, 이 tor은 당(幢)
과 같은 말이라고 풀어도 좋다. 幢은 신라의 군호(軍號)로서 유명하지만,
그 원류. 원의는 '읍락(tor, tar)의 장(長)'에 유래하는 것이다. 그렇다고
한다면, 제상(提上)은 모마리질지의 예부터의 관직에 의한 별칭이다. 아
마 그러한 별칭은 일종의 경칭으로서 불렸던 것으로, 반드시 현직에 있었
다고는 할 수 없다. 또한 양주동은 박제상을 oark-tho-mara라고 박(朴)
자를 이름 안에 넣고, 성이라고는 보지 않고, 또한 그 명의를 '라읍장(羅
邑長)'이라는 뜻으로 해석하고 있는데, 어떨까("古歌研究", p.89). 朴提
上·金提上과 박·김 두 가지로 전해지고 있는 것도, 성으로서 추기되었
던 것이기 때문이며, '서기'에는 모마리질지라고만 되어 있고, 박(朴)에
해당하는 말은 없다. 석우로(昔于老) 같은 것도 '서기'에는 우류(宇流)라
고만 되어 있다(三品彰英, "日本書紀朝鮮官契記事考證"上, pp.81-82). 또
한 주해 180을 참조.

175○ 【即位三十六年庚寅】 경인년에 즉위하고 나서 36년에 해당한다고 한
다면, 그 즉위는 '사'·'유' 왕력이 전하는 병진(356년)의 전 해였다는 것
이 되어, 1년의 차이가 생기지만, 36년 경인설이 보다 타당한 것 같다. 뒤
의 '참고'를 참조.

○ 【美海】 내물왕의 제3자. 미사흔('나기' 실성왕 원년 조), 미질희('유' 분
주), 미질허지("서기" 신공황후 섭정전기 10月, 5년 3월 조)라고도 적혀
있다. 미해(美海)는 별칭으로, 해(海)(字會 pata, hae)를 차음하여, 애칭
적 인명 어미 hăe, hŭi를 나타낸 것(양주동, "古歌研究", p.43)으로, 본문
에 '美海年十歲. 言辭動止猶未備具'라고 표현되어 있는 것과 어울린다.
그의 입왜(入倭) 연차에 대해서는, '유'는 내물왕 36년(35) 경인(390), 귀
국을 눌지왕 10년(425)이라고 하고 있으나, '나기'에서는 실성왕 원년
(402년)에 입왜하고 눌지왕 2년(418년)에 귀국했던 것으로 되어 있어 일
치하지 않는다. '참고'에서 말하는 것과 같이, '유'의 전하는 바가 옳다고
생각된다. '서기'에 의하면, 미해는 신공황후 섭정전기에 인질로서 일본

에 보내어진 사정에 대해서는 뒤의 '참고'에서 다루겠지만, '서기' 신공(神功)기에서는 입왜 때의 관위를 파진간기, 귀국했을 때에는 벌한으로 하고 있다. 파진간기는 신라 관위의 제4등위이고, 벌한은 옛 간벌찬을 전사한 것spur-kan=pun-kan으로, 간벌손은 제1위 서불감의 음의를 차음한 것이다(서발한·이벌찬도 같다). 또한 미해가 서불감이 된 것은, '나기' 눌지마립간 17년 조에 '夏五月. 未斯欣卒. 贈舒弗邯'이라고 있으며, 죽은 후였던 것 같다(三品彰英, "日本書紀朝鮮關係記事考證"上, p.83 참조).

○ 【內臣】 백제의 관직으로는, 육좌평의 제1을 내신좌평(掌宣細事)라고 한다. 신라의 관직에 내신은 없으나, 중국에서 내신을 황제의 총신으로서 다루는 예가 있다. 신라에서 내신이라는 호칭이 보이는 것은, 박사람과 김무알뿐으로 그들은 인질의 보좌역이기 때문에, 중국에서의 사용 예와 같고, 인질이 된 인물의 총신·보좌역에 붙인 호칭일 것이다. 고구려에서도 정식 관직은 아니었지만, '서기' 사이메이(齊明)천황기 6년 7월 조에 인용하는 "일본세기(日本世記)"에 말기의 권신 천개소문이 내신을 호칭했다고 전하고 있다. 또한 일본에서도 다루어져, 옛날에는 후지와라노가마다리가 받았다고 한다("家傳"上). 또 후사사기(房前)도 요로(養老) 5년 10월에 내신의 칭호를 받았으나, 이때의 조칙에는 '當作內臣. 計會內外. 推勅施行. 輔翼帝業. 永寧國家'("속일본기")라고 있으며, 유악(帷幄)344)의 신이라는 직무이다.

○ 【朴娑覽】 pak-sanam345) '서기' 신공황후기 5년 3월 조에서는, 이전부터 일본에 머물렀던 인물로, 미질희가 귀국할 때에, 그를 도와서 신라로 돌아갔던 인물로서 등장한다. 이곳에서는 미질희가 입왜할 때에 보좌역으로서 동반했다고 되어 있으나, '서기'에는 기재가 없다. 또 미질희가 귀국할 때에도 한사벌·모마리질지·부라모지 3명이 마중 나갔으나, 박사람

---

344) 참모.
345) 원저 그대로.

은 이 세 사람 가운데 어디에도 없고, 또 다른 일본, 조선 고문헌에도 해당될 만한 인물은 보이지 않는다.

176○ 【訥祇王】 신라 제19대 왕. 내물왕의 장자. '나기'에는 마립간을 호칭한 최초의 인물이라고 하고 있다. '유' 왕력에서는 내지왕이라고도 적혀 있다. 눌(訥)의 음은 nur, 내(內)는 năi, nap이며, 기(祇)는 či·ki, 지(只)는 či, 세속적으로는 ki이기 때문에, 訥祇·內只 모두 nur-ki라고 읽으며, nurk(老의 뜻)이라고 해석하는 설도 있다(末松, 전게서, p.73). '사'·'유' 왕력 모두 417년 정사(丁巳)에 전왕 실성이사금을 살해하고 즉위했다. 그의 즉위 내력에 대해서는 '第十八實聖王' 조를 참조하라.

○ 【長壽王】 현재음 čańsu-wań, 고구려 제20대 왕(재위 413-490). 휘는 거련(巨連·巨璉). 중국사적에도 연·고련(璉·高璉)으로서 등장한다. 아버지인 광개토왕(國岡上廣開土境平安好太王)의 뒤를 이어, 고구려에 최전성기를 가져온 왕이다. 또 15(427)년에는 수도를 종래의 국내성에서 반도의 요지인 평양으로 옮기는 것과 함께 남진정책을 펼쳐, 신라·백제·일본세력과 대항하면서, 급속하게 영토를 확대해 갔다. 신라에 있어서의 고구려 군대 주둔지(주해 186 참조)라든가, 475년 백제수도 한성의 공략 등은, 그것을 보여 주는 것이나, 특히 후자는 고구려가 한강유역의 지배에 성공하고, 낙랑·대방 등의 옛 땅을 거의 손안에 넣었던 것으로, 중요한 의의를 가진 일이었다. 나아가 장수왕은 반도에서의 세력 확대를 유지해 나가기 위하여, 중국의 모든 세력을 이용하여, 북조의 위(魏)나 남조의 송(宋)·제(齊)의 각 조정과 능숙한 외교관계를 맺고, 자국의 보전을 도모했다. 특히 436년에는 북연(北燕)이 북위에 의해 멸망했을 때, 북연의 소성제의 망명을 받아들이는 것에 의해 종래부터 대중국세력과의 항쟁 지대이었던 요동지방도 수중에 넣어, 그 이름이 나타내는 것과 같이, 79년에 걸치는 긴 치세 동안에 고구려의 최대 판도를 형성했다.

○ 【寶海】 '나기'·실성이사금의 11년 조에 '以奈勿王子卜好, 質於高句麗'라고 되어 있는 복호(卜好)와 동일 인물이다. 보(寶)의 음은 po, 복(卜)의

음은 pok로서 상통 음차하고, 해·호(海·好)는 ho, hǎe를 음차한 것으로, 보해(po-hǎe)는 복호(pok-ho)이다. 보해의 입려(入麗)·귀국연차에 대해서는, '사'와 '유'는 서로 다르지만, 이 시기의 연차에 대해서는 광개토왕릉비와의 관련에서, '유' 쪽이 훨씬 정확성이 인정된다. 또한 고구려 입국 사정. 연차에 대해서는 뒤의 '참고'에서 다루겠다.

○【金武謁】미상.

177○【至十年乙丑】'유'에서는 이 해(425)에 미해(未叱喜)가 왜국에서, 보해(卜好)가 고구려에서 함께 귀국했던 것으로 되어 있으나, '나기'에서는 눌지왕 2년 무오(418)로 하고 있다. 말미의 '참고'를 참조. 또한 10년 을축을 기준으로 생각하면, 눌지왕의 즉위는 '사'·'유' 왕력이 전하는 정사년(417)의 전 해였던 것이 된다.

○【先主】왕통으로 말하면 선주(先主)는 실성왕이지만, '유' 본문의 '昔我聖考. … 故使愛子東聘於倭. 不見而崩. … 朕即位已來. … 以其親弟聘於句麗. … '라는 문맥으로 생각해 보면, 실성왕은 아니고, 눌지왕의 아버지, 즉 내물왕이라고 하는 편이 타당할 것이다.

○【歃(歃)羅郡太守】삽라(歃羅)(良)는 양산(경상남도) 지역이다. '사' 지리지·양주(良州) 조에 '文武王五年. 麟穗二年. 割上州. 下州地. 置歃良州. 神文王七年. 築城. 周一千二百六十步. 景德王改名良州. 今梁州. 云云'라고 되어 있듯이, 665년에 처음으로 삽량(歃良)에 주(州)가 놓였는데, 경덕왕대에는 양주(良州)로 이름을 바꿨다. 이어서 고려태조 조에 중흥부(中興府)로 더 나아가 23년에 양주(梁州)로 이름을 바꿨다. 이후 곡절을 거쳐 조선 태종조 갑오년에 '凡郡縣而稱州者. 以山川二字. 代之'에 따라 양산(梁山)으로 바뀌어 지금에 이른다(참조 "경상도지리지". "세종실록지리지". "고려사" 지리지. '승람'). 조선 초기에 편찬된 "경상도지리지"에는, 당시의 양산군 주변을 '東距東萊十一里. 西距金海十七里. 南距東萊任內東平二十九里. 北距彦陽三十三里'라고 기록하고 있는데, 이 형세는 상고와도 다른 것 없이. 낙동강을 끼고 손으로 가리킬 수 있는 거리에 금관

국(金官國)을 바라보고, 신라의 수도(경주)까지는 직선적으로 수십km의 길이었다. 그러나 낙동강 입구에는 지금보다도 훨씬 가까웠을 것이다. 또 이 지역은 신라와 일본 양국 세력접촉의 요충지였을까 할 정도로 이미 신라 건국당초부터 양국의 교섭이 개시되었으며, '서기' 조선관계를 논한 여러 곳에도 이 지역의 이름이 많이 기록되어 있다. 즉 草羅(sawara 진구기(神功紀) 5년), 沙比新羅의 沙比(神功紀) 47년), 匝羅(sawara, 유랴구기(雄略紀) 9년), 沙鼻岐(sahiki 덴치(天智) 2년) 등이다. 즉, 沙比·沙鼻는 sap의 차음이고, 다른 것은 삽(歃)·잡(匝)의 음 sap을 초(草)의 일본음으로 옮긴 것이다. 또 'サワラ(sawara)'는 'サフラ(sahura)'의 와전이며 'ラ'는 지명의 어미이다. 'ラ'는 원래 국(國)의 뜻으로, 성(城)(韓音サシ sasi), 성(城)의 다른 훈 ki를 나타내는 지·기·지(支·己·只) 등과 함께 같은 뜻이다. 진구기 5년 조에 보이는 鉏海[346]의 서(鉏)[347]는 일본 훈 スキ(suki), 한국[348] 훈 sap이며, サヒ는 한국 훈을 사용한 것이다. 草羅(サワラ)의 サワ → サハ=sap와 鉏는 같은 음이기 때문에, 鉏海는 草羅海 즉 歃良海이며, '서기'의 鉏海는 조선해협을 말한 것 같다. 유랴구기(雄略紀) 9년 3월 조의 '몸을 쓰시마(對馬)의 바깥으로 던지고, 발자국을 삽라(歃羅)에 숨긴다.'라는 말 속에도 한지(韓地)로의 길로서 對馬·匝羅를 표현하는 당시의 관념이 보이고 있다. 또 앞서 말한 사비(沙比)신라는 연자(衍字)[349]인 신(新)을 떼고, '沙比羅'를 나타냈다고 하기보다도, '사비(沙比)를 거점으로 하는 신라'라고 하는 의미의 관념적인 말이며, '鉏海水門'이라든가, '匝羅의 앞문'이라는 조선방면을 가리키는 말로, '해표(海表)'[350]와 같은 뜻으로 사용되었던 것이다. 그래서 사비(沙比)신라는 삽량(歃

---

346) さひのうみ.
347) 호미, 괭이.
348) 원저 그대로.
349) 군더더기 글자.
350) 먼 바다. 바다 저쪽.

良)(沙比羅) 그 자체를 가리켰다고 하기보다도 막연하게 신라방면을 의미했던 말이다.

　이 삽량(歃良) 지역은, 임나방면으로부터 신라에 대한 진격의 요충지이며, 전설시대에서 덴치기(天智紀)에 이르기까지, 신라 일본의 교전지로서, 누누이 역사상에 나타나고 있다. 그러나 언제 신라의 영유지로 속해진 것인지는 불명하다. 신라관위 17등의 제3등인 잡찬(匝干)은 삽량(匝羅)의 수장(首長)에 기인하고 있다는 설도 있을 정도이다. 앞서 보인 '서기'의 각 기사 등의 예로 보더라도 상당히 일찍부터 신라의 영유지로 귀속되었다는 것은 분명할 것이다. '나기' 자비마립간 8년(463) 조에 '春二月. 倭人侵歃良城. 不克而去. 王命伐智·德智. 領兵伏候於路. 要擊大敗之. 王以倭人屢侵疆場. 緣邊築二城.'이라는 기사도 약간 후대의 사실(史實)에 바탕을 두고 기록되었을 것이다(참조. 鮎貝房之進, "雜攷" 제7집; 三品彰英, "日本書紀朝鮮關係記事考證" 上卷; 末松保和, "任那興亡史"). 다음으로 '사'의 박제상전에는, 그가 일본으로 갈 때의 관직명을 삽량주간으로 하고 있다. 주간(州干)이라는 것은 촌주(村主)를 촌간(村干)이라고 불렀던 것같이, 주(州)의 장관을 가리켰던 것으로 보인다. 그러나 삽량주가 설치된 것은 이미 기술한 것과 같이 문무왕 5년(665)의 일이기 때문에, 제상전(傳)의 주간(州干)이라는 것은 후대의 추기일 것이다. '유'는 제상이 삽량군태수(태수는 군(郡)의 장관)이었다고 기록하고 있다. 문무왕대에 삽량에 주(州)가 놓이기 전, 혹은 이 지역이 삽량군이었는지도 모르지만, 제상이 활약했다고 하는 눌지왕대에, 삽량군이 있었는지 아닌지는 불명. 그래서 삽량군태수라는 것도 추기일 것이다.

178○ 【主憂臣辱. 主辱臣死】 주군에게 우환이 되는 바가 있다면, 그것은 신하의 치욕이며, 주군이 능욕을 받는다면, 신하는 죽음을 바쳐 그것에 보답하는 것이라는 의미. "사기" 월세가에, 범려가 월왕구천의 곁을 떠날 때에 한 말 '臣聞. 主憂臣勞. 主辱臣死'로서 전해지고 있다.

○ 【北海之路】 제상·보해가 고구려로부터 고성을 거쳐 귀국하는 것으로

보아도, 신라로부터 동해 연안을 북상해서 고구려에 이르는 길을, 이렇게 말한 것 같다. '사' 지리지(1)의 유명미상지에 '북해통'이 있으며, 5통(通)의 하나이다. 이것을 영일에서 동해연안을 북방으로 향하는 길로, 경덕왕대의 제도일까.

○ 【高城水口】고성은 지금의 강원도 고성군(동해 연안) 지역. 이 지역은 원래 고구려의 달홀이었는데, 후에 신라 영지로 속했다. 진흥왕 17년(556)에는, 신라는 북진하여 훨씬 북쪽의 안변(함경남도)에 비례홀주를 두었는데, 이윽고 이것을 버리고 후퇴하여 달홀 지역에 주(州)를 옮기고 군주(軍主)를 두었다(568). 이 달홀주는 태종무열왕 5년(658)에 한층 더 강릉에 하슬라주가 놓이게 됨에 따라 폐쇄되고 달홀군이 되었던 것 같다. 더 나아가 경덕왕대에는 고성군으로 이름을 바꾸고, 고려시대에는 고성현(令)이 되었다가, 조선 세종대에 고성군이 되어 지금에 이르고 있다. 다음으로 고성수라는 것은 금강산에서 시작하여 고성 지역을 흘러 일본해로 들어가는 지금의 신계천을 가리킬 것이다. 그래서 고성수구는, 이 신계천의 강 입구를 가리켰을 것이지만, 숙박지로서는 북서의 장전에는 미치지 않는다.

179○ 【栗浦】'사' 지리지의 임관군 조에 '東津縣. 本栗浦縣. 景德王改名. 今合屬蔚州'라고 되어 있으며, 지금의 경상남도 울산방면에 해당한다.

180○ 【雞林】계림은 신라의 별칭. '新羅始祖·赫居世王' 조의 주해 126 참조.

○ 【倭王】이 이야기는 '서기'에서는 진구황후기에 기재되어 있는데, 그 연대는 원래부터 사실(史實)이 아니다. '사'가 전하는 418년, 또 '유'가 전하는 425년이, 임시로 확실성을 가진다고 한다면, 5세기에 중국과 외교를 가진 소위 왜의 5왕[351] 가운데, 420년과 425년에 송조(宋朝)에 사절을 보낸 산(讚)이 가장 타당한 왜왕이다. 讚에 대해서는 주지와 같이 리츄천

---

351) 중국남조 송(劉宋)의 『宋書』에 보이는 왜국의 5대 왕, 讚·珍·済·興·武를 말한다.

황·닌도구천황 혹은 오진천황에 비정하는 여러 설이 있어, 여기에서 단정하는 것은 피한다.

○ 【康仇麗】 미해가 왜국에서 귀국할 때에 수행했던 인물이라고 하고 있으나, 다른 고문헌에서 추정할 만한 인물이 눈에 띄지 않는다.

○ 【昨日馳走於捕獵. 病甚未起. 及乎日昊. … 倭王知不可屈. 燒殺於木島中】 제상(毛利叱智)의 계략으로 미질희는 아프다고 하고, 왜국의 감시로부터 도망쳐 귀국할 수 있었다. 그러나 제상은 왜왕으로부터 오형(五刑)에 처해져, 신하될 것을 강요받았으나, 거절했기 때문에, 태워 죽임을 당했다라는 제상의 활약을 이야기하는 부분이다. 거의 같은 전승이 '서기' 진구황후기 5년 3월 조에 기재되어 있고, 그곳에는 '時新羅使者毛麻利叱智. 竊分船及水手. 載微叱旱岐等令逃於新羅. 乃造蒭靈. 置微叱許智之床. 詳爲病者. 告襲津彦曰. 微叱許智忽病之將死. 襲津彦使人. 令看病者. 卽知欺而捉新羅使者三人. 納檻中以人火焚而殺'이라고, 미질희의 귀국을 보내는 사자가 된 葛城襲津彦[352]에게 들켜 버린 것이 되지만, 대개 줄거리는 완전히 같다. '사' 박제상전(傳)에는 미질희가 귀국하기 위해 병이라고 위장하는 일화는 없다. 그러나 귀국을 지원하고 스스로 기지마(木島)에서 소살(燒殺)되는 제상의 활약이 전해지고 있고, 3서(書)의 전거가 된 전승이 존재했다는 것을 예상할 수 있는 것이다. '사' 박제상전의 마지막에 '初末斯欣之來也. 命六部遠迎之. 及見握手相泣. 會兄弟置酒極娛. 王自作歌舞. 以宣其意. 今鄕藥憂息曲是也.'라고 되어 있으며, 아마 이 향악 우식곡(鄕藥憂息曲)과 함께 제상의 충렬(忠烈)이 후세까지 전해졌을 것이다.

181○ 【五刑】 중국고대에 행해졌다는 다섯 가지 형벌. 오벽(五辟)라고도 한

---

352) かずらきのそつひこ. 葛城氏 및 그 일족의 조상이며, 履中天皇(第17代)·反正天皇(第18代)·允恭天皇(第19代)의 외조부. 대조선외교로 활약했다는 전설상 인물. 『百濟記』에 유사한 이름이 있다.

다. 각 시대에 따라서 그 종류는 다르지만, '서경'의 순전에서는 묵·의·
비·궁·대벽.[353] 진대(秦代)에는 鯨[354]·劓·左右의 발목을 자르는
것·효수(梟首).[355] 골육(骨肉)을 소금에 절이는 것으로 되어 있다. 제상
이 받은 형벌 가운데, 다리 아래의 살갗을 벗기고, 갈대 위를 달리게 하는
형벌은, 어느 시대의 5형벌에도 해당하지 않는다. 아마 갈대의 뿌리가 빨
갛다는 것으로부터 만들어 낸 세속적 해석이 덧붙었을 것이다.

○ 【箠楚】채찍질하는 것. 추(箠)는 대지팡이, 채찍. 초(楚)는 매. 채찍. 이
것으로 추태(箠笞)와 마찬가지로 장형(杖刑)을 말한다.

○ 【木島】'사' 지뢰지(4)의 유명미상지에 보이는 목출도와 같은 것인가. '나
기'의 탈해이사금 11년(67) 조에도 '倭人侵木出島. 王遣角干羽烏禦之. 下
克. 羽烏死之'라고 보이니, 왜국과 신라의 교통로에 있던 섬일 것이다.

182○ 【屈歇驛】'사' 지리지(1)의 임관군 조에 '河曲(一作曲)縣. 婆娑王時取
屈阿火村置縣. 景德王改名. 今蔚州'라고 되어 있으며, 지금의 울산의 옛
이름은 굴아화였다. 제상이 배로 출발한 율포도 울산 연안 지역이다. 그
래서 확증은 없지만, 굴헐역은 경주에서 굴아화로 통하는 역이었다고 생
각된다.

183○ 【漢臣周苛】주가(周苛)는 패의 사람. 처음에는 진(秦)의 사수군의 관
리였다. 유방(漢 고조)이 패에서 군사를 일으켜, 사수의 군수·군감을 치
자마자, 주가는 군속(郡屬)으로서 패공(沛公)(劉邦)을 따라, 그 빈객이 되
고, 나아가 패공을 따라 무관에 들어가 진(秦)을 쳤다. 패공이 일어나 한
왕이 되자, 주가는 어사대부로 임명되었다. 한왕 4년(기원전 203), 한왕
은 형양에서 초(項羽)의 대군에게 포위당하여 사태가 급박했다. 그래서
한왕은 후사를 도모하기 위하여 계략으로 탈출했으나, 주가 등은 형양을

---

353) 墨(문신)·劓(코베기)·荊(다리절단)·宮(남자는 거세, 여자는 유폐)·大辟(사형).
354) 黥, 묵(墨)과 같은 형벌.
355) 목을 잘라 나무에 걸어 두는 것.

사수했다. 그러나 형양은 끝내 함락되고 주가는 잡혔다. 항우는 주가를
초(楚)의 장군으로 하려고 했으나, 주가는 오히려 항우를 꾸짖으며 '그대
는 곧 한왕에게 항복하라. 그렇지 않으면 지금이라도 당장 그대가 포로
가 될 것이다.'라고 하며 항우를 화나게 하여 자살(煮殺)당했다. 자주 고
조에게 직언을 했던 주창(周昌)은, 그의 사촌 아우이다. 주창도 어려서부
터 주가와 행동을 함께하고, 고조를 따르면서는 분음후에 봉해지고, 어사
대부 등을 역임했다. 주성은 주가의 자식으로 아버지의 순직 공으로 고
경후에 봉해졌다(참조 "사기" 張丞相列傳, "한서" 張周趙任申屠傳).

○ 【滎陽】 지금의 하남성 북부, 황하남안에 가까운 지점에 있는 현. 한 경현
(京縣) 지역. 한대의 고성(故城)은 지금의 형양현 북방에 있다. 이곳은 여
러 물이 모이는 곳으로 요충지이었다. 그래서 진은 이 서북지역에 오창
(敖倉)을 두었다. 그래서 형양을 제압하는 것은, 오창의 곡물을 손안에
넣는 것이 되어, 전략상 매우 중요한 의미를 가졌다. 진(秦)말 한초(漢楚)
전쟁 때에, 팽성(江蘇省銅山縣)을 뺏은 한왕 유방은 저수 강변에서 항우
에게 크게 패하고, 간신히 형양으로 도망쳐 나와 패군을 수습했다.

○ 【楚】 춘추전국 시대의 초(楚)가 아니고, 항우가 세운 나라.

○ 【項羽】 기원전 232년-202년. 진(秦)말 한초(漢楚)의 영웅. 이름은 적
(籍). 字는 우(羽). 하상(江蘇)의 사람. 선조는 대대로 초(楚)의 장군이 되
어, 항(項)에 봉해졌기 때문에, 항(項)을 성으로 했다. 진(秦)의 2세 원년
(기원전 209) 7월, 진승·오광 등이 거병하여 반란을 일으키자, 9월에 이
윽고 백부 항량과 회계에서 군을 일으켰다. 2년 6월, 초의 회왕의 손자
(心)를 세워 회왕으로 삼고, 군을 나아가 우이에 도읍을 정했다. 한의 원
년(기원전 206) 11월, 여러 군을 이끌고 함곡관에 이르러, 유방이 이미 관
(關)을 평정하고, 스스로 관중의 왕이라고 칭하면서 진의 왕자 영(嬰)으
로 하여금 상(相)으로 하는 것을 듣고 크게 노하여, 40만 대군을 가지고
유방을 위압하여 홍문에서 만나 이를 굴복시키고, 나아가 병사를 풀어 함
양을 점령하고, 진(秦)의 왕자 영(嬰)을 죽이고, 시황의 무덤을 파고, 진

(秦)의 궁실을 태워 버리고 회왕을 존경하여 의제로 삼고, 침(郴)(湖南)에 도읍을 정했다. 스스로는 서초(西楚)의 패왕이라고 부르고 양·초의 지역 9군을 점령하고, 도읍을 팽성(江蘇)으로 했다. 그리고 유방(漢王) 이하를 여러 왕에 봉했다. 그때에 봉직에서 빠진 것을 원망한 전영은 제왕(齊王)이라고 칭하면서 산동에 거병하고, 진여도 또한 대왕(代王)이라고 하면서 북방에 호응했다. 숨어서 인내하며 산중에 있던 유방은, 이 기회를 타고 병사를 일으켜, 관중(關中)에 침입하여 거의 3진(秦)을 평정하고, 이윽고 관(關)을 나와 동쪽으로 나가려는 형세를 보였다. 또 연왕 장도가 북방에서 반란을 일으켰기 때문에, 항우는 우선 제(齊)를 치고 난 뒤에 한(漢)을 치려고 2년 12월, 별군을 파견하여 한왕의 동침(東侵)을 막으면서 자신은 전영(田榮) 토벌을 위하여 제를 향하고, 또 몰래 사람을 보내 의제(義帝)를 죽였다. 여기서 유방은 의제의 상(喪)을 치르고, 제후들을 선동하여 초를 공격하여 그 수도(彭城)를 함락시켰다. 항우는 이것을 듣고 스스로 정병 3만을 끌고 팽성으로 급행하여, 일격에 유방을 치고, 그 부모처자를 남김없이 얻었다. 승리에 취해서 유방을 추격하여 형양을 포위하고 1년 남짓하기에 이르렀다. 그런데 이 동안에 한의 계략이 먹혀 형세는 변하여 초는 오히려 한의 포위를 맞게 되었다. 항우는 이 비참한 일을 살피고, 4년(기원전 203) 8월 한과 강화(講和)하고, 홍구(汴河)로써 천하를 2등분하여 서쪽을 한왕에게 주고, 스스로 동쪽을 영유하고, 한왕의 부모처자를 모두 돌려보냈다. 이리하여 스스로 돌아가는 중에도, 한왕이 장량·진평의 모략에 의해 화의를 파기하고, 한신·팽월의 군사와 합류하여 군사를 동쪽으로 향하게 하고 있다는 것을 듣고, 5년 10월, 해하를 쳤지만 패하고, 주위를 벗어나 남쪽으로 도망쳤으나 허무하게도, 나중에 오강에서 자살했다. 때는 나이 31(참조. "사기" 항우본기 등).

○ 【項羽謂周苟曰. … 周苟罵而不屈】 "사기" 항우본기에 항우가 주가를 잡았을 때의 '爲我將. 我以公爲上將軍. 封三萬戶. 周苟罵曰. 若不趣降漢. 漢今虜若. 若非漢敵也'를 이어 받은 문장.

184○ 【望德寺】 '나기'에 의하면, 신문왕 5년(685) 4월에 창건되었다. 절터는 경주의 동남, 낭산(狼山)의 남동 기슭에 있는 사천왕사지의 서남, 울산에 이르는 도로에서 떨어진 밭 가운데에 있다. 이 절의 창건에 대해서는 경덕왕 4년(755) 춘 조의 '望德寺塔. 動'의 기사에, '唐令孤澄. 新羅國記曰. 其國爲唐立此寺. 故以爲名. 兩塔相對. 高十三層. 忽震動開合. 如欲傾倒者數日. 其年祿山亂. 疑其應也'라고 하는 주기(注記)가 전해지고 있다. 이 절의 동서 두 탑이 진동하여 서로 다투었다고 하는 괴이한 일은, 원성왕 14년(798) 춘3월 조, 애장왕 5년(804) 9월 조에도 보인다.

○ 【伐知旨】 purči-mără 벌지 지명은 다른 곳에도 있으며, '聖師元曉. 初生于押梁郡南佛地村 … 村名佛地. 或作發智'('유' 권제4, 원효 불기(不羈))라고 되어 있는 불지촌(佛地村)(發智)도 같은 뜻이다. 제상부인의 전설은 '서각(舒脚)' 즉 '다리를 내던지다 pŏr-ci, pori-ta'에서 purči를 설명한 어원속해이다. 벌지(伐知)는 차음이라고도 생각되지만, 오히려 불교신앙에서 온 이름으로서 원뜻을 보이는 것으로 해석하고 싶다.

185○ 【鵄述嶺·鵄述神母】 현재 음 či-sur-ryŏn. '승람' 권21·경주산천 조에는 '鵄述嶺. 在府南三十六里'라고 되어 있으며, 경주의 동남, 외동면에 있다. 또 같은 문헌 사묘(祀廟) 조에는 '神母祀. 在鵄述嶺上. 神母即朴提上妻也. 提上死倭國. 其妻不勝其慕. 登鵄述嶺. 望日本痛哭而終. 遂爲鵄述嶺神母. 其村人至今祀之'라고 되어 있다. 치술령(鵄述嶺)의 述은 음 sur로 봉(峯)의 옛말 sur, suri를 나타낸 것이며, 이 외에도 '陰峯縣. 本百濟牙述縣'('사' 지리지4) 등의 사용 예가 있으며, 양주동은 치술(鵄述)에서 suri의 차자라고 하고 있다("고가연구"11, p.321). 치술 신모(神母)에 대해서는, 이 봉우리 정상에 하나의 큰 암석이 있으며, 그것은 제상의 처가 남편을 곡읍(哭泣)하면서 배웅한 곳이라고 말하며, 나중에는 망부암이라고 일컬어지게 되었다. 그때 망부암 근처에 은을암이라는 절이 있었고, 그 뒤의 바위에는 깊은 동굴이 있었다. 제상의 처는 비통한 나머지 죽었으나, 그 영혼은 새가 되어, 이 동굴에 숨어 버렸다. 그 후, 동굴에서 매

일 한 사람 몫의 백미(白米)가 솔솔 나오게 되었다라고 하는 민간전승도 전해지고 있다. 은을(隱乙)의 음은 ör로서, 샘, 우물과 같다. 또 제상의 처의 영혼이 새가 되었다고 하는 것도, 곡모신인 주몽의 어머니(하백의 딸)나 알영부인이 물새(水鳥)의 형상을 했다는 것과 같다('혁거세왕' 조의 주해 130 참조). 치술모신은 본래 곡모신이며, 치술령은 영장(靈場)으로서 신앙을 모았던 곳으로, 나중에 제상의 처의 전설이 합쳐서 전해져 왔을 것이다.

年次	出典	"삼국사기" (치세연수는 당년칭원법)	"삼국유사"	'광개토왕릉비문', "중국사적"
355			내물왕즉위(본문의 36년 경인년을 기준으로 한다).	고구려 고국원왕 전연(前燕)에 사신을 보내다. '征東將軍·樂浪公'의 칭호를 얻다(晉書·載記10).
356	丙辰	내물왕즉위 (年表·治世四十七年).	내물왕즉위 (왕력·치세 46년).	
372				백제왕 여구(餘句) 동진(東晉)에 사신을 보내다. '鎭東將軍·領樂浪公'의 칭호를 얻다(晉書·帝紀9).
377				고구려·신라 전진(前秦)에 사신을 보내다.(자치통감·晉紀26)
382				신라국왕 앵한(櫻寒) 전진(前秦)에 사신을 보내다.(太平御覽·東夷二所引·秦書)
385				백제왕 여휘(餘暉) 동진(東晉)에 사신을 보내다. '鎭東將軍의' 칭호를 얻다(晉書·帝紀9).
390	庚寅		내물왕 즉위 36년 경인 미해입왜(본문)	
391	辛卯			일본바다를 건너 온 백제□□□羅를 치고, 속민(屬民)으로 삼다(광개토왕비문).
392	壬辰	내물왕 37년 실성(實聖) 입려(入麗)(나기) 고구		

		러 광개토왕즉위(여기)		
395				고구려 광개토왕, 후연(後燕)에 사신을 보내다. '遼東帶方二國王'의 칭호를 얻다(梁書 · 高句麗傳).
396	丙申			광개토왕, 백제의 왕도를 공격하다. 백제왕 동생을 고구려에 보내다(광개토왕비문).
397				
399				백제와 왜가 화통(和通)하고, 신라, 구원을 고구려에 구하다 (광개토왕비문).
400	庚子			광개토왕 남진하고, 신라왕 고구려에 조공하다(광개토왕비문).
401	辛丑	내물왕 46년 실성(實聖) 고구려에서 귀국(나기)		
402	壬寅	실성왕 즉위(연표 · 치세 16年). 미사흔 입왜(나기).	실성왕즉위(왕력 · 치세15年).	
404	甲辰			왜 帶方界에 침입하다(광개토왕비문).
412	壬子	실성왕 11년 복호 입려 (나기)		고구려 광개토왕 죽다(同上).
413		고구려 광개토왕 죽고, 장수왕 즉위(여기).		고구려 장수왕, 송조에 사신을 보내다. '征東將軍 · 樂浪公'의 칭호를 얻다(송서).
416			눌지왕 즉위(본문의 10년 을축, 보해, 미해 귀국을 기준).	
417	丁巳	눌지왕 즉위(연표 · 치세 42년).	눌지왕 즉위(왕력 · 치세 41年). 눌지왕 즉위(본문의 3년 기미, 보해 입려(入麗)를 기준).	
418		눌지왕 2년 복호 · 미사흔 귀국(나기).		
419			눌지왕 3년 보해입려(入麗)(본문).	
421				倭王讚, 宋에 遺使(宋書 · 倭國傳).
425	乙丑		눌지왕10년 보해 미해	왜왕 찬(讚), 송에 사마조달(司

		귀국(본문).	馬曹達)을 보내다(송서·왜국전).
427	고구려 평양성으로 천도(여기).		

참고

5세기 초두 전후의 한반도의 정세

우선 미사흔의 입왜, 복호의 입려(入麗)를 중심으로 한 당시의 연표를 보인다. 보는 바와 같이 미사흔(未叱喜·美海)의 입왜연차, 복호(寶海)의 입려연차는 '유'와 '사'와는 다르며, 또 내물왕의 즉위연차·눌지왕의 즉위연차도, '사'·'유'의 왕력에서는 일치하더라도, '유'의 본문과는 1년의 차이가 생긴다. 이 상위에 대해서는 '유'의 기년이 맞다고 생각된다. 그것은 광개토왕의 즉위에 대해서 '사'는 원년을 임진(壬辰)(392)이라고 하는 것에 대해서, '광개토왕비'는 원년을 신묘(391)라고 하여 1년의 차이가 있고, 내물왕·눌지왕의 즉위연차의 경우와 같다. 두말할 것도 없이 광개토왕비를 세운 것이 왕이 죽은 뒤의 2년 후·414년 갑인이며, '사'가 오래된 전승을 전하고 있다고는 하지만, 그 편찬연차는 12세기 중엽의 일이고, '광개토왕비' 쪽이 정확성이 인정되기 때문이다. 그 광개토왕능비의 연차가 맞다면, 마찬가지로 '사'와 1년의 차이가 있어, 비문과 일치하는 '유'의 연차가 정확성을 가질 수 있을 것이다(末松保和, "新羅史の諸問題", p.143; 三品彰英, "日本書紀朝鮮關係記事考證" 上, p.93). 고구려로 인질이 되어 가는 것이 '사'에서는 실성왕과 복호의 두 사람이라고 하는 것에 대해, '유'가 보해 한 사람이 되어 있다. 그러나 '유'의 눌지왕의 왕위찬탈에 관한 것을 적어 놓은 곳에서, '王(實聖)請高麗兵. 而詐迎訥祇'라고 하고 있고, 같은 사건을 기록한 곳에서도, '遣人招在高句麗時相知人'이라고 되어 있는 기재를 참고로 한다면, '사'가 말하는 실성(實聖)의 입려(入麗) 기사도 신뢰를 해도 좋을 것이다. 즉, 내물왕대부터 눌지왕대에 걸쳐서의 신라건국 초기, 4세기 말부터 5세기의 20년에 걸쳐서, 신라는 인질을 고구려에, 또 왜국에도 보내지 않으면, 자국의 보전이 불안하기까지 했던 것이다. 광개토왕능비는 391년의 일로서, '百殘新羅. 舊是屬民. 由來朝貢. 而倭以辛卯年來渡海. 破百殘□□□羅. 以爲臣民'이라고 적고, 391년 이전부터 신라·백제가 고구려에 종속되어 있었던 것처럼 기록하고 있으나, 이 1구는 '以六年丙申, 王躬率水軍, 討科殘國 … '이라는 기사의 도입문장이고, 371년에 고국원왕(故國原王)이 백제의 근고초왕에게 평양 근처까지 공격을 받아 패배한 것, 또 '여기(麗紀)'로부터 생각을 해도 사실이 아니며, 오히려 391년에 왜의 침공을 받은 백제·신라는, 특히 건국도상에 있어, 약세인 신라는 '유'의 미해 입왜나 '사'의 실성 입려에 보이는 것과 같이, 고구려와 왜국의 양국에 종속하지 않으면 안 되는 상태에 있었을 것이다. 그런데 377년과 382년에 신라는 전진(前秦)에 견사(遣 使)조공을 하고 있다. 이 전진으로의 조공은, 고구려의 원조 아래 행해진 것이라고 생각되지만, 그것이 바로 종속관계를 보이고 있는 것이라고는 생각할 수 없다. 추측 의 영역을 벗어나지 않지만, 아마도 우방으로서 고구려는 신라의 전진에 대한 견사 조공을 지도했던 것은 아닐까. 그러던 중에 고구려로의 종속이 분명해져 올 때쯤부 터, 신라는 중국세력과의 국교를 중단해 버리기 때문이다. 이러한 신라의 고구려와 왜국으로의 양쪽 종속외교를 한 번에 바꾸게 한 것은, 모용(慕容)의 후연(後燕)을 위 한 서방으로의 진출을 저지당한 광개토왕이, 396년(丙申)부터 시작한 남하정책이 다. 이 해, 광개토왕은 백제의 50여 성을 함락하고, 마지막으로는 백제의 왕도를 공 격하여 아화왕(阿華王)에게 강화를 맺고 개선한다. 이때는 신라는 등장하지 않는 다. 추측이지만, 신라는 고구려에 붙었든지, 아니면 중립을 지킨 것은 아닐까. 고구 려의 남하와 신라의 친고구려의 태도에 의해서 고립된 백제는, 대항하기 위해 바다 를 사이에 둔 왜국과 화통하여 나라를 지키기 위한 수단을 취했을 것이다. '제기(濟 紀)' 아화왕(阿華王) 6년(397) 조에 '五月. 王與倭國結好. 以太子腆支爲質'이라고 되 어 있다. 이것이 광개토왕비가 말하는 '九年乙亥, 百殘違誓, 與倭和通'을 가리키는 것이라고 생각한다. 왜국과 친교관계를 맺은 백제는, 당면의 강적인 고구려와 정면 충돌을 피하고, 아직 약세인 신라를 공격한 것은 아닐까. 신라의 내물왕은 고구려에 '倭人滿其國境. … 以奴客爲民, 歸王請命'(광개토왕비)라며 구원을 바랐다. 광개토 왕은 다음 해(400) '十年庚子. 敎遣步騎五萬. 往救新羅 … '(同碑)라고 한다. 매우 중 요한 고구려군과 왜군의 전황을 기록한 부분에 빠진 글자가 많아, 상세한 것을 알 수 없는 것은 유감이지만, 이후의 신라에 대한 것이 비문에 보이지 않고, 또 '사'에도 고구려와의 항전기사가 보이지 않는 것은, 401년에 고구려로부터 귀환했던 실성(實 聖)이 다음 해에 즉위하고, 또 417년이라는 눌지왕의 즉위사정을 합쳐서 생각을 하 면, 신라가 완전히 고구려에 복속해 버렸기 때문이 아닐까. 신라의 고구려로의 종속 은 5세기 중반경부터 변화하여, 점점 남하해 오는 고구려에 대항하기 위해, 백제와 의 동맹이 진행되었던 것 같다. 지금 여기에서 '서기' 유랴구(雄略)천황기 8년 조의 기사를 다룰 어유는 없으나, '사'가 전하는 바에 의하면, 455년 고구려가 백제의 왕 도를 침공했을 때에, 눌지왕은 구원군을 보내고, 475년에 고구려가 백제의 왕도한 성을 공격해 함락하고, 개로왕(蓋鹵王)을 살해했을 때에도, 자비왕(慈悲王)은 원군 을 백제에 파견하고 있다. 더 나아가 484년에는 고구려가 신라의 북방영토를 침공 했을 때에는, 백제와 신라는 동맹하여 고구려를 물리쳤다고 전해지고 있다. 이 연차를 모두 신뢰할 수 있다고는 생각되지 않지만, 5세기 중엽쯤부터 신라는 고구려의 종속에서 벗어나 있었던 것 같다(末松保和, "任那興亡史", pp.79-81; 三品彰英, 前揭書; 池內宏 "日本上代史の一研究" 참조).

¹⁸⁶제18 실 성 왕
第十八 實聖王

¹⁸⁷義熙九年癸丑. 平壤州大橋成. ^{187a}恐南平壤也. 今揚州. ¹⁸⁸王忌憚前王太子
訥祇(祗)有德望. 將害之. 請高麗兵. 而詐迎訥祇(祗). 高麗人見訥祇(祗)有
賢行. 乃倒伐而殺王. 乃立訥祇(祗)王而去.

풀이 ¹⁸⁶제18 실성왕(第十八 實聖王)

¹⁸⁷의희 9년 계축년, 평양주에서 큰 다리가 세워졌다. ^{187a}아마 南平壤
에 관한 것으로, 지금의 揚州일까.356) ¹⁸⁸실성왕은 전왕의 태자인 눌지(祗)가 덕
이 많고, 인망도 있는 것을 눈의 혹처럼 싫어하고, 이것을 해쳐 버리
려고 생각했다. 그래서 고구려의 병사에게 부탁을 해서, 교묘하게 눌
지를 불러냈다. 그러나 고구려 병사들은, 눌지의 훌륭한 성품을 보고,

---

356) DB. 양주이다.

오히려 돌아서 버리고, 실성왕을 죽여 버리고, 그 후 눌지(祗)왕을 세우고, 그리고 가 버렸다.

주해 **186○【實聖王】** 실성은 혹은 실주・실금('유' 왕력에는 보금이라고 있지만, 實이 寶로 잘못된 것이다)라고 한다(다만, 주(主) 음 cu. 금(金) 뜻 sŏ. 성(聖) 음 sŏng는 모두 음훈통용). '나기'에 따르면, 그는 내물왕 37년(392)에 인질로서 고구려로 가고, 46년(401)에 귀국했다. 그리고 그다음 해 2월에는 내물왕이 죽고, 그 아들(訥祗)이 아직 어렸기 때문에, 明達하며 遠識이 있었던 그가 國人에게 추대되어 왕위를 이은 것이다. 그의 출신에 대해서는 '사' '유' 모두 각각 異同이 있다(다음에 보인 系譜圖 참조). 즉 '麗紀'에는 그를 前王(奈勿)의 조카라고 하고 있으나, '나기' 및 '왕력'('유')의 기재로 보아 大西知伊飡(혹은 角干)의 아들이었던 것은 분명하다. 시조로 보인 미추왕과의 밀접한 혈연관계도 맺고 있었다. 어쨌든 그는 신라왕 대신에 인질이 되어, 외국으로 나갔다는 것으로 보아도, 그는 유력한 왕족으로서, 그 신분・덕망으로 해서 직계남자 상속제가 일정하지 않았던 당시, 신라의 전통적 화백(和白)회의에서, 귀족들로부터 총명하고 사리에 밝은 그가 추대되어 왕위에 올랐던 것은 당연하다고 할 수 있겠다. 그러나 당시는 아직 중국풍으로 왕이라고는 하지 못하고, 전왕과 같이 이사금('사'), 혹은 마립간('유')이라는 고유의 왕호를 호칭했던 것이다. 신라는 실성 재위 전후, 남북으로부터의 왜・고구려 2국으로부터의 공세를 받았다. 그래서 양국에 대하여 인질을 보내는 정황이었다. '나기'에 의하면, 실성은 내물왕을 위하여 고구려로 인질로서 갔던 것을 원망하고 있었기 때문에, 그는 왕이 되어, 전왕 내물왕의 아들인 미사흔을 왜국으로(402), 복호를 고구려(412)로 각각 인질로서 보내고, 더 나아가 국내에 남아 있는 덕망이 있던 맏아들 눌지를 죽이려고 했다. 그러나 실

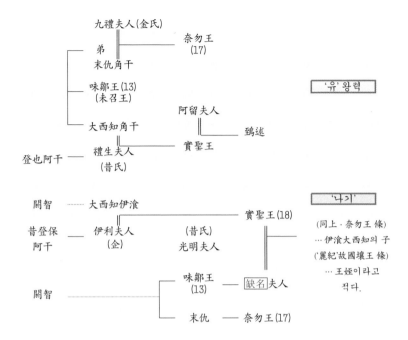

성이 오히려 눌지에게 살해당했다는 것이다. 인질의 파견에 대하여 '유'
를 보면, 앞 장에서 본 것과 같이 실성의 치세 중에는 없었다. 우선 왜국
에 대하여, 내물왕이 390년(경인)에 미해(미사흔)을 보냈다. 이때는 고구
려에 비해서 왜국의 공세가 격했던 것 같다. 그러나 호태왕이 나타남에
이르러, 고구려의 남하의 기세는 강해지고, 비문에만 의해도, 영락 6년
병신(396)에는 호태왕이 친히 군사를 이끌고 크게 백제를 공격하여 그 북
성을 점령하고, 백제왕의 동생을 인질로 했으나, 399년에는 백제의 위약
(違約)을 처벌하려고 평양으로 남하한 호태왕에게 신라는 사신을 보내
왜국의 침략과 노략질을 호소하여 구원병을 바랐기 때문에, 다음해 영락
10년 경자(400)에는 5만의 고구려군이 남하하여 신라를 구조하여, 왜의
연합군을 임나 가라까지 쫓아냈던 것을 알 수 있는 것이다. 비문에는 이
때, 한층 더 '옛날 신라의 매금이 아직까지 스스로 내조(來朝)한 일이 없

기이 제1   295

었는데 … 스스로 와서 조공했다.'라고 적고 있다. 그래서 신라는 왕 스스로가 고구려로 갔는지 아닌지는 잘 모르겠으나, 고구려에 대하여 여기에서 처음으로 인질을 보냈다고 봐야 할 것이다. 그래서 실성이 고구려로 보내어진 것은 전술한 392년이 아니고 400년의 일일 것이다. 그리고 401년에 귀국해서 곧 왕위를 이었던 것이라고 생각된다. 그러나 왜국 및 고구려의 2국 양쪽에게 종속한다는 대외관계를 배경으로 해서, 국내정치에 있어서도 매우 곤란했다고 보이며, 이 복잡한 내외정세로부터 신라 왕족간의 내홍도 격화되었다. 실성은 끝내 전왕의 장자 눌지에게 살해당하게 되고, 왕통은 내물의 직계로 옮기고, 실성계는 단절되었다. 왕위 추대제를 특색으로 한 신라의 역사에 있어서(하대는 별도로 하고), 그러한 왕위 찬탈사건은 이례이다. 그리고 눌지가 미화되고 실성이 불리하게 그려진 것이라고 보는 것은 일면적인 것일까. 마지막으로 실성의 재위 연간에 대하여 보기로 한다. '유' 왕력에는 실성은 '임인(壬寅)에 오르다' 눌지는 '정사(丁巳)에 오르다'라고 적고, 실성의 치세를 15년이라고 기록하고 있다. 이것은 즉위칭원법에 의한 '나기'와도 일치한다. 즉 임인(402)부터 정사(417)까지를 재위연간으로 하는 것이다. 그러나 기술한 것과 같이 앞장(내물왕·김제상 조)의 본문에서 본 눌지왕 10년 을축부터 역산하면, 눌지 즉위원년은 416년(병진)이 되기 때문에, 실성의 즉위원년이나 재위연수에도 착오가 보일지도 모른다('내물왕' 조 마지막부분 게재된 연표 참조).

187○ 【義熙九年癸丑】서기 413년. 의희는 중국 동진(東晉) 안제(安帝) 조의 원호.

○ 【平壤州】신라 성덕왕 35년(736)에 '檢察平壤牛頭二州地勢'라는 것이 '나기'에 보인다. 기록적으로는 신라에 평양주가 존재했다는 것이 인정된다. 이 평양주의 평양은 '유'에 주기된 것과 같이, 남평양을 말하며 평양주는 또 '나기'에 자주 나오는 '북한산주(北漢山州)'를 말하는 것이다(진흥왕 18년·29년·진평왕 26년·46년의 각조). (그러나 이 북한산주는 '나기'

의 편자나 혹은 그 원래 기록의 편자가 한산주를 잘못하여 북한산주라고 기록했던 것으로 보인다. 따라서 평양주도 존재하지 않았던 것이다.) 어쨌든 '유'의 찬자는 '나기' 계통의 기록을 바탕으로 역추적을 해서 기록했을 것이다.

187, 187a○【平壤】【南平壤】【揚州】(Ⅰ) 대동강 경계에 있는 지금의 평양 지역은, 이미 예부터 위만조선의 왕도 왕검성으로서 알려져 있고, 나아가 이 나라의 멸망 후에도 오랫동안 낙랑군의 중심지(다만, 군치(郡治)는 강 건너 토성리)를 이루고 있었다. 이윽고 낙랑군은 서기 313년에 망하지만, 이 지역은 이후 고구려의 반도경영의 전진기지가 되었다. 평양이라는 호칭은, 이 당시에 시작되던 것일까. 광개토왕릉비문의 영락 9년 기해(399) 조, 및 영락 14년 갑진(404) 조에는 평양이라고 보인다. 그리고 다음의 장수왕 치세에는(즉 서기 427년), 압록강변의 국내성(丸都城)에서 이 지역으로 도읍이 옮겨졌다. 그리고 668년에 멸망 때까지 국도(國都)로서 이어졌다. 고구려의 멸망 후, 일시적으로 당의 안동도호부가 놓였으나 그것을 포기한 후에는, 신라의 전성기에 있어서도 그 지배는 이 지역에 미치지 못하고 끝내 황폐하게 버려졌다. 고려조가 일어나 그 판도를 서북으로 넓혔기 때문에, 그 지배하에 들어가, 서북의 요지로서, 또 고구려의 옛 수도로서 중요시되어, 서경(西京)이라고 하면서 수도 개경(開京)을 잇는 요지가 되었다. (Ⅱ) ① '거칠부전'('사')에 '眞興大王十二年辛未. 王命居柒夫 … 等八將軍. 與百濟侵高句麗. 百濟人先攻破平壤', ② '긴메이기(欽明紀)' 12년 조에 '是歲. 百濟聖明王親率衆及二國兵. 往伐高麗. 獲漢城之地. 又進軍討平壤. 凡六郡之地復古', ③ '나기' 성덕왕 35년 동11월 조에 '檢察平壤牛頭二州地勢', 또 ④ 헌덕왕 17년 조에 '憲昌子梵文與高達山賊壽神等百餘人. 同謀叛. 欲立都於平壤. 攻北漢山州(平壤今揚州也. 太祖製莊義寺之齋文, 有高麗舊壤. 平壤名山之句)' 등으로 기록되어 있는 문장 가운데의 평양은, '사' 지리지2에 '漢陽郡. 本高句麗北漢山郡. 一云平壤. 眞興王爲州州置軍主. 景德王改名. 今揚州舊墟'라고

되어 있듯이 지금의 수도 서울방면에 해당하는 북한산 지방을 가리키는 것이다.

그리고 북한산 지방이 평양이라고 부르게 된 것은 언제부터일까. 그것은 고구려가 한강 북쪽 강변의 북한산 지방을 확보하고 난 이후의 일. 즉 장수왕이 475년에 백제를 공격하고 그 수도 한성(南漢山)(지금의 廣州)을 함락한 후일 것이다. 그리고 대동강변의 예부터의 평양에 대하여, 한강변의 새로운 평양을 혹은 남평양이라고도 칭했던 것이다. 다음으로 이 남평양방면이 신라의 소유로 돌아간 것은, 진흥왕대(후술의 진흥왕 조 참조)부터이다.

188○【王忌憚前王太子訥祇(祇)有德望. 將害之】실성이 눌지를 죽이려고 하는 동기는 '사'와는 다르다(다음의 인용문 ①을 참조). ① '奈勿王三十七年. 以實聖質於高句麗. 及實聖還爲王. 怨奈勿實己於外國. 欲害其子以報怨. ② 遣人招在高句麗時相知人. 因密告, 見訥祇則殺之. 逐令訥祇往, 逆於中路. ③ 麗人見訥祇形神爽雅. 有君子之風. 逐告曰. 爾國使我害君. 今見君不忍賊害. 乃歸. ④ 訥祇怨之. 反弑王自立'('나기' 눌지마립간 조).

○【前王】내물왕.

○【訥祇】앞 장(내물왕・김제상)의 주해 176 참조.

○【高麗人見訥祇(祇)有賢行】앞 문장의 ③을 참조.

○【乃倒戈而殺王. 乃立訥祇(祇)王而去】본문에서는 실성에게 의뢰를 받았던 고려인이, 오히려 실성을 죽이고, 눌지를 세워 왕으로 삼은 것처럼 기록하고 있으나, '사'에는 눌지 자신이 실성을 죽이고 왕위에 즉위했던 것처럼 적고 있다(전문 ④ 참조). 어쨌든 실성, 눌지 두 왕의 문제에 대해서는 고구려 병사 혹은 고구려인이 관여(혹은 간섭인가) 했다는 사실이 있기 때문에, 당시의 신라와 고구려 관계가 상상될 것인가. 스에마쓰는 신라의 왕위가 고구려의 무력에 의해서 좌우되었음을 보여 주는 것과 동시에, 한편으로는 주둔군의 실재를 증명하는 사료의 하나가 된다고 하면서, 이 高句麗兵云云하는 기사를 중요시하고 있다("任那興亡史"). 분명히 고

구려가 신라에 미치는 비중은 강했으나, 스에마쓰는 더 나아가 유랴구기(雄略紀) 8년(464)의 기사는, 직접적으로 그것을 전하는 기사로서 높이 평가하고 있다.

¹⁹⁸사금갑
射琴匣

¹⁹⁰第二十一毗處王^{190a}一作炤智³⁵⁷⁾王. 即位十年戊辰. 幸於天泉亭. 時有烏
與風鼠來鳴. 鼠作人語云 "此烏去處尋之.^{190b}或云神德王欲行香興輪寺. 路見衆鼠含尾恠
之. 而还(還)占之. '明日先鳴烏尋之'云云. 此說非也." 王命騎士追之. 南至避村.^{190c}今壤
避寺村. 在南山東麓. 兩猪諸鬪. 留連見之. 忽失烏所在. 徘徊路旁. 時有老翁自
池中出奉書. 外面題云 '開見二人死. 不開一人死'. 使來獻之. 王曰 "與
其二人死. 莫若不開但一人死耳". 日官奏公 "二人者庶民也. 一人者王
也". 王然之開見. 書中云 '射琴匣'. 王入宮見琴匣射之. 乃內殿焚修僧與
宮主潛通而所³⁵⁸⁾奸也. 二人伏誅. ¹⁹¹自甬(爾)國俗每正月上亥上子上午
等日. 忌愼百事. 不敢動作. 以十五³⁵⁹⁾日爲烏忌之日. 以糯飯祭之. 至今

---

357) DB. ≪삼국사기≫ 권3, 신라본기 炤知麻立干 조와 ≪삼국유사≫ 권1, 왕력(王曆)에는 知.
   파른본. 智

358) DB. ≪신증동국여지승람(新增東國輿地勝覽)≫ 권21, 경주부(慶州府) 고적(古跡) 서출지
   (書出池) 조에는 爲.

359) DB. 규장각본. 파른본에는 六.

行之. 俚言怛切. 言悲愁而禁忌百事也. **192**命其池曰書出池.

풀이 **189**사금갑(射琴匣)

190제21비처왕**190a**혹은 炤智王이라고도 한다.이 즉위해서 10년째인 무진년에, 천천정에 행차하셨던 적이 있었다. 그때 까마귀와 쥐가 근처에서 울고 있었는데, 그 가운데에서도 쥐는 사람의 말을 흉내 내면서, '이 새가 날아가는 쪽을 찾아가시오.'라고 한다. **190b**이 이야기는 지금 하나의 설이 있다. 그것에 의하면, 신덕왕360)이 흥륜사에 가셨을 때, 도중에서 많은 쥐가 서로 꼬리를 물고 먹는데, 이것을 괴이하게 여긴 왕이 궁정으로 돌아가서 그 흉길을 점괘를 물어본바, '다음 날, 무엇이 어떻든 간에 까마귀가 우는 방향으로 가라. 운운'라고 하는 것이었다고 하는데, 이 설은 맞지 않다. 왕이 기사에게 명하여 까마귀를 쫓아가게 했는데, 남쪽으로 향하여 피촌**190c**지금의 양피사촌으로, 남산361)의 동쪽 기슭에 있다.까지 가자, 그곳에서 두 마리의 돼지가 서로 싸우고 있었다. 기사들이 이것에 정신이 팔려 있는 동안에, 그만 까마귀 행방은 모르게 되어 버렸다. 당황한 기사들은, 길을 우왕좌왕하기만 했는데, 그러자 그때 노옹이 연못에서 불현듯 나와, 글을 바쳤다. 그 곁에는

"열어 보면 두 사람이 죽을 것이요. 열어 보지 않으면 한 사람만 죽을 것이다."라고 적혀 있었다. 기사가 돌아와 이것을 바치니, 왕이 말하기를, "두 사람이 죽느니 열어 보지 않고 한 사람만 죽는 것이 낫

360) DB. 신라 제53대 왕으로 재위 기간은 912-916년이다. 성은 박씨이며 이름은 경휘이고, 아달라왕의 원손이다.
361) DB. 경상북도 경주시 남쪽에 위치한 산으로 북쪽의 금오봉(金鰲峰)과 남쪽의 고위봉(高位峰) 두 봉우리에서 흘러내리는 60여 개의 계곡으로 이루어져 있다.

다."고 하였다. 그러나 일관(日官)은,

"두 사람이 죽는다고 하는 경우의 두 사람은 서민입니다만, 그렇지 않은 경우의 한 사람이라는 것은 다름 아닌 대왕 자신이옵니다."

라고 말했다. 과연 그렇구나라고 납득한 왕이 이것을 열어 보자, 그 문면에는,

'거문고(琴) 갑(匣)을 쏘아라.'

라고 적혀 있었다. 왕이 후궁에 들어가 보니, 과연 거문고 상자가 있었기 때문에, 이것을 쏘려고 했다. 그것은 내전(內殿)인 분수 승려가, 궁주와 은밀히 정을 통하고 있어, 불의한 것이 있었던 것이다. 그래서 두 사람은 주살을 당하고 죄 값을 치렀다. [191]이 일이 있고 나서 이 나라에서는 해마다 정월 첫 해(亥)의 날, 자(子)의 날, 오(午)의 날 등에는, 무슨 일이든 상관없이 조심하면서 감히 움직이는 일 등은 하지 않고, 또 15일을 정하여 까마귀를 기피하는 날로 하며, 공양물인 떡을 쪄서 제사를 지내는 풍습이 되었다. 이 풍습은 지금도 일어나고 있으며, 향언으로 이것을 달도라고 하며, 슬픔과 시름의 기분을 나타내며, 무슨 일이든 꺼리고 근신하며 행동하게 되었다. [192]그 연못은 서출지라고 이름이 지어졌다.

주해 **190, 190a**○ **【毗處王一作炤智王】** 또 조지·소지라고도 한다. 비처(毗處)pi- čö는 조(照)의 뜻에 맞춘 차음자. 조지·소지(昭知)·소지(炤智)의 知(智)는, 신라인명의 말미에 붙이는 존칭으로, 조·소·소(照·昭·炤)도 같은 말의 뜻을 빌려 적은 글자(훈차자)로 보인다. 비처왕은 아버지인 자비왕(눌지왕의 장자)의 뒤를 이었던 기미부터 경진년(서기 479-500)까지 재위했다. 마립간을 칭한 왕으로서는 '나기'에 의하면 제3

대째, '유' 왕력에 따르면 제5대째이다. 이마니시 류는 '신라의 연대는 비처왕 이후에 있어서 비로소 믿어야 할 것'이라고 하고 있다. '나기'에 대해서 보건대, 이 왕대에는 고구려와 왜국의 2국으로부터 침략을 받은 기사, 재난의 기사, 참위(讖緯) 기사가 많은데, 시조탄생 지역인 내을에 신궁을 두고, 처음으로 사방에 우역(郵驛)을 설치하고, 또 서울에는 처음으로 시사(市肆)를 열어 사방의 화폐를 통했다 등이라고도 기록되어 있다. 이들 기사는 어쨌든 적어도 이 왕대 근처부터 신라국에 문화발전의 서광이 보이기 시작한 것 같다. '나기' 법흥왕 조에는 김대문의 "계림잡전"이 기록하는 바에 의해, 제19대 눌지왕의 때에 사문묵호자가 고구려로부터 신라의 일선군(一善郡)의 사람 모레의 집에 왔다는 것을 기록하고, 제21대 비처왕 때에 아도라는 승이 종자 3명과 함께 다시 나타나, 모레의 집에 와서, 종자가 남아 머물게 된 경위를 강독했다고 적고 있다. 이 전승기사는 그 모든 것을 사실로서 믿을 수는 없으나, 불교를 공인한 법흥왕대보다 먼저 이 왕대에 수용했다고 봐도 괜찮을 것이다. 또 왕도경주 근교에 있는 고총은, 그 출토유물의 성질에 의해서 비처(毗處)·지증·법흥왕의 전후의 때라고 추정되고 있다. 글 가운데에는, 금관총에 대해서는, 이게 우치 히로시는 비처왕릉으로 추정하고 있다.

190○ 【即位十年戊辰】 서기 488년.

○ 【率於天泉亭】 '승람'에는 '新羅炤智王十年正月十五日, 王行天泉亭'이라고 보인다(후술).

190b○ 【神德王】 권제2·효공왕 조를 참조.

○ 【興輪寺】 미추왕 조 주해 170을 참조.

190c○ 【南山】 지금의 경주시의 남쪽 근교에 있는 명산. 표고 68미터. 기암괴석이 난립한 붉은 산. 부근에 유적이 많다.

190○ 【日官】 천자(天子)에 속하여, 역수(曆數)간지(干支)를 관장하는 관리. 천문의 관리(天官).

○ 【琴匣】 거문고를 넣는 상자.

○ 【焚修僧】향을 태우며 도업을 수행하는 승려.

○ 【宮主】신라의 후비제에 대해서는 미상이지만, 왕비·부인보다도 지위가 낮은 왕의 첩 같다. 직접 참고는 안 되지만, "고려사" 후비전에는 '高麗之制. 王母稱王太后. 嫡係王后. 妾稱夫人·貴妃·淑妃·德妃·賢妃. 是爲夫人秩, 並正一品. 自餘. 尚宮·尚寢·尚食·尚針, 皆有員次. 靖宗以後或稱宮主. 或稱院主. 或稱翁主. 改復不常. 未可詳也'라고 되어 있다.

○ 【所奸】다음의 주해 192를 참조.

191○ 【怛忉】 근심하며 괴로워하는 모습. 달(怛)(tan[관용]datu). 도(忉)(tau[관용]tou). 달달(怛々)=근심하며 괴로워하다. 도도(忉々)=근심하는 모습. '승람' 권2·경주부의 신증(新增) '七詠' 조에 달도가를 들고 있다.

192○ 【書出池】'승람' 권2·경주부고적의 서출지 조에는, '在金鰲山東麓'이라고 적고, 다음에 이 사금갑의 이야기를 인용하고 있는데, 그 가운데서 '宮主潛通而所奸也'를 ' … 爲奸也'라고 기록하고 있다. 간다본을 바탕으로 한 도다이본은 원본에 소간(所奸)이라고 되어 있었던 것을 '승람'에 의해서 위간(爲奸)으로 고쳤다.

¹⁹³지철로왕

智哲老王

¹⁹⁴第二十二智哲老王. 姓金氏. 名智大路. 又智度路. 諡曰智澄.³⁶²⁾ 諡號
始于此. 又鄉稱王爲麻立干者. 自此王始. ¹⁹⁵王以永元二年庚辰即位.
^{195a}或云辛巳. 則三年也. 王陰長一尺五寸. 難於嘉耦. 發吏三道求之. 使至牟梁
部冬(之)老樹下. 見二拘㘈一屎. 塊如皷大. 爭㘈其兩端. 訪於里人. 有一
小女. 告云. "此部相公之女子洗澣于此. 隱林而所遺也." 尋其家檢之. 身
長七尺五寸. 具事奏聞. 王遺車邀入宮中. 封爲皇后. 群臣皆賀. ¹⁹⁶又阿
瑟羅州^{196a}今溟(溟)洲 東海中. 便風二日程有于(無)陵島. ^{196b}今作羽陵. 周廻二
萬六千七百三十步. 島夷恃其水深. 憍傲不臣. 王命伊湌朴伊宗將兵討之.
宗作木偶師子. 載於大艦之上. 威之去(云). "不降則放此獸." 島夷畏而降.
賞伊宗州伯.

---

362) DB. ≪삼국사기≫ 권4, 신라본기(新羅本紀) 지증마립간(智證麻立干) 조에는 證으로, ≪삼
　　국유사≫ 권1, 왕력(王曆)에는 訂. 파른본. 澄

[193]지철로왕(智哲老王)

[194]제22대의 지철로왕은, 성은 김씨이다. 그 이름은 지대로라고도, 또 지도로라고도 한다. 시호를 지징이라고 하는데, 시호가 쓰인 것은, 이때에 시작된 것이다. 또 향언에 왕을 마립간이라고 부르게 된 것도, 이 왕의 때부터이다. **[195]**왕은, 영원 2년 경진년에 즉위했다. **[195a]**일설에는 신사년이라고도 하는데, 그렇다면 영원 3년이 된다. 이 왕의 음경의 길이는 1척 5촌이나 되며, 궁합이 맞는 배필을 맞이할 수가 없었다. 그래서 사자를 삼도(三道)로 보내 팔방으로 손을 다 써 봤다. 사자의 한 사람이 모량부(牟梁部)에 왔을 때, 그곳의 오래된 나무 밑에, 두 마리의 개가 하나의 똥 덩어리를 물어뜯고 있는 것을 보았다. 그 똥의 크기는 북만큼이나 되어, 두 마리의 개는 그 양 끝을 물어 서로 뺏고 있었다. 사자(使者)가 마을 사람들을 물어보자, 그곳에 한 소녀가 있어, 다음과 같이 말했다.

"이 모량부의 촌장의 딸이 이곳에서 빨래를 하고 있었는데, 그 딸이 숲속에서 사람 눈을 피해 볼일을 보고 간 것이옵니다." 즉시 그 집에 딸을 찾아가 살펴보니, 그 키는 7척 5촌이나 되었다. 그래서 자초지종을 왕에게 말씀드렸더니, 왕은 영접하는 차를 보내 딸을 궁중에 불러들여, 황후에 봉해 세웠기 때문에, 군신은 다투어 이것을 축하했다. **[196]**또 아슬라주**[196a]**지금의 溟洲에서 순풍으로 이틀 정도 걸리는 동해의 한가운데, 무릉도(無[363]陵島)**[196b]**지금은 羽陵이라고 한다.가 있다. 그 섬의 주위는 26,730보로, 섬에 사는 야만인들은, 깊은 바다로 둘러싸인 것을 다행으로 여겨, 불손한 태도를 취하며, 좀처럼 왕에게 복종하려고

---

363) 고증. 파른본. 뒀.

하지 않았다. 왕은 이찬인 박이종에게 명하여, 군사를 이끌고 이 야만인을 토벌하게 했다. 박이종은 미리 만든 나무 사자를 배 위에 싣고,

　'항복하지 않으면, 그때는 이 짐승을 섬에 풀어 놓을 것이다.'

라고 위협을 했다. 그러자 섬의 야만인들도 그 기세를 두려워하여 항복을 했다. 왕은 이종의 공을 칭찬하여, 주(州)의 장관으로 임명했다.

193○【智哲老王】 신라 제22대의 지증왕을 말한다. 왕은 내물왕의 증손. 왕의 아버지는 습보 갈문왕. 서기 500년(경진)에 소지왕이 죽었는데, 자식이 없는 까닭에, 자리를 이었다. 때는 64세이었다. 그리고 514년(갑오)까지 재위하였으나, '나기'에 따르면, 이 왕대에 왕호의 마립간을 없애고, 중국풍으로 왕을 부르려고 했고, 또 축일에 새로이 사방을 망라한다는 뜻으로, 국호를 신라라고 정하는 등, 더 나아가 순장(殉葬)을 금했다. 신궁(神宮)을 친히 제사 지냈다. 농사를 권하고 처음으로 소 농사를 지었다. 실직주를 설치하여 이사부로서 군주(軍主)로 삼았다. 경사(京師)에 동시를 설치했다. 우산국을 정복했다는 등이 전해지고 있다. 그리고 이 왕대까지를 '유'는 상고(上古)라고 하고 있다.

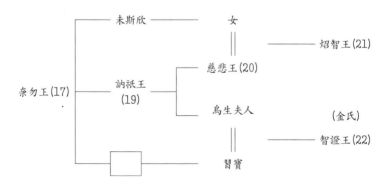

194○【智哲老】【智大路】【智度路】【智澄】 지대로・지도로는 '나기'에도 보이지만, 또한 이 왕명에 대해서는 더 나아가 智證('나기'), 지조('사' 연표), 지정('유' 왕력)이라고도 기록하고 있다. 위의 지(智)는 음(čĭ)이고, 증(證)은 cŭṅ, 정(訂)은 cŏng, 징(澄)은 ciṅ, 조(祖)는 čo이기 때문에, 지증・지정・지징・지조는 음 상통하는 이름이다. 또 대(大)는 tae, 도(度)는 to, 철(哲)은 chor, 노(路)・노(老)는 모두 ro(r음을 차용)이기 때문에, 지대로・지도로・지철로도 서로 대역이라는 것은 분명하고, 또 tor → to 이다. 양주동은 위의 지철로(智哲老) 이하의 음의에 대해서는, '장명(長命)364)'의 뜻인 '기더리'의 속음 '지돌365)'이라고 했으나, 앞의 네 가지는 뒤 세 가지의 생략일까. '智證・智祖・智訂・智澄', '智大路・智度路・智哲老'.

○【謚號始于此】 '나기' 지증왕 5년 조에는, '王薨. 謚曰智證. 新羅謚法始於此'라고 기록하고 있다.

○【鄕稱王爲麻立干者. 自此王始】 '鄕稱王爲麻立干'은 鄕言稱王爲度立干이라고 해야 할 것이다. 마립간을 호칭하기에 이른 것은, '유'에서는 내물왕 이후, '사'에서는 눌지왕 이후의 일이기 때문에, 위의 '自此王始'는 잘못된 것이다. 본문은 아마 중국풍으로 왕이라고 존칭하게 된 것을, '自此王始'라고 해야 할 것을 잘못하여 위와 같이 기록했을 것이다. 혹은 또 신라에서 왕을 의미하는 향언의 마립간의 호칭의 폐지는, 이 왕부터 시작되었다는 것을 말하려고 한 것을, 위와 같이 잘못한 것인지도 모른다. 드러나 마립간 호칭은 다음의 법흥왕대에도 관습이 된 흔적이 있으므로, 역시 맞지는 않다. 또한 '마립간'의 원의 등에 대해서는 이미 기술(주해 138)했기 때문에 생략한다.

195○【永元二年庚辰】 서기 500년. 영원(永元)은 중국의 남조 제(齊)(廢帝)

---

364) 장수(長壽).
365) 원저서 표기 그대로.

의 연호.

195a○ 【或云辛巳. 則三年也】다음 해 501년을 말한다. 이 해에 지철로왕이 즉위했다는 것은, 월년칭원법에 의했기 때문일 것이다.

195○ 【嘉耦】좋은 배우자.

○ 【牟梁部】신라의 왕도가 6지구로 나누어져 있었던 것은, '始祖赫居世' 조에 말했으나, 이곳의 모량부는 그 가운데 하나이다.

○ 【冬老樹下】동(冬)은 지(之)의 잘못인가. 즉 牟梁部冬老樹下는 '모량부의 늙은 나무 아래(老樹下)'라고 읽어야 할까.

196, 196a○ 【阿瑟羅州今溟(溟)洲】지금의 강릉(강원도) 지역은 옛날에는 하서량·하서아·하슬라·아슬라·명주 등으로 불렸다. 주해 28 참조.

196, 196b○ 【亐(無)陵島今作羽陵】무릉(亐陵)의 亐는 무(無)의 잘못인가. 무릉(無陵)은 후설의 무릉(武陵)과 통할 것이다. 지금의 울릉도는 신라시대에 우산국이라고 불렸다. 즉 '나기'에는 '于山國. 在溟洲正東海島. 或名鬱陵島'(다음 항을 참조)라고 보이는데, 또 "고려사"지리지(3)(蔚珍縣鬱陵島)에는 '新羅時. 稱于山國. 一云武陵. 二云羽陵'이라고 되어 있으며, 이 섬은 무릉(武陵)·우릉(羽陵)이라고 불렸다는 것을 알 수 있다. 나아가 "고려사"는 계속해서 '우산(于山)과 무릉(武陵)은 두 개의 섬으로, 서로 멀지 않고 바람 부는 날 청명하면 바라볼 수 있다.'라고 적고 있다.

196○ 【島夷 … 宗作木偶師子. …】'나기' 지증마립간 13년(512) 하6월 조에 '于山國歸服. 歲以土宜爲貢. 于山國在溟洲正東海島. 或名鬱陵島. 地方一百里. 恃嶮不服. 伊湌異斯夫爲阿瑟羅軍主. 謂于山人愚悍. 難以威來. 可以計服. 乃多造木偶師子. 分載戰船. 抵其國海岸. 誑告曰. 汝若不服. 則放此猛獸踏殺之. 國人恐懼則降', 또 '이사부전(異斯夫傳)'('사' 열전 제4)에는 '智度路王時 …. 至十三年壬辰. 爲阿瑟羅州軍主. 謀幷于山國. 謂其國人愚悍. 難以威降. 可以計服. 乃多造木偶師子. 分載戰舡. 抵其國海岸. 詐告曰. 汝若不服. 則放此猛獸踏殺之. 其人恐懼則降'이라고 되어 있다.

○ 【伊喰】식(喰)은 찬(湌)의 잘못. 이찬(伊湌)은 신라관위 17등 가운데 제2위.

○ 【朴伊宗】 이 이야기의 주역인물은 '사'에서는 이사부(異斯夫)라고 되어 있다. 그리고 이사부는 박씨가 아닌 김씨라고 하고 있다. 이종·이사부 의 宗·夫는 귀인의 존칭을 나타내는 말. 이(異)의 음은 (i), 사(斯)의 음은 (sa)이나 훈은 (i)이기 때문에, 이사(異斯)의 2자를 합쳐 이(伊)로 나타 낸 것일까. 이사부는 지증·법흥·진흥의 3왕을 모시고, 신라국의 기둥이 된 인물인데, 또한 진흥왕 2년(541)에 시작하여 병부령이 되어 내외 병마를 관장하고 또 국사의 편찬을 상소하기도 하고, 고구려, 백제 2국으로부터 도살·금현 2성을 탈취하여, 이윽고 신라 북진의 도화선에 불을 붙인 것으로도 잘 알려져 있다.

○ 【州伯】 '나기' 지증마립간 6년(505) 조에는 '春二月. 王親定國內州郡縣. 置悉直州. 以異斯夫爲軍主. 軍主之名始於此'라고, 처음으로 이사부가 실 직주의 장관 같은 군주(軍主)가 되었다는 것을 전하고 있다. 군주에 대한 상세한 것은 생략하지만, 주백이라는 것은 주(州)의 장관이라는 의미이다.

¹⁹⁷진흥왕

眞興王

¹⁹⁸第二十四眞興王. 即位時年十五歲. 太后攝³⁶⁶⁾政. 太后乃法興王之女子. 立宗葛文王之妃. 終時削髮被法衣逝. ¹⁹⁹承聖三年九月. 百濟兵來侵於珍城. 掠取人男女三萬九千馬八千匹³⁶⁷⁾而去. ²⁰⁰先是百濟欲與新羅合兵謀伐高麗. 眞興曰 "國之興亡在天. 若天未猒(厭)高麗. 則我何敢望焉." 乃以此言通高麗, 高麗感其言. 與羅通好. 而百濟怨忽之. 故來爾.

풀이   ¹⁹⁷진흥왕(眞興王)

    ¹⁹⁸제24대인 진흥왕이 즉위한 것은 겨우 15세의 때이었기 때문에, 태후가 섭정이 되었다. 태후는 법흥왕의 딸로서, 입종 갈문왕의 부인이었는데, 죽음에 임박해서는 머리를 깎고, 법의를 두르고 죽었다고

---

366) 파른본. 고증. 攝(攝).
367) 규장각. 파른본. 고증. 필(疋).

한다. **199**승성(承聖)368) 3년 9월, 백제 병사가 습격해 와 진성369)에 침입했다. 그래서 남녀 합해서 39,000명의 사람들과 말 8,000필을 노략질한 뒤, 물러갔다. **200**이 일이 있기 전에 백제는 신라와 병력을 모아 고구려를 토벌하려고 도모했었는데, 진흥왕은 '한 나라의 홍망은 천명에 있는 것으로, 하늘이 아직 고구려의 운명을 버리지 않고 있다면, 그것을 거역하려는 것을 어찌 바랄 수 있을까.'

라고 하며 거절했다. 그렇게 한 후에, 백제와의 교류를 고구려에 통지해 줬다. 고구려는 왕의 말에 움직여, 신라와 좋은 관계를 맺고 있었다. 백제는 이러한 사정을 원망하여 습격해 온 것이 틀림없다.

주해 **197**○【眞興王】 휘(諱)는 삼맥종(혹은 深麥宗으로 적는다). 왕의 아버지는 입종 갈문왕(법흥왕의 동생). 어머니는 법흥왕의 딸(김씨). 서기 540년, 법흥왕이 죽은 후, 그 뒤를 이어 신라 제24대의 왕위에 올랐다. 그때 왕은 아직 어렸기 때문에, 모후(母后)가 섭정했다('사' 참조). 주지와 같이 고(古)신라는 법흥·진흥 2왕대에 이르러, 그 국세가 비약적으로 발전했으나, 이 왕의 치세에 들어가, 신라는 고구려와 백제가 서로 항쟁하여 피폐해진 것을 타고 북진하여, 양국으로부터 한강 유역에 걸치는 광대한 영토를 빼앗았다. 그리고 한강 하류 유역에 신주(南漢山=廣州, 553년), 남한강 중류 유역에는 국원소경(충주, 557년)을, 나아가 동북 끝에는 비례홀주(安邊, 556년)을 설치하는 등으로 새로운 영토의 경영에 힘쓰고, 또 562년에는 잔존 가라제국을 병합하여, 낙동강 하류 유역을 확보했다. 현

---

368) DB. 남조(南朝) 양(梁) 원제(元帝)의 연호로 552-555년.
369) DB. 전라북도 북부인 무주 지역에 해당되며, 조선시대의 진산군(珍山郡)으로 본래는 백제의 진동현(珍同縣)이었다고 하지만 확실하지는 않다.

존하는 '진흥왕탁경순수비'는 이를 기념한 사료(창녕비=561년 건립, 북한산비=568년경 건립, 황초령비=568년 건립, 마운령비=568년 건립). 이렇게 하여 564년에는 황해로부터 직접 중국에 통공하기에 이르렀다. 내정방면으로는 이찬 이사부의 주상(奏上)으로 거칠부 등에게 명하여 국사를 찬수하게 하고(545), 개국(551), 대창(大昌)(568) 등으로 개원했고, 또 불교를 보호하여 사람이 출가하여 승니가 되는 것을 허락하고, 황룡사 이하 많은 사탑을 세워, 황룡사장육삼존상을 주조하면서, 양(梁)·진(陳)으로부터 고승이나 불경을 구하며, 팔관회를 세웠다. 또 왕은 태자를 동륜, 둘째를 금륜이라고 법명을 붙였는데, 그 말년에 이르러 자신도 출가하여 법운이라고 하고, 사도부인도 비구니가 되었다. 이렇게 하여 576년에 죽었다. 다음으로 "북제서" 권7·하청 4년(565) 2월 갑인 조에 '詔以新羅國王金眞興, 爲使持節東夷校尉樂浪郡公新羅王'이라고 되어 있다. '나기'는 왕의 시호를 진흥(眞興)이라고 하고 있는데, 위의 사료에 의해서, 진흥이 시호는 아니고, 565년 즉 왕의 재위 중부터 진흥의 이름이 있었던 증거일 것이다. 나아가 앞서 보인 황초령비, 마운령비(568년)에는 진흥대왕이라고 명기되어 있는 사실로부터도 한층 더 증명될 것이다. 진흥왕 이후에도 진평왕, 선덕여왕의 이름은 시호가 아니고, 실제의 이름이었다. 신라에서의 시호 법은 지증(법흥왕 이전 왕)부터 시작된다는 것이나, 당시는 아직 확정되지 않았다고 봐야 할 것이다.

198○ 【即位時年十五歲】 '사'에는 '年七歲'라고 기록되어 있다. 왕의 즉위와 함께, 모후가 섭정이 되었다고 하는 것으로는 7세설을 따라야 할 것인가.

○ 【太后】 진흥왕의 어머니. 지소부인을 말한다. 태후는 법흥왕의 딸로, 숙부 입종과 결혼하여 진흥을 낳고, 법흥왕이 죽은 후는 진흥왕이 어리기 때문에 태후로서 섭정했다. 태후의 이름은 '유' 왕력에는 지소부인(一作, 息道夫人)이라고 보이며, '사'에는 보이지 않는다. 또 '유'에는 '終時削髮法衣'라고 적고 있으나, 언제 불문에 들었는지는 불명.

○ 【法興王】 신라중고의 최초의 왕, 서기 514-540 재위. 휘는 원종. 지증왕

의 맏아들. 어머니는 연제부인. 왕비는 박씨 보도부인('왕력'에는, 어머니를 영제부인, 왕비는 파도부인, 출가명은 법류라고 기록한다). 신장 7척. "양서" 신라전에는 '晋通二年(521), 王募名秦始使使隨百濟, 奉獻方物'이라는 기사가 있다. 이것은 법흥왕에 의한 중국남조의 양(梁)으로의 통공(通貢)을 기록한 것인데, '王募名秦'에 대해서는, "남사", "통전", "책부원구"의 예 등으로 보아 '王姓募, 名秦'의 뜻으로 해석된다. 그리고 모진(募秦)에 대해서는 이마니시 류는 모(募)는 마립간(麻立干)의 麻를 따온 것이고, 진(秦)은 공(恭)의 잘못으로 보고, 이것을 원종(原宗)에 맞추었다. 전진(前秦) 부견이 건원 8년(382)에 사절로 파견된 '新羅王樓寒'의 앵한(櫻寒)이 마립간에 비정되는 것은 주지와 같으나, 앞서 모(募)를 마립간의 麻에 대는 것은 과연 어떨까. 마립간의 칭호는 전왕의 지증에서 끝난 것처럼 기록하고 있으나, 법흥왕대에도 또한 관습적으로 마립간을 사용했을지도 모른다. 그러나 모진(募秦)은 스에마쓰가 말하는 것처럼 원종(原宗)이 맞을 것이다("新羅史의 諸問題" 참조). '서기' 게이다이(繼體)천황 23년(법흥왕 16년) 조에 '新羅王佐利遲'라고 기록되어 있는 좌리지(佐利遲)는 원(原) 자와 같은 뜻인 '源'의 옛말 čăr에 인명어미 či를 보탰을 것이다. 신라국은 이 왕대부터 점차로 강세를 보이며, 그 4년(517)에는 처음으로 병부를 설치하고, 7년에는 율령을 반포했으며, 처음으로 백관공복을 제정했고, 15년에는 불교를 공인하고, 18년에는 상대등을 두었다. 또 이 왕대부터 남방 가라제국의 경략이 진행되고, 9년에는 가야국(高靈加羅)이 견사(遣使) 통혼(通婚)을 바랐기 때문에, 이찬 비조부의 여동생을 보냈고, 11년에는 왕 스스로 탁지순행을 하여 가라국왕을 영접하러 오게 하고, 19년에는 금관가라가 투항했다. 또 23년에는 처음으로 연호를 칭하여 건원 원년이라 했다. 27년 7월에 죽고, 법흥왕이라고 시호를 받고('왕력'에 시호는 차(此)로 시작된다고 기록했다), 애공사(哀公寺)의 북쪽 봉우리에 묻혔다.

○ 【葛文王】 권제1·제2 남해왕 조, 주해 140을 참조.

199○【承聖三年】서기 554년. 승성은 중국의 남조 최후의 왕조인 진(陳)의 원호.

○【百濟兵來侵云云】'사'에는 진흥왕 15년(554) 추7월은, 백제 성왕(明禮)이 가량과 함께 관산성(충청북도 옥천)에 침입하여 이것을 함락하고, 더 나아가 신라의 국내에 진군했으나, 오히려 구천에서 복병을 만나 전사했다는 것 등이 보인다('나기', '제기' 참조). 그러나 '서기'의 긴메이기 15년 동12월 조는 한층 더 상세하다. 지금 이것을 요약하면, '6월에 들어 구원을 위해 파견된 내신들이 수군을 이끌고 백제 이르렀다. 백제는 크게 기뻐하며 용기를 얻어, 12월 9일을 기해서 신라공격을 시작해, 우선 동방령 물부 막가무의 연(連)으로 하여금 그 방령370)의 병사를 이끌고 관산성(菅山城)을 공격했다. 이때 내신 부하 죽사물부 막기위사기(화살을 잘 쏘는 명수)의 활약으로 성을 불태우고 함락하는 데 성공했다. … 그리고 한층 더 백제왕자(餘昌)는 일거에 신라 본토에 침입하여, 낙동강 상류 유역의 구타모라의 요새를 쌓았다. 그래서, 그 아버지 명왕은 우려한 나머지 스스로 그곳으로 가기에, 이것을 맞이하려고 했다. 신라는 명왕이 친히 오는 것을 듣고, 온 나라의 병사를 모아, 길을 끊고 격파했다. 이때 명왕은 신라의 좌지촌사마노고도의 손에 의해, 잡혀서 참수당했다. 왕자 여창 등은 포위되어 탈출을 못 하고 있다가, 활의 명수인 축자국조의 역할로 샛길로 도망할 수 있었다. … 이에 신라 장군들은 완전히 지쳐 있는 백제의 상황을 파악하고 결국 이것을 멸해 버리려고 모의했다. 그러나 한 장군이 '안 된다. 일본의 천황은 임나의 일로써 누누이 우리나라를 책망할 것이다. 하물며 백제의 관가를 멸하는 것을 모의하다니, 반드시 후환을 부를 것이다'라고 말했기 때문에 그만두었다'(요약).

○【珍城】전라북도 북부의 진주 지역인가. 이 지역은 원래 백제의 진동현이었으나, 신라의 통일 이후에는 황산군 소속 현이 되었다('사' 지리지).

---

370) 백제 때 오방의 으뜸 벼슬.

고려시대에도 진동현의 이름은 변하지 않았는데, 조선 태조 2년에 진주 (知州事), 태종 13년에 진산군이 되었다. '승람' 권33, 전라도의 진산군 조에 진산의 위치를 '東. 至忠淸道沃川郡界四十一里. 至錦山郡界三十六里. … 西. 至全州府界八里. 北. 至忠情道公州儒城縣界三十九里 …'라고 보인다.

○【掠取人云云】 다른 사료에는 보이지 않는다.

200○【百濟欲與新羅合兵謀伐高麗】 후설의 '여라통호'의 항목 참조.

○【眞興曰云云】 다른 사료에는 보이지 않는다.

○【麗羅通好】 진흥왕대에 신라는 고구려 영역을 침입하여, 그 경계를 북으로 넓혔기 때문에, '사'에는 신라와 고구려의 통호(通好)에 대한 기사는 보이지 않고, 오히려 551년에는 백제가 사신을 보내 화친을 구하기에 이것을 허락하고, 또 548년에는 고구려가 정예병사 6,000을 데리고, 백제한산성('欽明紀'에서 말하는 마신(馬津)의 役)을 공격했을 때에도, 신라는 장군 주진 이하를 보내 백제를 구원하고 고구려군을 격퇴했다는 것 등이 보인다. 그러나 '欽明紀' 13년(552), 14년(553) 조에 보이는 백제왕의 상소 가운데에 신라와 고구려가 통화하여 백제를 멸망하게 하려는 것이 보인다. 이것은 한성(漢城), 남평양 지역이 신라에 병합되었던 것으로부터 (다음 항목 참조), 신라에게 복수를 하려고 야마토(大和)조정에 구원을 바라는 외교적 표현일지도 모르지만, 반도삼국 정립시대의 복잡한 정세 하에 있어서는, 혹은 본서와 같이 신라 고구려의 일시적 연합도 일어났는지 모른다. 553년 10월에 백제왕녀가 진흥왕의 소비(小妃)가 된 것도, 백제가 신라와의 연대를 지키려고 계획을 했는지도 모른다.

○【百濟怨之. 故來爾】 550년에 백제와 고구려는 서로 교전하여, 백제는 고구려의 도살성을 무너뜨리고, 고구려는 백제의 금현성을 무너뜨렸다. 그런데 진흥왕은 백제 고구려 양국병사가 지쳐 있는 것을 틈타, 이찬 이사부로 하여금 병사를 내어 이것을 격파하고, 이 두 성을 획득했다. 다음 해 551년에는 신라와 백제는 북상해서 고구려를 침공하여 크게 영토를 넓혔

다. 우선 백제는 성명왕 친히 병사를 이끌고, 한성(백제의 옛 도읍, 경기도 광주)의 지역을 취하고, 나아가 전진하여 남평양(지금의 서울)을 쳐서, 대략 6군의 지역을 취해 옛 땅(475년 개로왕 때에 고구려 장수왕을 공격해 취한 옛 땅)을 회복했다(欽明紀 2년). 이것에 맞서 거칠부 이하 장군에게 지휘를 받은 신라군은 승기를 타고 '죽령 이외 고현(高峴) 이내'의 10군의 지역을 취했다('사' 거칠부전). 그러나 그다음 해 552년 백제는 전년에 회복한 한성과 남평양의 옛 땅을 버렸기 때문에, 신라는 군을 한성으로 보내, 그 지방을 합쳤고(欽明紀 2년), 다음 해 553년에는 신주(新州)를 설치하고, 아찬 무력을 군주(軍主)로 임명하고, 이 지역을 다스렸다('나기'). 백제는 이것을 아프게 원망하고, 그다음 해(554)에는, 앞서 보인 것과 같이 크게 군사를 일으켜 신라를 침략했으나, 오히려 성명왕이 패해 죽기에 이르렀다.

²⁰¹도화녀 비형랑

桃花女 鼻(鼻) 荊郎

²⁰²第二十五舍輪王. 謚眞智大王. 姓金氏. 妃起烏公之女知刀³⁷¹⁾夫人. 大
建八年丙申即位^{202a}古本云十一年己亥. 誤矣. 御國四年. 政亂荒婬. 國人廢之.
²⁰³前此. 沙梁部之庶女. 姿容艶美. 時號桃花娘. 王聞而召致宮中. 欲幸
之. 女曰. "女之所守. 不事二夫. 有夫而適他. 雖萬乘之威. 終不奪也." 王
曰. "殺³⁷²⁾之何." 女曰. "寧斬于市. 有願靡他." 王戲曰. "無夫則可乎." 曰
"可." 王放而遣之. 是年. 王見廢而崩. 後二年其夫亦死. 浹旬忽夜中. 王
如平昔來. 於女房曰. "汝昔有諾. 今無汝夫可乎." 女不輕諾. 告於父母.
父母曰. "君王之教何以避之." 以其女入於房. 留御七日. 常有五色雲覆
屋. 香氣滿室. 七日後. 忽然無蹤. 女因而有娠. 月滿將産. 天地振動. 産
得一男. 名曰鼻³⁷³⁾荊. ²⁰⁴眞平大王聞其殊異. 牧養宮中. 年至十五. 授差

---

371) DB. ≪삼국사기≫ 권4, 신라본기(新羅本紀) 진지왕(眞智王) 즉위년 조에는 知道로, ≪삼국
유사≫ 권1, 왕력(王曆)에는 如刁.

372) 고증. 殺(殺). 파른본. 뚜렷한 殺. 따라서 파른본은 자체(字體)로 보면 규장각본, 교다이본
이후의 것이 아닌가?

執事. 每夜逃去遠遊. 王使勇士五十人守之. 每飛過月城西. 去荒川岸上

204a 在京城西. 率鬼衆遊. 勇士伏林中. 窺伺鬼衆. 聞諸寺曉鐘各散. 郞亦婦

矣. 軍土以事來奏. 王召鼻荊曰. "汝領鬼遊信乎." 郞曰"然". 王曰. "然則

汝[374]使鬼衆成橋於神元寺北渠. **204b** 一作神衆寺誤. 云荒川東深渠. 荊奉勅.[375) 使

其徒鍊石. 成大橋於一夜. 故名卑橋. **205** 王又問. "鬼衆之中. 有出現人間.

輔朝政者乎." 曰. "有吉達者可輔國政." 王曰"與來". 翌日荊與俱見. 賜爵

執事. 果忠直無雙. 時角干林宗無子. 王勅爲嗣子. 林宗命吉達. 創樓門於

興輪寺南. 每夜去宿其門上. 故名吉達門. 一日吉達變狐而遁去. 荊使鬼

捉而殺之. 故其衆聞鼻荊之名. 怖畏而走. **206** 時人作詞曰. "聖帝魂生子.

鼻荊郞室亭. 飛馳諸鬼衆. 此處莫留停." 鄕俗帖此詞以辟鬼.

풀이 **201**도화녀 비형랑(桃花女 鼻荊郞)

202제25대 사륜왕은, 그 시호를 진지대왕이라고 한다. 왕의 성은 김씨

이며, 왕비에는 기오공(起烏公)의 딸인 지도부인이 세워졌다. 대건 8

년, 병신년에 즉위했다 **202a**고본에 즉위년을 대건 11년으로 하고 있는 것은 잘못이다.

그러나 그 치세는 4년이 되자, 어지러움이 뚜렷하고, 왕의 소업에도

음란인 자가 보였기 때문에 사람들은 이것을 폐위해 버리고 말았다.

203이보다 전의 왕이 아직 왕위에 있었을 때, 사량부[376)의 민가 여인

---

373) 파른본. 鼻(이체자). 고증. 臯(鼻).

374) DB. 규장각본에는 伇. 순암수택본에는 옆에 汝를 가필. 파른본. 뚜렷한 汝

375) 고증. 勑(勅). DB. 파른본. 칙(勅).

376) DB. 신라시대 6부 중의 하나. 급량부와 더불어 6부 중 가장 우세한 존재로, 남천(南川) 이
북, 서천(西川) 이동, 북천(北川) 이남 일대를 포함했던 것으로 추측되며, 김씨 출신이 중심
이 된 조직체였을 것으로 생각된다.

으로, 그 자태의 요염함으로, 마치 도화와 같은 딸이라고 소문난 자가 있었다. 이것을 들은 왕은 즉시 궁중으로 불러들여 측근에 시중을 들게 하려고 했다. 그런데 도화녀는,

'여자가 지키지 않으면 안 되는 것은 두 남편을 모시지 않는 것이옵니다. 남편이 있는데 다른 분이 있는 곳으로 가는 것은 안 됩니다. 그러한 무도한 것은, 만승(萬乘)[377]의 위엄을 가지고 하셔도 이룰 수 없사옵니다.'

라고 단호하게 말했다. 그래서 왕은,

'죽어도 좋은가. 어떠한가.'

라고 위협을 했으나, 도화녀는,

'곁에 모시는 정도라면, 오히려 남의 눈에 띠어 살해당하는 쪽이 낫습니다. 달리 바라는 것은 없사옵니다.'[378]

라고 하며 동요를 하지 않는다. 왕은 장난으로

'그러면 남편이 없는 몸이 되어도 그럴 일이 없다는 것이구나.'

라고 물어보았다.

'분부하시는 대로 하겠습니다.'

라고 대답했다. 왕은 도화녀의 마음이 군은 것을 알고 허락을 하여 집으로 돌려보내 주었다. 이 해에 왕은 폐위되어 이윽고 죽었다. 그리고 나서 2년째에 도화녀의 남편도 또 죽었다. 그런데 그날부터 계산하여 20일째의 한밤중에[379] 분명히 죽었던 왕이 갑자기 원래의 모습대로 도화녀의 방에 나타나,

---

377) 천자(天子).
378) DB. '차라리 거리에서 죽음을 당하더라도 어찌 다른 마음 가지기를 원하겠습니까?.'
379) DB. 십여 일이 지난 어느 날 밤중에.

삼국유사 권제1

'전에 남편만 없으면이라고 승낙을 해 줬던 터이다. 이제 남편이 죽었기 때문에 이제 괜찮지 않으냐.'

라고 하며 재촉했다. 그래도 도화녀는 한마디 대답으로는 승낙을 하지 않고, 부모에게 상담을 구했다. 양친은 그러한 왕의 호의를 어떻게 거절할 수 있겠는가라고 하며, 딸을 왕의 곁에 두기로 했다. 이렇게 하여 도화녀는 왕의 곁에 시중을 들었는데, 그것이 7일간이나 이어졌는데, 이상하게도 그사이에 5색의 구름이 휘날리며 집을 꼭 감싸고, 두 사람의 방은 향기로 가득 찼다. 그런데 7일 후, 왕의 모습은 갑자기 사라져 버렸다. 그러나 이 일로 도화녀는 왕의 후사를 임신하는 결과가 되었다. 드디어 달도 차고 이윽고 출산할 때, 천지는 진동하며 무사히 한 남자아이가 탄생했다. 이 남자아이는 비형이라고 이름을 지었다. [204]그때에 진평대왕은 이 특이한 일을 듣고 남자아이를 궁중으로 불러들여 양육하여, 15세가 되는 것을 기다려, 차집사[380]의 관직을 주기에 이르렀다. 그런데 어떻게 된 영문인지, 비형랑은 밤마다 궁중을 빠져나가서는 멀리까지 놀러 나가는 모양이기 때문에, 왕은 50명의 용사에게 명하여 지켜보게 했다. 그래도 비형랑은 월성 근처를 날아가듯이 지나 서쪽을 향했다. 그리고 황천[204a]경성의 서쪽에 있다.의 물가 위에서 귀신들과 같이 놀고 있다. 뒤를 따라온 용사들이 숲속에 엎드린 채 가만히 모습을 엿보았는데, 이쪽저쪽 절에서 울리는 새벽 종소리가 들리자마자, 귀신들은 제각기 원하는 방향으로 흩어져 가고, 비형랑도 역시 돌아왔다. 군사들은 이러한 모습의 일부 시종(始終)을 왕에게 아뢰었다. 왕은 비형을 불러들여,

---

380) DB. 집사(執事).

'너는 귀신들을 데리고 놀고 있다고 하는데 정말인가.'

라고 물으시자,

'말씀대로이옵니다.'

이라고 대답했다. 왕은,

'그러면 한 가지, 그 귀신들에게 명하여 신원사의 북쪽에 사람들이 만든 개천^{204b}新元寺를 혹은 神衆寺라고 하는 것은 잘못이며, 또 그 장소를 荒川의 東의 깊은 개천이라고 하는 설도 있다.에 다리를 만들게 해 보라.'

라고 말씀하셨다. 형랑은 이 칙을 받자 곧장 귀신들에게 명하여, 돌을 나란히 깔아 커다란 다리를 하룻밤 사이에 만들어 버렸다. 그래서 이 다리는 '귀교'라고 부르게 되었다. ²⁰⁵왕은 또 형랑을 향해,

'도대체 귀신들 가운데에는, 인간의 모습으로 조정의 정사를 보필해 줄 만큼 재능이 있는 자가 없는 것이냐.'

라고 물었더니, 형랑은,

'길달이라는 자가 있습니다. 이 자라면 국정을 보필하여 반드시 잘해 나갈 것입니다.'

라고 말했기 때문에, 왕은,

'그 자와 같이 들르라.'

라고 명하셨다. 다음날, 길달은 비형랑과 함께 왕 앞에 나타났다. 그리고 작위를 받고, 나라의 정사를 맡게 되었다. 과연 이 길달의 충성과 실직(實直)한 것은, 정말 당대에 빼어난 자이었다. 그때 각간이었던 임종에게는 왕의 분부로 이 길달을 사자(嗣子)로 삼기로 정했다. 나중에 임종은 길달에게 명하여 흥륜사의 남쪽에 누문을 만들게 했는데, 그래서인지 길달은 매일 밤이면 밤마다 집을 빠져나와 그 누문 위에서 지냈기 때문에, 이로 인해 길달문이라고 이름을 지었다. 그런데

어느 날, 길달은 그 모습을 여우로 바꿔, 어디론가 숨어 버렸다. 그래서 비형랑은 곧바로 귀신들을 시켜 이를 쫓게 하여, 잡은 길달을 죽여 버렸다.

이러한 일이 있었기 때문에, 형랑의 수하에 있는 귀신들은 비형이라는 이름을 듣기만 하는 것으로 두려워하며 도망치게 되었다고 한다. [206]그래서 당시 사람들은 다음과 같은 노래를 만들었다.

이곳은

성스러운 제황의 영혼에서 태어난

자손, 비형랑의 방,

모든 귀신들아,

날아가듯 도망가고

결코 이곳에 머물지 말라.

세속에서는 이 노래를 종이에 적어서 귀신 부적으로 하고 있다.

주해 **201**○ 【桃花女】Tohoanyŏ. 문자 그대로의 의미. 그 아들 비형랑이 귀신을 지배하는 점. 일본의 모모다로 전설로 통하는 모티브를 보이고 있다. 복숭아의 귀신을 쫓는 영력을 믿는 관념은 예부터 중국에 있었고, 형초의 "세시기"에 '桃者有五行之精. 厭伏邪氣. 制百鬼也'라고 되어 있는 것을 비롯하여, "산해경"·"준남자"·"서박" 등등, 복숭아를 모시는 전승을 실은 중국의 서적은 수많이 존재하고 있다. 복숭아에 귀신을 물리치는 신앙을 싣는 이유에 대하여, 그 색이나 형태로부터 기인한다는 말도 있으나, 모리미기 사부로는 후한의 복건의 설("左傳" 昭公四年孔疏引)을 부연하며, 도(桃)는 도(逃)와 같은 음이기 때문에, 물리친다는 의미로 받아들이고, 그것으로 악한 기운(凶氣)을 떨치는 주물(呪物)로 삼는 신앙이 생겨났다고 적고 있다("中國古代神話"). 이 신앙은 일본에도 전해져, 진다이기에는 '伊奘諾尊. 隱其樹下(大桃樹). 因採其實. 以櫛擲雷. 雷等皆退走矣. 此用桃避鬼之緣也'라고 기록되어 있으며, 또한 엔기오도네리시기[381]에는 추나[382]에 해당하여, 친왕 이하가 도궁(桃弓)이나 도장(桃杖)[383]을 잡고 이 의식을 집행했다고 기록되어 있다. 또한 후한대에 축조된 낙랑채협가에서는 죽은 영혼에게 바쳤다고 생각되는 자두나무 씨(李種)[384] 2개가 출토되고 있다("藥浪彩篋家" 朝鮮古蹟硏究會).

○ 【鼻荊郎】Pihyŏran. 이름의 의미 불명.

202○ 【舍輪王】Saryun-waṅ. '나기'에서는 '諱舍輪或云金輪', '왕력'에서는 '名金輪一作舍輪'이라고 적혀 있다. 사(舍)와 금(金)은 음 상통하지 않기 때문에, 자형으로 생긴 이전(異傳)일 것이다. 만약 사륜왕이 맞는다고 한다면, 사(舍) 뜻 mar 륜(輪) 음 ryuṅ, 즉 maryuṅ이 되어, 마립(麻立)과 통음되어 四輪王=麻立干이 된다. 이러한 오랜 칭호가 휘가 되었는지도 모른다.

○ 【眞智大王】činči-Taewaṅ. 신라 제25대의 왕(576-579). 진흥왕의 둘째 아들. 태자 사륜왕이 일찍 죽었기 때문에 즉위. 묘는 진흥왕릉과 함께 서악리에 있다. 치세 3년에 진(陳)에 사신을 보낸 것 이외 볼 만한 업적은 없다.

○ 【起烏公】kio-koṅ. 무열왕의 외조부에 해당하며, 이 왕이 진골로 성골이 될 수 없었던 비밀을 알고 있는 인물로 되어 있으면서도, 그 출처나 업적에 대해서는 완전히 불명이다. '왕력'에서는 기오공으로 되어 있는데, 연오랑·득오·곡오 등의 인명 차자 예로 보면, 기오공(起烏公)이 맞을 것

---

381) 延喜 5(905)년, 다이고(醍醐)천황이 左大臣藤原時平에게 명하여 편찬 시작. 요로(養老)율령 시행세칙을 모은 고대 조정운영 매뉴얼. 고대사 연구에 불가결한 문헌.
382) 追儺는 섣달 그믐날, 궁중의 연중행사이며, 平安時代의 초기부터 행해져 온 귀신 쫓기 의식.
383) 복숭아나무로 만든 활과 지팡이.
384) 고증 원문 그대로.

같다. 그러나 만약 기조공(起鳥公)이라고 한다면, 조(鳥) 음 tyo와 종(宗) čon(字會)과는 음통하기 때문에 '나기' 진흥왕 8년 조에 '廢沙伐州置甘文州. 以沙湌起宗爲軍主'라고 보이는 기종(起宗)에 비정하는 것도 가능하다.

○ 【知刀夫人】 čito-puin. '나기'에는 지도부인(知道夫人), '유' 왕력에는 여도부인이라고 되어 있다. 도(道) 음to 와 도(刀)는 동음. 여(如)는 지(知)의 와전된 자일 것이다.

202a ○ 【大建八年丙申即位古本云十一年己亥. 誤矣】 대건은 혹은 태건(太建)이라 한다. 진(陳) 선제의 연호. 대건 8년은 서기 576년. 고본에서 말하는 11년은 579년으로 진평왕 원년에 해당한다.

202 ○ 【御國四年 政亂荒婬. 國人廢之】 후문에도 '是年王見廢而崩'과 왕의 폐위를 전하고 있으나, '나기'에는 그것이 보이지 않는다. 그러나 진지왕의 즉위가 형 동륜태자가 일찍 죽었기 때문인 것을 생각하면, 태자의 아들 진평과의 사이에 황위(皇位) 쟁탈의 다툼이 있었을지도 모른다.

203 ○ 【沙梁部】 권제1・신라시조 혁거세 조의 주해 110에 보인다.

204 ○ 【眞平大王】 권제1・천사옥대 조를 참조.

○ 【執事】 보통명사로 시자라는 의미인가. 조정의 기밀사무를 관장하는 집사부가 설치된 것은, 후대의 진덕왕 5년의 일이다.

204, 204a ○ 【大荒川岸上 在京城西】 황천(荒川) Hwan-chčn은 '승람'에 '史等伊川. 一云荒川. 在府東二十四里. 原出吐含山. 入西川'이라고 되어 있으며, 사등이천의 다른 이름이다. 이 강은 토함산의 기슭에서 이천과 합류하여 문천(南川)이 되어, 서천으로 들어간다. 따라서 황천은 경성, 남남동에 있으며, 각주에 '在京城西'라고 되어 있는 것은 맞지 않다. 혹은 이곳에서는 본줄기 서천을 말하는 것일까.

204 ○ 【神元寺】 Sinwau-sa.[385] '승람'에 '在府南月南里'라고 있으며, 현재 내남서탑리자신원평에 당간지주가 남아 있다.

---

385) 고증 원문 그대로.

○【鬼橋】Kui-kyo. '승람'에 '在神元寺傍'이라고 보인다. 귀교(鬼橋) 터는 현재 오릉의 서남에 있으며, 그 부근을 신원평이라고 부르고 있다(大坂金太郎, '慶州に於ける新羅廢寺址の寺名推定に就て', "朝鮮" 197).

205○【角干林宗】Kakkan-Rimčŭn. '나기' 진흥왕 조에 보이는 갈문왕 입종을 말한다. 입(立) 음 rim은 임(林)과 동음. 법흥왕의 동생으로 진흥왕의 아버지에 해당하지만, 업적에 대해서는 불상. 또한 고대인명의 종(宗)은 mar라고 훈독되었기 때문에, 임종(林宗)은 Rimmar라고 읽었을 것이다.

○【興輪寺】권제1・미추왕 조를 참조.

²⁰⁷천 사 옥 대

天賜玉帶

^{209a}清泰四年丁酉五月. 正承金傅獻鑴金粧玉排方腰帶一條. 長十圍鑴銙六十二. 曰. 是眞平王天賜玉帶也. 太祖受之. 藏之內庫.

²⁰⁸第二十六白淨王. 諡眞平大王. 金氏. 大建十一年己亥八月卽位. 身長十一尺. ²⁰⁹駕幸內帝釋宮. ^{209a}亦名天住寺. 王之所創. 踏石梯³⁸⁶⁾. 一³⁸⁷⁾石並折. 王謂左右曰. "不動此石. 以示後來." 卽城中五不動石之一也. ²¹⁰卽位元年. 有天使降於殿庭. 謂王曰. "上皇命我傳賜玉帶." 王親奉跪受. 然後其使上天. 凡郊廟大祀皆服之. ²¹¹後高麗王將謀伐羅. 乃曰. "新羅有三寶不可犯. 何謂也." 皇龍寺丈六尊像一. 其寺九層塔二. 眞平王天賜玉帶三也." 乃止其謀. ²¹²讚曰. 雲外天頒玉帶圍. 辟雍龍哀雅相宜. 吾君自此身彌重. 准擬明朝鐵³⁸⁸⁾作墀.

---

386) 고증. 橫(梯).
387) DB. 삼(三). 규장각본과 만송문고본에는 이(二).
388) DB. 규장각본. 파른본. 쳠(鐵), 고증. 쳘(鐵).

207 천사옥대(天賜玉帶)

207a 청태(淸泰)[389] 4년 정유년 5월. 정승(正承) 김부(金傅)는, 금을 새기고 옥을 두른 허리띠 한 벌을 헌상했다. 그 길이는 10뼘(圍)이나 되고 과(銙: 장식으로 늘어뜨린 고리)는 62개[390]나 되어, 이것이야말로 진평왕이 하늘에서 하사받은 천사대(天賜帶)라고 하는 것이다. 고려의 태조는 이것을 받아 궁정의 내고(內庫)에 보관했다.

208 제26대 왕 백정은, 시호는 진평대왕이라고 한다. 김씨이며, 대건 10년 기해 8월에 즉위했다. 신장은 11척이나 되었다. **209** 그리고 궁정 안에 모시고 있는 제석궁**209a** 또는 이름을 天住 후라고 하며, 진평왕이 창건한 것.에 나가셨을 때의 일, 왕이 돌을 밟았는데 계단의 돌 3개가 똑같이 깨져 버렸다. 왕은 곁에 있는 자들에게, '이 돌은 어디에도 옮기지 말고, 후세 사람들 볼 수 있게 하라.'

라고 말했다. 이 돌이 바로 왕궁의 다섯 개의 부동석(不動石)의 하나이다. **210** 즉위 원년, 하늘의 사자가 궁전의 앞마당에 내려와, 왕을 향하여,

'상황의 명에 의해 이 옥대를 왕에게 전하도록 받아 왔습니다.'

하고 하기 때문에, 왕은 꿇어 앉아 친히 이것을 받자, 그 사자는 또 하늘로 올라갔다. 그리고 나서 교묘와 대사가 있을 때에는, 왕은 반드시 이 옥대를 몸에 걸치고 나가셨다. **211** 후에 고구려의 왕이 계략을 세워, 신라를 치려고 할 때,

'신라에는 3가지 보물이 있어, 범해서는 안 된다고 듣고 있는데, 그것은 도대체 무엇을 말하는가.'

---

389) DB. 중국 후당 폐제(廢帝)의 연호로 934-936년에 사용하였으므로, 청태 4년은 실질적으로는 사용되지 않았다.
390) 金具의 수는 62개.

라고 물었다. 그리고 삼보라는 것은 황룡사의 장육존상이 하나, 또 그
절의 구층의 탑이 두 번째. 세 번째는 진평왕의 천사의 옥대이라고 듣
고, 신라로의 침공을 그만두었다고 하는 것이다. ²¹²천사옥대를 칭찬
하여 다음과 같이 노래로 부르고 있다.

구름 위(雲外) 하늘(天)이 준 옥대를 두르니

벽옹(辟雍) 될까나 龍哀, 늘 相宜한다.391)

우리 임금 이것을 차고 이제 더욱 위중하니

쇠로 댓돌을 만드는 것과 같다네.

주해 **207a**○【淸泰四年丁酉五月云云】청태는 중국의 후량(오대)조의 연호. 그
4년 정유는 937년, 고려태조 20년에 해당한다. 분주(分注)의 기사는
"고려사" 태조 세가 20년 조에 의한 것이라고 생각한다. "고려사"의 기사
에는 '丁酉. 二十年夏五月癸丑. 金傅獻鑴金安玉排方腰帶長. 十圍. 六十
二銙. 新羅寶藏殆四百年. 世傳聖帝帶. 王受之. 命元尹戈萱. 藏于物藏 …
時. 有皇龍寺僧年過九十者. 曰. 予聞聖帶. 是眞平大王所服. 歷代傳之. 藏
在南庫. 王遂開庫. 風雨暴作. 白晝晦冥. 不得見. 乃擇日齋祭. 然後見之.
國人以眞平王是聖骨之王. 稱曰聖帝帶'라고 되어 있다.

○【正承金傅】자세한 것은 권제2 · 김부대왕 조로 미룬다. 정승은 정승공
으로, 고려태조가 귀순한 신라 마지막 왕 경순(金傅)에게 드린 칭호로,
그 관위는 태자의 위에 있었다고 한다. 경순왕의 재위연차는 927-935년
으로, 그 몰년은 송의 태평흥국 3년(978), 고려 경종 3년이라고 전해지고
있다.

---

391) DB. 임금의 곤룡포에 아름답게 울리네.

208○ 【白淨王】 진평왕의 실제 이름. 아버지는 진흥왕의 태자 동륜으로, 진(陳)의 고종 대건11년(579)에 즉위하여, 재위 54년에 당의 정관 6년(632)에 죽다. 법흥 · 진흥 두 왕대의 신라의 발흥기를 이어, 율령이전의 귀족 연합에 의한 중앙집권의 정비된 왕대이다. 또 수, 당의 중국통일에 의해, 조선에서도 삼국의 항쟁격화기를 맞이하는 왕대이기도 하다.

○ 【大建十年己亥】 서력 579년. 고구려 평원왕 21년. 백제 위덕왕 26년. 일본 비다쓰천황 8년에 해당한다.

209○ 【內帝釋宮】 궁정 내의 제석천을 제사 지낸 건물이라고 추정한다. 내(內)의 용법은, 신라의 관직으로는 궁내청에 해당하는 내성(內省)이나, 궁내의 기망 · 질서를 유지 · 감독하는 내사정전 등의 용례로부터 궁정 내를 의미한다. '유' 왕력 · 고려태조 조에는 고려태조의 창건에 관여하는 내제석사 · 외제석사의 기록이 보인다. 제석천의 신앙에 대해서는, '유' 권제3 · 흥륜사벽화보현 · 전후소장사리 두 조에도 보인다.

209a○ 【天柱寺】 '승람'에 '在月城西北. ○俗傳炤智王射琴匣而倒. 乃是寺僧也. 其北有雁鴨池'라고 되어 있다. 천주사(天柱寺)의 유적은 없는데, 안압지의 남쪽이라면, 월성의 동쪽 내지는 동북쪽에 해당한다. '유' 권제1 · 사금갑 조에는 이것이 보이지 않는다. "동경잡기(東京雜記)" 중권, 불우 천주사 조에는 '승람'의 기사에 이어서, '(新增) 卽新羅王內佛堂. 今帝釋院也. 國人歲植名花于庭. 祈福'이라고 되어 있다.

209○ 【城中五不動石】 미상.

211○ 【皇龍寺丈六】 '유' 권제3에 '황룡사장육' 조가 있다. 이곳으로 미룬다.

○ 【皇龍寺九層塔】 '遺' 권제3의 흥법제삼에 '황룡사구층탑' 조가 있어 이곳으로 미룬다.

²¹³선덕왕지기삼사

善德王知幾三事

²¹⁴第二十七德曼. 一作萬諡善德女大王. 姓金氏. 父眞平王. 以貞觀六年壬辰即位. 御國十六年凡知幾有三事. ²¹⁵初唐太宗送畫牧丹三色. 紅紫白. 以其實三升. 王見畫花曰. "此花定無香". 仍命種於庭. 待其開落. 果如其言. ²¹⁶二. 於靈廟³⁹²⁾寺玉門池. 冬月衆蛙集鳴三四日. 國人怪之問於王. 王急命角干閼川弼呑等. 鍊精兵二千人. 速去四郊. 問女根谷必有賊兵. 掩取殺之. 二角干旣受命. 各率千人問西郊富山下. 果有女根谷百濟兵五百人. 來藏於彼. 並取殺之. 百濟將軍亐召者. 藏於南山嶺石上. 又圍而射之殪. 又有後兵一千二百人來. 亦擊而殺之. 一無孑遺. ²¹⁷三. 王無恙時. 謂群臣曰. "朕死於某年某月日. 葬我於忉利天中". 群臣罔³⁹³⁾知其處. 奏云"何所". 王曰"狼山南也". 至其月日王果崩. 群臣葬於狼山之陽. 後十除年. 文虎大王創四天王寺於王墳之下. 佛經云. 四天王天之上有忉利天.

---

392) DB. ≪삼국유사≫ 권3, 탑상(塔像) 영묘사장육(靈妙寺丈六) 조에는 妙. 파른본. 廟
393) 고증. 파른본. 罔(罔).

乃知大王之靈聖也. **218**常時群臣啓於王曰. "何知花蛙二事之然乎". 王曰.
"畫花而無蛺(蝶). 知其無香. 斯乃唐帝欺寡人之無耦也. 蛙有怒形. 兵士
之像. 玉門者女根也. 女爲陰也. 其色白. 白西方也. 故知兵在西方. 男根
入於女根則必死矣. 以是知其易捉." 於是群臣皆服其聖智. **219**送花三色
者. 盖知新羅有三女王而然耶. 謂善德眞德眞聖是也. 唐帝以有懸解之明.
220善德之創靈庙394)寺. 具載良志師傅詳之. **221**別記云 是王代. 鍊石. 築
瞻星臺.

풀이 **213**선덕왕지기삼사(善德王知幾三事)

214제27대 왕의 덕만한편으로는 만(萬)395)이라고 되어 있다.은 시호는 선덕대
왕이라고 한다. 그 성은 김씨이며, 아버지는 진평왕이었다. 정관 6년,
임진년에 즉위하여, 16년에 걸쳐서 나라를 다스리셨다. 무릇 어떤 사
소한 조짐이라도, 앞일을 내다본 것 같고, 그런 일이 세 번 있었다.
215처음에 한 가지 일이라고 하는 것은, 당 태종이 홍색·자색·백색
(紅·紫·白), 3색의 모란 그림과, 그 씨앗 3개를 끼워서 왕에게 보내왔
다. 왕은 그림에 그려진 모란을 가만히 보고,

'이 씨앗에서 꽃이 피더라도, 반드시 아무런 향기도 나지 않을 것이다.'
라고 했는데, 어쨌든 그 씨앗을 마당에 뿌리도록 말해 두었다. 이윽고
기다리고 기다렸던 모란꽃이 피었다가 그리고 졌지만, 그동안 결국
향기다운 향기도 없이 왕의 예언은 딱 맞아떨어졌다. **216**두 번째는 영

---

394) 묘(廟)의 이체. 고증. 庙(廟). DB. ≪삼국유사≫ 권3, 탑상(塔像) 영묘사장육(靈妙寺丈六)
조에는 妙.
395) 파른본. 曼. 규장각. 고증. DB. 모두 만(萬)으로 표기.

묘사의 옥문지에서의 일로, 무슨 일이 일어날 것 같지 않은 겨울 어느 달, 많은 개구리가 3,4일이나 시끄럽게 울어 대던 때의 일이다. 온 나라 사람들이 이것을 괴이하게 여기고, 왕에게 그 까닭을 물어보았다. 왕은 급히 알천각간, 필탄각간 등에게 잘 훈련된 정예병 2,000명을 데리고, 급거, 도읍의 서쪽 떨어진 곳을 향하게 하여,

'여근곡을 검문해 보면 된다. 반드시 적병이 숨어 있을 것임에 틀림없다. 이것을 일망타진해 두시오.'

라고 명했다. 이 왕명을 받아 두었던 두 각간은, 각각 1,000명의 정병을 이끌고 서쪽 근교의 부산 일대를 검문해 보니, 과연 여근곡에는 500명의 백제병이 잠입하여 그곳에 숨어 있었기 때문에, 하나하나 잡아서 죽여 버렸다. 또 백제의 장군으로 우소[396]라는 자가, 남산의 남산 고개 바위 위에 숨어 있던 것을 포위하여 활로 쏘아 쓰러트리고, 더 나아가 후방에서 쳐들어온 1,200명의 병사를 맞이하여 격퇴하여 쓰러트리고, 단 하나의 병사조차 남기지 않았다. [217]세 번째는 왕이 아직 건강했을 때의 일이다. 군신을 향하여,

'나는 어느 해 모(某)월일에 죽게 되어 있으니, 그때에는 도리천의 가운데에 장사를 치르도록 하라.'

라고 말했다. 그런데 군신 가운데에는 도리천의 소재를 알고 있는 자가 없었기 때문에,

'도리천이라는 것은, 도대체 어디에 있사옵니까.'

---

396) 울(亏)과 우(亐)의 차이(?). 고증. '울소(亏召)'. DB. '亐召'라 하고 '우소'라고 읽고 있다. 규장각에는 '우(亐)'에 가깝다. '나기' 선덕왕 5년 5월 조에 '百濟將軍于召'가 보이니 '우소(亐召)'가 맞을 것이다. '제기(濟紀)' 무왕 37년 하5월 조에도 '王命將軍于召 …. 于召登大石上 ….'이 거듭 확인된다.

라고 왕에게 물었더니,

'그것은 낭산(狼山)의 남쪽에 있다.'

라고 하는 것이었다. 그런데 왕이 말한 어느 해 어느 월일이 다가오자, 놀랍게도 그 예언대로 왕은 돌아가셨다. 군신은 왕의 분부대로 낭산의 남쪽에 매장했다. 그리고 나서 10년 정도 지나서, 문호대왕은 이 왕릉 곁에 사천왕사를 창건하셨는데, 그것은 '사천왕천 위에는 도리천이 있다.'라고 불전이 가르치고 있기 때문이다. 이상과 같이 선덕대왕에게는 기이한 영의 힘이 있었다는 것을 알 수 있다.

²¹⁸당시, 군신이 왕에게,

'어찌하여 그 꽃과 개구리의 두 가지 일로, 그렇게 풀이하셨습니까.'

라고 물었더니, 왕은,

'그 그림에, 꽃만 그려져 있고 나비가 없는 것은, 그 꽃에 향기가 없는 것이라고 알았다. 그리고 이 그림의 의도는, 아마, 당의 황제가 남편이 없는 나를 얕보고 일어난 일임에 틀림없을 것이다. 또 개구리가 화를 내고 있는 모양은, 복병이 있다는 징조이며, 옥문이라는 것은 여근을 말한다. 즉 여자의 것이라고 보면 된다. 여자는 원래 음(陰)의 것으로 색은 하얗고, 그 백(白)은 서쪽을 가리키는 색이 된다. 이리하여 백제병사가 서쪽에 잠입했다고 판단할 수 있었다. 대개 남근이 여근에 들어가면 반드시 죽는 것으로 정해져 있다. 그러므로 이 백제의 병사들도 아무 탈 없이 다 잡을 수 있다고 알았던 것이다.'

라고 해명을 했기 때문에, 이것을 들은 군신들은, 왕의 지혜에 모두 감복해 버렸다. ²¹⁹또 보내 받은 꽃에 3색이 있었던 것은, 신라에서 3여왕이 일어설 것을 알고, 그렇게 한 것일까. 즉 선덕·진덕·진성(眞

聖)의 세 여왕이 이것에 해당한다.

이러한 일로, 당제도 제자리에 움직이지 않고 멀리 일어나는 일을 변별할 수 있는 지력을 갖추고 있었다는 것을 알았다. [220]또 선덕왕이 영묘사를 창건했는데, 세세한 것은 양지사부에 실려 있다. [221]별기에는 이 왕대에 돌을 깎아 첨성대(瞻星臺)를 세웠다고 한다.

주해 **214, 214a○** 【德曼·德萬】 덕만(德曼)은 선덕왕의 실재 이름으로, '사' 및 '유' 왕력 모두 이 글자를 쓴다. 덕만(德萬)의 만(萬)은 만(曼)과 동음이자.

214○ 【善德女大王】 진평왕의 장녀. 진평왕이 죽은 후, 왕자가 없었기 때문에, 신라 최초의 여왕으로서, '사'에서는 632년, '유' 왕력에서는 634년에 즉위하고, 647년에 죽기까지 왕위에 있었다. 선덕여왕은 이 조에 보이듯이, 무녀로서 왕의 능력을 가장 높이 평가받고 있다. '나기' 선덕왕 즉위 전기나 "당서" 신라전에 '성조황고'라고 칭했다고 되어 있는 것도, 이것과 관련되는 것이라고 생각한다. 귀족연합 정치단체에게 지지를 받았던 왕권은 점차 정치적 요소를 강하게 띠게 되지만, 또한 원시적 무녀의 요소를 가지고 있었다. 선덕왕에게 무녀적 전승이 집중되는 것은, 다음 왕 진덕여왕대부터 율령관제가 이루어지고, 제도적으로 무녀적 왕권의 마지막에 해당하기 때문일까라고 생각한다. 이 왕대는 진평왕대 후반부터 연이어 고구려·백제로부터 압박을 받아, 법흥·진흥 두 왕대에 획득한 지역의 대부분을 잃었다. 그 때문에 자주 당에 사신을 파견하여, 원군을 구했으나, 진덕왕 12년(643), 당의 태종은 신라의 사자에게 3책략을 보였다. 그 3책은 '爾國以婦人爲主. 爲隣國輕侮. 失主延寇. 靡歲休寧. 我遣一宗支. 與爲爾國主. 而自不可獨王. 當道兵營護. 待爾國安. 任爾自守.'이었다. 3국의 항쟁이 격화하는 가운데, 신라가 자국의 정치체제를 변혁해야

하는 시기이기도 하며, 당 태종의 이 제안은 신라의 정국에 큰 영향을 주었다. 즉 14년 11월에 나라 일을 총람하는, 최고의 관직인 상대등에 비담이 임명되자, 16년 정월, 그는 다수의 귀족을 이끌고, 여왕으로는 이 난국을 이길 수 없다며 퇴위를 재촉했다. 이것에 대하여 옛 소국 왕족 출신인 김유신이나 몰락왕족인 김춘추가 선덕왕을 도와 싸웠으나, 선덕왕은 무녀적 왕권의 최후를 장식하기에 어울리게 이 전란 가운데 죽었던 것이다.

○ 【貞觀六年壬辰即位】 정관 6년은 서력 632년. 고구려 영류왕 15년. 백제 무왕 33년, 일본 죠메이(舒明)천황 4년에 해당한다. '나기'에서는 진평왕 54년 정월에 왕이 죽고, 같은 달 내지는 2월에 선덕왕이 즉위하고 있다. 진평 54년의 분주에 '古記云. 貞觀六年壬辰正月卒. 而新唐書資理通鑑皆云. 貞觀五年辛卯. 羅王眞平卒. 豈其誤耶.'라고 되어 있으며, '신구당서' 신라전에는 '是歲(정관 5년), 眞平卒. 無子. 立其女善德爲王. 宗室大臣乙祭總知國政.'이라고 되어 있다. 또한 '나기'에는 대신 을제의 기사를, 선덕 원년 2월의 일이라고 하고 있다. 이 진평왕이 죽은 해, 선덕왕 즉위년에서 1년의 차이가 생긴 것은, 그것이 정월의 이른 시기의 일이었기 때문인가라고 생각한다. '유' 왕력에서는 선덕왕의 즉위연차를 '인평 갑오'라고 하고 있는데, 인평은 신라의 연호이며, 그 원년은 갑오에 해당하는 서력 634년이다. 인평원년 즉위설이 인평개원과 즉위연차를 혼동했던 것인지는 분명하게 하기 힘들다.

215○ 【初唐太宗送畵牧丹云云】 '나기' 선덕왕 전기에도 이 설화가 보이는데, 다소 표현을 달리하기 때문에 비교하기 위하여 다음에 기재한다. '前王時. 得自唐來牧丹花圖幷花子. 以示德曼. 德曼曰. 此花□□□□定無香氣. 王笑曰. 爾何以知之. 對曰. 畵花而無蝶. 故知之. 大抵女有國色□□□□□□□□□□故也. 此花絶艶. 而圖畵又無蜂蝶. 是必無香花. 種植之果如所言. 其先識如此.'

216○ 【靈廟寺玉門池云云】 영묘사는 '유'나 '나기' 선덕왕 4년 조에 의해 알려져 있듯이, 선덕왕이 창건한 사원이다. 영묘사에 관한 기사는 '유' 권

제2・효공왕 조나 권제4・이혜동진에도 보이며, '나기'에서는 문무왕 2년 6월, 3년 5월, 6년 4월, 8월 12월, 14년 9월, 성덕왕 2년 7월의 각조에 보이며, 나아가 '사' 제사지에는 '靈廟寺南. 行五星祭', 職官志上에는 영묘사 성전(成典)이 설치된 것을 전하고 있다. 이러한 기사로 보아 영묘사 및 그 주변이 성지로서 추앙받고 있었다는 것을 알 수 있다. 영묘사는 후에 동음이자인 영묘사(靈妙寺)라고 부르며, '승람' 경주불우 조에 '靈妙寺. 在府西五里. 唐貞觀六年. 新羅善德王建. 殿宇三層. 體制殊異. 羅時殿宇非一. 而他皆頹毁. 獨此宛然如昨. 諺傳. 寺址本大澤. 豆豆里之衆. 一夜塡之. 逐建此殿'이라고 되어 있다. 후지시마 가이지로(藤島亥次郎)는 쇼와(昭和) 5년 3월의 "건축잡지"의 '朝鮮建築史論, 其の二'에, 영묘사(靈妙寺)절터를 다루고, 영묘사는 사천왕사와 같은 가람 형식이었다고 추측하고 있다. 옥문지는 미상. 이 설화에 대해서는 '나기' 선덕왕 5년 5월 조에 同種의 것이 보이기 때문에, 다음에 이것을 보인다. '夏五月. 蝦蟇大集宮西玉門池. 王聞之. 謂左右曰. 蝦蟇怒目. 兵士之相也. 吾嘗聞. 西南邊亦有地名玉門谷者. □□必有賊兵潜入其中乎. 乃命將軍閼川・弼呑等. 往搜之□果百濟將軍于召欲襲獨山城. 率甲士五百人. 來伏其處. 閼川掩擊盡殺之'. 선덕왕시대에 백제군의 경주지방 침입이라고 하는 사료적으로는 별로 없는 기사를 들고 있는 것에 우선 주목된다. 이것을 관념적으로 해석하면, 선덕왕의 무녀적 능력을 선명하게 하기 위해, 다루어진 전승일 것이나, '유'와 '사'에서는 상당히 다른 취급을 하고 있다. '유'에서는 무녀적 왕권을 존중한 전승으로, 각간알천의 출병에 이유를 달지 않고, 후일 그 해설을 하고 있다. 후일의 해설은 혹은 후세의 부가일지도 모르지만, '사'에서는 해설이 출병이유로서, 출병 전에 나온 것으로 하고 있다. 이같은 '사'의 기재법은 무녀적인 왕의 성격을 주장하는 것은 아니고, 유교적 이해에 의한 왕권을 강조하는 것이라고 말할 수 있다. '사'의 이러한 태도로부터는 옥문지와 여근곡과의 관계를 풀 수 없고, 옥문곡이라고 개칭하지 않을 수 없었을 것이다.

○【角干閼川】각간은 신라 17등 관위의 제1 이벌찬의 다른 호칭. 알천은 '사'에 의하면 선덕왕 6년(637) 7월에 대장군이 되고, 다음 해 고구려와 싸워, 한강 하류역을 확보했다. 진덕왕이 즉위하자 원년(647) 2월, 최고의 관직인 상대등에 임명되었다. 654년 진덕왕이 죽자, 군신이 알천을 섭정하기를 추천하였으나, 고사하며 받지 않고, 김유신과 짜고, 김춘추(후의 태종무렬왕)의 즉위에 진력을 했다고 한다. 상대등 알천의 활약에 대해서는 다음의 '진덕왕' 조에 보인다.

○【弼呑】각간알천과 같이 유력 귀족일 것이나, 달리 기사가 없다.

○【富山】부산(富山)의 지명은 각지에 있었다. 이곳에서 말하는 부산은 '나기' 문무왕 3년 춘정월 조에 '作長倉於南山新城. 築富山城.'이라고 되어 있는 것이다. 이 기사 원 사료라고 생각되는 것을 보다 상세하게 전하고 있는 것이 '유' 권제2·문호왕법민 조에 있다. 또 같은 조 '효소왕대 죽지랑' 조에도 부산성에 관한 것이 보인다. 부산성의 위치에 대해서는 "대동여지도" 제17, 6에 보이며, 경주서남방의 하지산 위에 있다. 또 "동경잡기"상. 산천 조에 '富山. 在府西三十里. 品上村主山也. 山上有舊基 俗稱長者基. 又有湧井. 山腰有石窟中可容十除人'이라고 되어 있다. 아마 경주시 서남 5km의 조래봉(徂來蜂)이 이것인가 생각한다.

○【女根浴】여근곡에 대해서는 '승람' 경주부·산천 조에 '女根谷在府西四十里. 世傳. 百濟將亏召.[397] 伏兵于此. 新羅善德王. 命角于關川. 掩殺之. 無孑遺. 此王知幾三事之一也'라고 되어 있다. 오늘날 전하는 여근곡은 경주군 서면 건천리의 서방 약 5km의 주사산(朱砂山)(五蜂山)의 남쪽 계곡 사이이다. 아까 부산을 추정했던 조래봉으로부터는 봉우리가 이어지는 것이나, 7km 정도는 북쪽에 있다. 이곳에 보이는 '富川下. 果有女根谷'과는 다소 위치가 다른 듯이 생각된다.

○【亏召】백제무왕을 모신 장군으로 '나기'에서는 우소(亏召)라고 적혀 있

---

397) 고증 본문에서는 모두 '우소(亏召)'를 '울소(亏召)'라고 하고 있다.

으며, 무왕 37년(선덕왕 5, 636)에 신라침입을 도모한 것밖에 전하고 있

지 않다. '제기' 무왕 37년 하5월 조에는 같은 선덕왕 5년 5월의 기사에

의한 곳이 많은데, 다소 차이도 있기 때문에, 참고로 이것을 보인다. '王

命將軍于召. 帥甲士五百. 往襲新羅獨山城. 于召至玉門谷. 日暮解鞍休士.

新羅將軍閼川將兵掩至鏖擊之. 于召登大石上. 彎弓拒戰. 矢盡爲所檎'.

○ 【南山】 주해 110의 남산부를 참조.

217 ○ 【狼山】 '승람' 경주부 · 산천 조에 '狼山在府東九里鎭山'이라고 되어

있으며, 신라왕성에서 동남 약 11㎞에 있는 작은 언덕으로, 신라초기부

터 성지가 되어 추앙을 받고 있는 곳이다. '나기' 실성이사금 2년(413) 추

8월 조에 '雲起狼山 望之如樓閣. 香凮郁然. 久而不歇歇. 王謂是必仙靈降

遊. 應是福地. 從此後禁人伐樹木'이라고 되어 있으며, 낭산을 성지로 삼

는 전승이 오래된 것을 보이고 있다. 또 선덕, 신문(神文) 두 왕릉이 그

남쪽 기슭에 자리하고 있는 것도, 이 작은 언덕을 신성시했기 때문일 것

이다.

○ 【文虎大王】 신라 제30대 문무왕을 말하는 것으로, 그 치세는 661-681년

이다. 자세한 것은 '유' 권제2를 참조.

○ 【四天王寺】 사천왕사는 낭산의 남쪽 기슭에 있으며, 문무왕 9년(679) 8월

에 완성했다. 이 절의 연기는 당의 침략을 막기 위한 것으로, '유' 권제2

문호왕법민 조에 자세하다. 그 연기에서 신라호국 진호(鎭護)의 사원으

로서, 국가적인 비호를 받았다. '사' 직관지에는 '사천왕사성전'이 봉성

사 · 감은사 · 봉덕사 · 봉은사 · 영묘사 · 수흥사의 여러 성전의 필두에

놓인 신라 제1의 관사이다. '유' 권제2 · 경명왕, 권제4(의해 제5) 양지사

석에도 관계기사가 보인다. '나기' 경명왕 3년(920) 조에 '四天王寺塑像所

執弓弦自絶. 壁畫狗子有聲若吠者.'가 보이며, 신라멸망의 조짐이 사천왕

사에 나타난 것도 호국의 관사이었기 때문이다. "고려사"에 의하면 사천

왕사는 고려 전반기까지 존속하고 있었다. 사천왕사 터는 현재도 또한

남아 있으며, 후지시마(藤島亥治郎)의 '朝鮮建築史論, 其一("建築雜誌"

昭和五年二月)에 상세한 건축학적 연구가 있다.

219○ 【眞聖】 '유' 권제2의 진성여대왕·거타지 조를 참조.

220○ 【善德之創靈庿(廟)寺】 '나기'에는 영묘사의 건립을 선덕왕 4년(635)의 일이라고 하고 있다. '승람'에서는 영묘사(靈妙寺)(후세의 개칭)의 창건을 정관 6년(632)이라고 하고 있다. '유'에서는 '양지전'에 의한 것이 알려졌고, 다른 것은 출전이 보이지 않는다. '나기'가 영묘사의 연기 등의 사료에 의했다고 생각되지만, 기사가 매우 간결하게 '靈廟寺成'이라고만 되어 있기 때문에, '양지전' 이상으로 상세한 사료에 의했다고도 생각되지 않는다. '승람'도 마찬가지로 선덕왕시대에 영묘사가 창건되었다는 원사료를 '나기'는 대사(大寺)건설의 연차만 보고 4년에 완성했던 것으로 하고, '승람'은 즉위의 연차에 이것을 맞춘 것은 아닐까.

○ 【良志師傳】 '유' 권제3. 영묘사장육 조에 '良志法師傳', '양지전'이라고 보이는 것은, 기사의 내용으로 보아도 같은 인용일 것이다. 양지법사는 선덕왕대에 활약한 무녀적 요소가 강한 승려로, 회화, 조각에도 뛰어나고, 민중의 시낭을 모았던 사람이다. 자세한 것은 '유' 권제4·양지사석 조를 참조.

221○ 【瞻星臺】 '승람' 경주부·고적 조에 '瞻星台在府東南三里○善德女主時. 鍊石築台. 上方下圓. 高十九尺. 通其中. 人由中而上下. 以候天文'이라고 되어 있다. 지금도 대략 그 위용을 계림의 북방 약 200km 지점에 자리하고 있다.

진덕왕

眞德王

²²³第二十八眞德女王. 即位自製太平歌. 織錦爲紋. 命使往唐獻之^{223a}一

本. 命春秋公爲使. 往³⁹⁸⁾仍請兵. 太宗嘉之許. 蘇定³⁹⁹⁾方云者皆謬矣. 現慶前春秋已登位. 現慶庚

申非太宗. 乃高宗之世. 定方之來. 在現慶庚申. 故知織錦位紋. 非請兵時也. 在眞德之世. 當矣. 盖請放

金欽純之時也. 唐帝嘉賞之. 改封爲雞林國王. 其詞曰. 大唐開洪⁴⁰⁰⁾業. 巍巍

皇猷昌. 止戈戎威⁴⁰¹⁾定. 修文契⁴⁰²⁾百王. 統天崇雨施. 理物體含章. 深仁

諧日月. 撫⁴⁰³⁾軍⁴⁰⁴⁾迈(邁)虞唐.⁴⁰⁵⁾ 幡旗何⁴⁰⁶⁾赫赫. 鉦⁴⁰⁷⁾皷何鍠鍠. 外

---

398) DB. 규장각본에는 독(獨). 파른본. 往.

399) 규장각, DB.에는 정(廷). DB. ≪삼국사기≫에는 定. 고증. 정(定). 파른본. 廷의 이체자.

400) 파른본. 洪. DB. ≪전당시(全唐詩)≫에는 鴻.

401) DB. ≪삼국사기≫≪전당시(全唐詩)≫에는 衣. 파른본. 戎.

402) DB. ≪삼국사기≫≪전당시(全唐詩)≫에는 繼.

403) 파른본. 고증. 抚(撫).

404) DB. 규장각본과 순암수택본. 파른본에는 軍.

405) DB. ≪삼국사기≫≪전당시(全唐詩)≫에는 時康. 파른본. 唐.

406) DB. ≪전당시(全唐詩)≫에는 旣. 파른본. 何.

407) DB. ≪삼국사기≫≪전당시(全唐詩)≫에는 鉦. 파른본. 錚.

夷違命者. 剪覆被天殃. 淳風凝幽現.408) 邇邇競呈祥. 四時和409)玉燭. 七
曜巡方410)方. 維嶽降輔宰.411) 維帝任412)忠良. 五三成413)一德. 昭我唐
家皇.414) **224**王之代. 有閼川公林宗公述宗公虎415)林公**224a**慈藏之父 廉長公
庾信公. 會于南山亐知嚴. 議國事. 時有大虎. 走入座間. 諸公驚起. 而閼
川公略不移動. 談笑自若. 捉虎尾. 撲於地而殺之. 閼川公膂力如此. 處於
席首. 然諸公皆服庾信之威. **225**新羅有四靈地. 將議大事. 則大臣必會其
地謀之. 則其事必成. 一東曰416)青松山. 二曰南亐417)知山. 三曰西皮田.
四曰北金剛山. **226**是王代始行正旦禮. 始行侍郎號.

풀이 **222**진덕왕(眞德王)

223제28대 진덕여왕은, 즉위하자 스스로 부른 태평가를 문자로 해서
비단을 짜게 하고, 이것을 헌상하기 위하여 사자를 당으로 파견했
다.**223a**어떤 책에 '춘추공을 사신으로 해서 당에 파견하여, 원병을 청하게 하고, 태종도 이것을
읽고 그 원하는 것을 받아들이고, 그리하여 소정방운운'이라고 적고 있는데, 이것은 완전한 오류이
다. 그 이유는 현경 연간 전에, 이미 춘추공은 자리에 올랐고, 현경 경신년에는, 당에서는 이미 태종
이 아니고 고종이 되어 있었고, 게다가 소정방이 원군을 끌고 온 것은, 그 현경 경신년이었다. 이러

---

408) DB. ≪삼국사기≫에는 幽顯으로, ≪전당시(全唐詩)≫에는 宇宙. 파른본. 幽現.
409) 파른본. 和. DB. ≪전당시(全唐詩)≫에는 調.
410) 규장각본. DB. 方. 고증. 方(万).
411) 파른본. 宰. DB. ≪삼국사기≫≪전당시(全唐詩)≫에는 宰輔.
412) 파른본. 任. DB. ≪전당시(全唐詩)≫에는 用.
413) 파른본. 成. DB. ≪전당시(全唐詩)≫에는 咸.
414) 파른본. 唐家皇. DB. ≪전당시(全唐詩)≫에는 皇家唐.
415) 파른본. 虎. DB. ≪삼국유사≫ 권4, 의해(義解) 자장정률(慈藏定律) 조에는 茂.
416) 파른본. 一東曰. DB. 曰東으로 어순이 바뀌어야 한다고 했다.
417) 고증. 亐. 규장각본. DB. 파른본에는 선명한 울(亐)이다.

한 것으로부터 미루어 보면, 태평가를 짜 넣은 비단을 헌상한 것은, 당에 원군을 요청했을 때의 일이 아니고, 진덕왕대의 일이라고 하는 것이 맞다. 아마 김흠순을 석방해 달라고 했을 때의 일이다.

당제는 이것을 가상하게 여겨 진덕왕을 고쳐 계림국왕으로 책봉했다. 진덕왕으로부터 당제에게 보낸 말에는 다음과 같이 있었다.

'대당이 나라를 열고 대업을 일으킨 지금, 고대한 제왕의 계획은 이윽고 왕성하여, 전란은 뒷일을 끊고 무위는 안정되고 문덕도 다스려져, 여러 나라에 제각기의 왕이 책봉되어 있다. 하늘을 통괄하기 때문에 고귀한 비는 백성을 윤택하게 하고, 세상의 일은 정돈되어, 덕행도 소리 없이 일어나고, 은택은 널리 퍼져, 해와 달도 온화하게 비치고 있다. 질서 잡힌 방위는 요순의 세에도 꺾이지 않을 만큼 강하며, 천자의 깃발은 얼마나 빛나게 휘날리는가. 그리고 때려 울리는 징과 북이 또한 얼마나 용맹한가. 목숨이 끈질긴 외이가 있어도, 하늘의 질책에 덮어 버릴 것이다. 순풍은 유현의 양쪽 경계에도 걸쳐 있고, 먼 곳에도, 가까운 곳에도 상서로움은 서로 다투어 나타나며, 사시(四時)는 순행하여 일월, 오성도 만방을 둘러싸 혼란을 보이지 않는다. 이것은 옥신이 보좌하는 재상을 내리고, 황제도 또한 충량의 신을 얻으셨기 때문일 것이다. 삼황오제의 신비도 일덕(一德)에 싸여, 굳어지고, 우리 당가의 황제를 환하게 밝히고 있다.'

224진덕왕대의 일. 알천공·임종공·술종공·호림공·**224a**자장의 아버지·염장공·유신공들이 남산의 울지엄에 모여, 국사(國事)를 도모한 적이 있었다. 그때 큰 호랑이가 달려 나와 나란히 앉아 있던 여러 공의 자리에 뛰어들었다. 모두가 놀라 웅성거리고 있는 가운데 단 한 사람 알천공만은 거의 움직이려고 하지도 않고, 담소하던 채로 유연하게 호랑이의 꼬리를 거머쥐고 대지에 내동댕이쳐서 일격에 그 호랑이를 죽여 버렸다. 알천공의 근골의 강함은 이렇게 대단했으며, 여러 공(公)의 수석에 있는 사람이기도 했다. 그럼에도 불구하고, 여러 공은 모두 유신공의 위엄에 의해 굴복하고 있었다. [225]신라에는 네 가지의 영지가 있어, 나라의 큰일을 의논할 때에는, 반드시 그 자리에 대신들이 만나 상담을 거듭하는 것이 늘상이었다. 그렇게 하는 것에 의해 반드시 일은 잘 풀렸다. 그 4영지라는 것은, 제1로는 동쪽의 청송산, 제2는 남쪽의 울지산, 제3은 서쪽의 피전, 제4로는 북쪽의 금강산 이 네 개를 말한다. [226]이 왕대에 처음으로 정단(正旦)의 예를 행하고, 또 처음으로 시랑의 호를 제정했다.

주해 222○【眞德王】진덕왕은 '나기'에 이름은 승만(勝曼)이고, 아버지는 진평왕의 동생 국반 갈문왕이다. 647-654년에 재위했으며, 성골 최후에 해당하는 여왕이다. 진덕왕 즉위 과정은, 여왕으로는 삼국항쟁이 격화했던 당시의 정치를 적절히 행하기 어렵다고 해서, 상대등 비담을 중심으로 유력귀족의 반란이 일어났고, 전왕 선덕여왕이 그 전란 가운데 죽었다. 선덕여왕의 폐위에 반대하여 싸웠던 김유신 등은, 또다시 여왕 승만을 추대해서 진덕여왕이 즉위하게 되었다. 이 왕대는 비담의 내란 영향도 있어서, 백제 침입에 괴로워하고, 당과의 (긴밀한) 외교에 의해 난국을 타개하려고 했다. 당시 신라의 정계는 비담이 일으킨 내란진압에 실패하고, 그때까지 정계에 무심했던 경주유력귀족의 연합체제에 금이 가고 있던 상황이었다. 반면 선덕여왕을 옹호했던 약소귀족이나 지방호족 출신자가 대두하여, 그 세력을 정권과 짜지 않으면 안 되게 되었다. 그 때문에 정치기구도 유력 귀족중심의 대등제에서 왕권을 확대할 필요가 생겼다. 이와 같은 국내사정에 의해 唐의 율령제가, 이 왕대에 상당히 큰 폭으로 채용되어 있다. 예를 들면 진덕왕 2년에는 唐制의 예복이 채용되고, 4년에는 신라의 연호를 그만두고, 당의 연호를 채용하게 되고, 5년에는 새해를 축하하는(賀正) 예가 행해지고, 중앙관제의 대개혁도 진행되었다. 이 왕대의 특징은 왕자(王者)의 성격이야말로 무녀적 요소를 담고 있었지만, 내용적으로는 이미 율령적인 정치체제가 확립되어, 다음의 중대로 직결되는 시기라고 말할 수 있을 것이다.

223○ 【眞德女王. 即位自製太平歌云云】 이것에 대하여 '나기'에서는 진덕왕 4년 6월 조에 '王織錦作五言大乎(平)頌. 遺音秋子法敏. 以獻唐皇帝'라고 되어 있어 연차에 차이가 있다. 이 차이는 '유'가 기년체의 편집이 아니고, 전승적인 기술이었기 때문에, 이 태평가를 당에 헌상한 사정을 중시해서, 즉위년의 일이라고 했을 것이다. '나기'의 기사는 '신·구당서' 동이전(신라)의 연차에 의했기 때문에, 양자의 차이가 생겼기 때문일 것이다.

223a○ 【命春秋公爲使. 徃仍請兵云云】 김춘추의 입당은 진덕왕 2년(정관 22, 648)의 일로, '나기' 진덕왕 2년 3월 조나 신구당서 동이신라전에 보여, 태평가 헌상의 일과는 연차를 달리한다. 소정방이 신라와 관계를 가지는 것은 현경(顯慶) 5년(660)의 일이다.

○ 【蘇廷(定)方】 권제1·태종춘추공 조 242를 참조.

○ 【現慶庚申】 현경(現慶)은 당의 연호 현경(顯慶)과 음상통 차자한 것이다. 현경은 656-660년의 5년간이고, 경신은 현경(顯慶) 5년에 해당한다. 현경 연간은 당 고종의 치세로, 그 5년은 신라의 태종 무렬왕 7년에 해당한다. 이 해에 당의 장군 선정방이 신라군과 연합하여 백제국을 멸망시켰다.

○ 【請放金欽純之時】 '나기'에 의하면 문무왕 조에 다음과 같은 관계 사료가 있다. '九年夏五月. 又遣欽純角干. 良圖波珍湌. 入唐謝罪', '十年(670) 春正月. 高宗許欽純還國. 留囚良圖. 終死于圓獄. 以王擅取百濟土地遺民. 帝責怒. 再留使者'가 있으며, 백제 토멸 후, 그 지역의 영유를 둘러싸고, 신라와 당이 대립했으나, 고구려의 토멸을 기회로, 당은 신라도 병합하려

고 옛 백제 지역 영유 문제가 재차 일어났다. 흠순이 귀국한 후, 문무왕 10-16년에 이르는 7년간 신라는 당군과 싸우고, 전투가 가라앉은 후에도, 성덕왕 34년(735)까지는 신라가 옛 백제, 옛 고구려 영토를 영유하는 것을 당은 인정하지 않았다. 또한 흠순은 김유신의 동생으로, 백제·고구려 토벌전에 활약한 유력한 무장이다.

223○【封爲雞林國王】진덕왕은 당으로부터 낙랑군왕 신라왕의 칭호를 받고 있다. 이곳에서 말하는 계림국왕의 칭호는 눈에 보이지 않지만, 제31대 문무왕은 계림주도독의 칭호가 붙어 있다. 그 후의 여러 왕에게는 계림주도독이나 대도독계림주제군사 등의 칭호는 보여도, 계림국왕의 칭호는 보이지 않는다. 아마 계림국의 명칭이 후세까지 오래 신라국의 별칭으로서 사용되었기 때문에, 신라국왕의 칭호를 혼동해서 계림국왕이라고 이름을 붙인 것은 아닐까.

224○【述宗公】진덕왕 5년(651) 처음으로 집사부 중시가 된 죽지의 아버지로, 삭주도독사에 임명된 적이 있다. 자세한 것은 '유' 권제2·효소왕대 죽지랑 조로 미룬다.

○【虎林公】호림(虎林)은 무림(武林). '유' 권제4 '자장정률' 조에 '大德慈藏金氏. 本辰韓眞骨蘇判茂林之子'라고 보이는 무림(茂林)도 무림(武林)이다. 무(茂)와 무(武)는 동음차자.

224a○【慈藏】무림(武林)(茂林)공과 자장에 대해서는 '유' 권제4(의해 제5) 자장정률 조로 미룬다.

224○【廉長公】미상.

○【南山亏知巖】미상. 권제1·진덕왕 조에 보이는 신라 4영지의 제2, 울지산(亏知山)을 말하는 것일까라고 생각한다.

225○【將議大事云云】폴리네시아 여러 지방에서 일본·조선에 걸쳐서 부족회의를 성지에서 행하고, 그 성지 내지는 의장의 좌석은 Marae, 말(麻立) 등으로 불렀다. 원래 신라의 회의조직은 남자집회사(송)(성지)와 불가분의 관계가 있으며, 남자집회사의 지배자인 족장들이 왕이 사제(司

祭)하는 국가적인 영지에서의 회의에 출석하게 된다. 이것이 신라의 귀족연합시대의 구체적인 정치방식이다. 이 같은 부족연합정치는 제정정치여서, "당서" 동이전 신라에 '事必與衆議. 號和白. 一人異則罷'라고 있는 것은 신의(神意)정치에 의했기 때문일 것이다(참조 三品彰英, '麻立干の原義を尋ねて', "朝鮮學報" 第13집; 三品彰英, "朝鮮古代研究 第一部 新羅花郎の研究", 三省堂刊).

○【靑松山】미상.

○【皮田】미상.

○【金剛山】114a를 참조.

226○【始行正旦禮】 '나기'에 의하면 '(진덕왕) 5년(651) 春正月朔. 王御朝元殿. 受百官正嘉. 嘉正之禮始. 於此'라고 되어 있는 것과 대응한다. 진덕왕 2년 김춘추 등이 당에 조공했을 때, 옷의 색이나 제도, 당의 연호의 채용 등 당 제도의 도입을 조건으로 당이 신라를 원조하기로 약속했다. 아마 이 하정(賀正)의 예를 시작한 것은 당제도 도입의 일환은 아닐까.

○【始行侍郎號】 '사'에는 시랑의 직명이 처음 보이는 것은, 경덕왕 6년(747)으로, 직관지·집사성 조에 '典大等二人. 眞興王二十六年置. 景德王六年. 改爲侍郎'이라고 보인다. 또 '나기'에는 '(경덕왕) 十八年春正月. 改兵部·倉部卿監. 爲侍郎'이라고 되어 있으며, 이 해에 신라 율령 관직명의 대개혁이 있었다. 그러나 시랑호(侍郎號) 등의 당풍호칭은 '(혜공왕)十二年(777) 春正月. 下敎. 百官之號盡合復舊'라고 되어 있어, 개칭된 것으로 되어 있다. 그러나 금석문에는 그 후에도 시랑호가 쓰이고 있다. '유'에서 대랑호의 시행을 진덕왕대로 한 것은, 진덕왕 5년(651)에 신라의 중앙관직이 대등제에서 율령적인 제도로 변혁했던 것과 혼동했을 것이다. 이 혼동은 상당히 널리 일어났던 것 같으며, '사' 직관지·집사성 조에 '大舍二人. 眞平王十一年置. 景德王十八年. 改爲郎中(一云. 眞德王五年改)'이라고 되어 있다.

²²⁷김 유 신

金庾信 ⁴¹⁸⁾

²²⁸虎⁴¹⁹⁾力伊干之子. 舒玄角干金氏之長子曰庾信, 弟曰欽純. 姉妹⁴²⁰⁾曰
寶姬小名阿海. 妹曰文姬小名阿之. ²²⁹庾信公以眞平王十七年乙卯⁴²¹⁾
生, 稟精七曜. 故背有七⁴²²⁾星文, 又多神異. 年至十八壬申修釖得術爲國
仙.⁴²³⁾ ²³⁰時有白石者. 不知其所自來, 屬於徒中有年. 郎以伐麗濟⁴²⁴⁾之
事. 日夜深謀. 白石知其謀. 告於郎曰, "僕請與公密⁴²⁵⁾先探於彼. 然後圖
之何如." 郎喜親率白石夜出行. 方憩⁴²⁶⁾於峴上. 有二女隨郎而行. 至骨火
川留宿. 又有一女忽然而至. 公與三娘子喜話之. 時娘等以美菓餽之. 郎

---

418) DB. 규장각본에는 이 뒤로 事善德眞德太宗文武王이 가필. 파른본에는 보이지 않고 있다.

419) DB. 고려 2대 임금인 혜종(惠宗)의 이름인 武를 피휘.

420) DB. 妹 자는 衍字로 보인다.

421) 파른본. 고증. 夘(卯).

422) 고증. 土(七). DB. 七의 오기로 보인다. 파른본. 七.

423) 파른본. 고증. 仚(仙).

424) DB. 규장각본과 순암수택본. 파른본에는 齊.

425) 密의 이체자. DB. 규장각본 宻. 고증. 密.

426) 고증. □(憩).

受而啖之. 心諾相許. 乃說其情. 娘等告云.[427]"公之所言已聞命矣, 願公
謝白石而共入林中. 更陳情實." 乃與俱入. 娘等便現神形曰, "我等奈[428]
林·穴禮·骨火等三所護國之神, 今敵國之人誘郎引之. 郎不知而進途,
我欲留郎而至此矣." 言訖而隱. 公聞之驚仆. 再拜而出. 宿於骨火舘. 謂
白石曰, "今歸他國忘其要文. 請與爾還家取來." 遂與還. 至家拷縛白石.
而問其情. 曰 "我本高麗人, ^{230a}古本云百濟誤矣. 楸南乃高麗之士. 又逆行陰陽亦本是寶藏
王事. 我國群臣曰 '新羅庾信是我國卜筮之士楸南也 ^{230b}古本作春南誤矣.' 國
界有逆流之水 ^{230c}或云雄雌. 尤反覆之事. 使其卜之. 奏曰 '大王夫人逆行陰陽
之道. 其瑞如此.' 大王驚怪. 而王妃大怒. 謂是妖[429]狐之語, 告於王 '更以
他事驗問之. 失言則加重刑.' 乃以一鼠藏於合中. 問 '是何物.' 其人奏曰
'是必鼠. 其命有八.' 乃以謂失言. 將加斬罪, 其人誓曰 '吾死之後. 願爲大
將必滅高麗矣.' 即斬之剖鼠腹視之. 其命有七, 於是知前言有中. 其日夜
大王夢楸南入于新羅舒玄公夫人之懷, 以告於羣臣. 皆曰, '楸南誓心而死.
是其果然.' 故遣我全此謀之爾." 公乃刑白石, 備百味祀三神. 皆現身受奠.
²³¹金氏宗財買夫人死, 葬於靑淵上谷. 因名財買谷. 每年春月. 一宗士女
會宴於其谷之南澗, 于時百卉敷榮. 松花滿洞府林. 谷口架築爲庵. 因名
松花房, 傳爲願刹. ²³²至五十四景明王. 追封公爲興虎[430]大王. 陵在西山
毛只寺之北, 東向走峰.

427) 고증. 去(云).
428) 파른본. 고증. 奈(奈).
429) DB. 규장각본. 妖. 고증. 媛.
430) DB. 고려 2대 임금인 혜종(惠宗)의 이름인 武를 피휘.

227김유신(金庾信)

228유신(庾信)은 호력431) 이간의 아들인 서현432)각간 김씨의 맏아들로, 그 동생은 흠순433)이라고 했다. 또 누이는 보희434)라고 하며, 어릴 때의 이름은 아해, 그 여동생은 문희435)라고 하며, 마찬가지로 어릴 때의 이름은 아지라고 했다. **229**유신공은 진평왕436) 17년, 을묘년에, 칠요437)의 정기를 받고 이 세상에 태어났다고 하며, 그 때문인지 유신의 등에는 칠성문이 드러나 있었고, 또 거동에도 신이한 점이 많았다. 18세가 된 임신년 유신은 검술을 닦으며, 나아가 도술까지 터득하여 국선438)이 되었다. **230**그때 어느 해인지 화랑단 가운데 있으면서 그 소성은 아무도 모르는 백석439)이라는 자가 있었다. 백석은 유신이 고구려와 백제를 치려고 주야로 밤늦게 모사를 꾀하고 있는 것을 알아채고, 유신공에게

'저에게 간청이 있습니다. 일이 어떻든 저와 함께 저쪽 상황을 탐색하고 싶습니다. 그런 후에 모사를 세우시는 것은 어떻사옵니까.'

라고 말했다. 유신공은 크게 기뻐하고 스스로 백석을 데리고 밤중에 집을 나왔다. 강 위 평지까지 와서 잠깐 쉬어 가려고 하던 중에 문득

---

431) DB. 김무력(金武力)으로 고려 혜종의 이름인 '무(武)'를 피휘하여 '호(虎)'로 쓴 것.

432) DB. 김유신의 아버지로 가야의 마지막 왕인 김구해의 손자. 서운 또는 소연이라고도 표기.

433) DB. 혹은 흠춘(欽春).

434) DB. 김유신의 맏누이로 문명왕후의 언니.

435) DB. 신라 제29대 태종무열왕(太宗武烈王)의 비(妃)로 문명부인(文明夫人).

436) DB. 신라의 제26대 왕으로 재위 기간은 579~632년이다. 진흥왕대의 비약적인 영토확장과 제도정비를 바탕으로 하여 중앙의 통치제도를 크게 정비하였다.

437) 고증. 칠왕(七旺).

438) 화랑.

439) DB. 고구려에서 김유신을 해칠 목적으로 신라에 파견했던 첩자로, 김유신을 고구려로 유인하려다가 일이 발각되어 붙잡혀 죽임을 당하는 인물.

두 여자가 유신공을 따라오고 있는 것을 알았다. 그리고 공이 골화천에 도착하여 숙소에 머무르고 있으니까, 또 한 여자가 홀연히 나타났다. 유신공은 기뻐하며 이 세 여인과 이야기를 주고받고 하던 중에, 여자들은 귀한 과자를 공에게 건넸다. 이 호의를 받고 과자를 먹고 있던 중에, 서로의 마음도 알게 되어 서로 편안해졌다. 그래서 유신공은 가슴에 생각하던 바를 남김없이 모두 꺼내어 말하였다. 그러자 여자들은,

'지금 공이 말씀하신 것은 저희들은 벌써 자주 들어 온 것이옵니다. 공이여, 부디 무례한 말씀을 드립니다만, 같이 온 백석과 손을 끊으시고, 저희들과 함께 숲속에 들어가 주십시오. 그러하면 더 자세하게 사정을 말씀드리겠습니다.'

라고 한다. 그래서 같이 숲속에 들어가 보니, 지금까지의 여자들은, 금세 신의 모습으로 나타나, 공을 향해,

'우리들은 내림·혈례·골화의 세 곳에 있는 호국의 신이다. 지금 보니 적국의 사람이 너를 교묘하게 유인하여 길 안내를 하고 있는데, 너는 그래도 눈치 채지 못하고 여행을 하고 있다. 우리들 세 신은 너를 잡아 두려고 이곳에 왔던 것이다.'

라고 알리고, 말이 다 끝났을 때는 이미 그 모습은 사라져 버렸다. 이 말을 들은 유신공은, 놀란 나머지 쓰러질 정도였으나, 거듭 예를 올려 절하고 숲 바깥으로 나왔다. 그날은 골화관에 머물고, 백석을 향하여,

'곤란하게도 지금부터 다른 나라로 나가려는 참에 중요한 서류를 잊어버리고 나오고 말았다. 미안하지만, 너도 같이 일단 집으로 돌아가 그것을 가져오자.'

라고 하여, 두 사람은 이윽고 돌아왔다. 집에 도착하자, 즉시 백석을

포박하여 흙을 끼얹었다. 참다못한 백석은,

'저는 원래 고구려인입니다.[230a] 고본에 백제인이라고 하는 것은 잘못이다. 추남(楸南)은 분명히 고구려 사람이다. 또 음양이 역행했다는 것도 역시 고구려의 보장왕 때의 일이다. 우리나라에서는 군신(群臣)이 온다는 소식을 접하면 유신공이라는 사람은 우리 고구려국의 점술가로서, 그 유명한 추남[230b] 고본에 춘남(春南)이라고 하는 것은 잘못이다.의 화신임에 틀림없다고 소문나 있었습니다. 종종 국경에서 물이 거꾸로 흐르는 적이 있었습니다만,[230c] 혹은 수컷과 암컷이 뒤바뀌는 일이 있었다고 합니다. 추남에게 이것을 점쳐 보게 했더니 "황송합니다만, 대왕의 부인이 음양의 길을 거스르는 일을 하시고 있습니다. 물이 역류하는 것은 그 징조였사옵니다."이라고 아뢰었습니다. 이것을 들은 대왕은 놀라는 한편 기이하게 여겼으나, 한편 왕비는 한층 격노하여 "이것은 요사스런 여우의 장난임에 틀림없을 것이다. 왕에게 아뢰어 시험 삼아 다른 일을 시켜 다시 추남을 따져 물어 보자. 그리하여 점이 맞지 않는 것 같으면, 무거운 형벌을 가하는 것으로 하자."라고 말하셨습니다. 즉시 한 마리의 쥐를 뚜껑이 덥힌 것 안에 감추고, 그것이 무엇인가를 맞추도록 물으셨습니다. 추남은 "이것은 틀림없는 쥐이옵니다. 그리고 그 목숨은 여덟 개, 즉 여덟 마리의 쥐이옵니다." 라고 아뢰었습니다. 그것은 잘못된 것이다. 쥐의 수가 맞지 않은 듯하니, 추남은 즉시 참형에 처해지게 하려고 했습니다만, 그때 추남은 맹세를 하면서 "나는 죽은 후 소원으로 대장이 되어, 반드시 고려를 멸해 줄 것이다.'라고 했다는 것입니다. 그래서 추남을 베었습니다. 그런데 쥐의 배를 갈라 살펴보니, 어쩐 일인지 일곱 마리의 새끼가 있었던 것입니다. 이렇게 하여 아까 점술사가 적중했다는 것을 알 수 있었습니다. 그날 밤, 대왕은 꿈속에서 신라로 간 추남이, 서현공 부인의 품속으로 들어가는 것을 보셨던 것이옵니다. 이러한 것을 왕으로부터 여러 신에게 알려지자, 누구든 간에 "추남은 그 맹세를 안고 죽은 자임에 틀림없다. 왕이 보신 꿈은 반드시 그 인과임에 틀림없다."라고 서로 말을 하고 있었습니다. 이상과 같은 경위에서 제가 신라로 보내어져, 이곳에 와 유신공을 책략에 빠트려 넣으려고 했을 따름입니다.'

이라고 말했다. 유신공은 백석에게 형을 가함과 동시에 산해의 진미를 갖추어 삼신에게 제사를 올리자, 삼신도 몸으로 나타나, 그 제사를 받아들였다고 한다.[231] 김씨 종가의 재매부인이 죽어, 청연 위의 어느 계곡에 매장했다. 이 때문에 그 계곡을 재매곡이라고 이름 짓고, 매년 봄에는 그 종가의 남녀가 그 계곡의 남쪽 물가에 모여, 연회를 열게 되었다. 그 계절은, 많은 꽃이 흐드러지게 피어 땅을 덮었고, 또 소나무의 노란 꽃가루는 골짜기 안 숲속을 채우고 또 채우고 있었다. 계곡의 입구에는 암자도 세워졌다. 이 암자는 그곳으로 인해 송화방이라고 이름이 붙었는데, 대대로 소원을 비는 절이라고 되어 있다.[232] 제54대의 경명왕 때가 되어, 유신공을 추봉하여 흥호대왕이라고 했다. 그 능은 서산440)의 모지사441)의 북동의 향주봉에 있다.

주해 227○ 【金庾信】김유신은 금관가락국의 마지막 왕 구형(仇衡)의 증손으로,

---

440) DB. 김유신의 능이 있었다고 전해지는 산으로, 현재 경북 경주시 충효동 일대의 송화산(松花山)) 옥녀봉(玉女峰) 일대로 보고 있다.
441) DB. 정확한 위치는 알 수 없다. 신라 제35대 경덕왕(景德王)과 김유신(金庾信)의 장지(葬地)와 관련된 사찰로, 경지사(頃只寺)라고도 한다.

조부 무력(武力)부터 신라 왕조를 섬기고, 중견귀족의 지위를 확보하고 있었다(참조 村上四男, ‘金官國の世系と卒支公’, “朝鮮學報” 第二一輯). 그 생년은 진평왕 17년(595)으로, 15세에 화랑이 되고, 진평왕 51년 중당 당주(中幢幢主)가 되어 고구려와 싸웠다. 그 후 김춘추와 합세하여 삼국 항쟁의 격화시기부터 신라의 통일에 이르기까지 신라의 군사·정치의 중심이 되었으며, 관위도 달리 유례가 없는 태대각간(太大角干)을 받았다. 그 후에는 유신만큼 활약을 보이지 않았으나, 유신은 오늘날 또한 삼국통일의 명장으로서 추앙받고 있다. 또 그 후에는 김해 김씨로서 명족에 들어갔으며, 사회적으로 높이 평가받고 있다(참조 ‘유’·권제2 가락국, ‘사’ 김유신전).

228○【虎力伊干】가락국기에는 무득각간(茂得角干), ‘사’에는 무력(武力)이라고 적혀 있다. 호력(虎力)은 고려 제2대 혜종의 휘인 무(武)를 피했기 때문이고, 원래는 무력(武力)이라고 적혀 있었던 것이다. 무력(武力)과 무득(茂得)의 武와 茂는 음 상통이다. ‘사’에 의하면 무력은 법흥왕 19년(532) 아버지인 금관국주 김구해(金仇亥)와 함께 신라로 들어가, 신라 왕조를 섬기고, 제1등의 관위 각간을 받을 만큼 활약을 했다. 그 가운데에도 진흥왕 15년(554)에는 백제의 성왕(聖王)과 싸워 이것을 토벌하여 한강유역을 확보하는 대공을 세웠다.

○【舒玄角干】서현(舒玄)은 무력(武力)의 아들로, ‘사’에 의하면 제3등 관위 소판(蘇判)에 머물렀다고 한다. 그는 진흥왕의 동생 숙흘종(肅訖宗)의 딸과 결혼했다. 이 결혼은 동족혼제의 신라 귀족사회에서는 큰 문제가 되었으나, 신라 귀족사회의 폐쇄성을 타파하는 데 유익했다(참조 末松保和, ‘新羅三代考’, “新羅史の諸問題”). 또 태종무열왕의 왕비 문명(文明)부인은 그의 딸이며, 문명부인의 아들이 문무왕이다. 이것은 김유신이 신라의 통일에 활약할 수 있는 바탕도 될 것이다.

○【欽純】김흠순(金欽純)은 유신의 동생으로, 신라 왕조를 섬기며 백제·고구려 토벌전에 참가하는 것뿐만 아니라 문무왕 9-10년에 입당하여 당

과의 곤란한 외교 절충에도 활약했다. 그 아들 반굴(盤屈), 손자 영윤(令胤)은 백제 및 고구려와 싸워, 각각 신라군의 패배에 몸을 던지고, 소장(少壯)으로서 장렬한 전사를 하여, 신라군을 승리로 이끌었다.

○【寶姬·阿海】'유' 권제1·태종춘추공 조와 '나기' 문무왕 전기(前紀)에 그녀가 여동생 문희(文姬)에게 꿈을 팔고, 춘추공과의 접근을 거부한 설화가 보인다.

○【文姬·阿之】태종 무열왕과의 결혼담·그 자녀에 대해서는 위의 '대종춘추공' 조·'문무왕전기'에 상세하다.

229○【眞平王十七年卯(卵)】신라의 연호로는 건복(建福) 12년, 수(隋) 문제 개황 15년, 고구려 영양왕(嬰陽王) 6년, 백제 위덕왕 42년, 일본의 수이코(推古)천황 3년, 서력 595년에 해당한다.

○【稟精七曜. 故背有土(七)星文】중국의 칠성(七星)(북두칠성) 신앙에 의한 표현이기는 하나, 신라고유의 화랑의 의례를 지지하는 사상에 뿌리를 둔 것으로 보인다(참조 三品彰英, "朝鮮古代研究 第一部 新羅花郎の硏究", 三省堂刊). '사'의 김유신전에도, 성신(星辰)신앙에 의한 유신의 탄생 이야기가 있으나, '유'의 그것이 화랑의 의례를 기조로 한 것에 대하여, '사'에서는 몽점(夢占)의 신앙과 연결되어 있다. 참고를 위하여 다음에 이것을 적는다. '舒玄庚辰之夜. 夢熒或鎭二星降於己. 萬明亦以辛丑之夜. 夢見童子衣金甲乘雲入堂中. 尋而有娠. 二十月而生庚信. 是眞平王建福十二年. 隋文帝開皇十五年乙卯也. 及欲定名. 謂夫人曰. 吾以庚辰夜吉夢得此兒. 宜以爲名. 然禮不以日月爲名. 今庚與庾字相似. 辰與信聲相近. 況古之賢人有名庾信. 盖以命之. 遂名庾信焉(初以庾信胎藏之高山. 至今謂之胎靈山)'.

○【年至十八壬申】진평왕 34년(612).

○【修釖得術爲國仚(仙)】국선(國仙)은 화랑을 말하는 것으로, 귀족의 자제가 선택되어, 신앙의 중핵이 될 뿐만 아니라 군사·사회생활·교육 등도 화랑을 중심으로 한 강대한 집단을 결성했다. 그 때문에 화랑은 강력한

신비력을 가지지 않으면 안 되어, 각종 수업(修業)을 행하고 있다. 이것을 가장 간략하게 기록한 것이 이 문장이며, 앞서 칠성신앙과 합쳐 중국의 칠성검풍(七星劍風)의 사상에 영향을 받은 곳이 보인다. 아마 화랑의 수업이나 의례에는 도검(刀劍)에 관한 비법이 있으며, 이것을 통하여 화랑의 본질이 심화되었던 것이라고 말할 수 있겠다. 이것과 관련된 설이 '사'와 '승람에 보인다. '사'에서는 김유신전에 '公年十五歲爲花郞. 時人洽然服從. 號龍華香徒. 眞平王建福二十八年辛未(六一二). 公年十七歲. 見高句麗·百濟·靺鞨侵軼國疆. 慷慨有平寇賊之志. 獨行入中嶽石崛. 齊戒告天盟誓曰. 敵國無道. 爲豺虎以擾我封場. 略無寧歲. 僕是一介微臣. 不量材力. 志淸禍亂. 惟天降監. 假手於我. 居四日. 忽有一老人. 被褐而來. 曰. 此處多毒蟲猛獸. 可畏之地. 貴少年爰來獨處何也. 答曰. 長者從何許來. 尊名可得聞乎. 老人曰. 吾無所住. 行止隨緣. 名則難勝也. 公聞之. 知非常人. 再拜進曰. 僕新羅人也. 見國之讎. 痛心疾首. 故來此. 冀有所遇耳. 伏乞長者憫我精誠. 授之方術. 老人黙然無言. 公涕淚懇請不倦, 至于六·七. 老人乃言曰. 子幼而有幷三國之心. 不亦壯乎. 萬(乃)授以秘法曰. 愼勿妄傳. 若用之不義. 反受其殃. 言訖而辭行二里許. 追而望之. 不見. 唯山上有光爛然若五色焉. 建福二十九年. 隣賊轉迫. 公愈激壯心. 獨携寶劍. 入咽薄山深壑之中. 燒香告天. 祈祝若在中嶽. 誓辭仍禱. 天官垂光. 降靈於寶劍. 三日夜. 虛角二星光芒赫然下垂. 劍若動搖然'이라고 되어 있다. 또 '승람' 경주부·산천 조에, '斷石山(一云. 月生山. 在府西二十三里. 諺傳. 新羅金庾信欲伐麗濟. 得神劍. 隱入月生山石窟. 鍊劍試斷大石. 疊積如山. 其石尙存. 創寺其下. 名曰斷石)'이라고 되어 있다(참조 三品彰英, "新羅花郞の硏究").

230○ 【骨火川】경상북도 영천읍의 남쪽을 흐르는 남천(南川)을 가리키는 것이라고 생각한다. 골화소국(骨火小國)은 '사' 지리지(1)의 임고군(臨皐郡) 조에 '臨川縣. 助賁王時. 伐得骨火小國. 置縣. 景德王改名. 今合屬永州'라고 보인다. '승람' 영천군·고적 조에는 임천폐현(臨川廢縣)이 군청

의 동남오조선리(東南五朝鮮里)에 있다고 한다. "대동여지도(大東輿地圖)" 제17에 영천의 동남 경주가도에 임천(臨川)의 지명이 보인다. 이 지역은 경주에서 모량(毛良)의 분지를 지나 영천·대구·의성 등으로 이어지는 신라시대의 요충지이었다. 그 때문에 '사'에는 '(助賁尼師今) 七年春二月. 骨伐國王阿音夫率衆來降. 賜第宅田莊安之. 以其地爲郡'(智證麻立干) 五年秋九月, 徵役夫, 築波里彌, 實珍德, 骨火等十二城'('나기')·'三山五岳己下名山大川. 分爲大中小祠. 大祠. 三山. 一, 奈歷(習比部). 二, 骨火(切也火郡). 三, 穴禮(大城郡)'(祭祀志)라고 되어 있다. 골벌국(骨伐國)의 伐은 음이 pŏr과 통하고, 화(火)의 뜻 pŏr과 통해서 골화국(骨火國)과 골벌국(骨伐國)은 같은 국명이다. 이 기사들로부터 골화국은 5세기 후반 이전에 신라에 복속하고, 그 왕족은 신라에서, 6세기 중엽에 복속한 금관가라국의 왕족과 유사한 활약을 했다는 것을 예상하게 한다.

○ 【奈[442]林穴禮】 앞서 보인 大祀, 三山은 내례(奈禮), 골화(骨火), 혈례(穴禮)로 내림(奈林)만이 용자를 달리하고 있으나, 아마 내림(奈林)은 내례(奈禮)를 말할 것이다. 내례의 분주에는 습비부(習比部)라고 적혀 있다. 스에마쓰 야스카즈(末松保和)氏는 시조탄생의 땅 奈乙과 奈林·奈歷을 상통하는 것이라고 하고, 기원적으로는 민족 신앙의 대상인 nar의 신이 신라왕국의 성립 후, 시조명 내물(奈勿), 신궁명 내을(奈乙)로 발전했다고 보고 있다('新羅上古世系考', "新羅史の諸問題"). 습비부는 115를 참조. 혈례(穴禮)도 '제사지'의 분주에 대성군(大城郡)이라고 있다. 대성군은 '사' 지리지(1)에 '大城郡. 本仇刀城. 境内. 率伊山城. 茄山縣(一云. 驚山城) 烏刀山城等三城. 今合屬淸道郡. 約章縣. 本惡支縣. 景德王改名. 今合屬慶州. 東畿停. 本毛只停. 景德王改名. 今合屬慶州'라고 있다. 혈례(穴禮)가 대성군치(治)에 있었는지, 그 소속 현에 있었던지는 불명이지만, 소위 신라왕도 부근 내지는 접촉지대에 있었다. 구체적으로는 왕도

---

442) 고증. 㮚(奈).

지역에는 왕도와 지방을 잇는 오통 가운데 내림(奈林)은 북해로 통하는
길(北海通)의 장문(長門)역 부근의 경계수호의 신, 골화(骨火)는 염지로
통하는 길(鹽地通)의 감문역(坎門驛) 부근의 수호신, 혈례(穴禮)는 북요
로 통하는 길(北傜通)의 건문역(乾門驛) 부근의 수호신으로, 신라왕도의
수호신으로서 대사삼산(大祀三山)이 모셔졌을 것이다. 다만 오통 가운데
남방을 향하는 길, 동해통(東海通)·해남통(海南通)에 왕기수호신(王畿
守護神)이 대사(大祀)로 되어 있지 않은 점에서, 신라의 관심이 북방과
서방에 주력을 했다는 것을 느끼게 한다(참조 井上秀推, '新羅王畿の構
成', "朝鮮學報" 49집).

230a○【寶藏王】고구려 마지막(제28대)의 왕으로, 재위는 642-668년, 아버
지는 제27대 영류왕(榮留王)의 동생 대양왕(大陽王). 보장왕은 천개소문
이 영류왕을 죽였을 때, 옹립되어 즉위했다. 643년에 처음으로 도교를 당
에 구했으나, 이때 승려의 반대가 있어, 망국의 징조라고 일컬어진 것은,
'유' 권제3 '보장봉로·보덕이암(普德移庵)' 조 등에 보인다. 44년에 당의
태종이 신라와의 화친을 진행했으나, 천개소문(泉蓋蘇文)은 이를 거부했
기 때문에, 그 후 연이어 당·신라군과 싸웠다. 66년에 천개소문이 죽자,
그 자식들의 내분으로, 고구려는 당·신라의 침입군에 망했다. 보장왕은
당에 잡혔으나, 그 후 허락을 받아 요동에 옮겨 살고, 요동주도독조선왕
의 칭호를 받았다.

231○【財買夫人】이곳에서는 '金氏의 宗'이라고만 되어 있는데, '승람 경주
부·고적 조의 재매곡(財買谷)에서는 김유신종녀재매부인'이라고 되어
있다.

○【青淵上俗】소재 미상. 별명 재매곡(財買谷)만이 알려졌다.

○【財買谷】소재 미상. '승람 "동경잡기" 등에 보이는 기사는, 거의 이 문장
과 같다.

○【松花房】소재 및 절 이름 미상.

232○【景明王】신라 제54대 왕. 그 재위는 917-924년. 자세한 것은 '유' 권

제2 · 경명왕 조로 미룬다.

○ 【興虎大王】 '사' 김유신전(하)에는 '後興德大王. 封公爲興武大王'이라고 되어 있다. 흥호(興虎)의 虎는 고려 제2대 혜종의 휘인 武를 피한 것이나, 대왕호의 추봉(追封) 왕대가 다른 이유는 분명히 할 수 없다.

○ 【陵在西山毛只寺之北東向走峰】 '사' 김유신전(하)에 유신의 장의(葬儀)와 묘제(墓制)를 다음과 같이 전하고 있다. '大王聞訃震慟. 贈賻彩帛一千匹. 租二千石. 以供喪事. 給軍樂皷吹一百人. 出葬于金山原. 命有司立碑. 以紀功名. 又定入民戶以守墓焉'이라고 되어 있다. 여기에 보이는 금산원(金山原)도 '유'의 모지사(毛只寺)도 소재불명이지만, '승람 경주부 · 능묘 조에 '金庾信墓(在府西西岳里)'라고 적혀 있다. 그러나 현재 김유신묘라고 전해지는 것은 서악리(西岳里)의 북쪽, 충효리옥녀봉(忠孝里玉女蜂)의 허리에 있다. 서악리에는 태종무렬왕릉을 비롯하여 진흥(眞興) · 문성(文聖) · 진지(眞智) · 헌안(憲安)의 여러 왕릉이라고 전해지는 것 등 10기 정도의 고분이 집중되어 있으며, 일찍이 그 가운데 하나를 유신묘라고 말했던 것인지도 모른다.

²³³대종춘추공

大宗春秋公

²³⁴第二十九大宗大王. 名春秋. 姓金氏. 龍樹 ^{234a}一作龍春. 角干. 追封文興

大王之子也, 妣眞平大王之女天明夫人. 妃文明皇⁴⁴³⁾后文姬.⁴⁴⁴⁾ 即庾信

公之季妹也. ²³⁵初文姬之姉. 寶姬. 夢登西岳捨溺泏⁴⁴⁵⁾滿京城. 旦與妹說

夢. 文姬聞之謂曰, "我買此夢." 姉曰"與何物乎", 曰"鬻錦裙可乎", 姉曰

諾. 妹開襟受之, 姉曰"疇昔之夢傳⁴⁴⁶⁾付於汝." 妹以錦裙酬之. 後旬日庾

信與春秋公. 正月午忌日 ^{235a}見上射琴匣事, 乃崔致遠之說. 蹴鞠于庾信宅前 ^{235b}

羅人謂蹴鞠爲弄珠之戲. 故踏春秋之裙. 裂其襟紐曰請, "入吾家縫之",⁴⁴⁷⁾ 公從

之. 庾信命阿海奉針, 海曰"豈以細事輕近貴公子乎.⁴⁴⁸⁾" 因辭 ^{235c}古本云

---

443) 파른본. 皇. DB. ≪삼국유사≫ 권1, 왕력(王曆)에는 王.

444) 파른본. 姬. DB. ≪삼국유사≫ 권1, 왕력(王曆)에는 熙.

445) 고증. 파른본. 㳔(㳔).

446) DB. 규장각본. 파른본. 傳. 고증. 傳(傳).

447) DB. 裂其襟紐, 請曰"入吾家縫之", 규장각본. 고증. 裂其襟紐曰請, "入吾家縫之"

448) 파른본. 乎. DB. 순암수택본에는 子 자 옆에 乎 자가 가필.

^{因病不進.} 乃命阿之. 公知庾信之意遂幸之, 自後數數來徃. 庾信知其有娠.

乃噴之曰, "爾不告父母而有娠何也", 乃宣言於國中. 欲焚其妹. 一日俟善

德王遊幸南山. 積薪於庭中. 焚火烟起. 王望之問 "何烟", 左右奏曰 "殆庾

信之焚妹也." 王問其故, 曰 "爲其妹無夫有娠." 王曰 "是誰所爲", 時公昵

侍在前. 顔色大[449]變. 王曰 "是汝所爲也. 速徃救之." 公受命馳馬. 傳[450]

宣沮之, 自後現行婚禮.

236眞德王薨, 以永徽五年甲寅即位. 御國八年. 龍朔元年辛酉崩. 壽五

十九歲, 葬於哀公寺東**237**有碑. 王與庾信. 神謀戮力. 一統三韓. 有大功於

社稷. 故廟號太宗. 太子法敏·角干仁問·角干文王·角干老且·角干智

鏡·角干愷元等皆文姬之所出也, 當時買夢之徵現於此矣. 庶子曰皆知文

級干·車得令公·馬得阿干. 幷女五人. 王膳一日飯米三斗雄雉九首, 自

庚申年滅百濟後. 除晝饍. 但朝暮而已. 然計一日[451]米六斗酒六斗雉十

首. 城中市價. 布一疋租三十碩. 或五十碩, 民謂之聖代. **238**在東宮時. 欲

征高麗. 因請兵入唐. 唐帝賞其風彩. 謂爲神聖之人, 固留侍衛. 力請乃還.

239時百濟末[452]王義慈乃虎[453]王之元子也. 雄猛有膽氣. 事親以孝. 友于

兄弟. 時號海東曾子. 以貞觀十五年. 辛丑即位. **240**耽嬖酒色. 政荒國危.

佐平 **240a**_{百濟爵名.}成忠極諫[454], 不聽. 因於獄中. 瘦困濱死. 書曰, "忠臣死

不忘君. 願一言而死. 臣嘗觀時變. 必有兵革之事. 凡用兵. 審擇其地, 處

449) DB. 규장긱본과 순암수택본에는 火로 되어 있는데, 순암수택본에는 火 자 옆에 大 자가 가
    필되어 있다. 파른본. 大.
450) 고증. 傳(傳). 파른본. 傳.
451) 고증. 月.
452) DB. 규장각본과 만송문고본에는 木. 파른본. 末.
453) DB. 고려 2대 임금인 혜종(惠宗)의 이름인 武를 피휘.
454) DB. 규장각본. 諫. 고증. 諫.

上流而迎敵. 可以保全. 若異國兵來. 陸路不使過炭峴, **240b**一云沈峴, 百濟要
害之地. 水軍不使入伎伐浦, 即長嵓又孫梁. **240c**一作只火浦. 又白江. 攄其險隘以禦
之. 然後可也." 王不省. **241現**455)慶四年己未. 百濟烏會寺 亦云烏合寺 有大
赤馬. 晝夜六時遶寺行道, 二月. 衆狐入義慈宮中, 一白狐坐佐平書案上.
四月. 太子宮雌雞與小雀交婚, 五月. 泗沘456)扶餘江名岸大魚出死, 長三丈.
人食之者皆死. 九月. 宮中槐樹. 鳴如人哭, 夜鬼哭宮南路上. 五年庚申春
二457)月. 王都井水血色, 西海邊小魚出死. 百姓食之不盡, 泗沘458)水血
色. 四月. 蝦蟆數萬集於樹上, 王都市人無故驚走. 如有捕捉, 驚什459)死
者百餘, 亡失財物者無數. 六月. 王興寺僧. 皆見如舡揖460)隨大水入寺門,
有大犬如野鹿. 自西至泗沘岸. 向王宮吠之俄不知所之. 城中群犬集於路
上. 或吠或哭. 移時而散. 有一鬼. 入宮中. 大呼曰 "百濟亡百濟亡", 即入
地. 王怪之使人掘地. 深三尺許有一龜. 其背有文.461) "百濟圓月輪新羅如
新月", 問之, 巫者云 "圓月輪者滿也滿則虧, 如新月者未滿也未滿則漸
盈." 王怒殺之, 或曰 "圓月輪盛也. 如新月者微也. 意者國家盛而新羅
寢462)微乎", 王喜. **242**太宗聞百濟國中多恠變, 五年庚申. 遣使仁問請
兵. 唐高宗詔左虎衛大將軍荊國公蘇定方爲神丘道行策463)揔管, 率左衛

---

455) DB. ≪구당서(舊唐書)≫≪신당서(新唐書)≫에는 당(唐) 고종(高宗)이 사용하던 연호 중
하나가 顯慶으로 되어 있다.
456) DB. ≪삼국사기≫ 권28, 백제본기(百濟本紀) 의자왕(義慈王) 20년 조에는 沘. 파른본. 沘.
457) 규장각본. 一. 파른본. 二.
458) DB. ≪삼국사기≫ 권28, 백제본기(百濟本紀) 의자왕(義慈王) 20년 조에는 沘. 파른본. 沘.
459) 고증. 什(仆). DB. 순암수택본에는 什 옆에 仆자가 가필. 파른본. 仆.
460) DB. 楫의 오기로 보인다. 파른본. 揖.
461) DB. ≪삼국사기≫ 권28, 백제본기(百濟本紀) 의자왕(義慈王) 20년 조에는 文 자 뒤에 曰.
파른본에는 曰이 보이지 않고 있다.
462) 고증. 파른본. 寢.
463) DB. 軍으로 수정되어야 할 것이다. 파른본. 策.

將軍劉伯英字仁遠·左虎衛將軍馮士貴·左驍衛將軍龐孝公等. 統十三
萬兵來征 鄕記云軍十二萬二千七百十一人. 舡一千九百隻. 而唐史不詳言之. 以新羅王春秋.
爲嵎夷道行軍摠管, 將其國兵與之合勢. 定方引兵. 自城山濟海. 至國西
德勿島, 羅王遣將軍金庾信領精兵五萬以赴之. ²⁴³義慈王聞之. 會群臣問
戰守之計. 佐平義直進曰"唐兵遠涉溟[464]海不習水, 羅人恃大國之援有輕
敵之心. 若見唐人失利. 必疑懼而. 不敢銳進. 故知先與唐人. 決戰可也."
達率常永等曰"不然. 唐兵遠來. 意欲速戰. 其鋒不可當也. 羅人屢見敗
於我軍. 今望我兵勢, 不得不恐. 今日之計. 宜塞唐人之路以待師老, 先使
偏師擊羅折其銳氣. 然後伺其便而合戰, 則可得[465]全軍而保國矣."王猶
預不知所從. 時佐平興首. 得罪流竄于古馬㫆[466]知之縣, 遣人問之曰"事
急矣. 如何."首曰"大槩如佐平成忠之說."大臣等不信曰"興首在縲絏之
中. 怨君而不愛國矣. 其言不可用也. 莫若使唐兵. 入白江. 即伎伐浦沿流而
不得方舟, 羅軍升[467]炭峴. 由徑而不得並馬, 當此之時縱兵擊之, 如在籠
之雞. 罹網之魚也." 王曰 "然." ²⁴⁴又聞唐羅兵已過白江炭峴. 遣將軍
偕[468]伯帥[469]死士五千出黃山. 與羅兵戰. 四合皆勝之, 然兵寡力盡竟敗.
而偕伯死之. ²⁴⁵進軍合兵. 薄津口. 瀕江屯兵. 忽有鳥迴翔於定方營上.
使人卜之曰"必傷元帥."定方懼欲引兵而止, 庾信謂定方曰"豈可以飛鳥
之怪違天時也. 應天順人. 伐至不仁. 何不祥之有."乃拔神釰擬其鳥. 割

464) 고증. 파른본. 溟.
465) 규장각본. 고증. 得. DB. 파른본. 得.
466) 고증. 파른본. 㫆.
467) 고증. 파른본. 升.
468) DB. 《삼국사기》 권47, 열전(列傳) 계백(階伯) 조에는 階로 되어 있고 권5, 신라본기 태종
　　무열왕 7년 조와 권28, 백제본기 의자왕 20년 조에는 堦로 되어 있다. 파른본. 偕.
469) 규장각본. DB. 帥. 고증. 師.

裂而墜於座前. 於是定方出左[470]涯. 垂[471]山而陣, 與之戰. 百濟軍大敗.
王師乘潮. 軸轤含尾. 鼓譟而進. 定方將步・騎直趨都城一舍止. 城中悉
軍拒之. 又敗死者萬餘. 唐人乘勝薄城, 王知不免嘆曰, "悔不用成忠之言
以至於此." 遂與太子隆 **245a**或作孝, 誤也. 走北鄙. 定方圍其城, 王次子泰.
自立爲王. 率衆固守, 太子之子文思, 謂王泰曰, "王與太子出而叔擅[472]爲
王, 若唐兵解去. 我等安得全", 率左右縋而出. 民皆從之. 泰不能止. 定方
令士起[473]堞立唐旗幟, 泰窘迫. 乃開門請命. 於是王及太子隆・王子泰・
大臣貞福與諸城皆降.   定方以王義慈及太子隆・王子泰・王子演及大臣
將士八十八人, 百姓一萬二千八百七人送京師. **246**其國本有五部三十七郡
二百城七十六萬户, 至是析[474]置熊津・馬韓・東明・金漣・德安等五都
督府, 擢[475]渠長爲都督刺. 史以理之. 命郎將劉仁願守都城, 又左衛郎將
王文度爲熊津都督. 撫其餘衆. 定方以所俘見上. 責而宥之. 王病死. 贈
金紫光禄大夫衛尉卿, 許舊臣赴臨. 詔葬孫皓陳叔寶墓側並爲竪碑. **247**七
年壬戌. 命定方爲遼東道行軍大揔管, 俄改平壤道. 破高麗之衆於浿江.
奪馬邑山爲營, 遂圍平壤城. 會大雪解圍還. 拜涼[476]州安集大使以定吐
蕃. 乾封二年卒, 唐帝悼之贈左驍騎大將軍幽州都督謚曰莊 **247a**已上唐史文.
248新羅別記云, "文虎王即位五年乙丑秋八月庚子. 王親統大兵. 幸熊津

---

470) 고증. 파른본. 允.
471) DB. ≪삼국사기≫ 권28, 의자왕(義慈王) 20년 조에는 乘. 파른본. 垂.
472) 파른본. 규장각본에는 襢으로 되어 있고, ≪삼국사기≫ 권28, 의자왕(義慈王) 20년 조에는
擅.
473) DB. ≪삼국사기≫ 권28, 의자왕(義慈王) 20년 조와 ≪구당서(舊唐書)≫≪신당서(新唐書)≫
백제전(百濟傳)에는 超. 파른본. 起.
474) 규장각본에는 折. 파른본. 析.
475) 규장각본. 파른본에는 權.
476) 파른본. 고증. 涼(凉).

城. 會假王扶餘隆作壇刑白馬而盟. 先祀[477]天神及山川之靈. 然後歃[478]

血. 爲文而盟曰, "徃者百濟先王. 迷於逆順. 不敢隣好. 不睦親姻, 結托句

麗. 交通倭國. 共爲殘暴, 侵削新羅. 破邑屠城. 略無寧歲. 天子憫一物之

失所. 憐百姓之被毒. 頻命行人. 諭其和好, 負險[479]恃遠. 侮慢天經. 皇赫

斯怒. 恭行弔伐. 旌旗所　本指. 一戎大定. 固可潴宮汚[480]宅作誡來裔.

塞源拔本. 垂訓後昆, 懷柔伐叛. 先王之令典, 興亡繼絶. 徃哲之通規. 事

心[481]師古. 傳諸羲冊,[482] 故立前百濟王司農[483]正卿扶餘隆爲熊津都督.

守其祭祀. 保其桑梓, 依倚新羅. 長爲與國. 各除宿憾. 結好和親. 恭承詔

命. 永爲潘[484]服. 仍遣使人右威衛將軍. 魯城縣公劉仁願. 親臨勸諭. 具

宣成旨. 約之以婚姻. 申之以盟誓, 刑牲歃血. 共敦終始, 分災[485]恤患. 恩

若兄弟. 祇奉綸言. 不敢隆失[486], 旣盟之後. 共保歲寒. 若有乖背. 二三其

德. 興兵動衆. 侵犯邊陲. 神明鑒之. 百殃是降. 子孫不育. 社稷無宗. 禋

祀磨滅. 罔[487]有遺餘. 故作金書鐵[488]契. 藏之宗庙. 子孫萬代. 無或敢

犯. 神之聽之. 是享是福." 歃訖. 埋幣[489]帛於壇之壬地. 藏盟文於大庙.

盟文乃帶方都督劉仁軌作　**248a**按上唐史之文, 定方以[490]義慈王及太子隆等送京師, 今云會

---

477) 파른본. 祀(의 이체자, 礻+巳). 고증. 杞.

478) 파른본. 고증. 歃(歃).

479) 고증. 除(險). 除와는 다르다.

480) 고증. 규장각본과 만송문고본에는 汚. 파른본. 汚.

481) 파른본. 心. DB. 必의 오기로 보인다.

482) 파른본. 고증. 冊(冊).

483) DB. 규장각본과 만송문고본. 파른본에는 빈 칸.

484) DB. 藩의 오기로 보인다. 파른본. 潘.

485) 고증. 哭.

486) 고증. 史.

487) 고증. 罔(罔). 파른본. 罔(로 판독가능).

488) 鐵의 이체자. 고증. 鐵.

489) DB. 幣의 오기로 보인다. 파른본. 弊.

扶餘王隆．則知唐帝宥隆而遣之．立爲熊津都督也．故盟文明言．以此爲驗．"**249**又古記云"總章元
年戊辰 **249a**若總章戊辰．則李勣之事．而下文蘇定方誤矣．若定方則年號當龍朔二年壬戌來圍[491]
平壤之時也．國人之所請唐兵屯于平壤郊．而通書曰，"急輸[492]軍資．"王會群
臣問曰"入於敵國至唐兵屯所．其勢危矣．所請王師粮匱而不輸其料．亦
不冝也．如何．"庾信奏曰"臣等能輸其軍資，請大王無慮．"於是庾信仁問
等率數萬人．入句麗境．輸料二萬斛乃還，王大喜．**250**又欲興師會唐兵，
庾信先遣然起・兵川等二[493]人問其會期，唐帥蘇定方紙畫鸞犢二物迴
之．國人未解其意．使問於元曉法師，解之曰"速還其兵．謂畫犢畫鸞二切
也．"於是庾信迴軍．欲渡浿江．令[494]曰,[495]"後渡者斬之．"軍士[496]爭先
半渡，句麗兵來．掠殺其未渡者．翌日信返追句麗兵．捕殺數萬級．"**251**百
濟古記云"扶餘城北．角有大岩，下臨江水．相傳云．義慈王與諸後宮．知
其未免，相謂曰'寧自盡．不死於他人手'，相率至此．投江而死，故俗云．
墮死岩．"斯乃俚諺之訛也．但宮人之墮死，義慈卒於唐．唐史有明文．
252又新羅古傳云"定方既討麗濟二國．又謀伐新羅而留連．於是庾信知其
謀．饗唐兵鴆之．皆死坑之．"今尚州界有唐橋，是其坑地 **252a**按唐史．不言其
所以死，但書云卒．何耶．爲復諱之耶．鄉諺之無據耶．若壬戌年高麗之役．羅人殺定方之師，則後總章戊
辰．何有請兵滅高麗之事．以此知鄉傳無據．但戊辰滅麗之後．有不臣之事．擅有其地而已，非至殺蘇・李
二公也．

---

490) 고증. 及.
491) 규장각본. DB. 圍, 고증. 國
492) 고증. 輸
493) 고증. 一, DB. 규장각본과 순암수택본에는 一. 파른본. 二.
494) 파른본. 今. DB. 규장각본과 순암수택본에는 今.
495) 파른본. 曰. DB. 규장각본과 순암수택본에는 曰.
496) DB. 규장각본과 순암수택본에는 士. 士와 士의 구분에 의미가 없을 것이다.

253王師定百濟. 既還之後, 羅王命諸將追捕百濟殘賊.[497] 屯次于漢山城, 高麗·靺鞨二國兵來圍之相擊. 未解自五月十一日. 至六月二十二日. 我兵危甚. 王聞之議. 群臣曰 "計將何出" 猶豫未決. 庾信馳奏曰 "事急[498]矣, 人力不可及. 唯神術可救." 乃於星浮山. 設壇修神術, 忽有光耀如大瓮. 從壇上而出. 乃星飛南[499]北去. **253a**因此名星浮山, 山名或有別說云. 山在都林之南. 秀出一峯是也. 京城有一人謀求官. 命其子作高炬. 夜登此山擧之. 其夜京師人望人[500]皆謂, "恠星現於其地." 王聞之憂懼. 募人禳之. 其父將應之. 日官奏曰 "此非大恠也. 但一家子死. 父泣之兆耳", 遂不行禳法. 是夜其子下山. 虎傷而死. 漢山城中士卒怨救兵不至. 相視哭泣而已. 賊欲改急, 忽有光耀. 從南天際來. 成霹靂. 擊碎砲石三十餘所. 賊軍弓箭矛戟籌碎. 皆仆地良[501]久乃蘇. 奔潰而歸. 我軍乃還. **254**太宗初即位. 有獻猪一頭二身八足者. 議者曰 "是必幷吞六合瑞也." **255**是王代始服中國衣冠牙笏, 乃法師慈藏請唐帝而來傳也. **256**神文王時. 唐高宗遣使新羅曰 "朕之聖考得賢臣魏徵·李淳風等. 恊心同德. 一統天下. 故爲太宗皇帝, 汝新羅海外小國. 有太宗之號. 以僭天子之名義. 在不忠. 速改其號." 新羅王上表曰 "新羅雖小國. 得聖臣金庾信. 一統三國. 故封爲太宗." 帝見表乃思. 儲貳時. 有天唱空云 "三十三天之一人. 降於新羅爲庾信" 紀在於書, 出撿[502]視之. 驚懼不已. 更遣使許無改太宗之號.

---

497) DB. 賊의 오기로 보인다. 파른본. 賤.
498) 파른본. 急. 고증. 愳.
499) 파른본. 而. DB. 규장각본에는 而.
500) 파른본. 人. DB. 火의 오기로 보인다.
501) DB. 규장각본은 판독하기 어렵다. 파른본. 선명한 良.
502) 예부터 扌와 木는 혼용. 고증. 檢, 규장각본, DB. 撿. 파른본. 撿의 이체자.

233태종춘추공(太宗春秋公)

234제29대의 태종대왕은, 그 이름을 춘추(春秋)라고 하며, 성은 김씨였다. 그 아버지는 추봉에 의해서 문흥대왕(文興大王)이라고 불렀던 용수(龍樹)**234a**일작 용춘(龍春)이라고 한다. 각간이며, 그 어머니는 진평대왕의 딸인 천명(天明)부인503)이었다. 또 왕비는 문명황후 즉 문희(文姬)이며, 이것은 유신공의 막내 여동생이었다. **235**처음에 문희의 언니인 보희(寶姬)는 꿈속에서 서악(西嶽)504)에 올랐는데, 그곳에서 소변을 봤는데 놀랍게도 도읍 가득하게 채워 버리고 말았다. 아침이 되어 보희는 여동생 문희와 함께 이 꿈의 궁금한 것을 풀려고 했다. 그런데 이야기를 듣고 있던 여동생 문희는,

　　'언니, 그 꿈을 살게.'

라고 했다. 언니가,

　　'그럼 어떤 것을 대신에 줄 수 있니?'

라고 묻자, 여동생은,

　　'비단 속옷은 어때?'

라고 했다. 언니가,

　　'그거라면 괜찮지.'

라고 대답을 했고, 여동생은 자기 옷깃을 펼쳐 그 꿈을 넣어 담았다. 언니는,

　　'이것으로 어젯밤의 꿈은, 네게 넘겼다.'

---

503) DB. 진평왕(眞平王)의 딸이자 김용춘(金龍春)의 아내이며 김춘추(金春秋)의 어머니이다. 김춘추의 즉위 후 문정태후(文貞太后)로 추봉되었다.
504) DB. 경상북도 경주시 선도산을 가리킨다.

라고 확인을 하고, 여동생은 약속대로 비단 속옷을 언니에게 보상했다. 그러고 나서 10일이 지난 정월의 낮 기일(忌日)^{235a}정월오 기일(忌日)에 대해서는 위에서 말한 사금갑에 관한 것을 참조하라. 그것은 두말할 것도 없이 최치원의 설이다. 에, 유신이 춘추공과 공차기 놀이^{235b}신라인은 축국(蹴鞠)을 농주(弄珠) 놀이라고 했다.505)를 하고 있었을 때, 일부러 춘추공의 옷깃을 밟아, 그 옷깃의 실을 끊어 버렸다. 그리고 말하기를,

'부디 저희 집에 들어가 주십시오. 곧 수선하게 하겠습니다.'

라고 원했기 때문에, 말하는 대로 그렇게 했다. 유신은 처음에 그것을 아해(阿海)에게 말했더니, 아해는 바늘을 꺼내기만 하고,

'그러한 사사로운 일로, 어찌 경망스럽게 귀한 분에게 다가갈 수 있겠습니까.'

라고 하며 고사하고 받아들이지 않는다.^{235c}고본에는 병 때문에 마음이 내키지 않았다고 한다. 그래서 유신은 다시 아지(阿之)에게 말해 수선하게 했다. 이러한 일이 있고부터 춘추공은 유신의 마음을 받아들여, 그만 아지가 있는 곳으로 들어갈 수 있게 되었다. 그리고 난 후의 두 사람의 왕래는, 이제 도를 거듭해 가기만 했는데, 유신은 어쩌다가 여동생이 임신한 것을 알았다. 그래서 여동생에게,

'너는 아버님이나 어머님에게 아무 이야기도 하지 않은 채, 어느 틈에 아이를 가진 것은 어찌된 일이냐.'

라고 꾸짖은 나머지, 온 나라 사람을 향해, 그러한 여동생은 화형을 할 것이라고 선언했다. 그러한 어느 날, 유신은 선덕왕이 남산으로 놀러 나가는 것을 기다리고 있다가, 마당 가운데 장작을 산처럼 쌓고 불

505) DB. 신라인들은 공을 가지고 노는 것을 축국이라고 하였다.

을 붙여 연기를 피워 오르게 했다. 왕은 이것을 바라보시고, 도대체 저것은 무엇을 하는 연기인 것인가라고 물었다. 가까이서 모시고 있던 자들이,

'지금 유신이 여동생을 불에 태워 죽이려고 하고 있는 것이옵니다.' 라고 사실 그대로 아뢰었다. 왕이 그 까닭을 물으시기 때문에,

'여동생인 아지가, 남편도 없는 몸이면서 임신한 일이 있었던 것이기 때문에…'라고 아뢰었더니, 왕은,

'그건 도대체 누구의 탓인가.' 라고 물으셨다. 이때 왕의 바로 옆에 모시고 있던 춘추공의 얼굴이 확 바뀌었기 때문에, 즉시 왕은,

'이것은 자네가 한 일임에 틀림없을 것이다. 지금은 서둘러 가서 구해 주라.' 라고 명했다. 이 왕명을 받은 춘추공은 말을 달려 왕의 뜻을 전하고, 이 일을 멈추게 했다. 이 일이 있고 나서, 성대한 혼례식이 올려졌다.

236진덕왕이 돌아가자, 춘추는 영휘(永徽) 5년 갑인년에 즉위했다. 그러고 나서 8년 동안 국정을 담당한 후, 용삭(龍朔) 원년, 신유년에 붕어하였다.

나이는 59세이었다. 애공사(哀公寺)의 동측에 묻혔다. **237**그곳에는 비가 세워져 있으며, 왕과 유신이 서로 힘을 합쳐 신과 같은 모사를 꾀하고, 그 결과 삼한을 통일하고 국가의 발전에 커다란 공적을 올렸다는 것이 새겨져 있다. 그래서 이 왕조는 태종이라고 시호된다. 태자인 법민(法敏), 각간 인문(仁問), 각간 문왕(文王), 각간 노차(老且), 각간 지경(智鏡), 각간 개원(愷元) 등은 모두 문희가 낳았다. 이것은 그때 문희가 샀던 꿈대로인 것이었다. 또 서자(庶子)는 모두 합치면 지문급

간(知文級干), 차득령공(車得令公), 마득아간(馬得阿干) 및 여자가 5명이
었다고 한다. 왕의 밥반찬은 쌀 서말, 꿩 아홉 마리였다. 경신년, 즉
백제가 멸망한 후, 왕은 낮의 식사는 거르고, 아침저녁으로 두 번만
하셨으나, 그래도 하루에 6말의 쌀과 여섯 말의 술, 나아가 10마리의
꿩이 필요했다. 성안의 시장 물가는, 베 한 필이 벼가 30석 내지는 50
석(碩)이었다. 이와 같았던 왕의 치세를, 백성은 성대(聖代)라고 입을
모았다. **238**왕이 아직 동궁에 계셨을 때, 고구려 원정의 군을 일으키
려고 하여, 원병을 부탁하기 위해 우선 당에 갔는데, 당제는 춘추의
풍채가 훌륭한 것을 칭찬하며, 반드시 신성한 사람임에 틀림없다며
평했다. 그래서 춘추를 어떻게 하든 잡아 두고서 시위(侍衛)를 삼으려
했으나, 춘추는 애써 귀국을 원하고, 겨우 돌아올 수 있었다. **239**그때
백제는 이제 마지막 왕, 의자의 시대이었다. 의자는 호(武)왕의 태자
였다. 그 사람 됨됨이는 용맹할 뿐만 아니라, 담력도 뛰어났으며, 아
버지를 모시고는 효양을 다하고, 형제에게도 우애가 깊었고, 당시에
는 해동의 증자(曾子)506)라고까지 평판을 받고 있었다. **240**그런데 정
관 15년 신축년, 자리에 오르고 나서부터는, 왕은 술을 즐길 뿐만 아
니라 여색에 빠지게 되었기 때문에, 정치는 어지러워지고, 국가의 운
명도 위태로워졌다. 그래서 좌평(佐平)**240a**좌평은 백제의 작명인 성충(成忠)
이 마음을 다하여 간언(諫言)을 하였으나, 왕은 그것을 듣지 않을 뿐만
아니라, 성충을 옥에 가둬 버리고 말았다. 괴로움에 야위어 당장에라
도 죽을 것만 같은 성충은, 왕에게 일서(一書)를 올리며,

'충신은 죽은 뒤에도 주군을 잊지 않는다고 하옵니다. 하물며 목숨

---

506) 고증. 증삼(曾參).

이 붙어 있는 저이옵니다. 어떻게든 마지막으로 한 말씀 아뢰고, 그런 후에 죽고 싶사옵니다. 오래 전부터 귀로 듣기도 하고, 눈으로 보기도 한 여러 변화를 가만히 지켜보아 왔습니다만, 그러한 일들로 판단합니다만, 조만간에 반드시 전란이 일어날 염려가 있다고 생각하지 않을 수 없습니다.

무릇 군대를 움직일 경우에는, 우선 무엇보다도 충분히 그 토지의 모양을 살펴보고, 반드시 위쪽에 진을 치고 적을 맞이하도록, 그 진을 확보하는 것이옵니다. 만약 外敵이 육로로 공격을 해 오는 것 같으면, 탄현(炭峴)**240b**침현(沈峴)이라고도 하며, 백제의 요충지.을 지나지 않도록 해야 하며, 수군이 공격해 올 것 같으면, 이것을 기벌포(伎伐浦)**240c**이것은 두말할 것도 없이 장암(場嵓) 혹은 손량(孫梁)으로 지화포(只火浦)라고도 하며 백강(白江)이라고도 한다.

로 침입하는 일은 있어서는 안 됩니다. 그리고 저 좁고 험한 곳에 머물면서 방어하면, 나머지는 안심이옵니다.'

라고 아뢰었다. 그래도 왕은 이 일서조차 돌이켜 보려고 하지 않았다. **241**현경(現慶) 4년 기미(己未)년이 되자, 백제의 오회사(烏會寺)오합사(烏合寺)라고도 한다.에 나타난 커다란 적마가, 주야로 6회에 걸쳐서 절의 주변 길을 달리면서 돌았다. 이어서 2월에는 많은 여우가 의자궁에 들어가, 그 가운데 한 마리의 하얀 여우는, 좌평(佐平)의 책상 위에 앉아 버렸다. 4월, 이번에는 태자의 어전에서, 수컷 닭과 작은 공작새가 교미를 하는 일이 있었고, 5월에는 사비(泗沘)부여에 있는 강 이름기슭에 크기가 3장(丈)이나 되는 큰 물고기가 튀어나와 죽어 있고, 게다가 이것을 먹은 사람들도 또한 한 사람도 남김없이 죽어 버렸다. 더 나아가 9월이 되자 궁중에 있던 홰나무가 울음소리를 내며, 그것이 마치 사람이 울고 있는 것 같았으며, 밤에는 귀신이 이 어전의 남쪽 노상에서

슬프게 소리를 내고 있는 것이었다. 다가오는 5년 경신년이 되어도, 춘2월에는, 도읍의 우물물은 피와 같은 색으로 바뀌고, 서쪽의 바다 근처에 작은 물고기가 떠올라서는 죽었고, 백성이 아무리 먹어도 다 하지 못할 정도이었다. 그리하여 사비의 물 색도 피와 같았다. 4월에 는 두꺼비가 수만 마리나 나무 위에 모였고, 도읍에는 이렇다 할 이유 도 없는데 거리의 사람들이 소동을 벌이며 우왕좌왕했고, 이것을 잡 으려고 하면, 놀란 나머지 길바닥에 쓰러져 버리는 자도 있었다. 이 때문에 죽은 자도 100명을 내려가지 않을 정도였으며, 가산(家産)을 잃어버린 관리는 계산도 할 수 없을 정도이었다. 또 6월의 일, 왕흥사 (王興寺)의 승려들은 누구라고 할 것도 없이 금강(錦江)을 따라 올라가 그대로 절 문으로 들어가 버리는 것 같은 배의 모습을 발견하고, 그런 가 하면 서쪽으로는 들 사슴만큼이나 되는 큰 개가 사비 기슭에 나타 나, 왕궁을 향하여 짖어 대는 것과 같은 일이 있었다. 이 커다란 개는, 눈 깜짝할 사이에 어디로 갔는지 사라져 버렸지만, 왕성 안에 있던 개 는, 무리를 이루어 짖기도 하고 곡을 하기도 하는 대소동을 보이면서 한참동안은 흩어질 것 같은 기미도 보이지 않았다. 이윽고 한 귀신이 왕궁 안에 들어가 커다란 목소리를 울리며.

　'백제는 망한다. 백제는 망한다.'

라고 하며 화를 내고는, 그 모습을 땅속으로 지우고 말았다. 이것은 괴이하다고 생각한 왕이, 곧 사람을 시켜 그곳을 三尺 정도 깊이로 파 보니까, 놀랍게도 그곳에서 한 마리의 거북이가 나타났을 뿐만 아니 라, 그 등에는,

　'百濟圓月輪新羅如新月'

이라고 하는 문자가 보였다. 즉시 무당(巫子)에게 점을 치게 했더니,

'온달(圓月輪)이라 하는 것은 가득 차 있다는 것이옵니다. 차 있다는 것은 저물어 가는 징조라고 볼 수 있사옵니다. 초승달(新月) 같다고 하는 것은, 아직 차지 않았다는 것을 보이고 있는 것이옵니다. 그리고 차지 않았다는 것은, 즉 점점 차 오는 것을 의미하는 것이옵니다.' 이라고 아뢰었다. 이 말에 화가 난 왕은, 그 무당을 죽여 버렸다. 다른 무당은,

'온달(圓月輪)이라는 것은 문자 그대로 가득 찬 모습을 말하는 것이 옵니다. 그것에 대해 초승달(新月) 같다고 하는 것은, 사물이 아직 미약하다고 하는 것이기 때문에, 이 거북이의 문장이 의미하는 바는, 백제가 왕성한데 대해 신라는 점점 약해져 가는 것을 암시하고 있는 것이옵니다.'

라고 점을 쳤기 때문에 왕은 크게 기뻐했다고 한다. [242]태종은 백제국에 괴이한 이변이 연달아 일어나고 있다는 보고에, 이때라고 생각하고 현경(現慶) 5년 경신년에, 왕자인 인문(仁問)을 당에 파견하여, 백제를 치기 위해 원군을 보내 줬으면 한다고 부탁했다. 당의 고종은 조(詔)를 내려 좌호위(左虎衛)대장군으로 형국공(邢國公)의 소정방(蘇定方)을 신구도행책총관(神丘道行策摠管)으로 임명하고, 좌위(左衛)장군인 유백영(劉伯英)(자는 仁遠), 좌호위장군인 풍사귀(馮士貴). 좌효위(左驍衛)장군인 방효공(龐孝公)들과 함께, 13만이라는 대군을 이끌게 하고 원정길을 오르게 했는데향기(鄕記)는 그 군세를 122,711명, 배의 수를 1,900척이라고 전하고 있지만, 당사(唐史)에는 상세한 기록이 없다.나아가 신라왕 춘추를 우이도행군총관(嵎夷道行軍摠管)으로 임명하고, 그 나라의 병사를 이끌고 당의 원군과 힘을 합치도록 했다. 소정방이 병사를 이끌고, 성산(城山)에서 해로를 따라 백제 서부인 덕물도(德勿島)에 다가오자, 신라왕도

또한 김유신장군을 보내, 그 수하 50,000 정예병도 또 같은 섬에 쇄도했다. [243]백제의 의자왕은 이 보고를 듣자 곧장 군신을 불러모아 응전하여 치고 나가는 것이 좋은지, 아니면 수비전을 취하는 것이 좋은지, 모두의 의견을 물었다. 그때 좌평 의직(義直)이 앞으로 나와,

'당병은 아득히 멀리서 거친 바다를 건너온 위에, 물에는 약하옵니다. 한편 신라군은 대국의 원조에 힘입어 적을 얕보는 방심이 있을 것이기 때문에, 만약 당군의 기색(旗色)이 바람직하지 않은 상황으로 보이면, 반드시 전세의 귀추를 의심하여 그 이상 세력을 밀어붙여 돌진해 오는 일은 전혀 없을 것으로 생각합니다. 이와 같이 생각하기 때문에 우선 당의 군세를 상대로 싸움을 하는 것이 좋다고 판단하옵니다.'
라고 말했다. 이것에 대하여 달솔(達率)의 상영(常永) 등은

'그것은 당치도 않습니다. 당병은 아주 멀리서 쳐들어왔기 때문에, 속전속결이야말로 바라던 바로, 그 칼끝의 날카로움은 당할 수 없을 것입니다. 그것에 대해 신라의 군세는 지금까지와 같이 몇 번이나 우리 군보다 뒤쳐져 있던 것을 불식하고 왔기 때문에, 지금의 이 위세가 대단한 백제군을 바라보고 있다는 것만으로도, 두려움을 가지지 않을 수 없습니다. 그러므로 오늘의 계략으로 말하면, 우선 당 군사의 진로를 막고, 전의가 둔해지는 것을 기다리는 것이 적당하지 않을까라고 생각합니다. 그래서 우선 소수의 부대를 보내어 신라군을 치고, 그 예리함을 두들겨 보고 기회를 보고 있다가, 한 번에 합전(合戰)을 치루면, 우리 군은 잃는 것이 없고 나라의 안태도 보전할 수 있을 것이옵니다.'
라고 아뢰었다. 왕은 어느 쪽의 책략을 따르면 좋을지 모르고, 결정을 어려워했다. 그때 좌평(佐平)인 홍수(興首)는 어떤 죄를 입고, 고마며

지(古馬*咋*(旀)知) 현(縣)에 유배되어 있었는데, 사람을 보내, '이와 같이 사태는 긴박한데, 그대의 의견은 어떠한가.'

라고 물었더니, 홍수는,

'대개 좌평 성충의 의견과 같사옵니다.'

라고 대답했다. 그러나 대신들은 이 홍수의 말을 믿으려고 하지 않고, 오히려,

'홍수는 옥에 갇혀 있기 때문에, 주군을 원망하여, 나라를 소중히 하는 마음가짐은 없을 것입니다. 어찌하여 그 진언을 따를 수 있겠습니까. 이곳은 아무래도 당의 군선(軍船)을 백강(白江)즉 伎伐浦의 기슭으로 유도하여, 그 전열을 흐트러지게 하고, 또 신라군이 탄현(炭峴)으로 쳐들어올 것 같으면, 그 험한 길을 이용하여, 요새를 따라 말을 나아가게 하는 것 등, 생각하지도 못한 상황으로 하는 것보다 더 좋은 것은 없사옵니다. 우리는 그때를 노리고 있다가 마음껏 병사를 보내 공격을 가한다면, 그것이야말로 상대는 광주리 안에 든 닭이나 그물에 걸린 물고기와도 같사옵니다.'

라고 아뢰었다. 왕은 이것을 듣고,

'그것은 틀림없다.'

라고 말했다. [244]그러고 있는 동안에 당과 신라 병은 이미 백강을 올라, 탄현의 요지를 통과했다는 보고가 들어왔다. 왕은 장군 계백을 보냈고, 그가 이끄는 결사의 병사 5,000은, 황산에서 치고 나와 신라병과 일전을 벌였다. 서로 치고받고 하기를 네 번, 백제군은 어느 싸움에서도 이기기는 이겼으나, 중과부적으로 결국은 힘이 다해 패하고 계백도 전사해 버렸다. [245]연합한 당과 신라군은 한층 더 힘을 합쳐 나루터(津)의 입구에 이르러, 금강을 따라 주둔하고 있었다. 그러자

갑자기 한 마리의 새가 날아와 소정방의 막사 상공에 원을 그렸기 때문에, 사람을 보내 점을 쳐 보니 '반드시 패배한다.'라고 흉조가 나왔다. 총대장인 소정방은 이것을 두려워해서 병사를 물리려고 하며, 그 이상 진격하는 것을 그만두었다. 그러나 김유신은 정방에게,

'날아온 새가 괴이하다고 해서, 하늘로부터 받은 이 호기를 어떻게 놓칠 수 있겠습니까. 하늘의 소리에 따라 사람의 마음이 순응하여 적을 치고, 그런 후에 목적이 이루어지지 않았다고 해도, 어떻게 불길한 일이 있겠습니까.'

이라고 의견을 말했다. 그러면서 신검(神劍)을 뽑아, 눈앞에서 새 모습을 그리자, 새의 몸은 갈기갈기 찢겨져 정방이 앉은 자리 앞에 떨어져 내렸다. 이리하여 흉조가 아니라는 것을 안 정방은, 곧장 왼쪽 절벽을 치고 나와 산지에 올라, 한층 더 그곳에 진을 치고 있던 적과 싸웠다. 백제군은 이윽고 대패를 하고, 당과 신라의 기세는 호수를 타고, 그 모습은 뱃머리와 꼬리를 붙인 채, 북을 때려 울리며 앞으로 나아갔다. 정방은 보병과 기병대를 이끌고, 쏜살같이 백제의 왕도로 쳐들어가 숙영(宿營)하고 있었다. 성안의 백제군은 전력을 다해 막았지만, 이곳에서도 싸움에 얻는 것 없이 1만여 병사가 죽었다. 당의 군세는 이기는 기세를 타고 쳐들어갔다. 백제왕은 어차피 피할 수 없는 명운을 깨닫고,

'후회가 되는 것은, 그 성충(成忠)의 말을 듣지 않았다는 정도로, 이런 일이 벌어져 버렸다는 것이다.'

이라고 한탄했다. 왕은 태자인 융(隆)[245a]혹은 孝라고 하는데 잘못이다.과 북방의 채읍(采邑)으로 도망가고, 정방은 성을 포위했다. 이때 왕의 둘째 아들이었던 태(泰)는 일찍이 일어서서 왕이 되어, 무리를 이끌고 성을

고수하려고 했다. 태자 융의 아들인 문사(文思)는 왕위에 오른 태(泰)를 향해,

'왕과 태자가 성 바깥으로 피신하고 있는 동안에, 숙부인 당신이 멋대로 왕위에 올랐습니다. 만약 이곳에서 당 군사가 포위를 풀고 물러갔다고 해도, 우리 신변이 무사할지 어떨지는 아무리해도 생각할 수 없습니다.'

이라고 말했다. 그리고 문사가 좌우의 측근을 이끌고, 성벽에 놓인 밧줄을 타고 내려가려고 하자, 성안의 백성도 모두 이것을 따르니, 태(泰)도 분명히 이것을 말릴 수가 없었다. 정방은 병사에게 말해 백제군의 보호 장벽을 타고 올라가게 해서 당군의 깃발과 표지를 세우게 했다. 태(泰)는 이윽고 쫓기어 궁지에 몰려 어쩔 수 없이 성문을 열고 목숨을 살려 주기를 청했다. 이렇게 하여 왕과 태자 융, 왕자 태, 대신 정복(貞福)들도, 여러 성이 함락되는 것과 함께 모두 당군에 항복했다. 소정방은 의자왕과 태자 융, 왕자 태, 왕자 연(演), 나아가 대신이나 여러 장군들 88명과 백성 12,807명을 당의 수도로 호송했다.

246백제국은 원래 오부로 나누어져, 37군, 200성이 있었으며, 그 호수는 670,000호이었다. 멸망한 후는, 웅진(熊津), 마한(馬韓), 동명(東明), 금련(金漣), 덕안(德安) 등 다섯 개의 도독부가 설치되었고, 발탁된 수장이 도독(都督)이나 자사(刺史)가 되어 이것을 다스렸다. 젊은 장군 유인원(劉仁願)이 명을 받고 도성을 지키고, 또 좌위(左衛)낭장(郎將)인 왕문도(王文度)는 웅진도독으로 임명되어 그 민중을 다스리고 달래는 일을 맡았다. 소정방은 사로잡아 데리고 간 백제의 왕족이나 대관을 왕의 앞에 이끌어 냈으나, 일단 견책(譴責)은 있었으나 곧 용서했다. 그리고 의자왕이 병사했을 때에는 금자광록대부위위경(金紫光祿大夫

衛尉卿)이라는 칭호가 내려지고, 옛 신하들이 그 임종의 자리를 지켜 보는 일도 허락했다. 또 왕의 유해는 조칙으로 오(吳)의 손호(孫皓)나, 진(陳)의 숙보(叔寶)의 묘 옆에 묻고 아울러 왕을 위한 비석도 훌륭하 게 세워졌다. **247**현경 7년 임술년에, 또 소정방을 요동도행군대총관 (遼東道行軍大摠管)으로 임명했다. 소정방은 갑자기 평양도에 쳐들어 와, 고구려의 군세를 패강에서 쳐부수고, 마읍산(馬邑山)을 탈취하여 그곳에 군영을 치고, 이윽고 평양성을 포위하는 곳까지 갔으나, 대설 을 만나 어쩔 수 없이 포위를 풀고 군사를 돌렸다. 정방은 후에 또 양 주안집대사(涼州安集大使)를 시켜, 토번(吐蕃)을 평정하고, 건봉(乾封) 2년에 죽었다. 당의 황제는 그의 죽음을 애도하여 좌효기대장군유주 도독(左驍騎大將軍幽州都督)의 칭호를 내렸다. 그 시호는 장(莊)이라고 했다. **247a**이상은 唐史의 글에 의했다. **248**신라별기(新羅別記)에는 다음과 같이 기록되어 있다. 문호왕의 즉위 5년, 을축년 추8월 경자일에, 왕은 친 히 대병을 이끌고 웅진(熊津)성으로 가서, 임시로 왕위에 올랐던 부여 융(隆)과 만났다. 두 사람은 제단을 꾸미고, 백마를 산 채로 올리며 맹 약을 교환하기로 했다. 그래서 우선 천신과 산천의 영을 제사 지내고 그 후 산 제물로 삼은 한 백마의 피로 적어 맹문(盟文)은 완성되었다. 그것에는 '먼저 백제의 선왕은, 사물의 도리를 분별하지 않았기 때문 에, 근린의 여러 나라와 우호를 소중히 하지 않고, 또 근친자와 화목 하게 교류하는 일도 하지 않았다. 그럼에도 불구하고 고구려와 결탁 하거나 왜국과 왕래하거나 하면서, 모두 함께 잔폭한 행동을 해 왔다. 신라의 땅을 빼앗아서는 마을을 유린하고 성을 함락시켜 무릇 편안한 날이 없었다고 해도 좋을 정도이었다. 당의 천자는 백제의 이와 같은 흉계 때문에 일어난 손실을 걱정하여, 백성이 괴로워하고 있는 중에도 불구하고, 연민을 베풀어, 몇 번이라고 할 것도 없이 사신을 보내 근린과의 화호(和好)를 논하였다. 그렇지만 백제는, 그 나라의 여정이 험한 것과 멀리 떨어져 있는 것을 장점으로 하여, 당연히 해야 할 마땅한 도리도 분별하지 않고, 교만해 있었다. 당의 천자도 이에 이르러 격한 분노를 다 누르지 못하고, 그 왕을 치고 그 백성을 구하고 하여 군을 일으키자, 천자가 그려진 깃발이 향해 가는 곳, 일전을 나누는 것만으로 벌써 완전히 평정되어 버렸다. 지금 우리나라는 저궁(瀦宮: 물웅덩이가 있는 궁), 혹은 오택(汚宅)이라고도 할 수 있는 괴로운 사정은 두말할 것도 없지만, 자손을 위하여 훈계를 남기고, 재앙의 원인을 막고 그 근본을 뽑아, 후세를 위하여, 가르침을 보이기로 하자. 유순한 자에게 연민을 베풀고, 나쁜 자를 벌한다는 것은, 선왕의 업적에 적어 남겨서라도, 오랜 전승이나 여러 가지 옛 기록을, 교훈으로 하지 않으면 안 된다. 그래서 전의 백제왕으로 사농정경(司農正卿)인 부여융을 웅진도독으로 임명하고, 백제의 제사를 지키게 하여 고국의 남은 번영을 지키기로 했다. 이제부터는 신라를 의지하고, 언제까지나 그 맹약국이 되어, 서로의 숙원은 없애고, 사이좋은 친밀함을 결성하고, 삼가 당제의 명을 받아, 무궁토록 외번(外藩)의 하나가 되자. 그 때문에 당제는 사자로서 우위위장군(右威衛將軍)으로 노성현(魯城縣)공의 유인원을 보내시어, 화친하게 임하며 인도하여, 더불어 그 성지(聖旨)를 베푸셨다. 이에 약속의 기록의 연(緣)을 만들어, 맹우로서의 맹세의 말을 아뢰었다. 살아 있는 제물을 잡은 피를 마시고, 서로 간에 시종 변하지 않을 것을 깊이하고, 재해나 우환이 있으면 그 괴로움을 서로 나누어, 은혜를 받는 것에도 형제와 같이하며, 삼가 천자의 분부를 지키고, 결코 그것을 잊지 않을 것이다. 이제 맹약을 서로 교환한 후에는, 역경을 당할 때에는 서로 힘을 합치자. 만약 가정하여 이 맹세를 배반하고, 규칙을 바꿔 병사를 일으켜 많은 사람을 움직이게 하고, 그리하여 국경을 범하는 것과 같은 일이 있으면, 천신은 거울에 비치는 것과 같이 그것을 지켜보다가, 그 징계에 가늠할 수 없는 재난이 내려 닥칠 것이다. 그렇게 되면 자손이 번영하는 일도 없고, 사직(社稷)을 지킬 수도 없으며, 마음을 다한 제사도 점점 끊이어 가, 예부터의 유물을 남기는 것 등, 무엇하나 볼 수 없게 되어 버릴 것이다. 그렇게 되지 않기 위해 이곳에 금니(金泥)로 적은 서약의 말과 쇠로 만든 대조 증거물을 만들어 조상의 묘에 안치하여, 자자손손의 대에 이르기까지, 언제나 결코 그것을 범하지는 않을 것이다. 천신에게 만일 이상과 같은 일을 들어주시게 된다면, 신들의 소원을 받아들여, 축복을 주실 것이다.'라고 되어 있었다. 이렇게 살아 있는 제물의 피는 다 마시고, 공양물은 제단의 북쪽 흙 속에 묻고, 맹문은 대묘(大廟)에 수납되었다. 이 맹문은 대방군도독인 유인궤(劉仁軌)가 만들었던 것이다. [248a]위에서 말한 唐史의 글을 보면, 소정방은 의자왕과 태자 융 등을 경사(京師)로 보냈다고 전하고 있다. 그런데 이 "신라별기"에 의하면, 신라의 문무왕은 부여왕인 융과 만나고 있다. 이것은 두말할 것도 없이 당제가 융을 용서하고, 이 맹세의 자리에 보내는 것과 동시에, 웅진도독으로서 기용했다는 것이라는 것을 알 수 있다. 그러므로 맹문(盟文)에도 확실히 기록되어 있는 것으로, 이 맹문은 분명히 위와 같은 사실(史實)을 방증하고 있다고 생각된다. [249]또 고기(古記)를 보면 총장(總章) 원년 부신년의 일[249a]여기에 總章年代의 戊辰年의 일이라면, 그때 고구려를 친 것은 의심할 여지없이 李勣이었을 터인데, 그것을 下文에서는 소정방으로 잘못되어 있다. 만약 소정방의 일이라 한다면, 그 年號는 용삭 2년 임술년에 맞춰야 할 것이며, 멀리서 온 소정방이 평양을 포위할 때의 일이 아니면 안 된다. 신라 사람들이 구원을 요청한 당병은, 벌써 평양의 외곽에서 주둔하고 있었다. 그리하여 일서를 건네며 '서둘러 군용품을 보내라.'라고 말해 왔다. 왕은 군신을 모아 '도중에 적국인 고구려를 지나 당병의 주둔지까지 도착하는 것은, 매우 위험한 일이다. 그러나 우리가 구원을 구했던 왕사(王師)의 군량이 모자란다. 만약 필요한 물품을 보내지 않게 된다면 매우 부적절한 일이다. 이것은 어찌하면 좋겠는가.'라고 물었다. 유신은 '신들이 그 군자(軍資)를 보내겠습니다. 대왕은 부디 안심하시도록 해 주십시오.'라고 아뢰었다. 그래서 유신과 인문(仁問) 들은 수만의 군사를 이끌고 고구려와의 경계에 치고 나가서, 무사히 20,000석의 양식을 보내고 돌아왔다. 왕은 한층 이것을 기뻐했다. **250**왕은 아직 군을 일으켜 당의 군세와 합류하는 것을 바랐다. 이 때문에 유신은 우선 연기(然起)와 병천(兵川) 들을 보내, 양군이 만나야 할 시기에 대하여 당측의 의향을 묻게 했다. 이것에 대하여 당 장군 소정방은 종이에 난새(鸞)(神鳥)와 송아지(犢)(小牛) 두 가지를 그림에 그리고 회람해 왔다. 신라 사람들 중에는 그것이 무엇을 의미하는 것인지 수수께끼를 푸는 자가 없었다. 그래서 원효에게 가서 묻게 했더니, 역시 법사는 그것을 풀어 '재빨리 병사를 돌리지 않으면 안 됩니다. 그 의미구성은 이것에 그려져 있는 犢과 鸞은 두 가지 소중한 것, 즉 당, 신라의 양 진영이 나누어져 部署를 담당하는 중요성을 암시하고 있기 때문이옵니다.'507)라고 대답했다. 이 때문에 유신은 군을 되돌려, 빨리 패강을 건너려고 했다. 그래서 '오늘 늦게 강을 건너는 자가 있으면 목을 잘라 버릴 것이다.'라고 했기 때문에, 군사들은 앞다투어, 거의 반까지 강을 건너고 말았다. 그

---

507) DB. '재빨리 병사를 돌리지 않으면 안 됩니다. 송아지와 난새를 그린 것은 두 개로 끊어짐을 일컬은 것입니다.'

곳에 쳐들어온 고구려 병사는, 건너지 않고 있던 자들을 죽여 버렸다. 다음 날이 되어 유신은 군세를 바로잡고, 고구려 병사를 추격하여, 잡아 죽인 수급은 실로 수만을 헤아렸다.

[251]"백제고기(百濟古記)"에서는 다음과 같이 말하고 있다. 부여성의 북쪽 모퉁이에 큰 바위가 있어, 그 아래에는 강물이 넘치고 있다. 전해 내려오는 말에 의하면, 의자왕과 후궁들은 피할 수 없는 운명을 알고 입을 모아 "차라리 자진하자. 아무것도 모르는 다른 나라 사람의 손에 잡혀 죽지는 않을 것이다."라고 서로 말하며, 모두 그 큰 바위 있는 곳으로 모여, 강에 몸을 던져 죽었다고 한다. 그래서 세간에서는 이 큰 바위를 타사암(墮死岩)[508]이라고 부르고 있지만, 그러나 이 이야기는 세속의 사람들이 입에서 입으로 전하던 것으로 그래서 왜곡되어 버렸다. 그러나 궁인들만이 몸을 던져 죽었고, 의자왕은 당나라에서 죽은 것은 당사(唐史)에도 명기되어 있다.'이라고. [252]또 신라의 고전에 의하면, '이미 고구려와 백제의 2국을 토벌한 소정방은, 더 나아가 신라도 치려고 모사를 꾀하며, 좀처럼 물러갈 기미를 보이지 않는다. 이 모습을 보고 있던 유신은, 이 흉계를 간파하고, 당병을 식사에 초대하여 학의 깃을 적신 독주를 마시게 하고 모두 죽자 구멍에 묻어 버렸다.'라고 전하고 있다. 지금 상주(尙州)에 당교(唐橋)라는 것이 있는데, 이것이 그 갱지(坑地)이다. [252a]당의 역사서를 보면, 이 신라의 고전에서 말하는 이야기에 대해서는 아무것도 다루고 있지 않다. 다만 죽었다고만 기록되어 있는 것은, 어떤 이유에서일까. 혹은 당의 병사가 죽어 묻혔다는 이야기를 싫어했기 때문일까. 그렇지 않으면 우리나

---

508) 낙화암(落花岩)이라고도 불리며, 충남 부여군 부여읍 쌍북리에 위치한 부소산 서쪽에 있는 절벽의 바위를 말한다.

라의 고전은 아무 근거도 없는 것일까. 만약이라도 임술년에 고구려의 토벌이 있었는데, 이때에, 신라인이 소정방의 장병을 죽이거나 했다면, 그보다 뒤의 총장(總章) 무진년에, 당에 구원병을 청하고, 그리하여 고구려를 멸망하게 한다는 것이, 어떻게 일어날 수 있을까. 이런 점으로 생각하여 보더라도, 신라의 전승은 근거가 없는 것을 알 수 있다. 그러나 무진년에 고구려를 멸망시킨 후에, 우리나라가 당에 복종하지 않았다는 것이며, 그때 토지를 원하는 만큼 점유했을 것임에 틀림없다. 하물며 소정방과 이적(李勣) 두 사람을 살해하기에 이르렀다고 하는 것은 아니다.

253당군이 백제를 평정하고 이미 고국을 돌아간 후, 신라왕은 백제의 잔병을 잡도록 여러 장군들에게 명했기 때문에, 그 군의 주둔지로서 한산성에 들어가 있었다. 그곳에 고려와 말갈의 2국의 병사가 밀어닥쳐 신라군을 에워쌌다. 그리고 서로 싸우고 있었지만, 신라군은 그 포위를 아직 풀지 못하고 있었다. 그리고 5월 11일부터 6월 22일까지의 우리 신라군의 위험함에는 매우 심한 것이었다. 그 상황을 들은 왕은 군신을 향하여 '모사(謀事)는 지금 도대체 어떻게 타개해야 하는가.'라고 물었지만, 모두 머뭇거리며 좀처럼 방침이 정해지지 않았다. 그곳에 달려간 유신이 '일은 절박하고 있습니다. 인력으로는 미치지 않을 것입니다. 다만 기댈 곳은 신술(神術)뿐이옵니다.'라고 아뢰었다. 그래서 성부산(星浮山)에 제단을 마련하고 신술을 벌였더니, 갑자기 항아리인가라고 착각할 정도의 큰 빛의 덩어리가 단상에서 번쩍거리며 나왔다. 그 큰 빛은 보고 있던 중에 점점 별이 되어 남북의 방향으로 날아 사려져 가버렸다. **253a**이 신술로 인해서 성부산(星浮山)이라고 이름이 붙었다고 한다. 산 이름의 유래에 대해서는 또 다른 설도 있는데, 도림(都林)의 남쪽에 있는 솟아 나온 하나의 봉우리가 그 산이라고 말하고 있다. 그 설에 의하면, 경성에 한 남자가 있었는데, 관리가 되려고 계획을 짜고, 우선 그 아이에게 높은 횃불을 만들게 하고, 밤에 이 산에 올라 그것을 높이 걸도록 말해 두었다. 그날 밤, 도읍의 사람들은 그 횃불을 바라보고, 저마다 입을 모아 '저기에 이상한 별이 나타났다.'라고 서로 말했다. 왕은 이 소문을 듣고 마음을 아파하며, 사람들을 모아 푸닥거리를 시키려고 했다. 그 아버지는 곧장 이것에 응모하려고 했다. 그러나 일관(日官)이 있어 '이것은 그렇게 대단한 괴사는 아니옵니다. 그저 어느 집 아이가 죽어, 그 아버지가 우는 징조에 지나지 않습니다.'라고 판단했기 때문에, 이윽고 푸닥거리는 일어나지 않았다. 한편 이날 밤, 그 아이는 산을 내려오다가 호랑이를 만나 다쳤기 때문에 죽었다고 한다.

한산성(漢山城)에서 포위되었던 장병들은 구원병이 오지 않는 것을 원망하여, 얼굴을 맞대 통곡할 뿐이었다. 적은 지금이라며 공격을 했으나, 그때 갑자기 눈부시던 빛이 남쪽 하늘 한구석에서 성을 향해 날아오는 것이 보였다. 그리고 어마어마한 천둥이 되어 30여 개소의 포석을 던져 부수어, 적의 활(弓)·화살(矢)·긴 창(모)·갈라진 창(戟)·호시(壺矢) 등도 쓸모없게 되고, 땅에 쓰러지지 않은 병사는 없었다. 잠시 후 정신이 든 자도, 서둘러 돌아가고, 적은 궤멸해 버렸기 때문에, 우리 군도 또한 돌아올 수 있었다. **254**태종이 즉위한 지 얼마 안 되었을 때, 머리는 하나에 몸통은 두 개, 다리는 여덟 개나 된다고 하는 멧돼지가 헌상되어 온 적이 있었다. 이것에 대하여 상담하던 사람들은 '이것이야말로 왕이 천하를 병합509)하는 것을 보이는 상서로운 징조임에 틀림없다.'라고 말했다. **255**이 왕대에 처음으로 중국의 의관이나 상아의 홀(笏)510)을 채용했다. 두말할 것도 없이 자장(慈藏)법사가 당제에게 청하여 전한 것이다. **256**신문왕 때, 당 고종은 사신을 신라에 보내 '짐의 생각으로는 위징(魏徵), 이순풍(李淳風)이라고 하는 현명한 신과 마음을 합쳐 덕을 하나로 하여 천하를 통일했다. 그래서 이

---

509) DB. 하늘과 사방(동서남북). 고증. 六合을 병탄.
510) 속대(束帶)할 때 오른손에 드는 얇은 판.

성덕을 치하하여 태종(太宗)황제라고 불렀던 것이다. 그런데 너의 나라, 신라는 바다를 가운데 둔 소국이면서, 태종(太宗)의 칭호를 쓰고 있다. 이것은 천자의 명의를 분수에 넘게 부르는(僭稱) 것이기 때문에 불충한 것이다. 속히 그 칭호를 고치라.'라고 전해 왔다. 신라왕은 표(表)를 올려 '신라는 과연 소국이옵니다만, 무열왕이 나와, 성신(聖臣)이라고 할 만한 김유신의 헌신을 얻어, 삼국의 통일을 성취했습니다. 그래서 이 왕을 봉해서 태종이라고 말하고 있는 것이기 때문이옵니다.'라고 아뢰었다. 고종은 이 상표문을 보고, 문득 떠오르는 것이 있었다. 그것은 아직 황태자이었을 때, 33천(天)의 한 사람이 신라에 내려가 유신(庾信)이 될 것이라고 했던 하늘의 목소리를 들은 적이 있었기 때문이다. 다행히 그때 모양은 기록으로 남겨 두었기 때문에, 그것을 꺼내어 사실을 확인해 볼 수 있었다. 황제의 놀라움과 두려움은 그지없었다. 그래서 거듭해서 사신을 신라에 보내, 태종(太宗)의 칭호는 상관없다고 하게 되었다.

주해 233○ 【大(太)宗春秋公】 603-661년. 신라 제29대 왕(654-661 재위). 이름은 춘추(春秋). 아버지는 용수(龍樹)(春)(제25대 진지왕의 아들). 어머니는 천명부인(天明夫人)(제26대 진평왕의 딸). 왕비는 문명(文明)부인(김유신의 여동생). 신라는, 642년에 백제 때문에 나라 서쪽의 40여 성을 빼앗겼는데, 때로 요충인 대야성(大耶城)도 함락되어 이곳을 지키던 김품석(金品釋) 부부(처는 춘추의 여동생)도 전사했다. 춘추는 이것을 크게 아파하며, 백제로의 복수를 맹세하고, 우선 적국인 고구려와 결성하여 회복을 꾀하려고 같은 해 고구려에 사신을 보내 대단한 권력자 천개소문과 교섭을 했으나, 실패하고 오히려 잡혔지만, 김유신 등의 결사적인 노력으로 탈출하게 되었다.

이어서 647년에는, 일본의 다이가(大化) 신정부와의 교섭에 의한 최초의 인질이 되어 일본에 가서, 국제적 고립에서 벗어나기 위해 외교 뒤에서 활약을 하여, 고구려, 백제 양국과 친교가 있는 일본을 신라에 적대하지 않도록 노력했다. 그다음 해에는 셋째인 문왕(文王)을 동반하고 입당하여 당제 태종과 교섭하여 백제정벌군의 출동을 청하고, 그 약속을 받아냈다. 그 후에도 맏아들 법민(法敏)(후의 문무왕), 둘째 인문(仁問)을 왕성하게 입당시키는 한편, 당의 환심을 구하는 목적도 있어서, 당의 복제(服制)나 연호를 채용하는 등, 왕성하게 당의 문물제도를 받아들였다. 이 결과, 신라는 당과 결속하여 국제적으로 우위에 설 수가 있었고, 또 국내적으로도 중앙권력화를 꾀했는데, 654년에 진덕여왕이 죽자, 춘추는 뭇사람의 신망을 받고 신라 국왕의 자리에 올랐다. 생각건대 진골최초의 왕이다. 왕의 즉위 후, 신라의 국력은 회복하여, 660년에는 당군과 연합하여 숙적 백제를 멸망시켰으나, 왕은 반도통일의 완성을 보지 못하고, 661년에 죽었다. 왕릉은 경주 서쪽 근교의의 서악(西嶽)의 기슭에 있다. 왕은 선덕, 진덕 2여왕 때, 나라의 운명이 어지럽고 어려울 때의 가을에 왕족으로서 몸을 던져 국사에 전념하여 신라의 위급을 구하고, 또 왕위에 오르고 나서도 국내체제의 정비에도 힘쓰는 것과 함께 반도 통일의 기초를 만들어, 그 공적은 특히 뛰어났다. 그래서 왕이 죽은 후, 무열왕이라고 시호를 부르고, 후설과 같이 태종의 묘호(廟號)가 세워졌다. 본서에는 주호왕(周虎王)·문호왕(文虎王) 등으로 무(武)의 문자는 피휘로 인해 호(虎)의 문자 등이 쓰였으나, 특히 무열왕에게만은 결코 호열왕(虎烈王) 등과 같이 虎를 쓰지 않는다. 이것을 보더라도 무열왕에 대한 존숭(尊崇)이 얼마나 컸던지 알 수 있을 것이다.

234, 234a○ 【龍樹一作龍春角干. 追封文興大王】 용수(龍樹)(龍春)는 신라 제25대 진지왕의 아들, 어머니는 기오공(起烏公)의 딸. 박씨지도(朴氏知道)(知刀)부인(?)인가. 왕비는 천명부인(종형인 동생, 제26대 진평왕의

여자). 그의 생몰년은 미상이나, 진평왕 44년(622) 2월에 이찬(伊湌)으로서 내성사신(內省私臣)이 되고, 51년(629)에는 파진찬(波珍湌)대장군이 되어 서현(舒玄)·유신(庾信)부자들과 함께 고구려의 낭비성(娘臂城)(지금의 청주)를 공격하여 굴복시켰다. 또 선덕왕 4년(635) 동10월에는 왕명에 의해 주현(州縣)을 돌며 백성을 위로(巡撫)한 일 등이 '사'에 보이는데. 더 나아가 선덕왕 13년(644)에는 이간(伊干)으로서 황룡사 구층탑의 건립에 임했다(造塔에 관한 것은 '유' 권제3에 있다). 654년, 아들인 춘추가 즉위하자, 문흥대왕으로 추봉되었다. 또한 각간도 추증(追贈)인가. 잘 아는 대로, 신라사에는 춘추(太宗武烈王)로써, 진골 최초의 왕으로 하고 있다. 한편 선덕여왕 및 진덕여왕 즉위의 사정에 대해서는, 성골의 남자가 없었기 때문이라고 하고 있다. 이 용수(春)는 선덕여왕대에는 살아 있었기 때문에, 진지왕의 왕자 용수는 이미 성골의 신분을 잃고 진골이 되어 있었던 것이라고 생각한다. 당시 신라에 있어서 성골과 진골의 구별이 엄연히 구별되어 있었다고 한다면, 아버지 진지왕과 지도부인과의 결혼에 문제가 있었던 것이 될까. '나기'에는 진지왕은 진흥왕의 둘째였으나, 형인 태자 동륜이 일찍 죽었기 때문에, 진흥왕이 죽은 후, 576년에 즉위하고, 579년 추7월 17일에 죽었다고 되어 있다. 왕의 치세는 4년이 채 못 되지만, 백제의 압박을 받은 것 이외에 이변은 없었던 것 같다. 그러나 '유' 왕력에는 '治四年, 治衰善北'이라고 되어 있다. 선북(善北)의 다음에 문자가 있었다고 생각되지만, 현존의 간본으로는 알 수 없다. 선북(善北)은 혹은 일선북(一善北) 즉 일선(一善)의 북(北)이라고 하지만, 이 '一善의 北'도 알기 힘들다. 아마 정치를 혼란하게 하고 인심을 잃어, 일선주(一善州)의 북으로 쫓겨났는지도 모른다. 그러하다면 진지왕에게 문제가 있었던 건지도 모른다. 어떻든 의문이 많다.

235○ 【西岳】왕도의 서쪽에 있는 선도산(仙桃山)을 말한다. 경주시 주위에 있는 토함산(吐含山)·금강산·선도산·함월산(含月山)은 모두 명산으로, 신라시대부터 동악·북악·서악(선도산)·남악이라고 불렀다. 서악

(선도산)의 산 정상에는 석불과 성모 사(祀)가 있어 신라시대는 남산과 함께 영산(靈山)으로서 숭상되었으며, 전설도 풍부하여, 서술산(西述山)·서형산(西兄山)·서연산(西鳶山)으로도 불렀다. 선도성모(仙桃聖母)에 대해서는 '나기'(끝 부분의 김부식의 논찬)이나 '유'(권제5, 감통 제7, 선도성모 수희불사)에 상세한 전승이 있으므로, 해설은 모두 뒤에 보이는 '선도성모수회불사(仙桃聖母隨喜佛事)' 조로 미루기로 한다. 또 이 산에는, 산성이 있었는데, 이것은 개국 이후, 명활산(明活山)성·남산성과 함께 수도인 금성(金城)을 지키는 중요한 성이었다. 더 나아가 이 남쪽 기슭·동쪽 기슭 일대에는, 태종무열왕릉을 비롯하여, 무수한 능이나 고분이 산재하여 숲 사이에 들어 있다.

○ 【正月午忌日】권제1·사금갑 조 191을 참조.

○ 【阿海】보희(寶姬)의 아명. 권제1·김유신 조 228을 참조.

○ 【阿之】문희(文姬)의 아명. 228을 참조.

○ 【善德王】권제1·선덕왕 지기삼사(知幾三事) 조 213을 참조.

236 ○ 【永徽五年甲寅】서기 654년. 영휘(永徽)는 당 고종 조 원호의 하나이다. '나기'에는 선덕왕 8년(654) 춘3월에 선덕왕 죽고, 태종무열왕 오르다라고 적혀 있다. '유' 왕력에도 태종무열왕 갑인에 올랐다고 적었으며, 모두 즉위의 기년(紀年)이 일치한다.

○ 【御國八年】'유' 왕력에는 '治七年'이라고 하고 있다. 이것은 유년(踰年)법[511]에 의해서 치세 연수를 계산하면 7년이 되지만, 즉위칭원법에 의해서 7년이라고 했다면 1년의 오산이다.

○ 【龍朔元年辛酉】서기 661년. 용삭(龍朔)은 당 고종 조 원호의 하나이다. 태종무열왕의 붕년에 대해서는 '나기'의 태종무열왕 8년(603) 6월 조에 '王薨'이라고 되어 있다.

○ 【壽五十九歲】이것으로부터 역산하면, 태종무열왕(春秋)의 생년은 진평

---

511) 해를 넘김. 越年.

왕 23년(603)에 해당한다.

○【哀公寺】절터는 서악의 남쪽 기슭에 있으며, 3층의 석탑이 남아 있다. 이 서쪽에는 법흥왕이 있고, 남측에는 경주에서 대구로 통하는 철도가 달리고 있다.

237○【有碑】태종무열왕의 능은 문무왕 원년(661) 6월에 세워졌다. 이 능의 위치는 옛 경주시에서 약 3㎞의 지점인데, 선도산(西岳)의 서쪽 기슭에서 남쪽으로 완만하게 굴곡을 그리면서 뻗은 한 줄기의 구릉을 배경으로 하고, 전면은 경주평야가 한눈에 들어오며, 가까이는 남산을, 멀리는 토함산을 바라보는 장대한 배경이다. 능은 주위 약 104m · 높이 11m인데, 둘레 돌(護石) 그 외의 석조물은 거의 잃었다. 이 전방에는 비(碑)가 있었는데, 지금은 그저 구질(龜趺)[512]과 이수(螭首)[513]만이 남아 있다. 구질은 장방형의 묘석 위에, 폭 252㎝ · 길이 330㎝ · 높이 84㎝이고 단단하고 촘촘한 화강암으로 세밀하게 파서 만들었고, 게다가 매우 유려하며 균형이 잘 잡혀 있으며 정교한 조각을 보이고 있다. 이수는 폭 144㎝ · 높이 108㎝ · 두께 33㎝, 6룡이 서로 이어져 정교하게 윤곽을 만들고, 뒷면 중앙에는 용의 뒷다리로 여의주를 들고, 앞면 중앙에는 '太宗武烈大王之碑'의 8자를 2행으로 전각(篆刻)하고 있다. 문자는 태종의 둘째 아들 김인문의 글이라고 하며, 또 비각(碑閣)의 초석이 네 모퉁이에 있다. 그것으로 비신(碑身)이 있었을 때의 장려함을 그리워할 것이다.

○【廟號太宗】신라의 여러 왕 가운데 묘호가 세워진 것은 무열왕(春秋)뿐이다.

○【太子法敏】서기 626년에 김춘추의 부인 문명(文姬)의 맏아들로 태어나, 영민하고 지략이 많다고 했다. 진덕왕 4년(650) 6월에는 왕명으로 당에

---

512) 龜趺이 아니라 龜趺(구부/キフ). 碑石을 받치는 거북이 모양의 臺(座). 받침대.
513) 뿔 없는 龍의 머리(이무기라고도 함)를 아로새겨 비석 위를 장식하는 머릿돌. 이두(螭頭)라고도 한다.

파견되어 백제군을 물리친 것을 보고했고, 또 진덕여왕이 비단으로 짠 오언태평송(五言太平頌)을 당제에게 헌상했기 때문에, 당제로부터 대부경(大府卿)을 받았다(그러나 신라는 이 해부터 자기의 연호를 폐하고 당의 연호를 쓰게 되었다). 654년에 진덕왕이 죽고 아버지 김춘추가 즉위하자마자 법민은 파진찬 병부령(兵部令)이 되었고, 얼마 후 태자로 봉해졌다. 더 나아가 660년에는 부왕과 함께 신라의 전군을 이끌고 백제로 갔는데, 법민은 덕물도(德勿島)에 가서 당의 장군 소정방 등을 맞이하여, 이와 연합하여 백제를 멸망시킨 큰 공적을 세웠다. 661년 6월에 부왕이 죽자마자, 왕위를 이었다. 이것이 문무왕이다, 왕은 즉위 후에도 당과 연합하여 백제의 부흥군을 토벌하고(664), 이어서 당의 평양 포위군에 발맞추어 이것을 도와 668년 9월에는 끝내 고구려를 멸망시켰다. 그러나 고구려, 백제의 옛 땅은 여전히 당의 지배하에 있을 뿐만 아니라, 오히려 신라도 병탄하려고 하는 움직임이 있었기 때문에, 왕은 고구려, 백제 옛 땅의 유민의 반란을 이용하면서, 우선 남쪽으로부터 백제의 옛 땅을 점령하고, 더 나아가 신라를 노리는 당군과 싸워 이것을 격퇴하고, 676년까지 대동강 이남을 차지하고, 반도 통일의 목적을 달성했다. 그러나 왕은 당의 제도·문화를 크게 도입하여 여러 제도의 개혁을 행하고, 중앙집권화를 추진하여, 신라의 최전성기를 보였기 때문에, 반도 통일의 기초를 세운 태종무열왕과 함께 신라의 뛰어난 훌륭한 임금(英主)이 된다. 재위 22년으로서 681년에 죽었다. 더 자세한 것은 '나기'와 뒤에 보이는 '유' 권제2·문호왕 법민 조를 참조.

○ 【角干仁問】629-694년(在世). 자 인수(仁壽). 태종무열왕의 제2자. 어머니는 문명부인. 그 사람 됨됨이에 대해서는 '幼而就學. 多讀儒家之書. 兼涉莊老浮屠之說. 又善隷書射御鄕樂. 行藝純熟. 識量宏弘. 時人推許'('사' 열전제4)라고 전해지고 있고, 또 한어(漢語)를 즐겼다("東史網目"). 그는 651년 이후, 7번이나 입당하여, 통산 22년이나 당에 있으면서 신라의 삼국통일기의 대당 교섭에 큰 성과를 올렸다. 또 그동안에 그는 압독(押

督)(慶山)군주(軍主)가 되어, 660년에는 당의 부대총관으로서 백제토벌군에 가담했고, 61·64·68년의 대 고구려전에는 신라의 대당총관(大幢摠管)이 되어 활약했다. 이러한 공적에 의해 그는 전후, 대각간으로 서훈받아 식읍(食邑) 500호가 주어졌다. 또 당으로부터는 임해군(臨海郡)공과 식읍 2,000호가 주어졌다. 그러나 앞서 보인 것과 같이, 당과 신라 간의 전쟁이 발발하여 신라가 백제 옛 땅을 병합하자, 당제는 화가 나서 674년에는 문무왕의 관작을 지우고, 장안에 있던 동생 인문을 신라왕으로 삼아 신라를 치려고 했으나, 신라가 사죄했기 때문에 중지했다. 인문은 이후에도 장안에 머물며, 당에서의 작위는 진군(鎭軍)대장군에서 보국(輔國)대장군으로 차차 올라갔으나, 694년에 그만 그 땅에서 객사했다. 장의는 장안에서 성대하게 행해졌고, 그의 관은 다음 해 신라에 보내져, 경주 서원(西原)에 안장되고, 당시 효소왕으로부터 태대각간이 추증되었다. 또한 김인문에 대해서는 '유' 권제2·문호왕 법민 조에도 보인다.

○【角干文王】'나기'의 태종무열왕기에는 서자(庶子)라고 되어 있는데, 본서에 의하면 태종무열왕의 제3자. 어머니는 문명부인. 진덕왕 2년(648) 겨울, 아버지 김춘추와 함께 입당하여, 당태종으로부터 좌무위(左武衛)장군에 임명되었다. 무열왕 2년(655) 정월에는 이찬이 되고, 다음 해 7월에는 다시 입당, 658년에는 국정을 총괄하는 집사의 장관(中)이 되었으나, 661년의 사비성(泗沘城)구원 때에는, 잡찬(匝湌)·대당(大幢)부장군으로서 출정했다. 각간은 추증인가.

○【角干老且·角干智鏡·角干愷元】'나기' 태종무열왕 2년 조의 기사에는, 세 사람 모두 무열왕의 서자처럼 보이나, 본서의 적출자(嫡出子)라고 하는 기사가 맞을 것이다. 또 이 기사에는 이어서 노차(老且)는 해찬(海湌)(波珍湌)에, 지경(智鏡)은 이찬에, 개원(愷元)은 이찬에 임명되었다고 기록하고 있으나, 지경과 개원 두 사람이 적자 맏이 법민(파진찬)보다도 높은 이찬에 임명되었다고 하는 것은, 이하의 사실로부터도 잘못이다(아마

추기일 것이다). 노차(老旦)의 업적은 불명이나 지경과 개원 두 사람은 문무왕 7년(667)에 당제의 칙명으로 장군으로서 당의 요동의 난(고구려 원정)에 갔다. 이때 지경은 파진찬에, 개원은 대아찬에 임명되었다. 그리고 지경은 그다음 해 668년에는 중시(中侍)로 임명되고, 같은 해 고구려 토벌전에는 개원 등과 함께 대당(大幢)장군으로서 출정했는데, 나아가 다음 해 669년에는 중시의 관직을 물러났다. 또 개원은 효소왕 4년(695)에 상대등에 임명되었다. 그 이후의 소식은 완전히 불투명하지만, 720년에 만들어진 감산사(甘山寺)의 미륵존상 및 아미타불의 화광후기(火光後記)에는 개원이찬공(愷元伊湌公), 개원공(愷元公)이라고 기록되어 있다. 그러나 720년에 당시에 개원이 살아 있었는지 어떤지는 모른다. 또 세 사람의 각간 관위도 아마 추증일까.

○ 【知文級干】행적 미상. 급간(級干)(級湌)은 신라관위의 제9계.

○ 【車得令公】공(公)의 행적에 대해서는, '유' 권제2·문호왕 법민 조에 보인다.

○ 【馬得阿干】행적 미상. 아간(阿干)(阿湌)은 관위의 제6계.

○ 【庚申年】서기 660년. 이 해에 백제를 멸망시키다.

238○ 【在東宮時】김춘추가 태자가 되었다는 정확한 기사는 '나기'에는 보이지 않으나, 선덕·진덕 두 왕을 섬기고, 이찬에 임명되어 642년에는 고구려로, 647년에는 인질로서 일본에, 648년에는 당으로 가서, 신라의 명운을 걸고 외교 뒤에서 활약을 했다. 이것은 아마도 태자의 자격을 가지고 있었던 것으로 보인다.

○ 【請兵入唐】진덕왕 2년(648)에 김춘추가, 그 아들 문왕(文王)과 함께 입당하여, 백제토벌의 출사(出師)를, 당 태종에게 구한 것을 가리킨다(그리고 당 태종의 약속을 받아냈다). 이때 춘추는 장복(章服)을 고치고 중국의 제도를 따르고자 하여, 다음 해부터 신라의 의관제도가 당의 제도로 고쳐졌다.

○ 【唐帝】당태종을 말한다.

239○ 【義慈正】 무왕(武王)의 맏이. 무왕 33년(632)에 태자가 된다. 성격은 용맹하고 담대하며, 부모를 섬겨서는 효를, 형제에게는 우애를 다했기 때문에, 해동의 증자(曾子)라고 일컬어졌다. 641년에 무왕이 죽었기 때문에, 백제국 제31대의 왕위에 올라, 당 태종으로부터는 주국대방군백제왕(柱國帶方郡百濟王)의 작호를 받았다. 즉위 직후, 왕은 국력의 회복에 힘써 부왕의 뜻을 이어서 신라를 공격하여, 642년에는 신라국 서쪽의 40여 성을 정복하고, 그 요충 대야성(합천)도 공격했다. 더 나아가 고구려와 함께 신라로부터 당항성(黨項城)을 뺏고, 입당하는 길을 막으려고 했기 때문에, 신라는 크게 혼란되었다. 그 후에도 누누이 침입을 해서 신라를 괴롭혔으나, 왕은 이윽고 정치에 싫증을 느끼고 향락을 즐기며 사치에 빠져 국정을 어지럽혔다. 즉 오랫동안의 전쟁으로 국력이 피폐해져 있음에도 불구하고, 왕은 궁전 개수(改修)를 하는 등, 큰 토목공사를 일으키고, 주야로 향락에 젖어, 음란해지고 또 충성스럽게 간언을 하는 선비를 물리치고 아첨하는 신하가 권력을 잡고 있었기 때문에, 정치는 부패하고 인심은 동요하기에 이르렀다. 이러는 동안에 백제는 방어의 대비를 게을리했기 때문에, 660년에는 일찍이 침입의 기회를 엿보고 있던 나당연합군의 급습에 제대로 대처하지 못하였다. 왕은 당의 총사령관 소정방 등이 회군을 할 때에, 다수의 백제관민과 함께 당으로 끌려갔으나, 이내 객사했다.

○ 【虎王】 백제 제30대 무왕(武王)(재위 600-641년)을 말한다. 휘를 피하여 武를 虎라고 했다(주해 9 참조). 무왕(武王), 휘는 장(璋). 누누이 신라와 전쟁을 하고 또 크게 호화유흥의 생활을 보냈기 때문에, 국력을 소모시키는 일이 많았다. 또한 상세한 것은 후설의 '유' 권제2·무왕 조로 미룬다. 《참고》 '제기'.

○ 【海東曾子】 해동은 조선의 다른 말. 증자(曾子)의 이름은 삼(參), 字는 자여(子輿). 기원전 505-436년(?). 중국 남무성(南武城)(山東省費縣南西)의 사람. 공자 만년의 제자이며, 자주 효도(孝道)로 "대학"을 말하고, "효경(孝經)"을 저술하여 그 학문을 공자의 손자인 자사(子思)에게 전했다.

후세, 종성(宗聖)이라고 한다.

○ 【貞觀十五年辛丑】 서기 641년. 의자왕의 즉위에 관해서는 '나기'에, 무왕이 그 42년(641) 춘3월에 죽었기 때문에 태자(義慈)가 자리를 이었다고되어 있다. '유' 왕력에도 '신축에 오르다'라고 되어 있다.

240○ 【躭婬酒色云云】 '나기' 선덕왕 12년(643) 조에 의하면, 당 정관 17년(의자왕 3년)(643)에, 당 태종은 신라의 사신에 대하여 '百濟國恃海之嶮. 不修機械. 男女紛雜. 互相燕聚. 云云'이라고 말하고 있다. 이것에 의하면일찍부터 백제왕실의 음란과 향락의 바람이 전해졌던 것 같다. 다음으로'사'의 김유신전에는 655년 추9월에 유신이 백제를 공격해 들어가 도비천성(刀比川城)을 얻은 것을 말하며, 이것에 이어 '是時. 百濟君臣. 奢泰淫逸. 不恤國事. 民怨神怒. 災怪屢見. 云云'이라고 적혀 있고, '제기' 의자왕16년(656) 조에는 '春三月. 王與宮人. 淫荒躭樂. 飮酒不止'라고 있는데 더나아가 "당평제비문(唐平濟碑文)"에는 '況外棄直臣. 內信妖婦. 刑罰所及.唯在忠良. 寵任所加. 必先諂倖', 고구려 사문도현(沙門道顯)의 "일본세기(日本世記)"에는 '或曰百濟自亡. 由君大夫人妖女之無道. 擅奪國柄. 抹殺賢良. 故召斯禍矣.'('서기' 齊明紀 6년 조의 주 인용)과 백제내부의 부패의 모양을 전하고 있다.

○ 【佐平】 백제 제1위의 관작.

○ 【佐平成忠極諫云云】 '제기'에는 전술의 글(의자왕 16년 조)에 이어서 '佐平成忠(或淨忠). 極諫. 王怒因之獄中. 由是無敢言者. 成忠瘦死. 臨死上書曰'이라고 기록하고, 이것 이하 '王不省'까지의 글은 거의 본서와 같다.

○ 【炭峴】 '승람(권18) 부여현·산천 조에는 '炭峴. 在縣東十四里. 公州境'이라고 되어 있다. 이 탄현(炭峴)은 "대동여지도"에도 나타나 있다. 그러나 전투의 전후 형세로 보아 사비성(부여)의 동쪽에 있는 연산(連山)보다도 동쪽이 아니면 안 된다. 탄현(炭峴) 혹은 탄치(炭峙) sut-khol의 칭호를 가지는 언덕은, 현재 충청·전라 2도에 몇 군데 있다. 그러나 이게우치 히로시(池內宏)는 대전 동방의 충청남북도 도경계의 고개(지금의 마

도령(馬道嶺), "대동여지도"의 원치(遠峙))에 비정되어 있다. 신라영지인 보은(報恩)·옥천(沃川) 방면(충청북도)에서 당시의 백제의 동쪽 경계를 돌파하기에는 이 고개 이외에는 없다고 보는 것이다. 《참고》池内宏, '白江及び炭峴について'("滿鮮史研究" 上世 第二冊, 수록).

○ 【伎伐浦】 '제기'에 '백강(白江)'에 주를 달고 '或云伎伐浦'라고 있다. 본문의 기벌포(伎伐浦)에도 '又白江'이라고 주를 달고 있다. 백강은 또 웅진(熊津)강, 지금의 금강(錦江)(鎭江)이다. 그래서 기벌포는 '熊津江口', '白江之口'와 마찬가지로 금강의 하류 해구(海口)의 호칭일 것이다. 또 '一作只火浦'라고 주를 달고 있으나, 이것은 지화(只火)·기벌(伎伐) 모두 ki-pul에서 나온 것이다. 《참고》池内宏, 전게논문. 그러나 오다 쇼고(小田省吾)는 지금의 전라북도에 있는 부안이 백제시대는 개화(皆火)kai-pul이라고 불렀기 때문에 백강구(白江口), 즉 기벌포는 지금의 동진강(東津江) 하구(河口)에 비정해야 한다고 했다("朝鮮史大系" 上世史).

241 ○ 【現慶四年己未】 이미 말한 것과 같이 현경(現慶)은 현경(顯慶)(顯慶은 당 고종 조의 원호의 하나). 顯慶 4년 기미는 서기 659년.

○ 【百濟烏會寺云云】 '제기' 의자왕 조에는 보이지 않고, 의자왕 17년(657) 조에는 '夏四月. 大旱. 赤地'라고 보인다.

○ 【二月. 衆狐云云】 위와 같다, 의자왕 19년(659) 조에 보인다.

○ 【四月云云】 위와 같다.

○ 【雌雞】 "서경(書經)"의 목서(牧誓) 가운데에 '목계(牧鷄)'가 우는 것은 망국의 징조'가 되는 문장의 뜻이 있다.

○ 【泗沘(泚)】 백제말기의 도성으로, 지금의 충청남도 부여읍 지역. 475년의 남천(南遷) 이후, 백제의 도성은 금강유역의 웅진(충남 공주)에 있었으나, 성명왕은 538년에 국력의 회복을 꾀하여, 한층 더 하류역의 해당 지역으로 천도했다(나라를 남부여라고 불렀다고 한다). 이후 멸망 시까지 바뀌지 않았다. 또한 상세한 것은 '유' 권제2·남부여 조로 미룬다.

○ 【人食者皆死】 5월의 기사 말미에 있는 이 '人食者皆死'의 기사는 '제기'에

는 보이지 않는다.

○【九月云云】'제기'의 기사와 같다.

○【槐樹】나무 이름. 회화나무. 두과(豆科)의 낙엽교목.

○【五年庚申】당의 현경 5년 경신을 말한다. 서기 660년.

○【春二月. 王都云云】이하, '제기' 의자왕 20년(660) 조와 같다.

○【無數】'제기'에는 '不可數'라고 보인다.

○【六月云云】위의 의자왕기 20년 조에는, 이 전에 '五月. 風雨暴至. 震天王
道讓二寺塔. 又震白石寺講堂. 玄雲如龍. 東西相斗於空中'이라고 되어
있으며, 6월 이하는 거의 본서와 같은 문장이다.

○【舡楫】주읍(舟揖)이란 의미. 강(舡)은 작은 배.

○【百濟圓月輪】위의 의자왕기 20년 6월 조에는, '百濟同月輪新羅如月新'
이라고 되어 있다.

○【寢】침(寢)인가.

242○【太宗聞百濟國中多恠變】본문의 태종은, 당 태종이 아니고 신라의
태종무열왕을 말한다. '사'의 김유신전에는 '永徽六年乙卯(655)秋九月.
庾信入百濟. 攻入百濟. 攻刀比川城克之. 是時百濟群臣奢泰淫逸. 不恤國
事. 民怨神怒. 災怪屢見. 庾信告於王曰 … 於是愈急幷吞之謀.'라고 되어
있다.

○【五年庚申云云】이 해에 김인문을 당에 보내 출병을 요청한 것은 '사'의
김인문전에 보인다.

○【左虎衛大將軍荊國公蘇定力】592-667년. 좌호위(左虎衛)는 좌무위(左武
衛)를 말한다. 武를 虎로 한 것은 피휘에 의한다. 소정방(蘇定方), 이름은
열(烈), 자는 정방(定方). 기주(冀州) 무읍(武邑) 사람. 어려서 용감하고
사납기로 이름 높으며, 장금칭(張金称) · 양공향(揚公郷)의 적도를 물리
치고 향당 사이에서 무게를 보였다. 정관(貞觀) 초기, 당 태종을 섬기고
이정(李靖)을 따라 그 선봉이 되어 동돌궐 힐리가한(頡利可汗)을 치고,
그 공으로 좌무후중랑장(左武侯中郎將)을 받았다. 영휘 대에는 좌위훈일

부중랑장(左衛勳一府中郎將)이 되고, 유명해짐과 동시에 고구려를 치고, 좌둔위장군임청현공(左屯衛將軍臨淸縣公)을 받았다. 이어서 총산도대총관정지절(蔥山道大總管程知節)을 따라 서돌궐 아사나하로(阿史那賀魯)를 정벌했으나 실패했다. 고종 현경(顯慶) 2년, 좌둔위장군이려도행군총관(左屯衛將軍伊麗道行軍總管)으로서 또다시 서돌궐을 정벌하고 결국 아사나하로를 생포했다. 그 공으로 좌효위대장사(左驍衛大將事)가 되고 형국후(邢國侯)에 봉해졌다.

때로 또 사결후정도만(思結侯仃都曼)이 당조(黨詔)에 반란을 일으키자, 안무대사(安撫大使)로 임명받아, 병사를 이끌고 이를 치고, 그를 포로로 하여 동도(東都)에 돌아왔기 때문에, 총령(蔥嶺) 서쪽은 모두 평정했다. 현경 5년(660) 신구도행군(神丘道行軍) 대총관으로서 10만의 군사를 이끌고 백제를 정벌했다. 얼마 지나지 않아 요동도행군(遼東道行軍) 대총관이 되어, 평양도에 들어가 고구려군을 패강에서 치고, 나아가 평양을 포위했으나, 대설을 만나 포위를 풀고 돌아갔다(660-611).[514] 그 후 순주안집대사(淳州安集大使)에 봉해지고 토번(吐蕃)·토곡혼(吐谷渾)을 평정하여 공을 세웠다. 건봉(乾封) 2년(667)에 죽었다. 나이 76. 좌효위대장군유주도독(左驍衛大將軍幽州都督)에 봉해졌다. 시호는 장(莊). 《참고》 "구당서"(권83) 소정방전, "신당서"(권111) 소정방전.

○ 【神丘道行策摠管】"신당서" 백제전에는 '神丘道行軍大總督', 같은 책의 소정방전에는 '神丘道大總管', '제기' 의자왕기에는 '神丘道行軍大惣管'으로 보이기 때문에 책(策)은 軍으로 고쳐야 할 것이다. 그러나 "구당서" 신라전에는 神丘道行軍大總管이라고 하지 않고, '웅진도대총관(熊津道大總管)'이라고 적고 있다.

○ 【柳伯英】"신당서" 고종본기, 같은 책 백제전, "당평백제비(唐平百濟碑)"에 그 이름이 보이지만, 전승 미상.

---

514) 원문 그대로이다.

○【馮士貴】“신당서” 백제전에 그 이름이 보이지만, 전승 미상. “책부원구”(986)에는 ‘馮子猷'으로 보인다.

○【龐孝公】“신당서” 백제전에는 ‘방효태(龐孝泰)’로 보인다.

○【統十三萬】“구당서” 신라전에는 ‘統水陸十萬’, “자치통감”에는 ‘水陸十萬’이라고 되어 있을 뿐, 다른 당사에는 상세한 기록이 없다. ‘제기’ 의자왕기에도 ‘統兵十三萬’이라고 되어 있을 뿐이다.

○【嵎夷道】우이(嵎夷)는, 일반적으로는 “서경” 요전(堯典)에 ‘宅嵎夷, 曰暘谷.’이라고 되어 있는 것같이, 해가 나오는 곳을 가리키지만, “후한서” 동이전에 ‘夷有九種. 曰畎集・于夷・方夷・黃夷・伯夷・嵎夷・玄夷・風夷・陽夷. 昔堯命義仲. 宅嵎夷. 曰暘谷. 蓋日之所也.’라고 보이며, 또 “우공추지(禹貢錐指)”에 ‘朝鮮更在成山之東寅. 賓出日. 尤爲得宜. 范史. 以東夷九種爲嵎夷. 必有根據. 杜氏通典. 亦用其說. 今從之’라고도 되어 있듯이 넓은 의미로는 구이(九夷)를 가리키고, 좁은 의미로는 지금의 한국을 가리킨다. 나아가 우이(嵎夷)는 산동반도의 등주(登州)나 동방해상도 가리킨다. 신라왕 춘추가 임명받은 우이도행군총관(嵎夷道行軍總管)의 의미는, “자치통감”(당기・고종상의하의 현경 5년 3월 조)에 ‘以春秋, 爲嵎夷道行軍總管’에 주를 달고 ‘因堯典宅隅夷曰暘谷而命之’라고 보이는 대로 좁게 해석해서, 조선 지역으로 편성한 백제정토군의 사령관으로 풀이하는 것이 적당할 것이다. 또 앞서 신구도행군대총관(神丘道行軍大總管)인 신구(神丘)도 추상적인 이름이다. 한편 ‘사’ 지리지(4)의 마지막에는 인덕(麟德) 2년(665)의 취리산(就利山)의 신라백제 맹세로 정한 웅진도독이 관할하는 백제의 봉강(封疆)을 보인 주현 이름이 기재되어 있다. 그 최초의 ‘도독부(都督府)’ 조에는 ‘一十三縣’이라고 소속의 현 수를 들고, 그 현 이름을 하나하나 기록하고 있으나, 그 필두에 우이현(嵎夷縣), 다음으로 신구현(神丘縣)의 이름이 올라 있다. 그러면 우이・신구의 2현은 어디에 놓인 것일까. 다소 지면을 필요로 하지만, 고구(考究)를 하겠다. 위의 지리지의 ‘도독부’ 조에 이어서 ‘동명주(東明州)・사현’이 있고,

그 소속 현의 필두로 웅진현의 이름이 올라 있다. 그리고 웅진군은 원래 웅진촌(村)이라고 되어 있기 때문에, 동명주의 주도(州都)는 웅진이나 그 근방에 놓였던 것일 것이다. 그러하면 위의 무명의 '도독부'는 옛 도읍의 사비(泗沘)에 놓였던 것인가 한다. 그래서 그 필두에 올려진 우이현, 다음의 신구현은 다른 주의 용례로 보아 사비나 사비 근방에 놓였던 것으로 생각된다. 한편으로 백제정벌 총사령관을 신구도행군대총관이라고 칭하고 혹은 우이도행군총관으로 불렀던 것은, 지금까지 말한 것과는 반대로 우이현·신구현이라고 하는 백제의 지명에 유래했던 것인가라고도 생각된다. 그러나 위의 지리지 소재의 각 현 이름에는 반드시 옛 이름이 기재되어 있는데, 우이, 신구의 2현에 한해서는 옛 이름이 빠져 있다. 아마 이것은 665년의 개편에 즈음하여 새롭게 설치된 현이었기 때문일까. 게다가 이 2현의 이름은 백제정벌군의 총사령관의 군 이름에 기인하여 명명되었던 것일까.

○ 【城山】 "구당서" 소정방전에 보이는 성산(成山)으로 중국의 산동반도의 성산각(成山角) 부근의 항구.

○ 【德勿島】 지금의 경기도 서방 해상에 있는 덕적군도(德積群島) 중 으뜸가는 섬. '사'에는 덕물도(德物島). "도리기(道里記)"에는 득물도(得物島). "고려사" 지리지(唐城郡 조) 에는 인물도(仁勿島). 같은 책의 세가(世家)·고종 46년 2월 조에는 '徒西京黃州民于德積島'에 처음으로 덕적도(德積島)의 이름으로 기록된다. 덕물(德物)·득물(得物)·득적(得積)은 모두 tŏk-mur을 나타낸 것이다.

243○ 【佐平義直進曰云云】 이 문장은 '제기' 제6, 의자왕 20년 6월 조에 보인다.

○ 【達率常永等曰云云】 이 문장은 위와 같은 곳에 보인다. '달솔(達率)'은, 백제의 제2위의 관위. 7월 초에 패하고 상수(常水)는 좌평 충상(忠常) 등 20여 명과 함께 신라군에 잡혀, 충상과 함께 신라를 섬기고 11월에는 일길찬(一吉飡)을 받아 총관의 자리에 올랐다.

○ 【猶預】 유예(猶豫). 예(預), 예(豫)는 음 상통.

○ 【古馬𨚵知之縣】 𨚵는 며(於)의 잘못일 것이다. ① '사' 지리지(3) · 무주(武州) · 보성(寶城)군 조에는 '馬邑縣. 本百濟古馬𨚵知縣. 景德王改名. 今遂寧縣.' 또 ② '승람(권37) 전라도 · 장흥도호부 · 고적 조에는 '遂寧廢縣. 本百濟古馬弥[515]知縣. 新羅改馬邑. 爲寶城郡領縣. 高見改今名. 屬靈巖郡. 後來屬. 今爲府治.'라고 되어 있다. 즉 고마며지현(古馬𨚵知縣)은 지금의 전라남도 장흥군의 지역 내에 있었다.

○ 【如何】 '제기' 의자왕기에는, '如之何'라고 되어 있다.

○ 【首曰. 大槩如佐平成忠之說】 좌평 성충(成忠)의 설은, 전술한 '제기' 제6(의자왕 20년 6월 조)에는 다음과 같이 홍수(興首)의 의견을 들고 있다. 즉 '唐兵既衆. 師律嚴明. 況與新羅兵共謀掎角. 若對陳於平原廣野. 勝敗未可知也. 白江(或云伎伐浦) 炭峴(或云沉峴) 我國之要路也. 一夫單槍. 萬人莫當. 宜簡勇士往守之. 使唐兵不得入白江. 羅人未得過炭峴. 大王重閉固守. 待其資粮盡. 士卒疲. 然後奮擊之. 破之必矣.'라고.

○ 【縷絏】 '제기' 의자왕기에는 '유설(縲絏)'로 되어 있다. 유(縲)는 검은 밧줄. 설(絏)은 묶는 것. 죄인으로서 잡혀 있는 것.

244○ 【黃山】 지금의 충청남도 연산(連山) 지역. 백제시대는 황등야산군(黃等也山郡)이라고 했는데, 신라시대에는 황산군(黃山郡)이라고 고쳤다. 그리고 고려시대에 연산현(連山縣)이라고 고쳤다. '사' 지리지(3) · 황산군 조, '승람(권18) 충청도 · 연산현의 건치연혁 조 참조.

245○ 【津口】 '제기' 의자왕기에는 '熊津口'라고 적혀 있기 때문에, 백강구(白江口) 즉 금강의 하구방면일 것이다.

○ 【忽有鳥 … 墜於座前】 '제기'에는 보이지 않는다.

○ 【元帥】 대총관 소정방을 말한다.

○ 【定方出左涯 云云】 '제기'와 같은 문장.

---

515) 고증 원문 그대로.

○【尨涯】‘제기’에 의해 ‘左涯’로 정정해야 할 것이다.

○【垂山】‘제기’에 의해 ‘乘山’으로 정정해야 할 것이다.

○【軸轤】정확하게는 박로(舶轤). 음 상통.

○【直趨都城】‘제기’에는 ‘直趨眞都城’이라고 한다. “신당서” 백제전에는 ‘趨眞都城’이라고 보인다.

245a○【與太子隆或作孝誤也. 走北鄙】“신당서” 백제전의 ‘義慈挾太子隆, 北走鄙’에 바탕을 둔 것이라고 생각되나, ‘제기’ 의자왕 조에는 ‘與太子孝, 走北鄙’라고 보인다. 주에도 있듯이 태자 효(孝)는 융(隆)으로 고쳐야 할 것이나, ‘제기’에는 태자 효 외에 왕자 융이 있었던 것처럼 기록하고 있다.

245○【太子之子文思請王泰曰. 云云】“신당서” 백제전에는 ‘義慈孫文思曰云云’이라고 보이며, ‘제기’에는 ‘太子子文思, 謂王子隆曰, 云云’이라고 되어 있다. 본문의 ‘謂王泰曰’은 전후의 사정으로 보아 글 뜻이 맞지 않는다.

○【起(超)堞(堞)】“신당서” 백제전, ‘제기’에는 ‘초첩(超堞)’이라고 되어 있다. ‘유’의 판본도 대부분은 ‘초첩’이 되어 있다.

○【於是王及太子隆. …送京師】‘제기’에는 ‘定方, 以王及太子孝, 王子泰·隆·演及大臣將士八十八人, 百姓一萬二千八百七人. 送京師’라고 보인다. 또 “구당서” 백제전에는 ‘虜義慈及太子隆, 小王孝·演, 僞將五十八人, 送於京師’, “신당서” 백제전에는 ‘定方, 執義慈·隆及小王孝·演. 酋長五十八人. 送京師’ 또 ‘나기’(무열왕 7년 조)에 ‘定方, 以百濟王及王族臣寮九十三人. 百姓一萬二千人. 自泗沘乘舩廻唐. 金仁問與沙湌儒敦·大奈麻中知等偕行’이라고 되어 있다.

246○【其國本有云云】‘제기’ 의자왕 조와 같은 문장. “구당서” 백제전에는 ‘其國舊分爲五部, 統郡三十七·城二百·戶七十六萬’, “신당서” 백제전에는 ‘平其國 五部·三十七郡·二百城·戶七十六萬’이라고 되어 있다. “평백제국비명(平百濟國碑銘)”에는, 조금 더 상세하게 ‘凡置五都督·三十七州·二百五十縣. 戶二十四萬·人口六百二十萬’이라고 보인다. 그러나 五部의 설명은 ‘유’ 권제2·남부여, 전백제 조의 오방성(五方城)의 항목

으로 미룬다. 또 '유' 권제1·변한, 백제 조에 '百濟全盛之時, 十五萬二千三百戶.'의 기사가 있었던 것은 이미 서술한 대로이지만, 본문의 '戶七十六萬' 비명(碑銘)의 '戶二十四萬'과의 관계는 어떤 식으로 봐야 할까. (참조91).

○ 【析置 … 五都督府. 擢渠長. 爲都督刺史. 以理之】"구당서" 백제전에는 '熊津·馬韓·東明等'이라고 하는 것에 대해서, "신당서" 백제전에는 '熊津·馬韓·東明·金璉·德安五都督府'라고 앞에 보이지 않는 2도독부(都督府) 이름이 보충되어 있다. '제기'는 후자에 의한 것이나, 금련(金璉)은 금련(金漣)이라고 하고 있다. '유'의 본문은 '제기'를 따랐을 것이다. 백제토벌 후, 즉각 총사령관겸 정방 이하 당의 원정군은 본국으로 물러갔으나, 이 신점령지 통치를 위해, 당은 젊은 장군(郎將) 유인원(劉仁願)에게 명하여 병사 1만을 이끌고 옛 도읍 사비성에 주둔하게 함과 동시에, 국내에는 5도독부 이하를 설치하여 도독·자사·현령(縣令) 등에게는 친당적 백제인 거추(巨酋)를 임명하여 소위 기미(羈縻)정책을 실행하려고 했던 것 같다. 그러면 이 5도독부는 어디에 설치하려고 했던 것일까. 이게 우치(池内)는 '멸망 이전의 백제에는 오방(五方)이라고 불렸던 지방행정구획이 있었다. 즉 주서(周書)(권94) 백제전에 "治固麻城. 其外更有五方. 中方曰古沙城. 東方曰得安城. 南方曰久知下城. 西方曰刀先城. 北方曰熊津城"이라고 되어 있는 것으로, "한원(翰苑)"의 백제 장(章)의 주에 달려 있는 "괄지지(括地志)"의 글에도 "又有五方. 若中夏之都督. 方皆達率領之. 每方管郡. 多者至十. 小者六·七. 郡將皆恩率爲之. 郡縣置道使. 亦名城主"라고 했으며, 다음으로 도읍의 남쪽 260리의 고사성(古沙城), 동남 100리의 득안성(得安城), 남쪽 360리의 구지하성(久知下城), 서쪽 350리의 도선성(刀先城), 동북 60리의 웅진(熊津)성이 열거되어 있는데, 이 오방이 앞서 보인 "구당서" 백제전의 문장에 "其國舊分爲五部"云々에 보이는 오부(五部)에 다름없는 것은 일찍이 내가 말했던 바이다(고구려의 5족 및 5부). 그런데 문제의 5도독부 가운데, 마한·동명·금련(金璉)

은, 그 가리키는 지역이 불명하다고 해도, 웅진은 오방의 웅진과 마찬가지이며, 덕안(德安)은 득안(得安)과 통하기 때문에, 5도독부는 五方(五部)의 각각에 설치되려고 했던 것처럼 생각된다. 그러나 그것은 어쨌든 5도독부의 설치 그 자체는 왕문도(王文度)를 파견하기 이전의 탁상의 계획이었다. 그리고 문도(文度)의 죽음과 함께, 결국 실현에 이르지 못했던 것이다'(전게 논문 수록)라고 말했다. 이 5도독부는 이게우치가 말하는 것처럼 이전의 오방을 그대로 답습한 것은 아니다. 그러나 백제인 반항이나 신라의 침입에 의해 실제로 설치되었던 것은 웅진도독부에 지나지 않았던 것 같다. 그리고 초대 웅진도독에는 당의 왕문도가 임명되었으나, 부임 직후에 죽었기 때문에, 유인궤(劉仁軌)가 대신했다. 당에서는 이 5도독부의 설치가 그림의 떡으로 돌아갔기 때문에, 백제인의 부흥운동을 진압하자, 옛 태자 부여 융을 웅진도독으로서 그 고국에 파견해 보내서 남은 군중을 소집하게 했다. 그 때문에 당은 백제와 신라를 화친하게 하려고 665년에 웅령(熊嶺)이나 취리산에서 융과 문무왕과의 맹세를 하게 하여 봉강(封疆)을 확정하게 했다. '사' 지리지의 말미에 기재되어 있는 1도독부·7주·51현은 웅진도독이 관할하는 백제의 봉강 즉 당의 직할령이어야 할 지역을 보이는 것인데, 이것은 다음과 같다. ① 都督府(13縣), ② 東明州(4縣), ③ 支尋州(9縣), ④ 魯山州(6縣), ⑤ 古四州(5縣), ⑥ 沙泮州(4縣), ⑦ 帶方州(6縣), ⑧ 分嵯州(4縣)(縣名은 모두 생략한다). 이 8주·51현의 지역을 비정한다면, 대체로 지금의 충청남도, 전라북도·전라남도에 해당하기 때문에, 660년 당시의 백제국이다. 그러나 융은 군중이 소집되지 않을 것을 두려워해서 당의 수도로 돌아갔기 때문에, 이것 또한 그림의 떡이 되어 버렸다. 《참고》 이게우치 전게논문, 스에마쓰 '百濟の故地に置かれた唐の州縣について'("靑丘史草" 第一 수록).

○【熊津】 '서기'(雄略紀)에는 구마나리(久麻那利)라고 보이는데, 지금의 충청남도 공주 지역이다. 예부터 금강(熊津江) 연안의 요지. 백제는 475년에, 고구려(장수왕)의 침입을 받고 패하여, 도읍 한성(漢城)이 함락되어

개로왕도 잡혀 죽임을 당했다. 이 전쟁으로 백제는 한강 유역을 전부 잃고 멸망에 가까웠으나, 왕자(王弟) 문주(文周)는 남쪽으로 도망가서 일본 등의 원조에 의해 이 지역에서 망국을 부흥했다. 그리고 이후 60여 년간 이 지역은 538년에 성명왕이 금강 하류의 사비(부여)에 천도하기까지 백제의 도읍이 되었다. 그러나 660년에 당, 신라연합군이 백제를 멸망시키자, 당은 백제의 옛 땅을 통치하기 위하여 5도독부를 설치하려고 했으나, 이 지역에도 그 하나가 들어왔다. 그러나 역사 위에 전해지는 웅진도독부는 이 지역에 설치된 것은 아닌 것 같다. 후에 신라가 백제의 옛 영토를 병합하자, 문무왕은 옛 수도 사비(부여)에 소부리주(所夫里州)(671)를 설치했는데, 이 지역에는 웅천군을 두었다. 나아가 신문왕 6년(686)에 소부리주를 없애고 웅천주가 이 지역에 놓였다. 웅천주는 그 후 경덕왕대에 웅주(熊州)로 이름을 고쳤으나, 고려 태조 23년(940)에는 공주(公州)로 바꼈다.

○ 【馬韓】 '승람(권33 · 전라도) 익산군의 건치연혁 조에 '本馬韓國(後朝鮮 王箕準. 箕子四一代孫也. 避衛滿之亂. 浮海而南. 至韓地開國. 仍號馬韓) 至百濟始祖溫祚王. 并之. 自後號金馬渚. 新羅文武王改金馬郡. 至高麗屬 全州. 云云'이라고 되어 있다. 지금의 전라북도 익산군의 지역은 예부터 마한국과의 전승이 있었을 것이다. 660년의 백제토벌 후, 당이 점령지에 두려고 했던 5도독부 가운데의 하나인 마한도독부는, 이 익산에 두려고 했던 것일까. 그러나 이 지방은 일찍 신라의 영토로 돌아가고, 고구려로부터 투항한 귀인 안승(安勝)은, 이 익산에 놓이며, 신라 문무왕으로부터 고구려왕으로 봉해져 보덕왕(報德王)이라고 한 것은 주지의 일일 것이다. 이 안승이나 익산(益山)에 대해서는 '유' 권제2 · 문호왕 조에 상세하게 적을 예정인데, 익산 지역에는 불교유적이 많다.

○ 【東明】 이미 말한 대로, '사' 지리지(4)의 말미에 안동도호부 아래에 들어 갔다고 생각되는 동명주(東明州)와 소속현인 4현의 이름이 보인다. 이게 우치는 이 동명주에 대하여, '동명주는 백제멸망 후, 당이 5도독부의 하

나로서 동명도독부를 두려고 했던 지역일 것이나, 그 위치는 모른다. 그러나 소속 4현의 제1로 들 수 있는 "熊津縣, 本熊津村"은 공주의 서북, 금강의 우측 강변의 지금의 熊津渡516) 같다. 다른 3현도 주치(州治)와 함께 강북에 있었을 것이다.'('百済滅亡後の動亂及び唐・羅・日三國の關係' "滿鮮史研究" 上世 第二冊 수록)라고 말하고 있다. 그러나 동명도독부는 웅진 내지는 웅진 부근에 놓이려고 했던 것으로 보인다. 그리고 동명주의 이름은 부여전설에 보이는 시조동명에 기인하며, 백제와도 인연이 있는 역사적 명명이다.

○ 【金漣】 불명.

○ 【德安】 '사' 지리지(4)의 말미에 실려 있는 '도독부, 13현' 조에 '德安縣. 本德近支'라고 되어 있으나, 이 덕안(德安)현은 '사' 지리지(4). 전주・덕은군(德殷郡) 조의 '本百濟德近郡. 景德王改名. 今德恩郡.'이나, '승람(권 18・충청도) 은진현(恩津縣) 고적 조의 '古德恩, 在今治東南十二里' 등의 기사를 통하여, 지금의 충청남도・은진(恩津)의 동남12선리(鮮里)의 옛 덕은(德恩)에 비정된다. 또한 덕안(德安)에 대해서는 "주서(周書)" 백제 전의, 5방을 적은 조에 '東方曰得安城.', 또 '서기'(天智天皇称制二年紀春二月 조)에 '新羅人燒燔百済南畔四州. 幷取安德(德安?)等要地. 云云'이라고 되어 있으며, 나아가 '나기' 문무왕 3년 2월 조에 '欽純・天存領兵. 攻取百濟居列城. 斬首七百餘級. 又攻居勿城. 沙平成降之. 又攻德安城. 斬首一千七十級.'이라고 보인다.

○ 【都督】 관명. 군병을 총 감독한다는 의미로, 중국의 삼국시대에 처음으로 행해진 명칭이다. 위진시대, 주(州)의 정치는 자사(刺史)가 장악하는 바이었으며, 군정(軍政)은 도독이 장악하는 바이었다. 도독은 도독군주사(都督軍州事) 등의 약어이며, 또 그 지위의 상하에 따라 사지절(使持節), 지절(持節), 가절(假節) 등으로 나누고, 때로 도독중외제군사(都督中

---

516) 고증 원문 그대로.

外諸軍事), 대도독이라고 칭호하는 관(官)도 있다. 그들은 대개 수 주(州)
이상의 군정을 아우르며, 보통 자사(刺史)를 겸임했다. 그러나 자사로서
다스리는 곳은 겨우 그 거주하는 하나의 주(州)에 그쳤다. 남북조시대에
도 거의 위진의 제도를 답습했으나, 북주(北周)만은 도독의 칭호를 총관
(摠管)이라고 고쳤다. 수(隋)도 북주의 제도에 의해, 한층 더 상중하의
3등으로 나누었다. 당은 처음에 수(隋)에 의해 요소에 총관부를 두고
군정을 총괄했으나, 나중에 고쳐서 도독부로 했다. 660년의 백제토벌 후,
이 백제 옛 지역의 각 주(州)에 두려고 했던 도독·자사는 당초의 제도에
바탕을 둔 것으로 보인다.

○ 【刺史】관명. 진(秦)은 군(郡)에 감어사(監御史)(간단하게 감(監)이라고
도 한다)를 두고 군정(郡政)의 감찰에 맡겼으나, 한(漢)은 이것을 빼고 승
상사(丞相史) 혹은 어사(御史)에 의해서 수시로 지방의 감찰을 행했다.
이어서 무제(武帝)의 원봉 5년(기원전 106)에는 전국을 13주부(州部)로
나누고, 부자사를 군국(郡國)에 파견하여 감찰하게 했다. 자사는 녹봉
600석(石)을 가지고, 2,000석의 군수국상(郡守國相)을 감찰했기 때문에,
그 불합리를 논하는 자가 나타나, 그래서 기원전 8년에 자사를 주목(州
牧)이라고 고치고 녹봉도 진(眞) 2,000석으로 올렸다. 그러나 기원전 5년
에는 자사를 복구하고 더 나아가 기원전 1년에는 또 다시 주목(州牧)으로
했다. 후한, 광무제의 건무(建武) 18년(기원후 42)에는 주목을 고쳐 자사
로 하여, 그 다스리는 장소를 정해 주(州)에서 벗어나지 않도록 했다. 자
사는 어디까지나 감찰관이며, 지방동란이 있을 때에는 하나의 주를 이끄
는 힘을 가지지 못했기 때문에, 188년에 끝내 주목을 신설하여 한 주를
통솔하게 했다. 이로 인해 주목, 자사의 임무는 매우 무거워졌는데, 위진
때에는 자사는 백성을 관장하고, 군정에는 별도로 도독제주군사(都督諸
州軍事)가 하였는데, 요지의 자사는 도독제주군사를 겸해 장군을 데리고
관청을 열었기 때문에, 그 지위는 매우 막중하기를 더했다. 남북조에도
역대적으로 모두 이것을 설치하고 위진의 옛 제도에 따랐다. 수(隋)는 군

(郡)을 고쳐 주(州)로 하고 태수(太守)를 고쳐 자사로 했기 때문에, 이로 인해 주(州)는 단순히 통치하는 것에 지나지 않았고, 자사의 성질은 여기에 일대변환을 이루어, 당도 군(郡)에는 태수를, 주(州)에는 자사를 두었는데, 실질적으로는 옛 군수(郡守)가 여러 도(道)의 장관에 속하며 절도지휘(節度指揮)를 받는 자에 지나지 않았다.

○ 【劉仁願】 자는 사원(士元). 당의 무장. 660년에는 우이도행군대총관(嵎夷道行軍大總管)을 받고, 소정방을 따라 백제를 정벌했고, 소정방 등이 귀국 후, 사비성에 진수(鎭守)했다. 다음 해 661년에는 백제에서 파견된 신하 귀실복신(鬼室福信)·도침(道琛) 등에게 포위되어 고전했으나, 유인궤의 지원을 받아 포위를 풀고, 663년에는 인궤와 함께 일본의 백제지원군을 백촌강(錦江河口)에서 쳐부수어, 백제의 부흥을 누르고 우위위장군노성현공(右威衛將軍魯城縣公)이란 벼슬을 받았다. 667년의 이세적(李世勣)이 고구려를 정복할 때에, 기일에 늦었기 때문에 소환되어, 다음 해 요주(姚州)로 유배되었다. 생몰년 불명. 지금 663년에 세워진 '유인원기공비(劉仁願紀功碑)'가 백제 옛 도읍인 부여의 부여산성 안에 있는데, 닳아서 글자가 흐려진 정도가 매우 심하다.

○ 【王文度】 "구당서" "신당서"의 백제전에 보이는 것 이외 전승이 미상. '나기' 무열왕 7년(660) 9월 조에는 '唐皇帝. 遣左衛中郎將王文度. 爲熊津都督. 二十八日. 至三年山城(충청북도 보은) 傳詔. 文度面東立. 大王面西立. 文度欲以宣物援王. 忽疾作. 便死. 從者攝位畢事.'라고 되어 있는데, 이것은 당사(唐史)를 보충한 것이다. 그리고 문도(文度)가 죽고 대신 웅진도독에 유인궤가 임명되었다.

○ 【王病死】 왕문도의 죽음을 적은 것이 아니고, 당에 끌려간 백제 의자왕의 병사에 대하여 적었다.

○ 【金紫光祿大夫】 광록대부(光祿大夫)는 본래는 은장청수(銀章青綬)로, 논의를 주관하고 또한 칙명에 고문 응대하는 것인데, 위진 이후는 사람이 없었고, 모두 가관(加官) 및 예증(禮贈)의 관이 되었고, 금장자수(金章紫

綬)를 더했다. 이것을 금자광록대부라고 한다. 또 당·송 시대에는 고르 게 정삼품 문계관(文階官)이 되었다.

○ 【衛尉卿】 위위(衛尉)는 원래 진(秦)의 관명으로서 구경(九卿)의 하나. 문위둔병(門衛屯兵)을 관장한다. 후한에 이르러 위위경 한 사람을 둔다. 군기의장장막(軍器儀仗帳幕)을 맡는 것도 당대에는 예증(禮贈)의 관리였다.

○ 【孫皓】 242-284년. 삼국시대 오(吳)의 제4대 황제. 재위 264-280년. 손권(孫權)의 손자로 손휴(孫休)의 뒤를 이어 왕위에 올랐으나, 음란하고 사나우며, 덕정을 베풀지 않고, 국내는 어지러웠다. 또 끊임없이 진(晋)의 공격을 받아 국력이 쇠약해지고, 280년에는 진(晋)에게 항복을 하고 오(吳)는 망했다. 손호(孫皓)는 낙양에 보내어져, 귀명후(歸命侯)를 받았는데, 낙양에서 죽었다.

○ 【陳叔寶】 남조 진(陳)의 장성(長城)공. 소위 진(陳)의 마지막 왕, 후주(後主)를 말한다. 선제(宣帝)의 뒤를 이어, 582년에 진(陳)의 제5대째 황제가 되었으나, 589년에 수(隋)에 망했다. 이 후주 때에 궁정문학(宮廷文學)이 꽃피었다.

○ 【爲竪碑】 "구당서" 백제전에 '義慈 … 及至京數日而卒. 贈金紫光祿大夫 衛尉卿. 特許其舊臣赴哭送. 就孫皓·陳叔寶墓側葬之. 幷爲竪碑'라고 기록되어 있다. '사', '유' 모두 이 문장을 쓰고 있다.

247○ 【七年壬戌】 顯慶 7년의 뜻. 올바르게는 당 고종의 용삭 2년(662). 신라 문무왕 2년, 고구려 보장왕 21년에 해당한다.

○ 【浿江】 중국인은 한위 시대에는 압록강 혹은 청천강(淸川江)을 패강이라고 하고, 대동강을 열수(列水)라고 했는데, 남북조시대에 들어가자, 대동강을 패수, 당대에는 패강이라고 불렀다.

○ 【馬邑山】 평양성의 서남 지역. '승람(권51, 평안도) 평양부·고적 조에 '馬邑山, 一統志. 在平壤城西南. 唐蘇定方. 奪馬邑山, 遂圍平壤郞此.'라고 보인다.

○ 【平壤城】 고구려의 도성(都城). 427년에 장수왕이 압록강변의 환도(丸

都)(通溝)에서 이곳으로 도읍을 옮겼다.

○ 【乾封二年】 서기 667년. 건봉(乾封)은 당 고종 조의 원호.

○ 【主驍騎大將軍】 당대에 효기대장군(驍騎大將軍)은 존재하지 않았기 때문에, 좌효위대장군(佐驍衛大將軍)으로 바로잡아야 할 것이다.

○ 【幽州】 시대에 따라, 그 범위나 다스리는 장소가 다르지만, 당대(단 천보, 지덕(至德)을 제외한다)에 있어서 유주(幽州)가 다스리던 장소는 계(薊)(北京市內城北壁德勝門外)이었다.

247a○ 【已上唐史文】 이상의 본문의 출전에 대해서는 이미 여러 곳에서 설명했다.

248○ 【新羅別記】 본문에서 처음으로 인용되었을 뿐이고 다른 곳에는 보이지 않는다.

○ 【文虎王即位五年乙丑】 서기 665년.

○ 【假王扶餘隆】 '제기' 의자왕 조에 '立王子隆爲太子'라고 되어 있으나, 같은 책의 의자왕 20년 조에는, '於是王及太子孝與諸城皆降. 定方以王及太子孝·王子泰·隆·演及大臣將士八十八人·百姓一萬二千八百七人. 送京師'라고 되어 있기 때문에, 융(隆)은 의자왕의 태자일까, 셋째일까라는 두 가지 설로 나누어진다. 그러나 '서기'(齊明 六年)에는 '所提百濟王以下, 太子隆等諸王子等十三人'이라고 보이며, 구당서(太宗紀 11년)에는 '十二月辛酉, 百濟遣太子隆來朝', 또 같은 책의 '백제전'에도 '故立前百濟太子司稼正卿扶餘隆, 爲熊津都督'이라고 되어 있다. 나아가 "평제탑(平濟塔)"에는 '其王扶餘義慈及太子隆自外正餘孝', "유인원기공비(劉仁願紀功碑)"에는 '執其王扶餘義慈並太子隆'이라고 되어 있다. 즉 '서기', "구당서" 및 두 비(碑)도 모두 융(隆)을 태자로 하고 있기 때문에, 융이 의자왕의 태자였다는 것은 틀림없을 것이다. 융은 사비성이 함락당한 후, 소정방을 따라 왕 및 여러 왕자와 함께 당의 낙양에 갔으나, 가서 3년을 지나, 고종의 조칙에 의해 광록태부태상원경(光祿太夫太常員卿)을 하사받고 웅진도독대방군왕(熊津都督帶方郡王)을 겸해서 남은 군중의 진정을 위

해 옛 나라로 돌아가게 되었다. '가왕(假王)'이라고 본문에 있는 것은, 이 때문이다. 그리고 664년에 김인문·유인원과 웅진에서 만나 맹세를 하고, 다음 해 665년 추8월에는, 본문에도 있듯이 신라문무왕 및 유인원과 웅진의 취리산에서 백마를 죽이고 맹세를 했다. 인원 등은 남은 백성의 진정시키고 본국에 돌아갔으나, 융은 군중이 흩어질 것을 두려워해서 낙양으로 도망쳤다. 10여 년 후, 고종은 다시 융을 웅진도독대방군왕으로 삼고 옛 나라로 돌아가게 해서 백성을 안심시키려고 했으나, 그때에 신라는 세력이 강해져, 융은 옛 땅으로 돌아갈 생각 없어 고구려에 들렸다. 융의 최후에 대해서는 "신·구당서", "자치통감" 등의 여러 서적은 모두 낙양에 돌아가지 못하고 도중에서 죽고, 따라서 향년도 불명이지만, 다이쇼 (大正) 9년 가을에 민국(民國)의 하남성하락도낙양(河南省河洛道洛陽)의 북망(北芒)에서 출토된 "백제부여융묘지(百濟扶餘隆墓誌)"(羅振玉의 소장이 되어 있었다)에 의해, 고종 영순(永淳) 원년(682)에 나이 68로서 낙양의 사택에서 죽었고, 보국대장군(輔國大將軍)을 받고, 10월 24일에 낙양의 북망청선리(北芒淸善里)에 매장되었다는 것이 밝혀졌다.

○ 【作壇. 刑白馬而盟】 이 회맹(會盟)의 기사는, "구당서" 백제전, "신당서" 백제전, "책부원구"(권981·외신부맹신(外臣部盟信) 조), "전당문(全唐文)" (권158 수록의 '맹신라백제문(盟新羅百濟文)'), '제기'(제6) 등에 보인다.

○ 【盟曰云云】 취리산의 맹문은 "천지서상지(天地瑞祥志)"에 보인다. 그러나 '盟曰云云'에 보이는 '유'의 본문은 "구당서" 백제전의 기사를 답습하고 있다.

○ 【百濟先王】 의자왕을 말한다.

○ 【天子】 이곳에서는 당 고종을 가리킨다.

○ 【皇】 당 고종을 말한다.

○ 【司農正卿】 다른 판본에는 사가정경(司稼正卿)이라고 되어 있다. "구당서"(백제전)에는 사가정경 또 '제기'(제6)에는 '융에게 사가경을 주다.'라고 되어 있다. "주례(周禮)"(地官, 可稼)에는 '司稼, 掌巡邦野之稼'라고 되어 있듯이, 사가(司稼)는 가색(稼穡)[517]을 관장했다. "통전"(職官典·諸

卿中, 司農卿)에는, '漢武帝太初元年. 更名大月農. …大唐龍朔二年. 改司
農爲用稼. 咸亨初. 復舊. 卿一人.'이라고 보인다.

○ 【桑梓】 향리라는 뜻. 이곳에서는 백제의 고국이라는 의미.

○ 【金書鐵契】 구리하라마스오(栗原益男)의 연구에 따르면 '철권(鐵券)의
수수(授受)는, 한 고조의 황제 즉위일(기원전 202년ㆍ2월 갑오)에 시작
되고, 그 이후 당조ㆍ오대에 많이 보이며, 송조에도 약간 행해졌으며, 명
태조에 의해 부활되었다가, 또 요(遼)조에도 행해졌다. 철권(鐵券)은
한ㆍ명 두 왕조에서는 분명히 합부(合符) 형식이 다루어져, 한 조각은 조
정에, 다른 한 조각은 철권을 받는 신하에게 수여되었다. 당ㆍ오대ㆍ
송ㆍ요 등의 여러 왕조에서도 아마 그랬을 것이라고 생각된다. 그리고
철권은 수령자에게 주어진 칙문(철권 글)이 앞면에 누각(鏤刻)되었으며,
여기에 한조에는 주(舟), 다른 왕조에서는 황금이 들어가 충전되었다. 또
당 군주가 이민족 수장에게 주었던 누각철권 문충전물(文充塡物)은 단
(丹)이었다. 철권은 당대에 변방 바깥의 이민족 수장에게 수여되기도 하
고, 측천무후와 같이 자기가 죽은 후 당 왕족과 무씨(武氏) 일족과의 사
이에 다툼을 일으키지 않는다는 서약, 혹은 신라ㆍ백제 간의 교전 상태
정지의 상호 서약에 이용되기도 하여, 무언가의 특전도 서약내용도 되지
않았으며, 또 군신 간의 서약이 아닌 것에 쓰이기도 하는 일이 있었으나,
주로 군주의 신하라든가. 항복시키려고 하는 적대자를 대상으로 한 신분
보장적인, 혹은 형법적 특전의 향수를 내용으로 하는 질적 증거물건이었다.
신하에게 나누어도 반역적 절도사나 적대적 군웅이 항복할 때에 이 군주의
서약성을 분명히 의식하고 있었던 것은, 왕으로서 당대에 관한 문헌에 의해
명백하다. 云云('鐵卷授受現象からみた君臣關係について'(1) (2), "史學雜
誌" 65-6ㆍ7). 또 "태평어람(太平御覽)"(권589ㆍ契卷ㆍ鐵券 항목) 참조.

○ 【帶方都督】 '사'의 지리지(4)의 말미, 안동도호부 휘하에 들어갔다고 생

---

517) 곡식농사.

각되는, 대방주와 그 소속 6현을 들 수 있다. 이 대방주 다스림에 대해 이게우치(百濟 滅亡後の動亂及び唐・羅・日三國の關係)는 지금의 나주(전라남도)에 비정하였다. 당의 유인궤가 신라문무왕과 부여 융의 회맹을 성사시키고, 신라의 백제 구영토 점령을 억제하기 위하여 반도에 왔을 때(665년) 새롭게 만든 관직인 대방도독의 대방(帶方)은, 이 대방주에 연유하는 것이라고 생각한다. 지금의 경기도 북부와 황해도방면은, 고구려가 아직 점령하고 있을 때이었다. 그래서 웅진방면의 당 군사와 신라국 군사로서 남방에서부터 옛 대방군 지방을 점령하게 하고, 남쪽에서 평양을 치고, 요동(遼東)으로부터의 당의 고구려 원정군과 함께하게 하려는 의도에서, 유인궤에게 대방도독으로서 반도로 부임시켰던 것일까. 유인궤는 웅진에서의 회맹에 관한 일이 끝나고, 신라・백제・탐라・왜 4국인을 데리고 돌아가, 태산(泰山)에서 행하는 봉선(封禪)[518]의 의식을 위해 향했다. 668년 유인궤는 요동도부대총관(고구려원정의 부사령관)이 되어 당항진(黨項津)(南陽)에 와서, 신라에 평양출병을 명했다.

○ 【劉仁軌】 600(?)-685. 당의 무장. 변주(汴州)・위씨(尉氏)(하남성 개봉 부근의 사람) 자는 정칙(正則). 독학으로 문사(文史)를 통과하여, 승진을 거듭하여 급사중(給事中)이 되었는데, 간신 이의부(李義府)에게 미움을 받아 청주자사(青州刺史)로 밀려나고, 660년의 요동정벌에는 군대 합류 실패를 한 죄로 병졸로서 종군했다. 백제의 남은 군중이 반란을 일으켜 사비성을 포위하자, 검교대방주자사(檢校帶方州刺史)를 하사받고 유인원 등을 구하고, 663년에는 일본의 백제구원군을 백촌강에서 맞아 격퇴하여, 크게 이기고 백제의 남은 군중을 평정했고, 인원을 대신하여 백제지역을 다스려 치적을 쌓았다. 공에 의해 대방주자사를 하사받았는데, 665년에 고종이 태산에서 봉선을 행할 때, 신라・백제・탐라・왜 4국의 수장을 이끌고 만나, 대사헌을 받았으며 더 나아가 우상겸검교태자좌중

---

518) 고대 중국에서 흙으로 단을 쌓아 천신과 산천에 제사 지내는 일.

호(右相兼檢校太子左中護)로 올라가, 악성현남(樂城縣男)에 봉해졌다. 668년에는 웅진도안무대사겸패강도총관(熊津道安撫大使兼浿江道總管)이 되어, 이세적의 부관이 되어 고구려를 평정하여, 금자광록대부(金紫光祿大夫)를 하사받고, 태자좌서자동중서문하삼품(太子左庶子同中書門下三品)으로 승진했다. 674년에는 계림도대총관이 되어, 좌복사겸동중서문하삼품(左僕射兼同中書門下三品)을 하사받고 정사를 맡았다. 685년에 문창좌상동각란대삼품(文昌左相同閣鸞臺三品)의 관직일 때 죽어, 개부의동삼사병주대도독(開府儀同三司幷州大都督)을 추증받고, 건릉(乾陵)에 묻혔다. 《참조》 "신구당서" 유인궤전. "자치통감" 당기.

248a○ 【立爲熊津都督也】 이 회맹의 기사를 기록한 "구당서"(백제전)나 "책부원구" 등에는 웅진도독부여융이라고 하지 않고, 웅진도위부여융(熊津都尉扶餘隆)이라고 적고 있다.

249○ 【古記】 본 항목 이외에도 다음과 같은 곳에 인용되어 있다. ① 권1, 고조선, ② 권1, 북부여, ③ 권2, 후백제 · 견훤, ④ 권3, 아도기라(注), ⑤ 권3, 법왕금살(法王禁殺)(注), ⑥ 권3, 달달박박(怛怛朴朴)(注) 2조, ⑦ 권3, 어산불영(魚山佛影), ⑧ 권3, 태산오만진신 (注), ⑨ 권3, 태산월정사오류성중(寺中所傳古記).

○ 【總章元年戊辰】 서기 668년. 총장(總章)은 당 고종 조의 원호. 그러나 이 '總章元年戊辰'의 기사는 '龍朔二年壬戌'이라고 고쳐야 할 것이다.

249a○ 【若總章戊辰云云】 다음의 '國人' 이하의 본문이, 만일 총장 원년의 사건이라면, 본문 중에 있는 '蘇定方云云'은 이 주의 글에 있는 것과 같이 잘못이다. 그것은 소정방이 이미 666년에 죽었기 때문이다. 총장 원년의 당군 총사령관은 이적(李勣)이었기 때문에, 혹은 주에 보이듯이 후문의 소정방은, 혹은 이적(李勣)의 일로 고쳐야 할 것이다. 그러나 '國人' 이하의 본문의 사건은, '나기'(문무왕 2년 조)의 기사를 참조하면, 분명히 용삭 2년(662)의 일이기 때문에, 후문에 '蘇定方云云'의 일은 맞을 것이다.

○ 【李勣】 (-669). 이정(李靖)과 함께 당 태종 정관 시기의 젊은 무장으로서,

그 이름을 민요에서 읊조렸던 사람. 조주리호(曹州离狐)(하북성) 사람으로, 자는 무공(懋功), 본성은 서(徐), 이름은 세적(世勣). 영휘(永徽) 때, 태종의 이름(世民)의 세(世)를 피하여 세적(世勣)을 적(勣)으로 했다. 그는 수(隋) 말의 효웅(梟雄) 이밀(李密)을 따랐다. 무덕(武德) 초년(620년경), 이밀이 당에 귀순하자, 적(勣)도 구령(舊領)을 이끌고 당에 헌상을 아뢰었다. 고조는 기뻐하며 순신(純臣)이라고 칭하여, 조칙으로 여주총관(黎州總管)(四川)으로서 영국(英國)공에 봉하고, 이성(李姓)을 하사하였다. 후에 태왕세민(泰王世民)(후의 태종)을 따라서, 수(隋) 말의 군웅을 평정했다. 정관 초년, 병주도독(幷州都督)(山西)을 하사받고 돌궐을 정벌하고, 벽연타(薛延陀)를 쳤다. 정관 19년(645)에는 후군대총관(後軍大總管)으로서 고구려를 쳤다. 고종이 즉위 후, 상서좌복사(尚書左僕射)가 되고, 이어서 사공(司空)으로 승진했다. 건봉원년(666)에는 요동대총관에 임명받고, 다시 고구려를 치고, 끝내 총장원년(668)에 이것을 멸망시켰다. 다음 해 태자태사(太子太師)를 더했으나 죽었다. 나이 76세. 태위양주대도독(太尉揚州大都督)을 추증받고, 정무(貞武)라고 시호를 받았다. 또 그는 영휘율령산정(永徽律令删定)에는 총재산정관(總裁删定官)으로서 참여한 적도 있다. 전기는 "구당서"(67), "당서"(93)에 있다.

○ 【千文】 하문(下文)의 잘못이다.

250 ○ 【一人】 이인(二人)의 잘못일 것이다.

○ 【唐帥蘇定方紙畵鸞犢二物廻之. 云云】 '사'에는 보이지 않는다.

○ 【元曉法師】 신라의 명승. 상세한 것은 '유' 권제4(해제5) 원효불기(元曉不羈) 조를 참조.

○ 【於月庚信 … 捕殺數萬級】 '나기' 문무왕 2년의 조를 참조.

251 ○ 【百濟古記】 본조에만 보인다.

○ 【扶餘城】 사비성(泗沘城)을 말한다. 전술의 사비 항목 241을 참조.

○ 【墮死岩】 충청남도 부여읍(옛 사비성 혹은 소부리(所夫里))의 부소산(扶蘇山) 북쪽의 금강 기슭에 높이 100여m의 깎아지른 절벽이 있으며, 지금

은 낙화암이라고 부른다. 660년의 사비성이 함락될 때에 많은 궁녀들이, 이곳에서 몸을 던져 죽었다는 것이 전해지고 있다. 의자왕이 강에 몸을 던져 죽었다는 것은 잘못이다.

○【義慈卒於唐. 唐史有明文】전술의 '위수비(爲竪碑)'의 항 246을 참조.

252 ○【新羅古傳】'유' 권제3 · 삼소관음(三所觀音) 조에도 보인다. 앞서 '신라고기'와는 다른 것 같다.

○【鴆】일종의 독조(毒鳥). 그 날개를 술에 적셔 마시면 죽는다고 한다. 바꿔서 말하면 그 술, 혹은 그 술로 독살한다는 뜻(酖)으로 한다. 이곳에서는 짐(酖)의 뜻으로 쓰고 있다.

○【坑】구덩이 매장을 하는 것.

○【尙州】지금의 경상북도 상주 지역. 이 지역은 사벌국(沙伐國)이었는데, 신라에 병합되어, 법흥왕대의 525년에 상주(上州)가 설치되었다. 이어서 진흥왕대에 없앴으나, 통일 후에 신문왕이 주(州)를 다시 세워 상벌주(尙伐州)라고 했다. 나아가 경덕왕대에 상주(尙州)라고 하고 1주 10군(郡)을 관할했다.

252a ○【壬戌】용삭 2년을 말한다.

○【總章戊辰】총장원년(668)을 말한다.

253 ○【百濟殘賤云云】잔천(殘賤)은 잔적(殘賊)의 잘못. '나기' 태종무열왕조는 '八年(660) 春二月. 百濟殘賊. 來攻泗沘城. 王命伊湌品日爲大幢將軍. (中略). 義光爲郞幢將軍往救之. 云云'이라고 되어 있다.

○【屯次于漢山城. 云云】'나기'(태종 8년 조)에는, '屯次于漢山城'은 보이지 않으나, 고구려 · 말갈 두 나라 병사의 북한산성으로의 공격은, 5월 9일 (일운 11일) 조에 보인다.

○【高麗】고구려를 수당 시대의 문헌에는 2자로 정리하여 고려(高麗)라고 기록했다.

○【五月十一日】'나기'에는 '五月九日一云十一日'이라고 하고 있다.

○【星浮山】'승람(권21) 경주부 · 고적(古跡) 조에 '在府南二十里, 一峰秀

出'이라고 보이며, 이어서 '新羅時有人謀求官, 云云'이라고 하며 본서의 주에 인용하고 있는 전승을 싣고 있다. 또 '승람(권3) 한성부·고적 조의 대성낙영(大星落營)이 있고, 그곳에는 이 고구려·말갈이 와서 습격할 때에, 큰 별이 적 진영에 떨어졌기 때문에, 아군의 위급한 것이 구조되었다는 것이 기록되어 있다.

253a○ 【京城】 이곳에서는 신라의 수도(경주)를 말한다.

○ 【望人】 인(人)은 지(之)의 잘못인가. 즉 '望之'일 것이다.

○ 【禳】 하늘과 땅의 신령(神明)에게 기도하여 여앙(癘殃)[519]을 불제(祓除)[520]하는 것.

○ 【日官】 천문점술을 관장하는 관리. 역(曆)을 관장하는 관리.

253a○ 【漢山城】 지금의 경기도 광주의 지역이나, '나기'에는 고구려와 말갈이 와서 공격한 것은, 한산성이 아니고 북한산(지금의 서울 지역)으로 하고 있다. 북한산이 맞을 것이다.

○ 【霹靂】 격렬한 천둥.

○ 【砲石】 고대 무기의 하나. 돌을 날려 적에게 손해를 입히는 도구.

○ 【籌】 병에 화살을 던지며 놀이하는 화살.

254○ 【太宗初即位云云】 '나기'에는 보이지 않는다.

255○ 【是王代始服中國衣冠牙笏】 김춘추(후의 태종)는 진덕왕 2년(648)에 당에 파견되어, 당 태종을 알현하여 백제정토를 호소하고, 그 출사의 약속을 받아내는 데 성공했다. 이때에 '春秋又請改其章服, 以從中華制'라고, 중국의 복제(服制)를 따를 것을 청하여 허락받고 귀국했다. 그리고 진덕왕 3년 춘정월에는 '始服中朝衣冠', 4년 4월에는 '下敎. 以眞骨在位者, 執牙笏'이라고, 중국의 복제를 이용한 것이 '나기'에 보인다. 그래서 '是王代'는 '眞德王代'로 해야 할 것이다.

---

519) 여앙(癘殃). 염병 등의 재앙.
520) 불제(祓除). 재앙, 부정 따위를 물리침.

○ 【乃法師慈藏請唐帝而來傳(傳)也】'유'(의해 제4・자장정률)에는, '嘗以邦
國服章不同諸夏擧議於朝. 簽允曰臧 乃以眞德王三年己酉始服中朝冠. 明
年庚戌. 又奉正朔. 始行永徽號. 自後每有朝覲 列在上蕃'이라고 되어 있
는데, '나기'에는 보이지 않는다.

○ 【法師慈藏】신라의 명승. '유' 권제4・의해 제4의 '자장정률' 조를 참조.

256○ 【神文王】신라 제31대의 왕. '유' 권제2 '만파식적' 조 참조.

○ 【唐高宗】628-683년. 중국의 당 제3대의 황제(재위 649-83). 성명은 이
치(李治). 자는 위선(爲善)(小字는 치노(雉奴)). 묘호는 고종. 태종의 제9
자. 어머니는 문덕(文德)황후(장손 무기(無忌)의 여동생). 4세 때에 진왕
(晉王)으로 봉했으나, 643년에 황태자 이승건(李承健)(태종의 맏아들)이
폐위되자, 이치(李治)는 연약했는데, 장손 무기(無忌) 등의 힘으로 황태
자가 되고, 649년에 태종이 죽어 즉위했다. 고종의 치세의 초기는, 장손
무기나 저수량(褚遂良) 등에게 보필을 받아, 태종 정관 정치의 뒤를 이어
국위를 떨쳤으나, 고종이 무씨(武氏)(則天武后)를 들이고 소의(昭儀)하
는 것에 이르러, 점차 당 조정의 세력은 무씨로 옮겨 가고, 660년에 고종
이 병으로 눕자, 무씨가 모든 것을 정하고, 고종은 완전히 꼭두각시 천자
가 되었다. 《참고》"구당서", "신당서".

○ 【聖考】아버지를 말한다. 이곳에서는 고종의 아버지, 즉 태종을 가리킨다.

○ 【魏徵】580-643년. 당초의 간신(諫臣). 곡성(曲城)(산동성)의 사람. 자는
현성(玄成). 시호는 문정(文貞). 왕규(王珪)와 함께 간신(諫臣)으로서 자
주 태종을 섬기고, 그 의논은 "정관정요(貞觀政要)"에 보이며, 수성(守成)
의 난(難)을 말한 이야기는 유명하지만, 또 "주서(周書)", "수서(隋書)",
"북제서(北齊書)", "양서(梁書)", "진서(陳書)"의 편찬에 관여하고, 더 나
아가 "군서치요(群書治要)"를 찬술했다. 《참고》"구당서"(71・위징전),
"신당서"(97・위징전).

○ 【李淳風】602-670년. 당의 천문학자. 그는 어려서부터 준재(俊才)를 가
졌다고 하며, 특히 천문력산음양(天文曆算陰陽)의 학문에 자세하였다.

당시 행해진 무인력(戊寅曆)의 득실을 논하여 당의 태종에게 인정을 받아 태사국(太史局)의 업무를 맡고, 633년에는 종래에 없었던 획기적인 황도혼의(黃道渾儀)를 완성했다. 또 태상박사(太常博士)·대사승(大史丞)·태사령(太史令)이 되었는데, 그동안에 "진서(晉書)" 등의 천문력오행지(天文曆五行志)를 찬술하고, 10부의 고전수학서(古典數學書)에 주석을 적었는데, 만년에는 수의 황극력(皇極曆)을 개작하고 인덕력(麟德曆)을 찬술했다. 인덕력은 인덕(麟德) 2년(655)부터 일반인에게 반포되었으나, 신라 및 일본에서는 의봉력(儀鳳曆)의 이름으로 사용되었다. 《참고》"구당서"(79·李淳風傳).

○ 【太宗. 皇帝】598-649년. 당의 제2대 황제. 성명은 이세민(李世民). 묘호는 태종. 626-49년 재위. 이씨는 농서(隴西)의 명문으로, 이세민은 이연(李淵)의 둘째 아들. 어머니는 태목순성황후두씨(太穆順聖皇后竇氏). 세민은 어려서부터 뛰어난 자질을 가지고 임기(臨機)과단(果斷)이었다. 이윽고 수(隋)말의 혼란기에 즈음하여, 태원유수(太原留守)로서 진양(晉陽)(山西省太原)에 있었던 아버지 이연(李淵)에게 권하여 의병을 일으키게 하고, 돌궐의 힘을 빌려, 형인 건성(建成), 동생인 원길(元吉)과 함께 군대를 이끌고 도읍 안에 들어가, 618년, 아버지의 즉위와 함께 상서령(尙書令)으로 임명받고, 진왕(秦王)에 봉해졌는데, 더 나아가 625년에는 중서령(中書令)을 겸해, 재상으로서 정무를 집무하는 것과 동시에 원수(元帥)로서 혁혁한 무훈을 올려 명성을 높였다. 그리고 626년의 현무문(玄武門)의 난 이후, 황태자가 되고, 이어서 양위가 되어 즉위하고, 628년에는 당의 통일을 완성했다. 태종은 널리 인재를 구하여 마땅한 인재를 마땅한 곳에 두고, 안으로는 제도를 정비히고, 밖으로는 크게 영토를 넓혀 국위를 떨쳤다. 이와 같이 태종의 치세 23년간은, 사회가 안정되고, 당조의 정치기초가 확립되어, 정관의 치(治)(정관은 태종대의 연호)라고 일컬어지면서 태평성세를 나타냈다.《참고》"구당서"(태종기), "신당서"(태종기), "자치통감"(185-199).

²⁵⁷장춘랑파랑

長春郎罷郎 — 作羆

²⁵⁸初與百濟兵戰於黃山之役. 長春郎罷郎死於陣中. 後討百濟時. 見夢於
太宗曰. "臣等昔者爲國亡身. 至於白骨. 庶欲完護邦國. 故隨從軍行無
怠而巳(已)⁵²¹⁾. 然迫於唐帥定方之威. 逐於人後爾. 願王加我以小勢." 大
王驚惟之. 爲二魂說經一日於牟山亭. 又爲創壯義寺於漢山州. 以資寞
(冥)援.

풀이 ²⁵⁷장춘랑파랑(長春郎罷郎) 혹은 비(羆)라고 한다.

²⁵⁸처음 백제의 병사와 싸웠던 황산(黃山)⁵²²⁾ 싸움 때, 장춘랑과 파랑
(罷郎)⁵²³⁾은 그 진중(陣中)에서 죽었다. 그리고 나서 훨씬 나중에 태종

---

521) 규장각본. DB. 파른본. 巳. 고증. 巳(已).
522) DB. 현재의 충청남도 논산군 연산읍.
523) DB. 신라 태종무열왕 7년(660) 백제군과의 황산벌 전투에서 함께 전사한 인물.

이 백제를 쳤을 때, 이 두 사람은 꿈속에서 왕 앞에 나타나,

'신들은 옛날 나라를 위해 몸을 버리면서 온 힘을 다했사옵니다. 지금은 벌써 백골이 되었습니다만, 호국의 귀신이 되어 어디까지라도 나라를 유익하게 하고 싶다고 바라고 있사옵니다. 그래서 이렇게 왕의 군열을 따르면서, 그저 게을리하는 것이 없도록 하고 있을 뿐이옵니다. 부디 대왕마마, 저희들이 조금이라도 가세하여 주시도록 원하옵니다.'

라고 호소했다. 대왕은 이것에 놀라 괴이하게 여기고, 두 사람의 혼을 달래려고, 하루를 모산정(牟山亭)에서 독경을 올리는 것으로 보냈다. 게다가 한산주(漢山州)⁵²⁴)에 장의사(莊義寺)⁵²⁵)를 창건하고, 혼을 제도(濟度)하기 위하여 도왔다.

257○ 【長春郎・罷(罷)郎】 '나기' 태종 6년(659) 10월 조의 전승에도 등장한다. '나기' 쪽에서는 황산 전투 전년으로, 태종이 당에 구원병을 구했으나, 당으로부터 보고가 없는 것을 근심하고 있었을 때, 이미 죽었던 것 같은 두 사람의 인물이 홀연히 나타나, 내년 5월에 당의 원군이 파견될 것을 예고한 인물로 되어 있다. '나기'에는 실재한 인물같이 기록하고 있다. 그러나 연오랑・세오녀와 같이 특별한 의미를 가진 아니라고 생각되지만, 지금은 미상.

258○ 【黃山之役】 무열왕(태종) 7년(660) 7년에 걸쳐 일어난 신라와 백제의 싸움. 황산은 현재의 충청남도 논산군 연산(連山)이다. 상세한 것은

---

524) DB. 신라의 지방행정구역인 9주(州) 중 하나이다.
525) DB. 신라 제29대 태종무열왕(太宗武烈王, 재위 654-661)이 백제와의 황산벌 전투에서 사망한 장춘랑(長春郎)과 파랑(罷郎)의 명복을 빌기 위해 세운 사찰이다.

주해 244를 참조.

○【太宗】주해 233 참조.

○【唐帥定方】소정방을 말한다. 주해 244를 참조.

○【說經】독경(讀經). 독송(讀誦)을 말한다. 경전을 독송하는 일은, 인도 이후 행해졌고, 원래는 주로 경전의 의미내용을 이해하고 실전하기 위하여 행해졌던 것이나, 후에는 독송하는 것 자체가 하나의 수행이 되었고, 또 불전에 독경하여 덕을 칭송하여, 소원을 이루도록 기도하고, 죽은 사람에게 독경의 덕을 베풀어, 사후의 행복을 기원하기 위해 행하여지게 되었다. 설경(說經)은 저승의 영혼에게 힘을 주는 것이고, 그것에 의해 영혼계의 정세를 변화하게 하여, 현실의 정세도 호전하게 하는 목적에서이다.

○【牟山亭】미상.

○【壯義寺】'나기' 태종 6년 10월 조에도 마찬가지로 장춘랑과 파랑의 명복을 기도하기 위해 창건한 절이라고 전하고 있는데, 상세한 것은 미상. 또한 '나기'의 헌덕왕 17년 정월 조의 분주에 '太祖製壯義寺齋文'의 이름이 보이나, 미상.

○【漢山州】'왕력' 백제 제1 온조왕 병진 조, 및 '태종춘추공' 조의 253을 참조.

저자(1970년대 당시)

三品彰英(미시나 아키히데)_ 오사카시립박물관장, 불교대학 교수.

村上四男(무라카미 요시오)_ 와카야마대학 명예교수, 삼국유사연구회 회장.

井上秀雄(이노우에 히데오)_ 쇼인여자단기대학 학장.

笠井倭人(가사이 와진)_ 교토여자대학 강사.

木下礼人(기시타 레진)_ 긴기대학 교수.

江畑武(에바타 다케시)_ 한난대학 교수.

역주자 김정빈(金正彬)

히로시마대학대학원 학술박사(교육학), 일본국립시마네대학 연구원. 저서로는『校正宋本廣韻에 의한 廣韻索引과 韻鏡索引』(한국학술원, 2010) 외 10여 권이 있으며, 역서로는 沼本克明의『한국인을 위한 일본한자음의 역사』(한국학술원, 2008), 小林芳規의『각필의 문화사』(한국문화사, 2016) 등이 있다.

An Annotated Translation of
"Historical Investigation of
the Three Kingdoms Archive in Ancient Korea"